CHRISTIAN WOLFF

Disquisitio philosophica de loquela
Philosophische Untersuchung über die Sprache

Lateinisch–Deutsch

Übersetzt, kommentiert und herausgegeben von

RAINER SPECHT

FELIX MEINER VERLAG
HAMBURG

PHILOSOPHISCHE BIBLIOTHEK BAND 727

Bibliografische Information der Deutschen Nationalbibliothek

Die Deutsche Nationalbibliothek verzeichnet diese Publikation in der Deutschen Nationalbibliografie; detaillierte bibliografische Daten sind im Internet über ⟨http://portal.dnb.de⟩ abrufbar.
ISBN 978-3-7873-3626-5
ISBN eBook 978-3-7873-3627-2

www.meiner.de

 Satz: satz&sonders GmbH, Dülmen. Druck und Bindung: Strauss, Mörlenbach Werkdruckpapier: alterungsbeständig nach ANSI-Norm resp. DIN-ISO 9706, hergestellt aus 100 % chlorfrei gebleichtem Zellstoff. Printed in Germany.

Jean École
und
Jean-Marie Zemb
gewidmet

INHALT

Vorwort XIII

Einleitung: Der junge Wolff in Breslau, Jena und Leipzig XIX

I. Definition der Sprache, die ein Erzeugnis des Geistes ist. Gattungen der Gedanken und Gattungen der Zeichen für sie. Anforderungen an sprachliche Zeichen für Gedanken 9

§ 1 Definition von »Sprache« 9
§ 2 Rechtfertigung der Definition 28
§ 3 Denken und Ausdehnung sind inkommensurabel 32
§ 4 Die Definition, nach der der Geist sich alles dessen bewusst ist, was in ihm geschieht, ist nicht hinreichend 40
§ 5 Die apriorische Herleitung der Gattungen der Gedanken aus dem Begriff des Geistes wäre aufwendig, denn ein genetischer Begriff des Geistes schließt den Begriff des Schöpfers ein .. 50
§ 6 Empirische Ermittlung der Gattungen der Gedanken 53
§ 7 Definition von »Zeichen« 58
§ 8 Bei einem Vergleich der Kalkülsprache Algebra mit der natürlichen Sprache ergeben sich drei Anforderungen an sprachliche Zeichen 61
§ 9 Gattungen sprachlicher Zeichen 68
§ 10 Zusätzliche Anforderung: Sprachliche Zeichen müssen kurz und leicht zu bilden sein 70

II. Occasionalistische Theorie des Sprechens 75

§ 11 Kann ein Mensch auf den Geist eines anderen Menschen einwirken? 75
§ 12 Ein Vergleich des Geistbegriffs mit dem Gottesbegriff zeigt, dass Sein und Tätigkeit von Geistern und insbesondere ihre Einwirkungen auf andere Geister allein von Gottes Willen abhängen 93
§ 13 Bei Menschen bewirkt nicht wie bei Engeln bereits der bloße Wille zu kommunizieren die Kommunikation 110
§ 14 Einwirkungen von Körpern auf Körper 113
§ 15 Einwirkungen von Geistern auf Körper 115
§ 16 Sensorische Körper-Geist-Wirkungen 122
§ 17 Die Weise der Vereinigung von Geist und Körper macht Kommunikation zwischen Menschen durch Vermittlung der Sensorien des Körpers erforderlich und möglich 126
§ 18 Anforderungen an Sinnesqualitäten, die als Kommunikationsmittel dienen sollen 131

III. Eignung der einzelnen Sinnesqualitäten zu Mitteln sprachlicher Kommunikation 135

§ 19 Geschmäcke und Gerüche kommen als Zeichen einer gewöhnlichen Sprache nicht in Frage, man kann sie aber zu heimlichen Mitteilungen verwenden 135
§ 20 Tastbare Qualitäten kommen als Zeichen einer gewöhnlichen Sprache nicht in Frage, eignen sich aber zur Verwendung in Geheimsprachen 143
§ 21 Visuelle Qualitäten kommen als Zeichen für eine gewöhnliche Sprache nicht in Frage, doch lassen sich aus ihnen besonders viele Geheimsprachen konstruieren 146

§22 Jetzt bleiben nur noch Qualitäten des Gehörs als praktikable Zeichen einer gewöhnlichen Sprache übrig . . . 161

IV. Erzeugung und Artikulation stimmhafter Laute . . 163

§23 Mittelbare und unmittelbare Stimmbildungsorgane und Stimmartikulationsorgane . . . 163
§24 Entstehung stimmhafter Laute . . . 166
§25 Modifikation stimmhafter Laute . . . 172
§26 Schäden an Stimmbildungs- und Stimmartikulationsorganen . . . 180

V. Der Weg vom Sprechen zum Verstehen . . . 187

§27 Der Weg der Wörter vom Sprecher zum Hörer . 187
§28 Der Weg der Wörter vom Ohr des Hörers bis zu dessen Verstand . . . 195
§29 Sprechen und Sprechenlernen . . . 199

VI. Wörter bezeichnen ursprünglich Perzeptionen . . . 205

§30 Wörter bezeichnen ursprünglich Perzeptionen, die man in Realdefinitionen nicht verwenden kann . 205
§31 Zusammenarbeit von Sinnen und Verstand 209
§32 Die Sprache kann Begriffe durch Wörter für Perzeptionen übermitteln . . . 218
§33 Taube können keine Perzeptionen akustischer Phänomene bekommen. Abhilfe . . . 224
§34 Perzeptionen bekommt man nur durch Wahrnehmung. Sie lassen sich nicht verbal definieren . . . 238

VII. Nachweis, dass die Sprache die in §9 aufgestellten Bedingungen erfüllt 243

§35 Nachweis einer bestimmten Analogie zwischen Sprache und Algebra unter Berücksichtigung der vernünftigen Grammatik 243

VIII. Schlussüberlegungen 271

§36 Kann jemand, der schon eine Sprache gelernt hat, noch ohne Wörter denken? 271
§37 Lässt sich Sprache maschinell erzeugen? 274
§38 Nutzen und Zweck der Sprache 281

Epilog: Wie Wolff aufhört, Occasionalist zu sein 283

Disquisitio philosophica de loquela 295

Zum Text der beiden Auflagen von *De loquela* 327

Kurzbiographien 331

Exkurse

Erhard Weigel XX
Ehrenfried Walther von Tschirnhaus XXVII
Syllogistik XXXI
Mos geometricus und *Mathesis universalis* 9
Begriffe und Perzeptionen bei Tschirnhaus 42
»Modus«, »Akzidens«, »Qualität« 56
Zeichen 59
Disziplinen der Mathesis 63
Unverdorbene Sprachen fassen sich kurz und sind leicht zu verwenden 71
Bedeutungen von »Occasionalismus« 77

Gottes Mitwirkung mit den Tätigkeiten der Geschöpfe 83
Leugnung von Dämonen, Hexenwesen und Zauberei . . 90
Deutsche Occasionalisten 96
Cartesische Menschautomaten 117
Neue Aspekte von Perzeptionen 123
Vertrag zwischen Körper und Geist 129
Veränderungen in der Lehre von den Sinnen 138
Zahns Pulsschlag-Geheimsprache 144
Werte 206
Die *dispositio partium* von Maschinen 210
Meinungen über Vernunft und Erfahrung 211
Sprachliche Darstellung von Unwahrnehmbarem 223
Geulincx' Attacke auf die vernünftige Grammatik . . . 245
Informationen über exotische Sprachen, die Wolff hätte berücksichtigen können 263
Sprech- und Hörmaschinen 275

Bibliographie 355

Personenregister 371

Sachregister 374

Dank 388

VORWORT

Dies ist einer der frühesten gedruckten Texte von Christian Wolff. Als er entstand, war Wolff noch ein Cartesianer, den neue Entwicklungen in Mathematik, Physik und Technik faszinierten. Er bewunderte die Errungenschaften des 17. Jahrhunderts, träumte von der *Mathesis universalis* und der neuen Erfindungskunst, schätzte interkonfessionelle Diskussionen und hielt viel von Bibel und Vernunfttheologie. Deshalb war Jena, dessen Mathematik und Physik Erhard Weigel geprägt hatte, genau der Studienort, den er brauchte. Weigels Nachfolger Hamberger schätzte den begabten Studenten aus Breslau, der entschlossen war, seine Rolle im akademischen Spiel zu finden, und sich auch nach seiner Habilitation an Hambergers astronomischem Collegium beteiligte. Die kleine Abhandlung *De Loquela*, die vermutlich noch in Jena verfasst wurde, ließ Wolff in Leipzig, wo »zu derselben Zeit das *studium mathematicum* ganz darnieder lag«, in einer *Disputatio pro loco* verteidigen. Durch solche Disputationen erwarb man den Anspruch, im Fall einer Vakanz in Leipzig bei der Wiederbesetzung in Erwägung gezogen zu werden. Es kam aber zu keiner passenden Vakanz.

Der literarische Horizont des Vierundzwanzigjährigen ist alles andere als provinziell. Die vielen Gelehrten, auf die sich Wolff beruft, stammen aus Deutschland, Frankreich, England, den Niederlanden, der Schweiz, Italien und Spanien – es gibt noch so etwas wie eine europäische Öffentlichkeit. Weil Latein nach wie vor die Sprache der Wissenschaft ist, spielen Sprachbarrieren kaum eine Rolle. Zwar haben wichtige Autoren begonnen, auch nationalsprachliche Texte zu publizieren, doch werden viele davon für ausländische Interessenten ins Lateinische übersetzt. Auch Konfessionsgrenzen schirmen Wolffs Kommunikation nicht ab; verdienten Kollegen aus anderen Konfessionen begegnet er mit Interesse und Respekt, gleichgültig, ob sie reformiert oder römisch sind. Er zitiert zum Beispiel gern naturwissenschaftliche *popular science*-Texte von Ordensgeistlichen, die er als *Reverendos Patres* einführt.

In *De loquela* erörtert er sein Thema lebhaft und einfallsreich. Im Hintergrund stehen Descartes und Ehrenfried Walther von Tschirnhaus, der große Erfinder aus der Oberlausitz, während Leibniz 1703 für Wolff im Grunde noch ein Unbekannter ist. Der junge Wolff berücksichtigt in *De loquela* aktuelle metaphysische Richtungen, erwähnt aber auch analytische Geometrie, Geheimsprachen, Kunstsprachen, Linguistik, Taubstummenunterricht, Zauberei, Anatomie, Akustik, geometrische Optik und phonetische Maschinen. In das heute gebräuchliche Epochenschema passt er am ehesten, wenn man ihn der deutschen Frühaufklärung zuordnet.

Der wichtigste Bestandteil der Neuausgabe dieser kleinen Arbeit ist Wolffs Text. Wegen des verhältnismäßig kleinen Formats der Philosophischen Bibliothek empfahl es sich nicht, Originaltext und Übersetzung nebeneinander in Spalten zu drucken; daher wurde der Text von 1703 ans Ende der Ausgabe verlegt. Neben der ersten Zeile der lateinischen Paragraphen ist die Seitennummer der deutschen Übersetzung angegeben. Im Text werden die Seitennummern der ersten Auflage in eckigen und die der zweiten Auflage in spitzen Klammern mitgeteilt. Bei den Übersetzungen folgt auf die Paragraphennummer eine kurze Inhaltsangabe, die nicht von Wolff, sondern vom Übersetzer stammt; danach werden, getrennt durch »|«, die Seitennummern der ersten und zweiten Auflage sowie die Seitennummern des lateinischen Textes dieser Studienausgabe angezeigt.

Ich lege die Ausgabe von 1703 zugrunde, und zwar nach dem Digitalisat der Bayerischen Staats- und Universitätsbibliothek in München, die im Besitz des Originals ist. Soweit die Ausgabe von 1755 zu berücksichtigen war, benutzte ich ein Digitalisat des Exemplars der Universität Lausanne. Der Verlag Olms hat im Rahmen seiner Wolff-Ausgabe einen photomechanischen Nachdruck dieser jüngeren Ausgabe veranstaltet. Die textlichen Divergenzen betreffen meist Satzzeichen, Orthographie und Zusammenschreibung, ferner Textauszeichnungen wie Kursivierung, Minuskeln, Majuskeln oder Ziffernwahl, die in diesem Fall für die Interpretation nicht sehr wichtig sind. Es gibt jedoch in beiden Auflagen beachtliche Fehler und Unregelmäßigkeiten, auf die ich bei der Textwiedergabe mit Asterisken hinweise und die am Ende der Ausgabe aufgelistet werden.

Bei der Übersetzung war ein Mittelweg zwischen Worttreue und Verständlichkeit zu finden, denn der Text ist nicht nur mehr als dreihundert Jahre von uns entfernt, sondern zwischen ihm und uns liegt die verhältnismäßig späte deutsche Klassik, die unsere Sprache nachhaltig umgeformt hat. In der Regel habe ich versucht, dem Leser durch Kommentare weiterzuhelfen. Dabei lag mir daran, die Prägung des jungen Wolff durch Jena, seine Nähe zu Descartes und Tschirnhaus, sein Verhältnis zur Empirie und seine Vertrautheit mit den großen französischen Grammatiken der Zeit hervorzuheben. Auch waren heutigen Lesern Phänomene zu erklären, die damaligen Gebildeten vertraut waren, die aber heute nicht mehr sehr präsent sind, zum Beispiel die Lehre von der Mitwirkung Gottes bei allen unseren Handlungen, Wolffs Mathesis-Bemühungen und zeitgenössische Kryptologien und Phonetiken. Gegebenenfalls wurden kurze Exkurse eingefügt, um das Verständnis von Wolffs Andeutungen zu erleichtern. Sie sind leicht zu identifizieren, weil ihren Überschriften das Zeichen »■« vorausgeht Das 17. und 18. Jahrhundert war reich an interessanten Biographien, an die man sich heute in der Regel nicht mehr erinnert. Weil einige davon für Leser von Wolffs *De loquela* von Interesse sind, habe ich Kurzbiographien angehängt, die lediglich daran erinnern sollen, dass die zitierten Personen sehr individuelle Konturen hatten und dass sie unsere Aufmerksamkeit verdienten, wenn wir genügend Zeit hätten, um sie ihnen zu widmen.

Die Darstellung stützt sich vor allem auf alte Drucke. Der Zugang zu ihnen ist inzwischen schwierig geworden, weil die Bestände über viele Regionalbibliotheken verstreut und schadensanfällig sind. Es gibt eine Anzahl von Neuausgaben und Reproduktionen, die man in öffentlichen Bibliotheken einsehen kann, die aber in den meisten privaten Arbeitszimmern nicht zur Verfügung stehen, weil sie verhältnismäßig kostspielig sind. Beiden Schwierigkeiten tragen inzwischen öffentliche und private Einrichtungen dadurch Rechnung, dass sie im Internet digitalisierte Ausgaben zur Verfügung stellen. Von dieser komfortablen Zugangsmöglichkeit zu seltenen alten Werken, ohne die ein alter Mann ein Buch wie dieses gar nicht schreiben könnte, habe ich intensiv Gebrauch gemacht. Ich danke allen Bibliotheken, die mir das ermöglicht haben. Die Adressen der verwendeten Digitalisate werden im Literaturverzeichnis der elektronischen Version dieser Studienausgabe aufgeführt Am häufigsten benutzte ich das Angebot von Google Books, das in Zusammenarbeit mit öffentlichen Bibliotheken vieler Länder entstanden ist. Bei ihm ist die Wahrscheinlichkeit, bestimmte Titel auf Anhieb zu finden, verhältnismäßig hoch und der Transport der Quelle an den Arbeitsplatz verhältnismäßig unkompliziert. In Deutschland pflegt man der Firma Google wegen ihrer Stellung am Markt mit Reserve zu begegnen. Ich bin ihr für das genannte hilfreiche und kostenintensive Projekt sehr dankbar.

Arbeiten über Wolffs Dissertatio de loquela

Die Wirkungsgeschichte des kleinen Textes ist nicht eindrucksvoll. Heute gibt es von ihm zwar fotomechanische Nachdrucke, aber weder Neuausgaben noch spezielle Monographien. Das hat mehrere Gründe. Einerseits hat die ungestüme Hochschätzung der deutschen Klassik während mehrerer Generationen die Erinnerung an ältere Phänomene überwuchert. Auch das gehört inzwischen zwar der Vergangenheit an, aber nun sind im deutschen Bildungsbewusstsein fast nur Phänomene präsent, die noch jünger sind. In der zweiten Hälfte des 20. Jahrhunderts wurden Bemühungen um eine Neuerschließung der wirkungsmächtigen und auf ihre Weise ruhmreichen deutschen Aufklärung, der gewaltlos erstaunliche Emanzipationen gelungen sind, in beiden deutschen Staaten großzügig gefördert. Einschlägige Forschungsvorhaben wurden nicht nur von deutschen Wissenschaftlern, Förderungsinstitutionen und Verlagen veranstaltet, sondern auch durch Impulse von Kollegen und Institutionen aus Italien, Frankreich und anderen Staaten unterstützt. Jean École, ein ehemaliger Insasse deutscher Konzentrationslager und späterer Kommandeur der Ehrenlegion, erwog nach dem Krieg zunächst eine Neuausgabe der Werke von Francisco Suárez, entschied sich aber schließlich für die Edition eines deutschen Autors und veranstaltete die Wolff-Ausgabe, die Georg Olms verlegt hat. Giorgio Tonelli warb in Deutschland für die Erforschung der deutschen Aufklärung und ihrer Vorgeschichte, und Freunden Tonellis wie Claudio Cesa ist es zu danken, dass sich nicht wenige italienische Nachwuchswissenschaftler an der Erforschung der Epoche beteiligten. Noch immer gibt es beachtliche Bemühungen dieser Art, doch ist es bisher nicht gelungen, dem allgemeinen Bildungsbewusstsein nennenswerte Teile der so gewonnenen Informationen zu vermitteln. Auch am Verblassen der öffentlichen Erinnerung an Christian Wolff hat sich nicht viel geändert.

Andererseits wirkt die *Disquisitio de Loquela* geradezu frisch und ist weit von dem entfernt, was sich Gelehrte unter Wolff gewöhnlich vorstellen; auch in der Wolff-Überlieferung galt sie eher als vorübergehende Abirrung eines jungen Mannes. Nicht zuletzt deshalb wurde sie wenig beachtet. Man erwähnte den Text in Fußnoten und Handbüchern, ging aber kaum auf seinen Inhalt ein. Hans-Werner Arndt, der von Anfang an zu den Herausgebern der Olmsschen Edition gehörte, charakterisierte *De loquela* in seiner Einleitung zu Wolffs »Vernünftige Gedanken von den Kräften des Verstandes« in wenigen lesenswerten Absätzen.[1] Der kanadische Philosophiehistoriker Corey W. Dyck betonte in seinem im Internet zugänglichen unpaginierten Entwurf *Tschirnhaus and Wolff on Experience and Method* die Nähe des jungen Wolff zu Tschirnhaus' Lehre von den Begriffen und rechtfertigte das für *De Loquela* mit Wolffs Betonung der universalen Mitteilbarkeit von Begriffen, seinen Anforderungen an den Inhalt von Realdefinitionen und seiner Kritik am cartesianischen Geistbegriff.[2] Ich selbst verwendete Ende der neunziger Jahre *De loquela* als Seminartext und berichtete in der Festschrift für Jean École über erste Eindrücke.[3] Die ausführlichste neuere Behandlung der Schrift, die ich kenne, findet sich in der Darstellung der europäischen Sprachphilosophie im 18. Jahrhundert, die Ulrich Ricken, ein Schüler von Werner Krauss, 1990 im Akademie-Verlag herausgegeben hat. Es handelt sich nicht nur um eine Inhaltsangabe von *De loquela*, sondern auch um eine vergleichende Skizze von Wolffs späterer Zeichen- und Sprachphilosophie sowie ihrer Umformung durch führende Wolffianer und schließlich um eine Charakterisierung von Wolffs Vorgehen bei seinen Bemühungen um eine deutsche Wissenschaftsterminologie.[4] Andere neuere Arbeiten sind mir nicht bekannt. Daher kann man diese kargen Angaben wohl kaum als Forschungsbericht bezeichnen.

[1] Vernünftige Gedanken von den Kräften des menschlichen Verstandes. Gesammelte Werke von Christian Wolff, I. Abteilung· Deutsche Schriften Bd. 1; 13–14.

[2] Corey W. Dyck: *Before and Beyond Leibniz: Tschirnhaus and Wolff on Experience and Method.* Phil.Papers Archive ID: DYCBAB.

[3] Anmerkungen zu Wolffs Disquisitio de Loquela. In: Von Christian Wolff bis Louis Lavelle. Festschrift für Jean Ecole; 47–60.

[4] Ricken, Ulrich, Sprachtheorie und Weltanschauung in der europäischen Aufklärung, 7.1; 211–236.

Einleitung

Der junge Wolff in Breslau, Jena und Leipzig

Christian Wolff (auch: Wolf) wurde am 24. Januar 1679 in Breslau geboren; sein Vater, ein Lohgerber, hatte aus familiären Gründen seine Gymnasialausbildung abbrechen und ein Handwerk lernen müssen. Christian Wolff wurde lutherisch erzogen; er lernte schnell und beherrschte früh Lesen und Schreiben. Der Vater hatte gelobt, seinen Sohn lutherische Theologie studieren zu lassen, und führte ihn in die Anfangsgründe des Lateinischen ein; noch ehe er zehn Jahre alt war, lernte er außerdem aus Gemma Frisius' *Arithmeticum*, Quadrat- und Kubikwurzeln zu ziehen.[1] Er wurde Schüler des Magdalenengymnasiums in Breslau. Der dortige Philosophieunterricht berücksichtigte Averroes, Mendoza und Suárez,[2] aber Wolff gewann den Eindruck, dass scholastische Syllogistik kein gutes Mittel zur Wahrheitsfindung ist, und setzte seine Hoffnung auf die Mathematik. Weil sich die Mathematiklehrer am Magdaleneum damit begnügten, Fachtermini und Namen mathematischer Figuren zu erklären, studierte er auf eigene Faust Euklid in der Ausgabe von Christoph Clavius und Horchs *Anfangs-Gründe der Arithmetik* (bei Baumeister: *Elementa Arithmeticae vulgaris*);[3] auch interessierte er sich für

[1] Wolff, Eigene Lebensbeschreibung; 118.

[2] Baumeister, *Vita, fata et scripta Christiani Wolfii philosophi*; 16. – Mit »Mendoza« meint Baumeister anscheinend Pedro Hurtado de Mendozas *Disputationes a summulis ad metaphysicam*, die 1615 bei Godínez in Valladolid und später in Lyon und Mainz erschienen.

[3] Der Euklid-Kommentar des Jesuiten Christoph Clavius aus Bamberg erschien 1574 in Rom und wurde mehrmals gedruckt; s. die Neuausgabe der *Commentaria in Euclidis elementa geometrica* von Eberhard Knobloch, Hildesheim (Olms-Weidmann) 1999. – Der chiliastische Theologe und Mathematiker Heinrich Horch, der ein bewegtes Leben führte, veröffentlichte 1695 bei Fritsch in Leipzig seine »Anfangs-Gründe einer

Tschirnhaus und Descartes, obwohl ihm keine Exemplare ihrer Schriften zur Verfügung standen. Weil es Bestrebungen gab, Breslau zu rekatholisieren, waren dort theologische Dispute an der Tagesordnung;[4] Wolff diskutierte gern mit Katholiken und Reformierten, studierte Carbones *Compendium* der Theologie des heiligen Thomas von Aquin[5] und bedauerte, dass es keine Methode gab, mit der sich theologische Lehrsätze unwiderleglich beweisen ließen.[6] Weil er hörte, dass reformierte Theologen sich mehr Freiheiten nahmen als lutherische, studierte er schon als Schüler die *Synopsis Theologiae* des Cartesianers Frans Burman und Nicolaus Gürtlers *Institutiones theologiae*, an die er sich später in *De Loquela* erinnerte.[7]

Zum Studium ging Wolff 1699 im Alter von zwanzig Jahren nach Jena, wo Erhard Weigel wenige Jahre nach dem Ende des Dreißigjährigen Krieges ein Zentrum für Mathematik und mathematische Methoden aufgebaut hatte.

■ *Erhard Weigel* – Der seinerzeit berühmte Mathematiker Weigel wurde 1625 als Sohn eines Tuchmachers in Weiden geboren, doch zog die Familie, um der Rekatholisierung der Oberpfalz zu entgehen, schon 1628 in den Ort Wunsiedel im Fichtelgebirge, in dem später Jean Paul geboren wurde. Weil der Vater sein Handwerk dort nicht fortführen konnte, wurde er Lehrer an der deutschen Schule, während sein Sohn die Lateinschule

Vernunfft- und Schrifft-übenden Zahl- und Buchstab-Rechen-Kunst / Deren diese sonst Algebra heisset / Zum gebrauch der nidrigen und hohen schulen / Deutlich beschrieben von Heinrich Horchen / der H. Schrifft Doctore, Prof. und derzeit Rectore, wie auch Predigern zu Herborn«.

[4] Wuttke, Über Christian Wolff den Philosophen; 4.

[5] Gottsched, Lobschrift; 11. Es handelt sich um das *Compendium absolutissimum totius summae theologiae D. Thomae Aquinatis* von Ludovico Carbone aus Costacciaro.

[6] Wuttke, Über Christian Wolff den Philosophen; 4–5.

[7] Gürtlers *Institutiones theologiae* erschienen 1694 in Amsterdam; diese Ausgabe lag mir nicht vor. Gürtlers Sohn gab 1721 in Halle und 1732 in Marburg eine erweiterte Neuausgabe heraus.

besuchte. Als der Vater 1636 starb, übernahm seine Frau die Lehrerstelle; der elfjährige Erhard wurde ihr Hilfslehrer und trug durch Schreibarbeiten und Nachhilfestunden zum Unterhalt der Familie bei. Seit 1644 besuchte er das Gymnasium in Halle, wo ihm der Astronom Bartholomäus Schimpfer seine Bibliothek und seine Instrumentensammlung zugänglich machte; er führte Weigel in die mathematischen Anfangsgründe der Astronomie ein. 1647 begann Weigel sein Mathematikstudium in Leipzig, wo er 1650 zum Magister promovierte; er lehrte an der Universität, gab aber auch Privatstunden in Mathematik. 1653 erhielt er einen Ruf auf die Mathematikprofessur in Jena und zog mit seinen Vorlesungen über Mathematik und mathematische Verfahren viele Studenten an. Zu seinen Schülern gehörten Samuel Pufendorf und Johann Christoph Sturm; auch Leibniz wechselte 1663 für ein Semester nach Jena und hörte Weigels Kolleg. Dieser hatte eine Leidenschaft für Erfindungen, die das Nachkriegsleben erleichtern und die Gewerbe voranbringen sollten; er erfand zum Beispiel private Wasserspeicher zur dezentralen Brandbekämpfung, einen schnellen Personenaufzug und ein Amphibienfahrzeug, das Reisende von Brücken unabhängig machen sollte; auch entwickelte und verbesserte er naturwissenschaftliche und didaktische Instrumente. Sein sechsstöckiges Haus in Jena wurde als Musterbeispiel für die Verbindung von Architektur und moderner Technik berühmt. Er verfasste auch Publikationen in deutscher Sprache und setzte sich für die Verwendung des Deutschen an Schulen und Universitäten ein. Gegen den Widerstand von Theologen, denen die Übernahme eines katholischen Kalenders widerstrebte, leistete er wichtige Vorarbeiten zur protestantischen Kalenderreform, die kurz nach seinem Tod verwirklicht wurde.[8] Der Krieg hatte das Reich schwer

[8] 1582 verfügte Papst Gregor XIII. den Übergang zu dem nach ihm benannten Kalender, mit dessen mathematischer Ausarbeitung er den Mathematiker Clavius beauftragte. Der neue Kalender ersetzte den von Julius Caesar im Jahr 45 v. Chr. eingeführten Julianischen Kalender, der

getroffen, es hatte ein Drittel seiner Einwohner verloren, viele Städte waren zerstört, der Wiederaufbau erforderte Jahrzehnte und die Wissenschaften hatten gelitten. Nach Meinung der Experten lagen Weigels Mathematikkenntnisse noch unter dem westeuropäischen Niveau. Trotzdem fanden seine Bemühungen ein starkes Echo; sein Erfolg beruhte nicht zuletzt darauf, dass er seine Zuhörer von der Wichtigkeit der Mathematik und ihrer Methoden überzeugen konnte und dass es ihm gelang, die eigene Begeisterung auf Zuhörer zu übertragen.

In seinem Haus in Jena betrieb Weigel zeitweise eine Musterschule, die Kunst- und Tugend-Schule. In einem Bericht über Weigels Pädagogik zitiert Leonhard Friedrich einen Text, in dem Weigel Erziehung zum menschlichen Grundbedürfnis erklärt: Dem Menschen ist »ein unbewehrter, unbedeckter, Leib mit grosser Schwachheit, ohne Hörner, ohne Krallen, ohne scharff Gebiß, und ohne Rachen, angebohren, der nicht anders, als durch Beyhülff anderer des Geschlechts, aus Lieb, in Fried erzogen werden und fortkommen kann«.[9] Um Kindern das Fortkommen zu erleichtern, setzte sich Weigel für eine Reform des Unterrichts ein, bei der die bisher vernachlässigten Fächer Mathematik, Musik und Realienkunde eine wichtige Rolle spielten;

alle vier Jahre einen Schalttag vorsah; weil infolgedessen jedes Julianische Jahr elf Minuten zu lang war, hatte sich inzwischen das Kalenderjahr gegenüber dem Sonnenjahr um zehn Tage verschoben. Der neue Kalender versuchte, Kalender- und Sonnenjahr dadurch wieder in Übereinstimmung zu bringen, dass er 1582 zehn Tage ausfallen ließ; ferner entfielen in Zukunft die Schalttage in den Jahren, deren Jahreszahl nicht durch 400 teilbar ist. Weil es sich um eine päpstliche Initiative handelte, führten die protestantischen Länder erst 1700 einen Kalender ein, der dem Gregorianischen entsprach. Die orthodoxen Länder übernahmen ihn noch später, zum Beispiel Russland im Anschluss an die Oktoberrevolution und Griechenland 1925 für das Ziviljahr, aber nicht für das Kirchenjahr.

[9] Zitiert nach Leonhard Friedrich, Pädagogische Perspektiven zwischen Barock und Aufklärung, in: Erhard Weigel, barocker Erzvater der deutschen Frühaufklärung; 39–68; dort S. 58.

seine Pädagogik ist von Johann Amos Comenius geprägt:[10] Der Unterricht soll nicht aus aktivem Einreden auf der einen und passivem Zuhören auf der anderen Seite bestehen, sondern den Schülern dadurch Freude machen, dass sie tätig werden dürfen. Weigel glaubte, dass sie sich dadurch zugleich an den Umgang mit Regeln gewöhnten. Im Spätwerk *Philosophia mathematica* erklärt er, man dürfe den Willen von Kindern nicht dadurch an die Tugenden gewöhnen, dass man zu Überredungskünsten greife, Gewalt anwende oder ihnen Furcht vor Strafe einflöße; auch dürfe man nicht mit Gewalt oder Strafandrohung arbeiten und die Kinder nicht passiv halten, denn die Gewohnheit, tugendhaft zu handeln, bekommt man nur durch tugendhaftes Handeln; vielmehr müsse man sie aktiv halten, sich die von der Natur ihnen eingepflanzte Tugend zunutze machen und so die Tugenden, auch die moralischen, unter angenehmer Beschäftigung in ihnen hervorrufen.[11] Der Überzeugung, dass man am besten spielend lernt, gibt der Gedanke an die göttliche Weisheit einen spirituellen Hintergrund. Die Sprüche Salomonis berichten von ihr im achten Kapitel, dass sie schon vor der Entstehung der Welt bei Gott war und ihm bei der Schöpfung als Werkmeister diente; auch habe sie schon immer Lust daran gehabt, vor Gott zu spielen und bei den Menschen zu sein.[12] Dieser göttlichen Weisheit, die Theologen gern mit dem Logos, der zweiten Person der Dreifaltigkeit, in Verbindung brachten, wird man nach Weigel dadurch ähnlich, dass man spielend erkennt. Gott ist der Urheber jeder Weisheit, und wenn wir forschen, macht er sich

[10] S. zum Beispiel Johann Amos Comenius: *Schola ludus seu Encyclopaedia viva*, Frankenthal (Redinger) 1659, übersetzt in mehreren Ausgaben, zum Beispiel: Die Schule als Spiel, übertragen von Wilhelm Bötticher, Langensalza (Beyer) ²1907.

[11] Weigel, *Philosophia mathematica, Specimina novarum inventionum*, I: Doctrinalia 3; 3.: Dort: Ars flectendi Voluntatem hominis *eique Habitum Virtutum inducendi.*

[12] Altes Testament, Sprüche Salomonis 8, 29–31.

zu unserem Spielgefährten und flößt uns Wissen ein.[13] Insbesondere ist jemand, der Mathematik mit Freude betreibt, ein Spielgefährte der göttlichen Weisheit, denn sie hat die Welt nach Maß und Ordnung erschaffen. Als Mittel, die Regeln der göttlichen Schöpfung für Menschen leichter erkennbar zu machen, erhoffte Weigel eine *Mathesis universalis* als allgemeine Grundwissenschaft; sie sollte eine alles umfassende Wissenschaft sein und in der Unterweisung die erste Stelle einnehmen.

Wolff wählte 1699 Jena als Studienort, weil er bei Weigels Nachfolger Georg Albrecht Hamberger Mathematik und Physik studieren wollte; er schreibt in seiner Autobiographie: »Nach Jena brachte mich insonderheit die Begierde, die Mathesin und Physicam von dem H. Prof. Hambergern zu erlernen [...]«. Gottsched ergänzt: »Er fand auch wirklich an Hambergern den Mann, den er gesuchet hatte. Licht und Überzeugung herrschten in seinem Vortrage; und Herr Wolf hörte ihn mit dem größten Vergnügen.«[14] Dieser war sogleich in der Lage, schwächeren Kommilitonen bei Verständnisschwierigkeiten zu helfen.[15] Hamberger legte seiner Mathematikvorlesung die *Mathesis enucleata* und *Mathesis compendiaria* des Weigelschülers Johann Christoph Sturm sowie dessen Physikvorlesung *Physica conciliatrix* zugrunde; als ihm

[13] *Weigel, Philosophia mathematica*, Ad lectorem B.; 3. und 4. Seite nach »)(5«: »Der Hauptnutzen der Mathematik besteht darin, dass wir das Spielen der Weisheit mit den Geschöpfen zur Kenntnis nehmen, das bislang zum größten Teil übersehen wurde [...]. Deshalb haben wir in diese unsere Philosophie die wichtigste unserer mathematischen Erfindungen mitaufgenommen, nämlich einen GOTTES-Beweis, der stärker ist als irgendein euklidischer, weil sich aus ihm so wie ein Korollar spontan ergibt: Jede Wahrheit und Gewissheit erkennt GOTT als ihren Urheber an; mit Menschen, die nicht träumen, sondern fromm meditieren, spielt er liebevoll und flößt ihnen sachte die Wahrheit ein.«

[14] Wolff, Eigene Lebensbeschreibung; 120. – Gottsched, Historische Lobschrift; 12–13.

[15] Baumeister, *Vita, fata et scripta Christiani Wolfii*; 39–40.

Wolffs Mitschrift zu dieser Vorlesung in die Hände geriet, war er von ihr beeindruckt, Wolff aber erklärte, er habe die schnelle und genaue Wiedergabe gesprochener Texte schon bei dem Breslauer Gymnasialdirektor Gryphius gelernt, einem Sohn des Dichters, der verlangte, dass jeder Schüler am Ende der Stunde den Vortrag des Lehrers korrekt referieren konnte. Wenn das misslang, wurde Gryphius unangenehm, während er gute Referate schätzte. Wolff versuchte, Sturms Korollarien aus der *Physica conciliatrix* wie Lehrsätze zu beweisen, und erzählt später, er habe dadurch einen ersten Eindruck vom Beweisverfahren der antiken Autoren gewonnen.[16] Hamberger blieb ihm gewogen und unterstützte 1706 seine Berufung an die neue Universität Halle.[17] »[...] so nahm ich meinen Weg über Caßel nach Halle, daselbst besuchte ich den Herrn GHR. Stryck, welcher mich fragte, ob ich nicht daselbst verbleiben wollte. Ich sagte, dass ich die *Vocation* nach Gießen zur *Professione Matheseos* hätte, auch dorthin zu gehen *resolui*ret wäre. Er antwortete, ich könte dieses auch in Halle haben, weil Ihnen noch ein *Professor Matheseos* fehlete und sollte ich mit dem dortigen *Pro-Rectore*, dem H. *D.* Hoffmann, dieserwegen sprechen.[18] Weil ich nun ohnedem ihn besuchen wollte, so ging ich zu ihm und da er nur meinen Nahmen hörete, sagte er gleich von freyen Stücken, es wäre ihm lieb, daß ich zu Ihnen käme. Er wäre längst besorgt gewesen, wie die Universität einen *Professorem Matheseos* haben möchte und hätte ihm der H. *Professor* Hamberger, wie er in Jena gewesen,

[16] Über beide Episoden berichtet Wolff, Eigene Lebensbeschreibung; 113–114 und 123.

[17] Einen Eindruck von der damaligen Situation in Halle vermittelt Norbert Hinske (Hrsg.) in dem Sammelband »Halle. Aufklärung und Pietismus«.

[18] Preußische Universitäten pflegten nur Prorektoren zu haben, denn der wirkliche Rektor war der Landesherr. Dessen Stellvertreter in Halle war seinerzeit der Mediziner Friedrich Hoffmann.

vor einigen Wochen gesagt, er wüste ihm niemanden besser als mich zu *recommend*iren.«[19]

Gegen Ende seiner Zeit in Jena lernte Wolff Ehrenfried Walther von Tschirnhaus persönlich kennen. Tschirnhaus fand Wolffs Kommentar zu seinem Hauptwerk *Medicina mentis*, das 1687 in Amsterdam erschienen war, sehr gut. Für Tschirnhaus ist wie für Spinoza der Besitz verlässlicher Wahrheit die Bedingung für persönliche Glückseligkeit.[20] Er berichtet im ersten Teil der *Medicina mentis*, nach sorgfältigem Nachdenken sei er zu der Überzeugung gelangt, dass nichts für ein glückliches Leben wichtiger ist als das Finden der Wahrheit und der Besitz einer Wissenschaft, mit deren Hilfe man sie sicher erlangen kann. Deshalb habe er auf alle Freuden der Welt verzichtet, die ihm dabei im Wege stehen konnten, und sich mit unglaublicher Intensität auf die Erarbeitung einer Erfindungskunst (*ars inveniendi*) verlegt.[21] Den höchsten Grad des Wissens, auf dem man zum wirklichen Philosophen wird, hat man erreicht, wenn man alles bislang Verborgene, das dem menschlichen Verstand grundsätzlich zugänglich wäre, mit den Kräften des eigenen Geistes ans Licht bringen kann. Neben der Mathematik, die mit der Algebra eine gewisse Wissenschaft erschaffen hat, wäre eine allgemeinere Wissenschaft möglich, mit deren Hilfe jeder Kundige nicht nur in der Mathematik, sondern in allen Wissenschaften alles Verborgene, das in der Reichweite des menschlichen Verstandes liegt, mit Hilfe einer gewissen und beständigen

[19] Wolff, Eigene Lebensbeschreibung; 144–145.

[20] Zum Beispiel Spinoza, *Tractatus de intellectus emendatione*; Opera II, 1–40, vor allem 5–10.

[21] Wolff zitiert Tschirnhaus' *Medicina mentis* nicht nach der Erstausgabe (Amsterdam 1687), sondern nach der Ausgabe Leipzig 1695, die Thomas Fritsch verlegte. Zu deren Seitenangaben füge ich bei Zitaten in Klammern die Seitennummern der deutschen Übersetzung (Leipzig 1963) hinzu. – Tschirnhaus, *Medicina mentis* II, 1; 18 (1963: 64).

Methode ans Licht bringen kann; diese Wissenschaft sei die wahre Logik und heiße *Ars inveniendi.*[22]

▪ *Ehrenfried Walther von Tschirnhaus* – Der Philosoph, Mathematiker, Physiker, Chemiker, Ingenieur und Erfinder Ehrenfried Walther von Tschirnhaus (1651–1708) war der Sohn eines hohen kursächsischen Beamten. Die Oberlausitz, zu der sein Geburtsort Kieslingswalde[23] gehörte, hatte im Dreißigjährigen Krieg besonders gelitten und den größten Teil ihrer Einwohner verloren. Tschirnhaus lernte zunächst bei einem Hauslehrer die Anfangsgründe der Mathematik und Naturwissenschaft und besuchte danach die Gymnasien in Lauban und Görlitz. 1669–1674 studierte er in Leiden Jurisprudenz, interessierte sich aber vor allem für Philosophie, Mathematik und Physik. Bei dem Leidener Mathematiker Frans van Schooten, der Descartes' *La Geometrie* schon vor ihrem Erscheinen gelesen und einen vielbenutzten Kommentar zu ihr verfasst hatte, nahm er privaten Mathematikunterricht und ließ sich in das Denken Descartes' einführen. Während des holländisch-französischen Krieges diente er in der Armee Wilhelms von Oranien. Auf seiner Bildungsreise nahm er zuerst Kontakt zu Spinoza auf, danach besuchte er in London Heinrich Oldenburg, den Sekretär der *Royal Society*, der ihn Boyle, Wallis und Wren als großen Kenner der Algebra vorstellte. In Paris vermittelte ihm Oldenburg den Zugang zu Leibniz, mit dem er bis zu seinem Tod in Verbindung blieb, und zu Christian Huyghens; Erinnerungen an Tschirnhaus' mathematische

[22] Tschirnhaus, *Medicina mentis*, Praefatio Autoris ad lectorem; s. p. (S. 5) | (1963: 40).

[23] Der Ort heißt heute Słanikowice und gehört zur polnischen Landgemeinde Zgorzelec, die an die Stadtgemeinde Zgorzelec am östlichen Ufer der Lausitzer Neiße grenzt. Diese Stadt war bis zum Ende des Zweiten Weltkriegs ein Stadtteil von Görlitz. – Bei den folgenden biographischen Angaben beziehe ich mich auf Rudolph Zaunicks Einleitung: Von Tschirnhaus in seinem Werden und Wirken, in Tschirnhaus, *Medicina mentis*; 5–28

Bemühungen leben in der sogenannten Tschirnhaus-Transformation und Tschirnhaus-Quadratrix fort. Huyghens empfahl ihn dem Minister Colbert als Hauslehrer; später wurde er auf Betreiben Colberts in die Pariser *Académie des sciences* aufgenommen. Von Paris reiste Tschirnhaus, der sich besonders für Optik interessierte, nach Lyon zu Villette, dem Erfinder des Pariser Brennspiegels; später produzierte er selbst in Deutschland Brennspiegel und Brennlinsen von hoher Qualität. Schließlich bereiste er Italien und lernte Giovanni Alfonso Borelli und Athanasius Kircher kennen; in Neapel und Palermo betrieb er Vulkanstudien. Bei seiner Rückreise machte er in Leiden Station, um bei der Herausgabe des Nachlasses von Spinoza behilflich zu sein; der Amsterdamer Verlag Rieuwertsz, in dem Spinozas *Opera postuma* erschienen, veranstaltete 1687 die erste Auflage der *Medicina mentis,* deren schönes Schriftbild dem von Spinozas *Opera postuma* gleicht.

Nach seiner Rückkehr nach Deutschland arbeitete Tschirnhaus vor allem an der Verbesserung von Brennspiegeln und Brennlinsen; es gelang ihm, durch Kombination mehrerer Linsen Temperaturen von bis zu 1400 °C zu erzielen. Bis an sein Lebensende bemühte er sich um die Verbesserung der Glasqualität und um neue Schleifmethoden für Glas und Edelsteine. In seiner Schleif- und Poliermühle arbeiteten von ihm selbst konstruierte Maschinen; niemand in Europa konnte damals ähnlich hochwertige Linsen mit Durchmessern von mehr als einem halben Meter herstellen. 1692 wurde er polnischer und kursächsischer Rat und Leiter der kurfürstlichen Laboratorien; auch war er für die Erfassung der kursächsischen Mineralvorkommen zuständig und förderte den Bau von Glashütten. Sachsens sehr lebendige Wirtschaft war merkantilistisch organisiert; das Land erholte sich verhältnismäßig rasch von den Folgen des Dreißigjährigen Krieges. Tschirnhaus versammelte auf seinem Gut Kieslingswalde Mathematiker und Naturwissenschaftler; sein Wunsch, mit dem Erlös seiner Produkte dort eine Akademie zu finanzieren, erfüllte sich aber nicht, und seine Bemühungen um die Gründung einer Sächsischen Akademie der Wissenschaften scheiterten ebenfalls. Die Niederlage Sachsens im Nordischen Krieg, die zur Besetzung großer Teile Polens und Sachsens durch Schweden führte und zu den Anlässen von Wolffs Fortgang aus Leipzig gehörte, ruinierte den Wohlstand des Landes erneut und schränkte Tschirnhaus' Arbeitsmöglichkeiten ein; weil er versuchte, wichtige Forschungen mit seinen privaten Mitteln fortzuführen, war er am Ende seines Lebens ruiniert. Ein Schwerpunkt seiner späteren Bemühungen war die Vorbereitung der Porzellanherstellung, die teure Importe aus dem fernen Osten überflüssig machen und dem sächsischen Export wieder aufhelfen sollte. Tschirnhaus bewog den ihm unterstellten Alchemisten Johann Friedrich Böttger dazu, sich statt auf die Erfindung von künstlichem Gold auf die Erfindung von Porzellan zu konzentrieren, und experimentierte über Jahre hinweg mit neuen Verfahren und Materialien für Scherben, Brand und Glasur. Zwei Jahre nach seinem Tod konnte man in Meißen mit der Herstellung des ersten europäischen Hartporzellans beginnen; Tschirnhaus' Vorarbeiten dazu sind inzwischen fast in Vergessenheit geraten.

Seine Philosophie knüpft an Vorgaben von Descartes und Spinoza an. Im philosophischen Hauptwerk *Medicina mentis sive tentamen genuinae logicae* entwickelt er das Projekt einer gewissen Wissenschaft, die neue Entdeckungen ermöglichen sollte. Eine nach geometrischer Methode betriebene Physik informiert uns über Gottes Wirken in der Welt und über die von Gott erlassenen Gesetze der Natur, und die Einsicht, dass wir in allem von Gott abhängen, hilft uns bei der Befreiung von unseren Leidenschaften, die uns zum Streben nach Scheingütern wie sinnlichen Genüssen, Reichtum und Ehre verleiten. In einigen Ausgaben folgt auf die *Medicina mentis* (ganz im Sinn Descartes') die kürzere *Medicina corporis seu cogitationes admodum probabiles de conservanda sanitate* (Sehr wahrscheinliche Gedanken zur Erhaltung der Gesundheit), die in drei Teilen (Bewahrung der Gesundheit, Anzeichen bevorstehender Erkrankungen, Wiedererlangung der Gesundheit) zwölf Regeln für eine gesunde Lebensführung vorlegt.

Weigel, Tschirnhaus und Descartes bestimmten das Umfeld, in das Wolff in Jena hineinwuchs. Weil dieser damals eine Zukunft im Bereich der Theologie noch nicht ausschloss, belegte er in Jena auch theologische Kollegs; ferner »unterließ ers nicht, sich im Predigen zu üben. Weil er sich allemal bemühete, deutliche Begriffe von den abgehandelten Materien zu geben; und eins aus dem anderen herzuleiten: so gelang es ihm nicht übel damit. Diese Uebungen setzte er auch hier in Leipzig, als Magister, noch fort [...]«.[24] Wolff hörte ferner, um Anregungen für seinen eigenen Unterricht zu bekommen, bei Jenenser Kollegen, und weil er mit einer Vorlesung über Grotius nicht zufrieden war, studierte er Pufendorfs *De Jure naturae et gentium*, das ihn ebenfalls nicht überzeugte; »*excerpi*rte mir daraus *theses* und suchte, so gut ich konnte, die *rationes* derselben, denn es mißfiel, dass an tüchtigen *definitionibus* öfters ein großer Mangel war, hingegen noch mehr in den Beweisen, und sein *Principium Juris naturae*, nämlich *socialitatem*, hielt ich vor einen unvollkommenen Maaßstab, daher die Sachen anders einzurichten suchte [...].«[25]

Ende 1702 reiste Wolff nach Leipzig, um dort Anfang 1703 die Magisterprüfung abzulegen. Danach kehrte er für fast ein Jahr nach Jena zurück, um weiterhin an Hambergers *Collegium astronomicum* teilzunehmen; »Ich schrieb aber unterdessen, da ich noch in Jena war, meine *disputation*, um mich gleich *habiliti*ren zu können: *de Philosophia practica universali*, und besuchte außer der Astronomie noch andere *Collegia.*«[26] Als er Tschirnhaus um Rat bat, wie er die damals noch wenig bekannte Differentialrechnung lernen könne, bekam er Auskünfte, die er für unzureichend hielt, und erarbeitete sich am Ende die neue Disziplin auf eigene Faust aus verschiedenen

[24] Gottsched, Historische Lobschrift; 19.
[25] Wolff, Eigene Lebensbeschreibung; 132.
[26] Wolff, Eigene Lebensbeschreibung; 129

Quellen.[27] Auch beschäftigte er sich mit Descartes' *Discours de la methode.* Ende 1703 reiste er erneut nach Leipzig, um dort als *magister legens* »die *Mathesin* zu *doci*ren, weil zu derselben Zeit das *studium mathematicum* daselbst ganz darnieder lag«.[28] Er las auch über Theologie, über Logik auf der Grundlage der *Medicina mentis*, die sich im Titel der ersten Auflage als wahre Logik bezeichnete, allerdings nicht nach dem veröffentlichten Text, sondern nach einem von ihm selbst erarbeiteten Exzerpt, ferner über Physik nach Sturms *Physica conciliatrix.* Metaphysik, Moralphilosophie und Staatslehre behandelte er nach eigenem Ermessen, ohne sich an Handbücher anderer Autoren zu halten.[29] Zu Tschirnhaus gewann er nach und nach Distanz.[30] Zu seinen Problemen gehörte es, dass Tschirnhaus keinen deutlichen Begriff von »*concipere*« (begreifen) entwickelte und nicht hinreichend erklärte, wie man die einfachen Elemente von Realdefinitionen (die irreduziblen einfachen Ideen) gewinnt. Bei einem Treffen gewann Wolff den Eindruck, dass Tschirnhaus einige Fragen dazu auch selbst nicht beantworten konnte. Seine von Tschirnhaus inspirierte Meinung, dass das bisher verbreitetste wissenschaftliche Beweisverfahren, der Syllogismus (»die Schlussrede«), kein gutes Mittel zur Wahrheitsfindung sei, gab Wolff erst später auf.[31]

■ *Syllogistik* – Im Folgenden wird noch öfter von der Syllogistik die Rede sein, die bis zur Durchsetzung der geometrischen Methode in Europa das wichtigste wissenschaftliche Beweisverfahren war. Die traditionelle Syllogistik, die sich von der aristotelischen unterscheidet, strukturierte die meisten Argumentationen der Gelehrten: Sie diskutierten in Disputationen

[27] Wolff, Eigene Lebensbeschreibung; 125–128.

[28] Wolff, Eigene Lebensbeschreibung; 129.

[29] Gottsched, Historische Lobschrift; 24–25.

[30] S. dazu in Wolffs »Vernünftige Gedanken von den Kräften des Verstandes« die Einführung des Herausgebers Arndt; S. 16–18.

[31] S. dazu Wolff, Eigene Lebensbeschreibung; 134–137.

und Darstellungen ihre eigenen Prämissen und Schlussfolgerungen sowie die ihrer Gegner mehr oder weniger ausführlich. Erst später betrachtete Wolff die Syllogistik als leistungsfähiges und kalkülisierbares Zeichensystem; das kann man sich heute mit den Kalkülisierungsversuchen von Bocheński und Menne verständlich machen.[32] Bei den folgenden knappen Angaben halte ich mich an *Tractatus* IV *De Sillogismis* von Petrus Hispanus in der Fassung von *Tractatus*, hrsg. von L. M. de Rijk.

Traditionelle Syllogismen bestehen aus drei kategorischen Urteilen, nämlich der ersten Prämisse, der zweiten Prämisse und der Konklusion (Schlussfolgerung). Die maßgeblichen Terme dieser Urteile werden als »**S**« (Subjekt der Konklusion), als »**P**« (Prädikat der Konklusion) und als »**M**« (Mittelbegriff, vermittelnder Begriff) bezeichnet. In zweiwertigen Systemen können Urteile entweder affirmativ-universell (Alle S sind P) oder negativ-universell (Kein S ist P) und affirmativ-partikulär (Einige S sind P) oder negativ-partikulär (Einige S sind nicht P) sein. Als Symbol für affirmativ-universelle Aussagen dient in der Syllogistik »**a**«, für negativ-universelle »**e**«, für affirmativ-partikuläre »**i**« und für negativ-partikuläre »**o**«; diese Bezeichnungen wurden im Blick auf die Vorgaben »**a**ff**i**rmo« und »n**e**g**o**« (ich behaupte, ich verneine) gewählt.

SaP bedeutet: »Alle S sind P.«
SeP bedeutet: »Kein S ist P.«
SiP bedeutet: »Einige S sind P.«
SoP bedeutet: »Einige S sind nicht P.«

Man unterscheidet je nach der Stellung des Mittelbegriffes M drei (gelegentlich auch vier) Syllogismus-Grundfiguren:

[32] Bocheński. I. M., und Albert Menne: Grundriss der Syllogistik, Paderborn (Schöningh) 1954, §6.3 und 6.4; 34–36; in der Ausgabe als UTB 59 (1973); 46–47.

I:		II:		III:		(IV):	
	MP		PM		MP		(PM)
	SM		SM		MS		(MS)
	SP		SP		SP		(SP)

Nach Petrus Hispanus hat die erste dieser Figuren je nach der Verteilung von a, e, i und o neun gültige Modi, von denen ich hier nur die vier ersten erwähne:

1. *Barbara*	2. *Celarent*	3. *Darii*	4. *Ferio*
MaP	MeP	MaP	MeP
SaM	SaM	SiM	SiM
SaP	SeP	SiP	SoP

Für die zweite Figur zählt Petrus Hispanus 4 und für die dritte Figur 6 gültige Modi. Die S-, P- und M-Symbole syllogistischer Modi stehen für die Terme umgangssprachlicher Aussagen; am Beispiel der beiden ersten Modi der ersten Figur:

1. *Barbara*	2. *Celarent*
MaP – SaM – SaP	MeP – SaM – SeP
Alle Lebewesen sind Substanzen.	Kein Lebewesen ist ein Stein.
Alle Menschen sind Lebewesen.	Alle Menschen sind Lebewesen.
Folglich sind alle Menschen Substanzen.	Folglich ist kein Mensch ein Stein.

Zum Beweis ihrer Gültigkeit sind die nicht unmittelbar einsichtigen Modi 5 bis 19 auf einen der intuitiv einsehbaren ersten vier Modi (*Barbara*, *Celarent*, *Darii* oder *Ferio*) zu reduzieren; welchen Modus man jeweils zu verwenden hat, zeigt der erste Buchstabe des Modusnamens, zum Beispiel B (Reduktion auf »Barbara«), C (Reduktion auf »Celarent«), D (Reduktion auf »Darii«) oder F (Reduktion auf »Ferio«). Die Reduktion erfolgt durch unterschiedliche Verfahren, auf die ich nicht eingehe, nämlich durch einfache Konversion (Merkzeichen: »s« von »***s**implex*«), *per-accidens*-Konversion (Merkzeichen: »p« von »***p**er accidens*)«, Umstellung der Prämissen (Merkzeichen: »m« von »***m**utatio*«) oder *reductio ad impossibile* (Merkzeichen: »c« von »***c**ontradictio*«).

Damit der Schüler das alles behält, muss er vier mnemotechnische Hexameter auswendig lernen, deren Wörter die Merkzeichen enthalten. Um die Funktion der Verse verständlich zu machen, hebe ich im zweiten Hexameter die Buchstaben des Modus der ersten Figur, auf den der zu reduzierende Modus einer anderen Figur zurückzuführen ist (Barbara, Celarent, Darii oder Ferio), durch Unterstreichung hervor, die Buchstaben für Quantität und Qualität der drei beteiligten Urteile (a, i, e, o) durch Fettdruck und die Buchstaben für das Reduktionsverfahren (s, p, m, c) durch Kursivierung:

> Barbara Celarent Darii Ferio Baralipton
> C**e**l**a**nt**e***s* D**a**b**i**t**i***s* F**a***p***e***sm***o** Fr**i***s***e***s***o***m*oru*m*
> Cesare Cambrestes Festino Baroco Darapti
> Felapto Disamis Datisi Bocardo Ferison.

Beispiel *Fapesmo*: Zu reduzieren auf Ferio; erste Prämisse universell bejahend (**a**), zweite Prämisse universell verneinend (**e**), Konklusion partikulär verneinend (**o**); Reduktion: *per-accidens*-Konversion der ersten Prämisse (*p*), einfache Konversion der zweiten Prämisse (*s*), Umstellung der Prämissen (*m*).

Tschirnhaus lobte Wolffs Habilitationsschrift und führte ihre Qualität auf die Beschäftigung ihres Verfassers mit der *Medicina mentis* zurück.[33] Für die Fakultät beurteilte sie der Leipziger Moralphilosoph und Politologe Otto Menke (auch: Mencke), der Gründer der *Acta eruditorum*, der ersten gelehrten Zeitschrift in Deutschland, die zahlreiche Beiträge von Leibniz und Wolff veröffentlicht hat. Menke hielt die

[33] Wolff, Eigene Lebensbeschreibung; 134.

Schrift *De philosophia practica universali* für vielversprechend und schickte Leibniz ein Exemplar. »Hr. Magister Wolf aber wußte nichts davon, und ward nicht wenig betreten, als ihm Lic. Menke, nach kurzer Zeit, aus des Hrn. von Leibnitz Antwort, das vortheilhafte Urtheil vorlas, welches selbiger von seiner Dissertation gefället hatte. Dieser große Mann that noch mehr: er schrieb selbst an Hrn. M. Wolfen; eine Ehre, die demselben so unvermuthet, als schmäuchelhaft war, so, daß ihm eine starke Schamröthe darüber ins Gesicht trat.«[34]

Menke gewann Wolff bei dieser Gelegenheit zur Mitarbeit an seiner Zeitschrift: »Weil er nun sahe, daß ich dieselbe *methodo mathematica* geschrieben hatte, ich auch nicht bey der alten Leyer verblieb, sondern weiter zu gehen suchte, so fragte er mich, ob ich die *Mathesin studi*ret hätte, indem seine Absicht war, mich bey den *Actis* zu gebrauchen.«[35] Für den Fall einer Vakanz hat Wolff in Leipzig »zweymahl *pro loco disputi*ret, auch die übrigen *praestanda praesti*ret, welche nach denen *statutis* erfordert werden, einen *locum in Facultate* zu erhalten.«[36] Es handelt sich um die *Dissertatio de Algorithmo infinitesimali* und um die *Disquisitio philosophica de loquela*, die der Kandidat Johann Justus Gravius aus Spangenberg in Hessen-Kassel gemäß der Promotionsordnung in einer öffentlichen Disputation verteidigte. Solche Promotionen waren eine wichtige Einnahmequelle für Professoren und Magister, denen die Kandidaten Honorare zu entrichten hatten. In der Regel verfasste der Betreuer selbst nach Absprache mit dem Kandidaten die schriftliche Promotionsleistung, und das kam deren Qualität auch in diesem Fall zugute, wie ein Vergleich des einleitenden Briefes des Kandidaten Gravius an seinen Onkel mit dem Text von *De loquela* vermuten lässt.[37] Da Wolff

[34] Gottsched, Historische Lobschrift; 21.

[35] Wolff, Eigene Lebensbeschreibung; 133.

[36] Wolff, Eigene Lebensbeschreibung; 137.

[37] S. Rasche, Ulrich: Wissenschaft, Praxis und Prestige, in: Forschung und Lehre 4/18; 294–296.

erst kurz zuvor nach Leipzig zurückgekehrt war, muss er die Untersuchung noch in Jena geschrieben haben. Baumeister teilt mit, Wolff habe einige Thesen über die Sprache und über die Differentialrechnung verteidigt und dabei großen Beifall gefunden.[38]

1706 marschierten schwedische Truppen in Sachsen ein und besetzten Leipzig; die Lehre an der Universität brach zusammen, weil viele Studenten und Lehrer aus der Stadt flohen. Wolff traf das nicht sehr hart. Zwar hatten sich die Pläne für seine Anstellung als Mathematiklehrer am Elisabeth-Gymnasium in Breslau zerschlagen, weil sein ehemaliger Mentor und Förderer, der Theologe Neumann, befürchtete, sein Schüler sei inzwischen zum Spinozisten geworden; er hatte mit Wolff über Spinoza korrespondiert, und Wolff hatte Tschirnhaus' Spinoza-Deutung wohl etwas zu heftig verfochten.[39] Inzwischen hatte er aber Rufe auf einen Mathematiklehrstuhl in Danzig, auf eine Konrektorenstelle in Wismar und einen Mathematiklehrstuhl in Gießen erhalten. In Deutschland herrschte Mangel an berufbaren Mathematikern, und die Besetzung von Mathematikprofessuren war schwierig. Weil sich Wolffs Bestallung in Gießen verzögerte, denn »der Hr. Landgraf von Hessendarmstadt war damals abwesend«, wollte der Lehrstuhlanwärter einstweilen über Halle nach Leipzig zurückreisen, doch wurde er in Halle sogleich dazu gedrängt, anstelle des Gießener Lehrstuhls den in Halle

[38] Baumeister, *Vita, fata et scripta Christiani Wolfii*; 51.

[39] Wuttke, Über Christian Wolff den Philosophen; 7 (Wuttke zitiert aus der »Eigenen Lebens-Beschreibung« von Wolffs Breslauer Mitschüler Adam Bernd; 383–384): »Um Gottes Willen fing er an, was macht doch der Mensch da draußen? Er ist ja ein purer Spinozist. Er hat mit mir zu *correspondi*ren angefangen und da wir einmahl mit einander auf den Spinozam zu reden gekommen, so will er ihn mit aller Macht *excusi*ren: er soll kein *Atheist* seyn; sondern überall recht haben oder zu entschuldigen seyn.«

zu übernehmen.[40] Das tat er schließlich und blieb in Halle, bis ihn 1723 der König in Preußen von dort vertrieb.

Die *Disquisitio philosophica de loquela* ist eine in Latein verfasste akademische Zweckschrift. Wolff bezeichnete seine frühe lateinische Abhandlung als *Disquisitio philosophica* (philosophische Untersuchung); das Adjektiv bezieht sich auf eine Philosophie, die ihre Kerndisziplin Naturwissenschaft (*physica, physiologia, philosophia naturalis*) noch nicht verloren hat. Wolff blieb also innerhalb der Grenzen seines Fachs, wenn er über optische, akustische und physiologische Aspekte der Sprache redete; bei Äußerungen über Gegenstände der Anatomie, die zum Lehrstoff der medizinischen Fakultät gehörte, berief er sich dagegen auf den örtlichen Anatomen Bohn.

Er war in Leipzig noch nicht eingewurzelt und verfolgte mit der Schrift unter anderem den Zweck, dem Leipziger Kollegium einen Eindruck von seinen eigenen Kenntnissen und von den Fähigkeiten seines Kandidaten zu vermitteln; dabei bewies er Geschick, denn er berührte Themen der natürlichen Theologie, der Methodologie, die seinerzeit noch zur Logik gehörte, der Physik, die damals Biologie und das, was heute Physiologie heißt, noch mitumfasste, und der Mathematik, die als ein Fach mit großer Zukunft galt. Diese Disziplin stand in dem Ruf, besonders schwierig zu sein. Kollegen, die nicht mit ihr vertraut waren, begegneten Mathematikern in der Regel mit besonderem Respekt; in einer entfernt vergleichbaren Situation waren in Deutschland nach dem Zweiten Weltkrieg junge Philosophen, die mit mathematischer Logik umgehen konnten, und junge Psychologen, Pädagogen und Soziologen, die etwas von empirischen Methoden verstanden. In der Fakultät gab es Verteidiger traditioneller Gepflogenheiten und Befürworter von Veränderungen; dem trug Wolff dadurch

[40] Über diese Episode berichtet Gottsched, Historische Lobschrift; 26–28.

Rechnung, dass er im ersten Teil der *Disquisitio de loquela* traditionelle Themen erörterte, ohne Teilnehmern, die lieber etwas anderes hören mochten, zu viel zuzumuten. In den weiteren Teilen stieg der Unterhaltungswert der Examensschrift beträchtlich. Cartesianismus und cartesianischer Occasionalismus waren heftig diskutierte Richtungen, und das Publikum schätzte Arbeiten von Kircher und Kircher-Schülern wie Schott, Zahn und Lana, auf die sich Wolff berief; es handelte sich um anwendungsnahe Schriften über mathematische, physikalische und technische Themen mit Titeln wie »*Magia naturalis*« (natürliche Magie), »*Magisterium naturae et artis*« (Beherrschung von Natur und Technik), »*Oculus artificialis sive telescopium*« (Das künstliche Auge oder das Teleskop)[41] oder »*Technica curiosa*« (»*curios**« bedeutet hier wie »*curieu**« in Frankreich nicht einfach ›neugierig‹ oder ›kurios‹, sondern ›begierig auf Geheimnisse der Natur und meisterhaft bei deren Enthüllung‹; in diesem Sinn ist »*curiosus*« synonym mit »*Virtuoso*« in England). In den umfangreichen und teils schön illustrierten Werken der Kircher-Schüler vermischt sich *popular science* mit *science fiction*; Gegenstände wie die neue Algebra, die Physiologie des Sprechens und Hörens, Geheimsprachen, Geheimschriften, Fernmeldeversuche, Sprechleistungen von Stummen, Hörleistungen von Tauben und Maschinen zur Sprachübertragung und Spracherzeugung fesselten das Publikum. Wolff brachte allerdings so viele Themen zur Sprache, dass ihm für die Begründung und Erläuterung von Einzelbehauptungen wenig Zeit blieb. Das ist vermutlich auch ihm selber klar geworden, denn manchmal kommt er möglichen Einwänden mit präventiven Floskeln zuvor, zum Beispiel: Dass unser Wille zur Kommunikation

[41] Diese Bezeichnung ist nicht schlechthin originell; sie spielt auch bei Boyle eine Rolle; s. Boyle, *The christian virtuoso*; Birch V, 539: »Die äußeren Sinne sind nur Instrumente der Seele, die mit Hilfe des Ohres hört und für die das Auge bloß ein unmittelbareres Fernglas ist.«

seine Wirkung nicht aus eigener Kraft hervorbringen kann, ist allen klar, die wahre Philosophie betreiben (§ 12); oder: Die Nichtigkeit der Behauptung, Ähnliches könne auf Ähnliches wirken, wurde schon bewiesen (§ 15); sie wurde aber gar nicht bewiesen, sondern bloß behauptet und danach mit einer zusätzlichen Behauptung begründet; und schließlich: Auf welche Weise unser Geist auf andere Geister einwirken kann, ist evident (§ 17).

Andererseits zeigte sich bei dem nun Vierundzwanzigjährigen neben beachtlichem Geschick ein Mangel an Gespür für akademische Risiken vor allem bei der Unbefangenheit, mit der er occasionalistische Positionen vertrat. Der Altdorfer Physiker Johann Christoph Sturm hatte Boyles »*A free enquiry into the vulgarly received notion of Nature*«[42] gelesen und war von Boyles Anregung beeindruckt, auf die Verwendung des Naturbegriffs ganz zu verzichten: Er sei in der Physik von keinem Nutzen, verführe aber Philosophen zu dem Irrtum, es gebe so etwas wie eine Untergöttin, die stellvertretend für Gott die geschaffene Welt verwalte. Deshalb verfasste Sturm 1692 die Streitschrift *Idolum naturae*, in der er die Abschaffung des götzendienerischen Naturbegriffs verlangte, nach dem Vorbild der *Philosophia christiana* die Vergötterung der Natur bekämpfte und die These vertrat, dass in der sogenannten Natur nur Gott alles bewirkt, während aus eigener Kraft die Körper überhaupt nichts und die Geister bloß ihre immanenten Gedanken und Willensakte hervorbringen könnten. Darüber wurde nicht nur diskutiert;[43] der Kieler Mediziner

[42] Lateinische Fassung: *Tractatus de ipsa natura sive libera in receptam naturae notionem disquisitio ad amicum*, Genf (Tournes) 1688.

[43] Weigels Schüler Johann Paul Hebenstreit, der bei Weigels Bestattung die Trauerrede hielt, teilt mit, dass ihm die These von der Ohnmacht der Zweitursachen während des Studiums und auch danach immer wieder eingehämmert wurde; s. *Systema theologicum*, p. 1, loc. 5, thes. 17, §. 3; 354: »Gegen die in meiner These abgelehnte Meinung, die mir einst, als ich Student und Kollege war, in der Jenenser Akademie von einem sehr

Schelhammer, der früher in Jena gelehrt hatte und zu Leibniz' Korrespondenten gehörte, deutete in seiner Streitschrift *Natura vindicata* mehrmals an, wie stark er dem Druck der Frommen ausgesetzt war, weil er Sturms Vorschlag ablehnte.

Schelhammer schrieb, Sturm habe versichert, er referiere nur, in Wirklichkeit habe er aber noch manches zu Boyles Behauptungen hinzugefügt und anderes ausgelassen und sich im Übrigen zu eng an Boyle gehalten. Die Studenten seien unsicher geworden, weil Schelhammer in seinen Vorlesungen auch weiterhin das Wort »Natur« verwendete; um sie zu beruhigen, habe er ihnen erklärt, die neueren Aristoteliker, die einen problematischen Naturbegriff vertraten, obgleich sie Christen und Wissenschaftler waren, hätten ihre Meinung nicht aus Bosheit vorgetragen. Auch begründete er in öffentlichen Kollegs seine Ablehnung von Sturms neuer Lehre, nach der Gott alles unmittelbar bewegt, und das nahm Sturm ihm übel.[44] Nach Schelhammer war damals Boyles Autorität so groß, dass die bloße Nennung seines Namens Menschen dazu brachte, seine Meinung anzunehmen. Zu seinen Überlegungen darüber, was die Natur ist und ob es sie gibt, trieb Boyle nach Schelhammer das für seine Nation charakteristische Verlangen nach Neuem, aber auch eine schlechte Meinung von der aristotelischen Philosophie, die Francis Bacon, der ebenfalls Aristoteles unterschätzte, fast allen englischen Gelehrten eingeflößt hatte. Boyle behauptete, man könne wegen der Vieldeutigkeit des Wortes »Natur« jeden Satz bezweifeln, in dem es vorkommt, Aristoteles' Definition von »Natur« sei dunkel und unverständlich, und der übliche Naturbegriff begünstige die Meinung, die einige Aristoteliker insinuierten: dass sie ein überaus weises Wesen zwischen Gott und der Schöpfung ist, das schon vor Beginn der Welt existierte. Das

berühmten Kollegen immer wieder eingebläut wurde, kämpfe ich nun mit Argumenten, die meiner Überzeugung nach unwiderleglich sind.«

[44] Schelhammer, *Naturae vindicatae vindicatio* c. 1; 6–7.

aber schade der christlichen Religion. Boyle habe ausführlich zu zeigen versucht, dass infolge dieser Meinung Polytheismus und Götzendienst entstanden. Die Gegenseite behaupte einfach, dass die Natur existiert, obgleich man sie überhaupt nicht brauche; viele Geschehnisse im Weltall seien sogar mit dem überkommenen Naturbegriff nicht vereinbar.[45]

Schelhammer hatte Boyle während seiner Englandreise kennengelernt und war der Ansicht, er habe sich in dieser Frage deshalb so verrannt, weil man sie nicht mit Experimenten, sondern nur mit Vernunftschlüssen entscheiden kann; diese aber könne Boyle wohl besser allgemein konzipieren als korrekt formulieren. Aristoteles tue er deshalb Unrecht, weil er nicht überprüfe, ob das, was er als aristotelisch bezeichnet, tatsächlich in Aristoteles' Schriften steht oder ob es bloß von irgendeinem seiner Interpreten behauptet wird.[46] Er war schon oft gegen Aristoteles und seine Philosophie ausfällig geworden und stellte sich nun auf die Seite Malebranches; dass er die Aristoteliker der Götzendienerei beschuldigte und sich insbesondere gegen den Ausdruck »Natur« wandte, gefiel Sturm gut.[47] Auf die Spannungen, zu denen Sturms Bemühungen in Jena führten, geht der Greifswalder Mediziner Christian Stephan Scheffel in seiner *Vita Schelhammeriana*, die eine Sammlung von Briefen berühmter Gelehrter an Schelhammer einleitet, eher beiläufig ein: Schelhammer war froh, dass er 1695 von Jena nach Kiel wechseln konnte, weil er und andere Kollegen die Zänkereien verabscheuten, die damals vor allem ein streitbarer Jenenser Theologe vom Zaune brach.[48]

[45] Schelhammer, *Natura vindicata* 1, c. 6, § 10; 115–116.

[46] Schelhammer, *Natura vindicata* 1, c. 6, § 11; 116.

[47] Schelhammer, *Naturae vindicatae vindicatio* c. 1; 5–6.

[48] Scheffel, *Fasciculus epistolarum selectiorum a viris clarissimis ad Gvntherum Christophorum Schelhammerum*, Vita Schelhammeriana; 31–32.

Schelhammer war davon überzeugt, dass man wissenschaftliche Medizin nicht ohne den Naturbegriff betreiben könne, fühlte sich durch die Sturmanhänger in seiner Berufsausübung behindert und veröffentlichte 1697 als Stellungnahme im sogenannten Naturstreit[49] die Abhandlung *Natura sibi et medicis vindicata sive de Natura.* Sturm antwortete 1698 mit der Arbeit *De natura sibi incassum vindicata,* gegen die Schelhammer 1702 die Gegenschrift *Naturae vindicatae vindicatio* veröffentlichte. Der Streit erregte Aufsehen; Leibniz mochte sich nicht direkt daran beteiligen, weil er zu beiden Kontrahenten friedliche Beziehungen unterhielt, bezog jedoch 1698 in der Abhandlung *De ipsa natura sive de vi insita actionibusque creaturarum*, in der er bereits den Ausdruck »Monade« verwendet, die aber Wolff 1703 noch nicht kannte, unmissverständlich Position.[50] Dass man in Leipzig von dieser Auseinandersetzung nichts wusste und dass insbesondere Wolff keine Ahnung von ihr hatte, ist unwahrscheinlich. Doch geht er in der *Disquisitio de Loquela*, in der er sich neben seinen Lehrer Hamberger, also zugleich auf die Seite Sturms und (wie er später erfährt) in Gegenposition zu Leibniz stellt, mit keinem Wort auf die aktuellen Verwicklungen ein. Sein

[49] Diesen hält Buddes Schwiegersohn Johann Georg Walch im »Philosophischen Lexicon«, Art. »Natur«; II, col. 1856, für überflüssig: »Allein wenn man in der Haupt-Idee einig, daß Natur eben das, was Mechanismus bedeuten soll, so scheint sichs der Mühe nicht zu verlohnen, um das Wort selbst ein Dispüt anzufangen; ob aber nicht eins bequemer in Ansehung des Gebrauchs, als das andere, solches ist eine andere Frage.«

[50] Der Text ist abgedruckt in GP IV, 504–516. Leibniz macht klar, dass er die Meinung Sturms nicht teilt. S. Einleitung des Herausgebers; GP IV 417: »Ohne sich in den Streit selbst zu mischen, zieht Leibniz in der Abhandlung VI: *De ipsa Natura sive de Vi insita Actionibusque Creaturarum, pro Dynamicis suis confirmandis illustrandisque* (*Act. Erudit. Lips. an.* 1698 *Septembr.*) die Behauptung Sturm's in Betracht, dass die Attribute, die gewöhnlich mit dem Begriff: Natur der Dinge verbunden werden, zum Theil heidnisch und unchristlich seien, und ferner daß Sturm leugnet, daß in den Geschöpfen die *ἐνέργεια* vorhanden sei.«

Vorgehen war nicht ungefährlich, denn Kollegen, die auf Schelhammers Seite standen, konnten ihm sein Eintreten für Sturms Position verübeln und ihm und seinem Kandidaten schaden. Wolff hatte allerdings das Glück, dass am Ende nur Leibniz, der kein Fakultätsmitglied war, seinen Zwischenaufenthalt im Lager der Cartesianer monierte.[51] Darüber ist im Epilog zu berichten.

[51] Baumeister, *Vita, fata et scripta Christiani Wolfii*; 51–52: »[…] Er schickte Leibniz auch die erste [Dissertation], die die Sprache behandelte. In dieser Dissertation gab aber Wolff unverdeckt zu erkennen, dass er das cartesianische sogenannte System der Gelegenheitsursachen billigte. Deshalb sagte Leibniz in einem Brief an Wolff, er begreife nicht, wieso sich dieser dem cartesianischen System anschließe.«

CHRISTIAN WOLFF

Philosophische Untersuchung über die Sprache

Philosophische Untersuchung
über die

SPRACHE,

welche
mit freundlicher Genehmigung
DER HOCHANSEHNLICHEN PHILOS. FAKULTÄT

IM JAHR
1703, am 20. Dezember
am üblichen Ort und zur üblichen Stunde

UNTER DEM PRÄSIDIUM

DES HRN. M. CHRISTIAN WOLF,
aus Breslau,

SEINES HÖCHST ACHTUNGSWÜRDIGEN
LEHRERS UND GÖNNERS

nach freundlicher Prüfung durch die Gelehrten
unterbreitet

Johannes Justus Gravius,
aus Spangenberg Hessen-Kasseler
Student der Philos. und Mediz.

- -

LEIPZIG
gedruckt von Christian Gözius

DEM HÖCHSTVEREHRLICHEN, WOHLEDELEN
UND HOCHGELEHRTEN
HERRN

JOHANN GEORG RAUSCH
höchstverdientem Archidiakon
der obersten
Kirche bei den Kasselern etc.

Herrn, Schutzherrn und Onkel
an Vaters statt,
dem er mit jedem Erweis von Gehorsam
und Ehrfurcht zu willfahren hat,
weiht

Diese Erste Frucht Seiner Studien
der Respondent

JOH. JUSTUS GRAVIUS.

HÖCHSTER EHRE WÜRDIGER MANN,
verehrtester Herr, Schutzherr und Onkel![1]

Alle rechnen den Vernunftgebrauch zu Gottes ausgezeichneten Wohltaten, doch gibt es wenige, die ihre Vernunft gebrauchen mögen, denn wenige philosophieren. Was ist denn die Vernunft anders als jenes Vermögen des Geistes, das verborgene Wahrheiten erforschen, erforschte erkennen, erkannte überprüfen und überprüfte einer Verwendung zuführen kann? Was aber ist Philosophieren anderes, als dass man dieses Vermögen zur Verwirklichung bringt? Ein Philosoph ist also,

[1] Widmung und Brief wurden nicht in die Ausgabe von 1755 übernommen.

wer von seiner Vernunft den richtigen Gebrauch macht, und nicht jemand, den seine Sinne leiten. Das Urteil der Sinne verschmäht die Übung der Tugend, aber damit gibt sich die gesundere Philosophie nicht zufrieden. Die Mathesis bezeichnet deshalb jemanden, der sein Wissen allein aus den Sinnen schöpft, als Mechaniker und sein Wissen als Mechanik; aber Menschen, die ihre Theoreme aus den Begriffen der Dinge beweisen und so Probleme lösen, würdigt sie am Ende mit der Bezeichnung Geometer. Daher verschmähten neuere Autoren die scholastische Methode des Philosophierens und befolgten eine andere, die auf zuverlässigen Experimenten und belastbaren Gründen erbaut ist. Aber hier ist Rhodus, hier springe! Wer philosophiert auf diese Art? Der, welcher nach Art der ältesten Philosophen mit der Mathematik beginnt und die Schulen der Philosophie nicht als ἀγεωμέτρητος[2] betritt. Später wird den rechten Gebrauch von seiner Vernunft machen, wer durch lange Übung gelernt hat, sie zu gebrauchen. Ich wundere mich also nicht, Du größter Ehre würdiger Mann, dass Du mir das Studium der cartesischen Philosophie und folglich auch der Mathematik so sehr empfohlen hast. Deiner väterlichen Mahnung eingedenk verbinde ich diese beiden Studien mit dem medizinischen und bin fest davon überzeugt, dass dessen Verächter hiermit keinen glücklichen Ausgang erleben. Damit Du aber Gewissheit darüber bekommst, ob ich beim Philosophieren den richtigen Weg beschreite oder nicht, wollte und musste ich die vorliegende Abhandlung pro cathedra öffentlich erörtern und vor allem Deinem Namen widmen. Es hat sich freilich jüngst ein anonymer Autor, dem es beliebte, sich unter den Anfangsbuchstaben G.B.M.D. zu verbergen,[3] und der wirklich bewiesen hat, dass er die Regeln der

[2] Ein ἀγεωμέτρητος (ageōmétrētos) ist jemand, der nichts von Geometrie versteht. Ein solcher Mensch wurde in Platons Akademie nicht zugelassen.

[3] Die Verfasserangabe »G.B.M.D.« steht für Gottfried Büching aus Köstritz; der Titel der deutschen Fassung der Schrift lautet: Philoso-

wahren Methode des Philosophierens hinlänglich kennt, nicht gescheut, in einer in deutscher Sprache verfassten philosophischen Untersuchung über das Vermögen der Dämonen, auf Körper einzuwirken, auf S. 5 mitzuteilen, dass die cartesische Philosophie die Tür zum Spinozismus weit aufstößt, indem sie Gott zur unmittelbaren Ursache der Bewegung erklärt und ihn auf diese Weise mit den Kräften der Natur vermengt. Tatsächlich würde ich niemals leugnen, dass Benedikt von Spinoza die Natur mit ihrem Schöpfer vermengt und dass Bekker die Gegenwart des Teufels unter den Menschen und sein Vermögen, auf Körper einzuwirken, bestritten hat, denn beide haben die Cartesíanischen Prinzipien nicht richtig verstanden. Dass es diese aber deshalb verdienen, als höchst pestilenzialische Prinzipien bezeichnet zu werden, wird kein kluger Mensch behaupten, obwohl sehr begabte Männer durch Fehlschlüsse

phische Untersuchung/Von Gewalt und Wirckung des Teuffels in Natürlichen Cörpern, erschienen 1704 ohne Verlagsangabe in Frankfurt und Leipzig. Gravius' Erwähnung dieses Werkes zeigt, dass Wolffs *Disquisitio de Loquela*, die im Titelblatt 1703 als Jahr der akademischen Veranstaltung angibt, nicht vor 1704 erschienen ist. Die von Gravius monierte Stelle steht in Büching, Philosophische Untersuchung, § 2; 4–5: »Gewißlich / wen jemahls eine Meynung so wohl in der Theologie / als in der natürlichen Wissenschafft unzehlichen Irrthümern Thür und Thor eröffnet / so hat es diese Meinung des Cartesii gethan: Diese Leute wollen zwar beweisen, dass ein Gott sey / allein bey ihnen ist Gott / und die Creatur oder die Welt ein Ding / welche Mengerey auch den Spinozam in den Atheismum verführet.« – 1703 war die nicht-anonyme lateinische Vorlage von Büchings deutscher Schrift unpaginiert als Dissertation erschienen: *Disputatio inauguralis medico-philosophica de potentia Diaboli in corpora*, verteidigt von Gottfried Büching unter dem Präsidium von Friedrich Hoffmann; die von Gravius erwähnte Behauptung findet sich dort auf der ersten Seite von § 2. Büching gehörte wie sein angesehener Lehrer Hoffmann nicht zu den Autoren, die Hexenprozesse grundsätzlich verwarfen. Er wandte sich gegen Balthasar Bekker, der bestritt, dass der Teufel überhaupt auf fremde Leiber einwirken kann, und unterschied Wirkungen auf Körper, zu denen der Teufel nicht fähig ist (§§ 5–11; 8–15), von solchen, die er erbringen kann (§§ 12–21; 15–25).

pestilenzialische Irrtümer aus ihnen herleiten. Auch wenn man nämlich behauptet, dass ein göttlicher Willensakt die unmittelbare Ursache jeder Bewegung ist, so folgt daraus keineswegs, dass Gott die unrechte Bewegung Davids wollte, als dieser mit Bathseba die Ehe brach. Man muss nicht Gottes einzelne Willensakte ins Auge fassen, sondern die allgemeinen, die wir als natürliche Gesetze der Bewegung bezeichnen. Gott wollte zum Beispiel allgemein ganz unabhängig von David oder sonst einem Individuum, dass auf den entsprechenden Wink des Geistes hin diejenige Bewegung des Körpers notwendig folgt, die der Beischlaf verlangt, denn die von Gott verfügte Vermehrung des Menschengeschlechts erfordert sie. Weil also David diese Bewegung wollte, folgte sie auf seinen Willen hin aufgrund von Gottes mächtigem Wink. Deswegen ist die Ursache des Ehebruchs nicht bei Gott, sondern bei David zu suchen, der das natürliche Gesetz der Bewegung infolge der Verkehrtheit seines freien Willens missbrauchte. Welche Fehlschlüsse Spinoza und Bekker begangen haben, macht unsere Abhandlung dem aufmerksamen Leser klar. Deshalb gebe ich nichts auf das Urteil des gelobten Autors, aber wenn Du die vorliegende Abhandlung mit Deiner Stimmkugel billigst, wird mir das ein Ansporn sein, meine glücklich begonnene Laufbahn fortzusetzen. Wenn Du dagegen meinst, man müsse sich für eine andere Art des Philosophierens entscheiden, so will ich mit meiner Stimmkugel (sofern sie etwas gilt) für Deine Meinung stimmen, unverzüglich den Weg beschreiten, den Du mir weisest, und aus Erkenntlichkeit für diese neue Wohltat bereitwilligst stets alle Pflichten des Gehorsams und der Ehrfurcht erfüllen, die man von einem Sohn erwarten kann.

(Diese Auflistung steht nur in der Ausgabe von 1755.)

§ 1,2.	Was ist Sprache?
§ 3.	sie ist ein Akt des Geistes.
§ 4.	Tätigkeit des Geistes.
§ 5.	Der Geist ist vom Wesen des Schöpfers her zu explizieren. Zu beachten.
§ 6.	Gedanken.
§ 7.	Zeichen und ihre Beschaffenheiten.
§ 8.	Gebrauch von Analogien.
§ 13.	Wirkung von Geist auf Geist.
§ 14,15.	Bewegungsgesetze.
§ 17.	Einwirkung des Geistes auf den Körper.
§ 19.	Zusammenspiel der Organe.
§ 21.	Steganographie.
§ 22.	Woher der Ton kommt.
§ 27.	Verbreitung von Wörtern.
§ 30 ff.	Wortgebrauch.
§ 36.	Denken ohne Wörter.
§ 37.	Sprechmaschine.

I.
Definition der Sprache, die ein Erzeugnis des Geistes ist. Gattungen der Gedanken und Gattungen der Zeichen für sie. Anforderungen an sprachliche Zeichen für Gedanken

§1

Definition von »Sprache« 1|244 ▷ S. 301

---

§1 Wer mathematisch, das heißt, der Ordnung nach, deutlich und solide philosophieren will, muss Wörter und Dinge auseinanderhalten und ihre Definitionen von Anfang an überprüfen, damit nicht Mehrdeutigkeiten seine eigenen und zugleich auch anderer Menschen Begriffe durcheinanderbringen und Anlass zu leeren Wortgefechten bieten. Da wir also die Sprache behandeln möchten, weisen wir darauf hin, dass wir unter »Sprache« eine an den Augenblick gebundene Tätigkeit verstehen, durch die wir Anwesenden Gedanken unseres Geistes mitteilen.

Wolff teilt hier mit, dass man sowohl mathematisch als auch nichtmathematisch philosophieren kann. Wer nichtmathematisch philosophiert, begnügt sich weiterhin mit irrtumsanfälligen Syllogismusketten. Wer dagegen mathematisch philosophiert, hält sich an die vorgegebene Reihenfolge der Begriffe und entscheidet sich für unmissverständliche Formulierungen.

■ *Mos geometricus* und *Mathesis universalis.* – Im 16. und 17. Jahrhundert weckten Kriege und politische Unsicherheiten, Elend und Seuchen ein intensives Interesse an Wissen, das es möglich machte, wieder in Frieden zu leben, die Gefährdung durch Krankheiten und Seuchen mit Hilfe einer verbesserten

Medizin zu lindern, den Hunger der Bevölkerung durch neue Methoden der Landwirtschaft und Nahrungsmittelverarbeitung zu stillen, den Bedarf an Gütern durch effizientere Herstellungsverfahren zu decken und die Bürde der Arbeit durch den Einsatz mechanischen Wissens zu erleichtern. In allen diesen Bereichen gab es neue Erfindungen und Erkenntnisse. Man hatte den Wunsch, Verbesserungen der Verhältnisse nicht mehr dem Zufall zu überlassen, sondern sie durch Umorganisation der Wissenschaft planbar und steuerbar zu machen. Die Mechanik war lange Zeit eine wenig geachtete Disziplin für niedere Dienstleister, während sich die angesehene Schulphysik als bloß theoretische Wissenschaft verstand, die Erklärungen für Naturvorgänge vorzulegen hatte, von der man aber keine Verbesserung der Produktion und der Lebensführung erwartete. Eine neue Generation von Wissenschaftlern verlangte nun, dass die Physik praktisch wurde, das heißt, dass sie zur Verbesserung der Situation des Menschen beitrug.[1] Diesem Zweck diente ihre Überführung in Mechanik, die man heute als Übergang zum Mechanizismus bezeichnet; Eduard J. Dijksterhuis hat dafür den Ausdruck »Mechanisierung des Weltbilds« eingeführt. Zur Zeit des jungen Wolff war dieser Prozess in Deutschland weitgehend vollzogen. Man interpretierte naturwissenschaftliche Probleme als Probleme, für die man mechanische Lösungen zu finden hatte. Zu den Schwächen der Schulwissenschaft gehörte ihr Mangel an stringenten Entscheidungsverfahren, der nicht nur theoretische, sondern auch gesellschaftliche Gründe hatte, denn er machte totale Niederlagen einzelner Gruppen unwahrscheinlich und garantierte Spielraum für den Dauerstreit der Schulen, die von mächtigen Institutionen getragen wurden und ihre unentscheidbaren Lehrsätze erbittert gegeneinander verteidigten. Die verbreitetste Be-

[1] Descartes, *Discours de la methode*; AT VI 61, 30–62, 8: Anstelle der spekulativen Philosophie, die an den Schulen gelehrt wird, könnte man eine praktische erfinden, und durch diese würden wir zu Herren und Besitzern der Natur.

weismethode, die Syllogistik, bot Möglichkeiten zu Fehlschlüssen und Täuschungen; die Skala reichte von der Verwendung mehrdeutiger Urteilsterme bis hin zur Unterschiebung unzulässiger Reduktionsverfahren. Nach Meinung vieler Gelehrter hatte das am Ende politische Konsequenzen, und in der Tat beruhten einige Gegensätze zwischen den kämpfenden Parteien auf philosophischen Richtungsentscheidungen, wie u.a. die Auseinandersetzungen über die Transsubstantiation beim Abendmahl zeigen.[2] Descartes war davon überzeugt, dass der theoretisch unbeendbare Streit zwischen Schulphilosophen und die durch ihn veranlassten theologischen Zwistigkeiten zum Ausbruch der europäischen Kriege des 16. und 17. Jahrhunderts beigetragen hatten, denn weil die Meinungen der Kontrahenten einander hoffnungslos widerstritten, wurden ihre Schüler mit der Zeit immer kleinlicher und rechthaberischer. Die Überzeugungen, für die sich ganze Nationen in allseits gerechte Kriege verstrickten, ließen sich theoretisch nicht stringent entscheiden, und am Ende fiel die Entscheidung den Fürsten und ihren Armeen zu. Um das in Zukunft zu vermeiden, setzten Gelehrte wie Descartes ihre Hoffnung auf eine unbestreitbare und entscheidungsfähige Wissenschaft, die planvolle Forschung ermöglichen und ideologische Auseinandersetzungen zwischen gesellschaftlichen Kräften bereits beenden sollte, bevor sie den öffentlichen Frieden gefährden konnten.[3] Sie musste so gewiss sein, dass streitlüsterne

[2] S. Vf., Kategorienlehre und Eucharistie, in: Innovation und Folgelast; 69–91.

[3] Zum Beispiel Descartes, Gespräch mit Burman, 16.4.1648; AT V, 176: »[...] die Mönche haben durch ihre scholastische Philosophie, die vor allem zu beseitigen wäre, den Anlass zu allen Parteiungen und Häresien gegeben. Und wozu bedarf es eines solchen Aufwands, da wir doch sehen, dass Laien und Bauern genau so gut den Himmel erlangen können wie wir. Dies müsste uns eine Mahnung sein, dass es völlig genügt, eine so einfache Theologie zu haben wie sie, statt sie durch viele Kontroversen zu hecheln und dadurch zu verderben und Anlass zu Zank, Streit, Kriegen und dergleichen zu geben.« Dies ist vermutlich keine

Parteien selbst dann nicht über sie streiten konnten, wenn sie wollten; zugleich aber konnte sie, weil sie wahr und genau war, den Weg zur Verbesserung der Lebensverhältnisse öffnen. Andere Gelehrte setzten stattdessen auf die friedenstiftende Kraft eines mächtigen Staates, der Übergriffe gesellschaftlicher Kräfte in die Schranken weist,[4] und wieder andere wie Locke forderten allgemeine Toleranz. Nun wussten Autoren, die so dachten wie Descartes, dass es bereits in der Antike eine schlechthin gewisse Disziplin gegeben hatte, nämlich die Geometrie; dadurch entstand die Hoffnung, man könne nicht nur die Physik, sondern alle Wissenschaften dadurch gewiss und unbestreitbar machen, dass man das Verfahren der Geometer (*methodus geometrica, mos geometricus*) auf sie übertrug. Dieses kannte man vor allem durch Euklid; er verfasste im dritten Jahrhundert v.Chr. die *Elementa* (*Στοιχεῖα*), ein Handbuch der Geometrie, das in Europa bis weit

wortgetreue Wiedergabe – der Reformierte Clauberg hat das Interview aufgrund von Burmans Notizen redigiert. Doch an einer anderen Stelle, die Descartes mit Sicherheit selbst verfasst hat, äußert er sich ähnlich (*Principes de la philosophie, Lettre de l'Autheur*; AT IX/2 18, 9–16): »Die Wahrheiten, die sie (die *Principes de la philosophie*) enthalten, sind sehr klar und sehr gewiss und schließen deshalb alle strittigen Themen aus und stimmen die Gemüter zu Freundlichkeit und Eintracht, ganz anders als scholastische Kontroversen, die diejenigen, die sie lernen, unmerklich kleinlicher und rechthaberischer machen und daher vielleicht die erste Ursache der Zwistigkeiten und Häresien sind, die im Augenblick die Welt verheeren.«

[4] Auch Hobbes glaubte, dass die Schulwissenschaften Streit und auf lange Sicht sogar Krieg verursachen können, traute ihnen aber nicht die Kraft zu, gegebenenfalls den gesellschaftlichen Frieden selbst wiederherzustellen. S. Hobbes, *Philosophical rudiments*, c. 2, Anm.*; Molesworth EW II 78–79: »Es gibt kaum ein Prinzip, weder in der Gottesverehrung noch in den menschlichen Wissenschaften, das keine Zwistigkeiten, Zerwürfnisse und nach und nach sogar Krieg auslösen kann.« – Hobbes, *Leviathan* p. 1, c. 10; Molesworth EW III 75: »Die Wissenschaften sind nur eine schwache Macht, denn sie ragen nicht hervor und werden daher nicht von jedermann gewürdigt; auch erreichen sie nicht alle, sondern nur wenige, und bei diesen erfassen sie nur wenige Dinge.«

in die Neuzeit hinein als Unterrichtswerk diente; auch kannte man die *Collectiones* (*Συναγωγή*) von Pappus von Alexandrien, der im vierten Jahrhundert n. Chr. lebte, und weitere Zeugnisse der antiken Mathematik.

Im 17. Jahrhundert hielten viele Gelehrte die Methode Euklids für das vollkommenste Beweisverfahren.[5] Sie lässt, um Zweideutigkeiten vorzubeugen, nur eingeführte Terme zu; deswegen stehen am Anfang *Definitionen* wie »Ein Punkt ist etwas, das keine Teile hat« oder »Eine Linie ist eine Länge ohne Breite«. Namen, die bloß für Gegenstände der Geometrie stehen, sind verhältnismäßig arm an Konnotationen und erlauben in der Regel kontrollierbare Wortverwendungen. Überträgt man jedoch die geometrische Methode auf nichtmathematische Disziplinen, die ihr Vokabular mit der Alltagssprache oder mit einer Schulsprache teilen und daher mit vielen Konnotationen umgehen müssen, dann besteht die Gefahr, dass bei Beweisen Nebenbedeutungen zum Zuge kommen, die in der Definition nicht deklariert sind. – Auf die Angabe der Definitionen folgt die Aufzählung von *Postulaten* wie »Verlangt wird, dass man von jedem Punkt zu jedem Punkt eine Strecke ziehen kann«; sie dienen weitgehend der Information darüber, welche Operationen bei Beweisen und Problemlösungen zulässig sind. Danach formuliert man *Axiome* wie »Sind zwei Größen einer dritten gleich, so sind sie auch untereinander gleich«; es handelt sich um Prinzipien, die man bei der Deduktion voraussetzen darf und die nach Ansicht der meisten Autoren unmittelbar evident sind. Schon Tschirnhaus wird aber auf die Abhängigkeit der Axiome von den Definitionen aufmerksam machen; inzwischen spricht man von der Theorieabhängigkeit der Axiome. – Kritiker geben zu bedenken, dass sich bei der Übertragung der geometrischen Methode auf andere Disziplinen Prinzipien und Strukturen der

[5] S. Hans-Werner Arndt, *Methodo scientifica pertractatum* I: Zur Herausbildung der »Mathematischen Methode« im Zusammenhang der Entwicklung des Begriffs der Methode; 15–28.

Umgangssprache einschleichen können, die man zwar für evident hält, die aber nirgends deklariert sind; auch das spricht dafür, dass der *mos geometricus,* wenn man ihn auf andere Disziplinen übertrug, ein weniger sicheres Verfahren war, als viele Gelehrte im 17. Jahrhundert glaubten. – Nach der Einführung von Axiomen und Postulaten kann man sogenannte *Theoreme* oder Lehrsätze aufstellen, und zwar dadurch, dass man definierte Terme unter Berücksichtigung der Axiome und Postulate zu Urteilen kombiniert; euklidische Theoreme sind zum Beispiel »Die Summe der Innenwinkel eines Dreiecks ist gleich zwei Rechten« oder »Sind zwei Dreieckswinkel einander gleich, so sind auch ihre Gegenseiten einander gleich«. Theoreme muss man beweisen, aber dabei darf man sich nur auf eingeführte Definitionen, Postulate und Axiome sowie auf bereits bewiesene Theoreme berufen. Im Zusammenhang mit Beweisen können sich *Probleme* (Aufgaben) stellen, zum Beispiel die Aufgabe, über einer gegebenen Strecke ein gleichseitiges Dreieck zu errichten; auch bei der Lösung solcher Aufgaben darf man nur auf eingeführte Definitionen, Postulate, Operationen, Axiome, zuvor bewiesene Theoreme und frühere Problemlösungen zurückgreifen. Bewiesene Theoreme werden als wissenschaftlich gesicherte Urteile akzeptiert. Manchmal ist durch den Beweis eines Theorems zugleich ein weiteres mitbewiesen; solche Zugabe-Theoreme bezeichnet man als Korollarien (*corollaria*). Anmerkungen des Lehrers über Besonderheiten und Konsequenzen eines Theorems oder über Stand und Tragweite des Verfahrens werden als *Scholien* (*scholia,* n. pl.) bezeichnet. Damit sind die wichtigsten Komponenten der euklidischen Methode aufgezählt.

Zu den Vorzügen des Verfahrens gehörte es, dass man in seinem Rahmen sowohl synthetisch als auch analytisch vorgehen konnte. »Synthesis« und »Analysis« beziehungsweise »*compositio*« und »*resolutio*« (in deutschen Texten manchmal: »Zusammensetzung« und »Aufflösung«) treten in der Methodengeschichte mit wechselnden Bedeutungen auf. Im vorliegenden Zusammenhang könnte man bei analytischem Vorgehen zum

Beispiel das Theorem C erarbeiten und durch Rückschluss zu einem schon bewiesenen allgemeineren Theorem B gelangen; dagegen könnte man bei synthetischem Vorgehen das Theorem C aus dem schon bewiesenen Theorem B ableiten. Über Vorzüge und Nachteile beider Verfahren hat sich Descartes im Anschluss an seine Erwiderung auf die Zweiten Einwände gegen die *Meditationes* geäußert. Er hatte auf Bitten Mersennes einen Beweis für zwei nichtgeometrische Theoreme konstruiert, nämlich für die Behauptung der Existenz Gottes und der Verschiedenheit der Seele vom Körper;[6] im Anschluss daran erklärte er, dass man bei der »geometrischen Art zu schreiben« sowohl synthetisch als auch analytisch vorgehen kann. Bei der Analysis erlebe der aufmerksame Leser den Weg, auf dem etwas mit Hilfe der Methode gefunden wurde, sozusagen mit, und danach verstehe er es so gut und sei so glücklich, als hätte er es selbst gefunden. Andererseits könne die Analysis einen unaufmerksamen Leser nicht dazu zwingen, eine Folge schlüssiger Behauptungen als solche zu erkennen; wer auch nur ein einziges Mal nicht aufpasse, dem entgehe, dass es sich um eine Kette notwendiger Folgerungen handelt. Die Synthesis beweise dagegen ihre Schlussfolgerungen Schritt für Schritt mit großer Klarheit und bediene sich dazu einer langen Reihe von Definitionen, Postulaten und dergleichen. Wenn jemand eine Schlussfolgerung bestreite, könne man ihn zwingen zuzugeben, dass er sich irrt, indem man ihm ein bewiesenes Theorem vorhält, das die bestrittene Folgerung impliziert. Andererseits bereite die Synthesis dem Leser weniger Freude als die Analysis, denn sie enthalte ihm das Glück des Findens vor. Descartes nimmt an, dass die antiken Geometer, die seines Wissens in ihren Schriften nur die Synthesis verwendeten, auch die Analysis kannten; sie hielten sie aber für so kostbar, dass sie sie lieber als geheimes Wissen für sich behielten. Er selber gehe in seiner Schrift *Meditationes* analytisch vor, denn

[6] Descartes, *Rationes Dei existentiam et Animae a corpore distinctionem probantes*; AT VII, 160–170.

einerseits sei das in seinen Augen die beste Lehrmethode, und andererseits passe die Synthesis nicht gut zur Metaphysik, weil bei ihr die Definitionen am Anfang stehen. Während es leicht sei, sich die Bedeutung geometrischer Grundbegriffe anschaulich klarzumachen, seien in der Metaphysik die Grundbegriffe das Schwierigste, weil ihnen viele Vorurteile der Sinnlichkeit widerstreiten.[7]

Ein anderes Ergebnis des Verlangens nach Gewissheit in der Wissenschaft des 17. Jahrhunderts war das Projekt einer *mathesis universalis.* In der frühen Neuzeit kann »*Mathesis*« für jede Wissenschaft stehen, doch wird es im engeren Sinn als Bezeichnung für die Mathematik verwendet. Descartes greift das Wort in den frühen *Regulae ad directionem ingenii* auf. In den ersten vier Regeln formuliert er Grundanforderungen an wissenschaftliches Vorgehen: Ein Forscher hat über seine Gegenstände nur begründete und wahre Urteile abzugeben; er darf sich nur mit Gegenständen beschäftigen, die der menschliche Geist mit Gewissheit und zweifelsfrei erkennen kann; er darf sich nicht an den Meinungen anderer oder an seinen eigenen Vermutungen orientieren, sondern nur an dem, was er klar und evident erkennt oder was er zuverlässig herleiten kann; auch braucht er zur Erforschung der Wahrheit eine Methode.[8] Diese Regeln verbindet Descartes mit dem Gedanken an eine *Mathesis universalis*, als deren Modell er seine neue Art von Arithmetik ansieht, die Algebra; sie sollte mit numerischen und alphabetischen Zeichen das leisten, was den antiken Mathematikern bei geometrischen Figuren gelungen war.[9] Im Text zu Regel 4 charakterisiert sie Descartes als universale Wissenschaft von Ordnung und Maß (*ordo* et *mensura*); dabei steht »Ordnung«

[7] Descartes, *Meditationes*, 2ae responsiones; AT VII, 155, 23–157, 16.

[8] Descartes, *Regulae ad directionem ingenii*, reg. I; AT X 359, 5–7, 25, reg. II; AT X 362, 2–4, reg. III; AT X 366, 11–14, und reg. IV; AT 371, 2–3.

[9] Descartes, *Regulae*, reg. 4; AT X 371, 2–3. – Auch ebd. AT X 371, 25–372, 4, AT X 373, 3–8, und ebd. AT X 373, 11–18.

für diskrete Größen wie Zahlen und »Maß« für kontinuierliche Größen wie geometrische Figuren. Zu beider Erforschung bedarf es einer Methode oder einer geordneten Sammlung von Verfahrensregeln, die unbestreitbar und leicht zu befolgen sind. Wer sie genau befolgt, hält niemals etwas Falsches für wahr, vermehrt sein Wissen Schritt für Schritt, ohne sich unnötig anzustrengen, und gelangt zu wahrer Erkenntnis von allem, was erkennbar ist. Eine solche *Mathesis universalis* nach dem Vorbild der Algebra ist keine mathematische Disziplin im üblichen Sinn, sondern sie untersucht die Anfangsgründe aller Disziplinen, mit denen sich die menschliche Vernunft befasst. Sie könnte neue Wahrheiten über beliebige Gegenstände entdecken und wäre daher erfolgreicher als alle sonst überlieferten Erkenntnisverfahren, denn sie wäre sozusagen deren Quelle.[10] Des näheren gehört zu ihren Gegenständen alles, was man unter dem Aspekt von Ordnung oder Maß untersuchen kann, gleichgültig, ob es sich um Zahlen, Figuren, Sterne, Töne oder sonst etwas handelt. Sie könnte alle Fragen klären, die sich unabhängig von diesem oder jenem Wissensstoff in Hinsicht auf Ordnung und Maß ergeben, und dabei über alle Vorzüge mathematischer Disziplinen verfügen, sie aber an Nutzen und Leichtigkeit übertreffen, weil sie nicht nur mathematische, sondern auch viele andere Probleme lösen kann.[11] Zu den Wissenschaften, die Maße oder messbare Gegenstände behandeln können, gehörte zur Zeit Wolffs grundsätzlich schon die Lehre von den intensivierbaren Qualitäten (*De intensione et remissione qualitatum*), weil Korpuskularphilosophen diese auf die geometrischen Kategorien Gestalt und Bewegung zurückführen konnten; nach ihnen entsteht zum Beispiel Wärme durch schnelle Bewegung von Korpuskeln mit spitzer Gestalt, und Geschwindigkeiten und Gestalten sind messbar. Die Intensität solcher Qualitäten lässt sich durch arithmetisch und geometrisch darstellbare Grade angeben. In einigen Fällen ist die

[10] Descartes, *Regulae*, reg. 4; AT X 373, 25–374, 15.
[11] Descartes, *Regulae*, reg. 4; AT X 377, 22–378, 25.

Messtechnik schon so weit entwickelt, dass sie derartige Ansätze empirisch bestätigen kann; in anderen Fällen wird man warten müssen. Ferner gibt es Ansätze dazu, auch moralische (nichtphysikalische) Qualitäten wie bürgerliches Ansehen und den Wert von Gütern als Quantitäten zu verstehen; dafür interessierte man sich zum Beispiel an Wolffs Studienort Jena.[12] Descartes hat für seine *Mathesis universalis* keine eigene Kalkülsprache vorgelegt, auch ist es strittig, ob er eine sämtliche Disziplinen umfassende Gesamtwissenschaft plante oder ob er sich eher für eine universale Mathematik interessierte, die zählbare und messbare Größen verschiedener Disziplinen behandeln konnte. Dass er jedoch an Kalküle gedacht hat, zeigen die Regeln 17 bis 21 der *Regulae ad directionem ingenii*, deren Angaben sehr allgemein sind und daher verschieden gedeutet werden.

Später arbeitete Leibniz an einer *characteristica universalis* (allgemeine Buchstaben- oder Zeichenkunst), die einfache und irreduzible Begriffe durch eindeutige Symbole (*characteres*, Schriftzeichen) darstellen sollte und sozusagen als deren Alphabet konzipiert war; im Grunde ging es um die Entwicklung einer universell verwendbaren Notation, die am Ende daran scheiterte, dass sich keine Einigung über den wahren Katalog irreduzibler Begriffe erzielen ließ. Mit den Buchstaben eines solchen Begriffsalphabets konnte man nach zugelassenen Regeln komplexe Begriffe zusammensetzen (*ars combinatoria*), die präzise Definitionen erlauben; auf längere Sicht sollte es von allen Wissenschaften übernommen werden, um in der geplanten Gesamtwissenschaft (*scientia generalis* ≈ *Mathesis universalis*) präzise Formulierungen und Streitschlichtungen zu ermöglichen. So könnte man die Theoreme aller Wissenschaften mit einem und demselben leicht anwendbaren Verfahren kontrollieren.

Wolff selbst, der später zum Begründer der sogenannten Leibniz-Wolffschen Philosophie wurde, hat weder eine Kalkülsprache noch eine Universalwissenschaft im Sinn der Leibniz-

[12] Das deutet sich in *De loquela* § 30 an.

schen *ars combinatoria charcteristica* hinterlassen, obwohl er glaubte, dass man in allen Wissenschaften nach derselben Methode vorzugehen hat (»Einheit der Methode«). Er war davon überzeugt, dass zwischen der Methode der Philosophie, die damals noch Natur- und Geisteswissenschaften umfasste, und der Methode der Mathematik kein Unterschied besteht, und verwendete die Bezeichnung *methodus scientifica* für beide gleichermaßen. Doch begnügte er sich damit, außer in Geometrie, Algebra und verwandten Wissenschaften mit den natürlichen Sprachen Latein und Deutsch zu arbeiten. Seine Vorbehalte gegenüber einer kakülisierten *mathesis universalis* werden verständlich, wenn man deren Darstellung in Wolffs *Psychologia empirica* liest, die etwa dreißig Jahre jünger ist als *De loquela.* Wolff erklärt dort, dass man die Methode, mit Symbolen oder Zeichen für ursprüngliche und irreduzible Begriffe (*conceptus primitivi*) zu operieren, diese Zeichen auf vielerlei Weise zu komplexen Begriffen (*conceptus derivativi*) zu kombinieren und solche Kombinationen nach zugelassenen Regeln zu verändern, kombinatorische Zeichenkunst nennt; bei Leibniz heiße sie auch *ars speciosa generalis.* Sie gelte als ein spezieller Teil der Algebra, und man verwende sie zu Kalkülen, in denen sich Begriffszeichen durch gleichwertige ersetzen lassen; man kann zum Beispiel dann, wenn man die Summe von 314 und 522 finden soll, 3+5 durch 8, 1+2 durch 3 und 4+2 durch 6 ersetzen, um bei Beachtung des Stellenwerts die Zahl 836 zu erhalten. Die Anwendung eines solchen Kalküls auf eine bestimmte Disziplin setzt allerdings nach Wolff voraus, dass diese über Zeichen für ihre einfachen Begriffe verfügt, sie zu zusammengesetzten Begriffen kombinieren und diese gegebenenfalls nach Regeln durch gleichwertige Zeichen ersetzen kann. Wolffs Darstellung ist nicht so abstrakt, wie sie klingt, denn jeder, der eine Gleichung löst, ersetzt Zeichenfolgen durch gleichwertige Zeichenfolgen.[13] Bislang gibt es nach Wolff an solchen Disziplinen nur den Kalkül

[13] Wolff, *Psychologia empirica* p. 1, s. 3, c. 2, §§ 297 und 298; 210–212

der Arithmetik und neuerdings den Größenkalkül der Algebra, also viel weniger, als für ein universelles Projekt erforderlich wäre; dabei sei allerdings zu berücksichtigen, dass vor der Erfindung der Buchstabenarithmetik, die Descartes vollendet hat, niemand auch nur im Traum an die Möglichkeit eines Größenkalküls gedacht hat. Wolff hält also die Zukunft offen: Man könnte viele Kalküle konstruieren, aber im Augenblick gibt es sie noch nicht, und Kalküle, die es nicht gibt, kann man nicht in einen universalen Kalkül konvertieren. Leibniz plante für die Geometrie einen Lagekalkül, den er auf Senkrechte, Parallelen, Nichtparallelen und Winkel anwenden wollte;[14] er hat ihn aber nie fertiggestellt, obgleich er leichter zu erzeugen wäre als der noch gänzlich ausstehende Qualitätenkalkül, den man für eine allgemeine Zeichenkunst mit Sicherheit brauche. Wenn man jedoch dereinst in den Wissenschaftsdisziplinen weiter gekommen sei als im 18. Jahrhundert, werde auch die Erfindungskunst davon profitieren, deren Vollendung in der Tat eine allgemeine kombinatorische Zeichenkunst wäre.[15] Nur dürfe man nicht vergessen, dass jemand, der mit dieser Kunst etwas Neues entdecken will, zuerst die irreduziblen oder ursprünglichen Begriffe seiner eigenen Disziplin ermitteln muss, und das ist schwer; auch muss er geeignete Symbole erfinden und festsetzen, welche Kombinationen von Zeichen und welche Veränderungen an diesen zulässig sind. In der Arithmetik ist zum Beispiel die Einheit ›1‹ der irreduzible Begriff, aus dem sich alle derivativen Begriffe wie ›2‹, ›10‹ und ›200‹ generieren lassen, und die Rechenregeln geben an, in welchem Umfang man sie durch gleichwertige Begriffe ersetzen kann. Mit der Algebra verhält es sich ähnlich, doch gibt es außerhalb der Mathematik bislang nur in der Lehre von den syllogistischen Schlussfolgerungen so etwas wie eine Zeichenkunst, denn sie arbeitet mit Symbolen wie ›a‹ und ›e‹,

[14] Zum Beispiel Louis Couturat: *G. W. Leibniz. Opuscules et fragments inédits*, De calculo situum; 548–556.

[15] Wolff, *Psychologia empirica* p. 1, s. 3, c. 2, § 299; 212–214.

›i‹ und ›o‹, ›s‹, ›p‹ und ›m‹ und ›c‹ und legt deren zulässige Kombinationen und Substitutionen fest.[16]

Wolff schließt mit dem Hinweis, dass die Erfindung einer für alle Wissenschaften geeigneten kombinatorischen Zeichenkunst außerordentlich schwierig wäre. Man gelangt nämlich nur in solchen Disziplinen zu Notationen für irreduzible Begriffe, für deren Gegenstände es schon adäquate Grundbegriffe gibt, aber bei dem gegebenen unvollkommenen Wissenschaftsstand sei das Forschen nach adäquaten Grundbegriffen oder das Auflösen komplexer in irreduzible Begriffe in der Regel noch aussichtslos. Heutige Leser verstehen diese Ansicht, wenn sie sich klarmachen, dass man zum Beispiel in der damaligen Chemie, die das periodische System der Elemente nicht kannte, nicht mit den heute üblichen Notationen, sondern weitgehend mit Zeichensystemen alchimistischen Ursprungs arbeitete. Wolff glaubt, dass die Aufgabe einer allgemeinen Zeichenkunst erst lösbar wird, wenn die Einzeldisziplinen ausgereift sind. Leibniz habe die Schwierigkeit des Unternehmens unterschätzt, aber wer sie ermessen kann, der wundere sich nicht darüber, dass dieser Mann, der es bei einem Projekt nie lange aushielt, in so langer Zeit mit der kombinatorischen Zeichenkunst nicht einen Fingerbreit vorangekommen ist.[17]

Wolffs negative Lagebeurteilung wirkt aus heutiger Sicht besonnen. Sie würde in der Frage einer wissenschaftlichen Zeichenkunst heute vermutlich anders ausfallen, denn inzwischen gibt es nicht nur britische und polnische Logikkalküle, sondern informatische, chemische, meteorologische, biologische, ökonomische und viele andere Symbolsysteme; einige davon sind anders konstruiert, als Leibniz und Wolff es erwarteten, und viele sind kalkülfähig. Einige arbeiten so, wie es Leibniz vorschwebte, denn sie kombinieren Grundbegriffe zu derivativen Begriffen (zum Beispiel H und O zu H_2O). Dagegen verhielte sich Wolff

[16] S. oben »Syllogistik«; XXXI–XXXIV.

[17] Wolff, *Psychologia empirica* p. 1, s. 3, c. 2, § 301, 215–216.

bei der zweiten Frage, der Erarbeitung einer universellen Zeichenkunst, vermutlich heute nicht anders als 1732, denn dass er es angesichts der Fülle und Vielfalt neuer Symbolsysteme schon jetzt für möglich oder nützlich hielte, diese durch eine alle Wissenschaften übergreifende Einheitsnotation und einen wissenschaftsübergreifenden Einheitskalkül zu ersetzen, ist nicht wahrscheinlich.[18]

Wie es die geometrische Methode verlangt, beginnt Wolff mit der Definition des Gegenstands seiner Abhandlung. Während heute die Meinung vorherrscht, dass der Gegenstand von Definitionen Wörter sind (Das Wort »Sprache« bedeutet: ...), unterschieden damals die Gelehrten Nominaldefinitionen, in denen man erklärt, in welcher Bedeutung oder in welchen Bedeutungen man ein Wort verwendet, von Realdefinitionen, in denen man Dinge dadurch definiert, dass man ihre Natur deklariert. Das geschah herkömmlich durch Angabe der nächsthöheren Gattung und der spezifischen Differenz: Der Mensch ist ein mit Sinnen ausgestattetes Lebewesen (»*animal*«, nächsthöhere Gattung), das vernunftbegabt ist (»*rationale*«, spezifische Differenz). Tschirnhaus wie Wolff übernehmen die genannte Unterscheidung der Definitionsarten, akzeptieren aber nicht mehr die Meinung, dass man sich bei Realdefinitionen mit der Angabe von Gattung und spezifischer Differenz begnügen kann.[19] In § 1 formuliert Wolff eine Nominaldefinition von »Sprache«, denn er teilt mit, in welcher Bedeutung er das Wort »Sprache« verwenden will;

[18] Wolffs Bemerkungen über den Stand der Wissenschaft passen zu der Meinung des damals in Deutschland geschätzten Boyle im *Appendix to the first part of the Christian Virtuoso*; Works (Birch) VI, 708: »Wissenschaft ist etwas Wachsendes, und man kann genau so wenig ein festes Maß von ihr nehmen wie ein Schneider von einem siebenjährigen Jungen; ein Anzug, den er ihm jetzt zumisst, wird ihm nicht sein Leben lang passen.«

[19] Tschirnhaus, *Medicina mentis* 1695, p. 2; 71 (1963: 101).

das leuchtet ein, denn eine Realdefinition kann man erst formulieren, wenn man geklärt hat, was es mit der Sache auf sich hat. Er erklärt, dass bei ihm das Wort »Sprache« für eine an den Augenblick gebundene Tätigkeit steht, durch die man Anwesenden die eigenen Gedanken mitteilt. Diese Formulierung enthält im Vergleich zu zeitgenössischen Definitionen nur wenige Bestimmungen. Was außerdem in ihr noch vorkommen könnte, zeigt ein Text des Duisburger Cartesianers Clauberg, der zuerst 1658 in Amsterdam erschien: Man kann anderen die eigenen Gedanken auf vielerlei Weise verdolmetschen, zum Beispiel mit Gesten, Winken, Taten und Wörtern, oft auch mit mehreren davon zugleich; die beste und gebräuchlichste Art der Übermittlung und der angemessenste Dolmetsch unserer Gedanken ist aber die äußere Rede, das heißt, die akustisch wahrnehmbare, die man vom Denken als der inneren Rede unterscheidet. Clauberg erwähnt Schwächen auch dieser Art von Verständigung: Gesprochene Kommunikation richtet sich nur an Anwesende, schriftliche an Abwesende und Nachgeborene; weil Geschriebenes weniger kurzlebig ist als Gesprochenes, das sogleich vergeht, kann es mehr Menschen erreichen, und deswegen muss man sich bei der Abfassung von Geschriebenem mehr Mühe geben als bei der Formulierung von Gesprochenem.[20]

Nach Wolffs Definition bezeichnet das Wort »Sprache« erstens eine an den Augenblick gebundene Tätigkeit. Die Wirkungen gesprochener Mitteilungen können zwar langlebig sein, aber ihre eigene Existenz erlischt sogleich nach dem Abschluss der Artikulation. Mitteilungen von Kircher-Schülern legen allerdings schon damals Vorbehalte nahe: Durch geeignete Rohrleitungen kann man Sprachlaute über nennenswerte Entfernungen hinweg transportieren, und weil solche Transporte Zeit verbrauchen, überleben transportierte Wörter länger als nicht transportierte, denn sie existieren nicht

[20] Clauberg, *Logica vetus et nova* I, c. 2, § 16; Schalbr. II, 819.

nur bei ihrer Artikulation, sondern auch während der Dauer des Transports. Einige Transportverfahren wurden schon in der Antike entwickelt und stoßen jetzt auf lebhaftes Interesse, aber von dauerhaften Tonkonserven ist man 1703 noch fast zweihundert Jahre weit entfernt. Eine Art von Ersatz für Sprachaufzeichnungen liefern damals Gedächtniskünstler, die stundenlange Reden bereits nach einmaligem Hören Wort für Wort reproduzieren können (*ars memoriae*); doch sind ihre Leistungen weniger überprüfbar und auch verdachtsanfälliger als die späterer maschineller Sprachaufzeichnungen. Zweitens erreichen sprachliche Laute nach Wolff nur Menschen, die sich beim Sprecher befinden (*praesentes*). Durch diese Bestimmung grenzt Wolff die Sprache von Kommunikationsmitteln ab, mit denen man auch Abwesende erreicht, zum Beispiel von der Schrift. Dieser Teil der Definition wird angesichts der Möglichkeit von Sprachtransporten ebenfalls revisionsanfällig, denn sie erweitern den Kreis der Adressaten von Sprache: An die Seite des Nahsprechens tritt das Fernsprechen, das die natürliche Hörweite überwindet und entfernte Mithörer und Abhorcher in den Status von Anwesenden versetzt. Die dritte Bestimmung von Wolffs Definition, nach der die Sprache Gedanken des Sprechers übermittelt, gilt damals als selbstverständlich, ist aber für Cartesianer wie den jungen Wolff erklärungsbedürftig, weil sie davon überzeugt sind, dass Körper und Geist durch Abgründe voneinander getrennt sind.

■ *Cartesische Leib-Seele-Trennung* – Die Annahme einer strikten Trennung von Leib und Seele wirkt auf heutige Leser verfehlt und sonderbar, wird aber plausibler, wenn man die Situation berücksichtigt, in der sie entstand. Sie hing mit Descartes' zivilisatorischen Projekten zusammen und versprach, aktuelle Probleme zu lösen. Die Problemlage war damals komplex, und eine vollständige und zuverlässig gewichtende Aufzählung der Motive Descartes' ist schon deshalb kaum möglich, weil man ihn nicht mehr befragen kann. Einige Einzelmotive sind aber mit Sicherheit im Spiel. Man lehnt die Ausbreitung des Atheismus ab, mit dem man die Befürchtung verbindet, dass er nicht nur die individualmoralische, sondern auch die gesellschaftliche Ordnung zersetzt: Wer nicht glaubt, dass Gott ein alles durchschauender Vergelter ist, und davon ausgeht, dass unbeobachtetes schlimmes Verhalten unentdeckt und ungesühnt bleibt, der schreckt vor keiner bösen Handlung zurück. Andererseits wird der Glaube an die Unsterblichkeit der Seele, die zu den Voraussetzungen dafür gehört, dass Gott an uns im Jenseits Vergeltung üben kann, um einiges leichter, wenn man die Seele so scharf vom Körper trennt, dass sie von dessen Vergänglichkeit nicht kompromittiert wird. Die damals übliche Befürchtung, dass Atheismus zu Moralverlusten führt, spielt vermutlich auch beim frühen Cartesianismus Wolffs eine Rolle; Wolff hat allerdings in späteren Jahren dazu beigetragen, dass sie das Publikum allmählich als unbegründet empfand. Er schrieb zum Beispiel siebzehn Jahre später in der sogenannten Deutschen Moral: »Und also irren diejenigen, welche ihnen einbilden, ein Atheist möge leben, wie er wolle, und werde auch alle Schandthaten und Laster in der That begehen, wenn er nur von bürgerlichen Straffen frey ist: denn dieses trifft nur ein, wenn ein Atheist unverständig ist und die Beschaffenheit der freyen Handlungen nicht recht einsieht. Daher bringet ihn eigentlich nicht die Atheisterey zum bösen Leben, sondern seine Unwissenheit und sein Irrthum von dem Guten und Bösen, aus welcher Quelle auch bey anderen, die keine Atheisten sind, ein unordentliches Leben und unrichtiger Wandel entspringt.«[21] Diese und andere Bemühungen Wolffs sind dem Bewusstsein deutscher Gebildeter inzwischen verloren gegangen; ähnliche Äußerungen von David Hume, die mehr als

[21] Wolff, Vernünfftige Gedancken von der Menschen Thun und Lassen, zu Beförderung ihrer Glückseligkeit, ([1]1720), §21; 15–16. In der Olmsschen Ausgabe, die in Abt. I, Bd. 4, die vierte Auflage von 1733 verwendet, steht der Passus auf S. 17. Den Hinweis auf die Stelle verdanke ich Cornelia Buschmann.

dreißig Jahre jünger sind, wurden dagegen auch bei uns noch nicht vergessen.

Die cartesische Methode sollte ferner erreichen, dass der Geist sich selbst zu beherrschen lernt, weil er die körperlichen Anlässe der Leidenschaften, die ihn unglücklich machen, infolge seiner präzisen Kenntnis geistiger und körperlicher Zustände genau erkennen und gegebenenfalls moderieren kann: Wer weiß, welcher körperliche Zustand einer Leidenschaft vorausgeht, kann diesen mit geeigneten Maßnahmen beenden und dadurch Herr über seine Leidenschaft werden. Die cartesische Methode sollte ferner bewirken, dass der Mensch durch Konzentration auf die mechanischen Gesetze der Körperwelt in die Lage gerät, durch Beherrschung der Materie nicht nur technisch sein äußeres Elend, sondern auch medizinisch (»iatrophysikalisch«) die Beschwerden seines Körpers zu lindern. Zu den Motiven von Descartes' strikter Trennung von Körper und Seele gehörten also die Chancen, die sie der Medizin eröffnete; mit dieser hatte er sich seit den zwanziger Jahren immer wieder beschäftigt. Er versteht den von der Seele getrennten Körper als ein sich selbst organisierendes mechanisches System; das tun zu seiner Zeit auch andere Autoren, aber Descartes verhilft solchen Bemühungen zu der kritischen Masse an Publizität. Eine mechanistische Physiologie hat Konsequenzen für die Bestimmung der Aufgaben der Medizin. Eine Medizin auf der Grundlage einer Physiologie, die unmittelbare Einwirkungen der Seele auf vegetative und sensitive Funktionen zulässt, muss in der Praxis sowohl den Leib als auch die Seele behandeln und ist infolgedessen weniger überschaubar und schwerer zu realisieren als eine mechanistische Medizin, die letzten Endes auf etwas Ähnliches hinausläuft wie die Reparatur einer komplizierten mechanischen Uhr. Dass Descartes an diesen Zusammenhang gedacht hat, zeigt zum Beispiel eine Stelle aus dem *Discours de la methode*: Wenn man die spekulative Physik der Schulen durch eine praktische (mechanistisch gewordene) ersetzte, begriffe man die Kraft und das Wirken von Feuer, Wasser, Luft,

Sternen, Sphären und allen anderen uns umgebenden Körpern genau so deutlich wie die Tätigkeiten unserer Handwerker und könnte sie für alle möglichen Zwecke einsetzen; dadurch würde man sozusagen zum Herrn und Meister der Natur und könnte viele Maschinen erfinden, die uns die Früchte der Erde und alle auf ihr verfügbaren Annehmlichkeiten mühelos genießen lassen. Vor allem aber könnte man so die Gesundheit erhalten, die vielleicht das höchste Gut und die Grundlage aller anderen Güter dieses Lebens ist.[22]

Aus der cartesischen Theorie, dass Leib und Seele, wie Wolff sagt, inkommensurabel sind, folgt zunächst, dass unsere in Körper eingeschlossenen Seelen als solche grundsätzlich nicht kommunikationsfähig sind. Sie müssten nämlich zur Verständigung mit anderen eingeschlossenen Geistern sowohl den eigenen Körper bewegen als auch die materiellen Sensorien anderer Geister affizieren können. Der Isolation in Körpern eingeschlossener Geister trägt die Hypothese Rechnung, die Wolff in §§11–17 verteidigt: Gott hat der Wichtigkeit von Kommunikation für soziale Geist-Körper-Wesen dadurch Rechnung getragen, dass er bei der Regelung der Vereinigung von Geist und Körper trotz beider Inkommensurabilität besondere Vorkehrungen traf, die die Kommunikation zwischen menschlichen Geistern mit Hilfe körperlicher Zeichen ermöglichen. Wie Wolff später erklärt, kann der Geist eines Sprechers aufgrund besonderer Maßnahmen Gottes mit Hilfe seiner materiellen Sprechorgane akustische Phänomene auslösen, die im Gehör des Empfängers bestimmte Erschütterungen veranlassen; diese werden durch die Nerven ins Gehirn übertragen und bewirken dort akustische Eindrücke, die Descartes als *species* und Cordemoy als *impressions* bezeichnet; La Forge verwendet nicht »*impression*«, sondern wie Wolff in §21 (unter Bezugnahme auf La Forge)

[22] Descartes, *Discours de la methode*; AT VI 61, 28–62, 15.

das auch von Descartes gewählte »*espece*« (*species*, schulphilosophisch: *species sensibilis*).[23] Heute könnte man hier von Engrammen sprechen. Weil heutige Leser noch am ehesten mit »*impression*« eine Vorstellung verbinden können, ziehe ich im Folgenden diesen Ausdruck vor. Mit manchen Impressionen oder *especes* hat die Sprachgemeinschaft Perzeptionen verknüpft, und deshalb sorgen von Gott erlassene Regeln dafür, dass eine bestimmte Perzeption immer dann in der Seele des Hörers erscheint, wenn in dessen Gehirn, das aus Materie besteht, die betreffende Impression entsteht oder reaktiviert wird.

§2

Rechtfertigung der Definition

1|245 ▷ S. 301

§2 Wir wissen freilich, dass man das Wort »Sprache« gemeinhin weniger für jederlei Mitteilung von Gedanken als für deren Mitteilung durch bestimmte Zeichen verwendet, und zwar nicht durch beliebige Zeichen, sondern eben durch stimmliche, und zwar artikulierte. Aber genauso, wie wir anderen gern ihre Redefreiheit zugestehen, ja zugestehen müssen, wenn wir uns nicht aus Arroganz, Leichtfertigkeit oder Dreistigkeit eine Art von Herrschaft über sie anmaßen wollen, halten wir es andererseits nach dem Beispiel anderer für überflüssig, unseren eigenen Wortgebrauch zu verteidigen. Weil wir jegliche Mitteilung von Gedanken als Sprache bezeichnen wollen, und zwar ohne Rücksicht darauf, ob sie durch bestimmte Zeichen oder ohne sie erfolgt, bemerken wir vielmehr, dass wir die verschiedenen Gattungen sowohl der

[23] Descartes, *Meditationes*, Quartae responsiones; AT VII 246, 20. – Cordemoy, *Discours physique de la parole*; 136–137. – La Forge, *Traitté* c. X: »Des especes corporelles, et des Idées ou actions intellectuelles«, 97–143.

Gedanken als auch der Zeichen für sie erörtern und alles, was wir dabei ins Feld führen, aus beider Wesen herleiten müssen.

Wolffs *De Loquela* entstand gegen Ende einer Blütezeit der Sprachphilosophie, zu der die Ausbreitung des Cartesianismus viel beitrug. 1660 erschien die einflussreiche Grammatik von Port-Royal, die der Theologe und Mathematiker Antoine Arnauld zusammen mit dem Theologen und Sprachlehrer Claude Lancelot für die *Petites écoles* der Jansenisten verfasste; Wolff kannte sie als anonyme *Grammaire generale et raisonnée* und zitierte sie in *De Loquela.* Die Sprachdefinition dieser Grammatik erwähnt im Gegensatz zur Wolffschen auch Mittel der Kommunikation: Sprechen ist die Mitteilung eigener Gedanken an andere durch Zeichen, die man zu diesem Zweck erfunden hat. Die Menschen bemerkten bald, dass Laute und Wörter die bequemsten Zeichen zur Mitteilung von Gedanken sind, erfanden aber wegen deren Kurzlebigkeit außerdem noch visuelle Zeichen, um dauerhafte Mitteilungen möglich zu machen, und das sind die Buchstaben der Schrift.[1] Der früh verstorbene Mediziner Louis de la Forge, der an der Illustration der Clerselierschen Ausgabe von Descartes' *Traité de l'homme* beteiligt war und einen wichtigen Kommentar dazu verfasste, publizierte 1666 sozusagen als Ergänzung zu dieser Schrift den *Traitté de l'esprit l'homme*, eine Abhandlung über den Geist des Menschen, die Wolff in *De loquela* zitiert; sie enthält zwar keine Grammatik, widmet aber einige Absätze von Kapitel 20 der Sprache. Nach La Forges Worterklärung ist Sprechen nicht nur das Äußern von Wörtern in der Absicht, etwas mitzuteilen, obgleich man gewöhnlich nur das darunter versteht; vielmehr lässt sein *Traitté* auch alle anderen Zeichen, mit denen man anderen die eigenen Gedanken mit-

[1] *Grammaire generale*; 5.

teilen kann, als sprachliche Zeichen zu.[2] Auch hier wird der Zeichenbegriff eingeführt, doch fehlt der übliche Hinweis auf die Sonderstellung akustischer Zeichen. Im *Discours physique de la parole* des Juristen Gerauld de Cordemoy, den Wolff in *De loquela* vielleicht benutzt, aber nicht zitiert hat, wird des näheren beschrieben, was beim Sprechen geschieht: Man lässt jemanden, der es verstehen kann, durch Sprechen erkennen, was man denkt. Wenn man andere menschliche Körpermaschinen sieht, in denen man ebenfalls eine immaterielle Seele vermutet, nimmt man grundsätzlich an, dass man mit Hilfe sinnlich wahrnehmbarer Zeichen Gedanken mit ihnen austauschen kann.[3] Im Anschluss daran lässt Cordemoy wie La Forge alle Zeichen, die sich zur Kommunikation unter Menschen eignen, als Sprachzeichen zu. 1675 erscheint das zweite berühmte Grammatikwerk des französischen Cartesianismus, *La rhetorique ou l'art de parler* des Oratorianers Bernard Lamy; er beschreibt die Sprache so: Menschen können einander ihre Gedanken mitteilen, indem sie Ideen ihres Verstandes und Affektionen ihres Willens durch sinnlich wahrnehmbare Zeichen erkennbar machen; das könnten sie zwar auch mit den Augen oder wie Taubstumme mit den Fingern tun, aber diese Ausdrucksweisen sind unvollkommen und unbequem. Dagegen kann man mühelos die Zunge bewegen und den Klang der Stimme mit Leichtigkeit vielfach verändern, und deshalb hat uns die Natur dazu gebracht, die Zeichen für unser Denken und Wollen mit den Stimmorganen zu äußern.[4]

Alle erwähnten Autoren nehmen den Hinweis auf Zeichen in ihre Explikation von »Sprache« auf, während Wolff seinen Hörern und Lesern mitteilt, dass er zwar die Freiheit anderer respektiert, zu schreiben, was sie wollen, dass er aber

[2] La Forge; *Traitté* c. 20; 1666: 351 | 1974: 294–295.

[3] Cordemoy, *Discours physique de la parole*; 1668: 21–22 | 1968: 206–207.

[4] Lamy, *La rhetorique* l. 1, c. 1; 1–2.

seinerseits als Gegenleistung verlangt, dass man auch seinen eigenen Anspruch auf Meinungsfreiheit respektiert. Die Position, die er gegen den Rest der Welt verteidigt, lautet so: Als Sprache gilt bei mir jede Mitteilung von Gedanken, gleichgültig, ob sie mit Hilfe von Zeichen erfolgt oder nicht. Wolff kümmert sich dabei wenig um seine Leser, denn er sagt weder, weshalb ihm dieser Vorbehalt wichtig ist, noch nennt er eine Sprache, die ohne Zeichen auskommt. Erst am Ende von §12 gibt er einen Hinweis auf die Sprache der Engel und beruft sich dabei auf die *Institutiones theologicae* des Basler Reformierten Nicolaus Gürtler, die er schon als Gymnasiast in Breslau studiert hat. Gürtler lehrt, dass Engel nicht nur Körper bewegen, sondern auch bestimmen können, an welchen ihrer Gedanken andere Engel partizipieren sollen. Wenn beispielsweise der Erzengel Gabriel nach seiner Rückkehr von der Verkündigung an Maria wollte, dass auch die anderen Engel etwas vom Mysterium des Gottessohns erführen, determinierte schon dieser bloße Willensakt die übrigen Engel dazu, die Mission des Fleisch gewordenen Gottessohns zu erkennen, denn Engel brauchen zu ihrer Verständigung keine sinnlich wahrnehmbaren Zeichen. Gürtler merkt an, dass schon Thomas von Aquin die Engelsprache so erklärt hat, und zitiert dessen Text.[5] Wenn Engel möchten, dass ihre Gedanken auch anderen Engeln zugänglich werden, brauchen sie keine Zeichen, weil schon ihr bloßer Wille zur Kommu-

[5] Gürtler, *Institutiones theologicae* c.6, §46–48; 1721 und 1732: 110–111. – Als Zusatz zu §48 wird der Thomas-Text *Summa Theologiae* I, q. 107, a.1, c. zitiert (s. Caramello, *Summa theologiae* I; 505b). – Wolffs Hinweis auf Carbone a Costaciaro im *Monitum ad commentationem luculentam* von 1724 (§5; 9) ist nicht auf die Engelsprache zu beziehen, Wolff nimmt dort vielmehr auf eine mögliche Welt Bezug: »Nimirum si alius fuisset causarum ordo, homo in eodem constitutus libere sese ad surgendum determinare potuisset, dum sedet. Rem igitur per lumina a D. Thoma mihi affusa assecutus, cujus summam theologiae a *Carbone* in compendium missam in prima juventute mihi familiarem reddidi […]«.

nikation zu deren Verwirklichung genügt. Wolffs Verzicht darauf, in seiner Definition von »Sprache« Zeichen zu erwähnen, lässt sich am ehesten dadurch erklären, dass er auch die Engelsprache berücksichtigen wollte. In der zweiten Hälfte des 17. Jahrhunderts gehörte deren Behandlung nicht nur zum Pensum konservativer römisch-katholischer oder lutherischer Theologen, wie das Beispiel des Reformierten Clauberg zeigt, der eine occasionalistische Version der Kommunikation zwischen Engeln vorträgt: Ein Engel kann einen anderen über seine Gedanken informieren, weil Gott zwischen dem Willen des mitteilenden und dem Verstand des empfangenden Engels eine Verknüpfung vorgesehen hat; kraft dieser entsteht auf den bloßen Willen des ersten Engels hin im zweiten der Gedanke, den ihm der erste mitteilen will.[6] Dadurch, dass Wolff zum Abschluss dieses Paragraphen eine Erörterung über die Gattungen der Gedanken und die Gattungen der Zeichen für Gedanken in Aussicht stellt, macht er klar, dass er die Unentbehrlichkeit von Zeichen für die Kommunikation zwischen Menschen nicht bestreitet; nur gehören sie nicht in die Definition von Sprache überhaupt.

§3

Denken und Ausdehnung sind inkommensurabel

1–2|245 ▷ S.301

---

§3 Bevor man aber die Gedanken in ihre Gattungen einteilen kann, muss man zuerst einmal angeben, was ihnen zuzurechnen ist. Herr Descartes hat sowohl in den *Principia philosophiae* als auch in seinen *Meditationes* gezeigt, dass alle

[6] Zum Beispiel Clauberg, *Corporis et animae conjunctio* c. 14, §12; Schalbr. 220. – Auch Cordemoy geht mehrmals auf die Sprache der Engel ein, zum Beispiel im *Discours physique de la parole*; 1668: 178–179 | 1968: 250.

Ereignisse in uns, derer wir uns bewusst werden, zum Geist, und alle, derer wir uns nicht bewusst werden, zum Körper gehören. Zusammen mit ihm bezeichnen wir die ersteren mit dem Ausdruck »Gedanke«. Da nämlich im Begriff jedes Körpers der Begriff der Ausdehnung enthalten ist, während das mit jeder Linie inkommensurable Denken gar nichts mit der Ausdehnung gemeinsam hat, denn man kann selbst dann noch einen angemessenen Begriff von ihm bilden, wenn man fest unterstellt, dass es gar keine Ausdehnung gibt: muss also die denkende Substanz von der ausgedehnten sehr verschieden sein und jeder Ausdehnung entbehren. Weil wir alle eine immaterielle Substanz als Geist bezeichnen, müssen wir folglich alles, was irgend einen Gedanken in sich schließt, dem Geist zuschreiben, also alles, dessen wir uns bewusst werden, während es in uns geschieht.

Dem cartesischen Wortgebrauch, nach dem »etwas denken« mitbedeutet, dass man sich seiner bewusst ist, schließt Wolff sich an. Leibniz moniert das später in seiner Kritik an Wolffs *De loquela*; er glaubt, dass Wolff hier ein cartesisches Vorurteil einfach nachspricht, das Leibniz für erledigt hält. Nach dessen Bewusstseinstheorie werden uns unsere Perzeptionen meist gar nicht bewusst, denn bewusste Perzeptionen sind (ähnlich wie Körper aus Korpuskeln) aus Mikroperzeptionen (*petites perceptions*) zusammengesetzt, die so schwach und so zahlreich sind, dass wir sie einzeln gar nicht wahrnehmen können; nur wenn sich viele Mikroperzeptionen zu einer Makroperzeption zusammenballen, nehmen wir sie mit Bewusstsein wahr.[1]

[1] Gerhardt, Briefwechsel zwischen Leibniz und Christian Wolff, Brief vom 20. August 1705; 32.

1637 erschien Descartes' erste Veröffentlichung, der *Discours de la Methode*, in dem der Autor eine neue Wissenschaftsmethode vorstellte und seine philosophischen Prinzipien erörterte. Dieses Buch enthielt auch drei exemplarische Anwendungen der neuen Methode, nämlich die *Dioptrique*, einen Abriss des Teils der geometrischen Optik, der das Verhalten des Lichts in durchsichtigen Medien behandelt, *Les Meteores*, eine korpuskularistische Theorie meteorologischer Phänomene, und schließlich *La Geometrie*, den Entwurf einer analytischen Geometrie, der die Mathematik und ihre Notationen nachhaltig verändert hat. 1640 folgten die hier von Wolff erwähnten *Meditationes de prima philosophia*, die später zusammen mit sieben Einwänden von Fachleuten und mit Descartes' Entgegnungen darauf erschienen; es handelte sich um eine Diskussion philosophischer Prinzipien, die der *Discours* nur kurz umrissen hatte. Schließlich erschienen 1649 die als Lehrbuch konzipierten *Principia philosophiae*, auf die Wolff ebenfalls verweist; sie entwickeln in vier Teilen die neue Erkenntnistheorie, Gottes-, Geist- und Materielehre und eine mechanistische Theorie der sichtbaren Welt und ihrer Phänomene. Wolff übernimmt Descartes' Meinung, dass Körper und Geist prinzipiell verschieden sind. Einerseits gibt es Zustände von Körpern wie Größe, Gestalt und Bewegung, die räumliche Ausdehnung voraussetzen und nur in der Materie vorkommen. Andererseits gibt es Tätigkeiten, die man als geistige Tätigkeiten bezeichnet, zum Beispiel Erkennen, Wollen, Vorstellen und Fühlen; sie gehören zum Denken, denn sie kommen nur in denkenden Substanzen vor. Man darf sie auf keinen Fall mit der Materie oder Ausdehnung vermengen, denn Denkakte haben nicht die geringste Verwandtschaft mit Körperzuständen, und das Denkvermögen, das unsere geistigen Tätigkeiten hervorbringt, fällt unter eine ganz andere Gattung als der Körper beziehungsweise die Materie.[2] Diese und alle aus ihr gebildeten tierischen und menschlichen Körper deutet Descartes als etwas,

[2] Descartes, *Meditationes*, Obj. 3ae, resp. 2; AT VII 176, 9–26.

das man heute als sich selbst organisierende und steuernde mechanische Systeme bezeichnen könnte. Bei der Würdigung dieses Ansatzes muss man sich klarmachen, dass zu Descartes' Zeit von den späteren naturwissenschaftlichen Disziplinen nur die Mechanik weit genug entwickelt war, um für den Versuch einer wirkursächlichen Erklärung organischer Vorgänge in Frage zu kommen; eine hinreichend leistungsfähige Chemie und Elektrizitätslehre gab es erst viel später. Bei der Betrachtung des Satzes »*Ego cogito, ego existo*« (Ich denke, ich bin) wird dem denkenden Ich klar, dass es existiert, denn kein vernünftiges Wesen kann im Ernst behaupten, dass wir nichts sind, während wir denken.[3] Wenn sich das Ich noch weiter erforscht, nimmt es wahr, dass es mit einem Körper verbunden ist, der immer gefährdet ist. Weil es ihn eines Tages mit Sicherheit verliert, kann es ihn auch gedanklich vom Ich als etwas Denkendem trennen. Das Denken gehört dagegen zum Wesen des Ichs als einer unvergänglichen Vernunft, die individuell existiert. Ein denkendes Wesen zu sein, bedeutet im einzelnen, dass man zweifelt, behauptet, bestreitet, wenig weiß und vieles nicht weiß, will oder nicht will, sich etwas vorstellt und etwas fühlt; das alles sind nur verschiedene Arten zu denken[4] Die Stelle zeigt, dass Descartes den Ausdruck »Denken« in einem viel weiteren Sinn verwendet als heutige Sprecher, nämlich im Sinn von »psychische Akte vollziehen«.

Schon früh verknüpft er das Denken mit dem Bewusstsein; er sagt zum Beispiel in den *Meditationes*, dass eine Idee in seinen Augen die Form eines Gedankens ist, durch dessen unmittelbare Perzeption ich mir seiner bewusst bin.[5] Diese etwas schwierige Stelle teilt jedenfalls mit, dass ich mir einer Idee bewusst bin, wenn ich sie perzipiere. Leichter versteht man Descartes' Antwort auf einen Einwand von Arnauld, dem Mitverfasser der

[3] Descartes, *Principia* I, §7; AT VIII/1 7, 1–9.

[4] Descartes, *Meditationes*, Tertia; AT VII 34, 18–35, 2.

[5] Descartes, *Meditationes*, Secundae responsiones, definitiones, II; AT VII 160, 14–161, 3.

Grammatik von Port-Royal. Arnauld bestreitet Descartes' Behauptung, dass nichts im Geist geschieht, dessen er sich nicht bewusst wird; jedermann erfahre ja, dass viel in seinem Inneren geschieht, obgleich er es nicht bewusst erlebt. Zum Beispiel könne ein Kind schon im Mutterleib denken, denn es fühle sich wohl oder unwohl, ohne sich dessen bewusst zu sein.[6] Descartes entgegnet, er behaupte nur, dass uns jeder Gedanke zu dem Zeitpunkt bewusst ist, an dem wir ihn haben; ein Kind beginne zwar zu denken, sobald Gott einen Geist in seinen Körper eingegossen hat, und werde sich dessen auch bewusst, es fühle sich zum Beispiel wohl oder unwohl; nur könne es sich später nicht daran erinnern, weil seine weiche Gehirnmasse noch keine dauerhaften Impressionen aufnehmen kann.[7] Später bestimmt die Überzeugung: »Wir sind uns aller unserer Gedanken in dem Augenblick bewusst, in dem wir sie denken« die Explikation von »*cogitatio*« in Descartes' *Principia*: Als Denken bezeichne ich alles, dessen wir uns bewusst sind, wenn es in uns geschieht.[8] An dieser späten Formulierung orientieren sich Wolff und Tschirnhaus.

Descartes schließt wie die meisten Schulphilosophen die Möglichkeit von leeren Räumen (*vacua*) aus und nimmt an, dass die angeblichen Vakuen, an deren Existenz Epikureer und epikureische Physiker,[9] aber auch viele Betrachter Torricellischer

[6] Descartes, *Meditationes*, Objectiones quartae; AT VII 214, 15–22.

[7] Descartes, *Meditationes*, 4ae resp; AT VII 246, 15–21.

[8] Descartes, *Principia* I, §9; AT VIII/1 7; 20–23: »Unter einem Gedanken verstehe ich alles, was im Zustand des Bewusstseins in uns geschieht, sofern es uns bewusst wird. Daher bedeutet hier nicht nur ›erkennen‹, ›wollen‹ und ›einbilden‹, sondern auch ›mit den Sinnen empfinden‹ dasselbe wie ›denken‹.«

[9] Epikur lebt im kulturellen Gedächtnis des Mittelalters in der Regel als Prediger der Sinneslust und Gottesleugnung fort; in seinen Texten erscheint er dagegen als Verfechter einer asketischen Lebensweise, der Würde aller Menschen, liebevoller Fürsorge für Glaubensgenossen

Röhren glauben, in Wirklichkeit mit sehr feinen Korpuskeln erfüllt sind (*materia subtilis*), die jede gröbere Materie durchdringen können. Zugleich bestreitet er, dass Materie und Ausdehnung real verschieden sind. Weil die gesamte Ausdehnung von Materie erfüllt ist und weil das Attribut Ausgedehntsein nur zur Materie, aber weder zum Geist noch zu Gott passt, bezeichnen »Ausdehnung« und »Materie« letztlich dasselbe. Es gibt in der Natur keine Ausdehnung, die nicht mit Materie erfüllt ist, das heißt, es gibt in ihr keine leeren Räume. Die Geometrie behandelt gedachte Körper, die Physik reale. Weil Wolff davon ausgeht, dass das Denken mit Punkten gedachte Linien, mit Linien gedachte Flächen und mit Flächen gedachte Körper generieren kann, kleidet er die Meinung, dass Denken nichts mit Ausdehnung zu tun hat, in die Formulierung, dass Denken und Linien inkommensurabel sind; »Linien« steht hier sowohl für Linien als auch für die Flächen und Körper, die das Denken durch Linien erzeugen kann. Dieses kann man dagegen selbst dann noch angemessen begreifen, wenn man beim Vollzug des cartesischen Zweifels die Meinung testet, dass es überhaupt keine Ausdehnung gibt, oder wenn der

und Ehrfurcht vor den Göttern, von denen er annimmt, dass sie keine Vorsehung ausüben, weil sie sich aus Klugheit nicht um die Menschen kümmern, die viel Verdruss bereiten. Sein Schülerkreis ist ähnlich wie eine religiöse Gemeinde organisiert. In der Neuzeit wurde Epikurs atomistische Physik wieder aufgenommen, nach der die Welt aus leeren Räumen und bewegten Atomen besteht; den Geist pflegten Epikureer als Ansammlung äußerst feiner Atome zu deuten. Die Darstellung der Philosophie Epikurs durch Lukrez' »Über die Natur der Dinge«, die Cicero herausgegeben hatte, erschien in der zweiten Hälfte des 16. Jahrhunderts im Druck. Im 17. Jahrhundert interpretierten und verbreiteten Autoren wie Gassendi, Charleton und Bernier diese Philosophie. In England bildeten sich epikureische Zirkel, die bei der Entwicklung des neuzeitlichen Atomismus bis hin zu Newton eine wichtige Rolle spielten (s. Puster, Britische Gassendi-Rezeption am Beispiel John Lockes, III; 46–94). Solche Neuepikureer wandten sich gegen Descartes' Physik', die ein von unendlich teilbaren Korpuskeln erfülltes Universum annahm.

Körper beim Hinscheiden eines Menschen von dessen Seele getrennt wird. Alles, was auf irgend eine Weise Denken einschließt (*cogitationem quandam includit*), ist also dem Geist zuzurechnen. Wolffs Formulierung »was Denken einschließt« ist knapp; noch knapper wirkt die Überschrift zu §4 in der zweiten Auflage, nach welcher Sprechen eine Tätigkeit des Geistes (*mentis operatio*) ist.[10] Das ist nicht falsch, denn man spricht, weil man im Geist den Willen hat mitzuteilen, was man denkt. Man könnte aber mit genauso viel Recht behaupten, dass Sprechen eine Tätigkeit der Sprechorgane ist.

Für Wörter wie »Denken« und »Seele« kann bei Descartes und im nachcartesischen Milieu auch »Geist« stehen, doch handelt es sich dabei nicht um einen eindeutigen Ausdruck. Denken ist die wesentliche Eigenschaft der Geister, also des unendlichen Geistes Gott, aber auch aller endlichen Geister, das heißt, der Engel und der Menschenseelen. Engel sind endliche reine Geister, während Menschenseelen endliche Geister sind, die Gott zum zeitweiligen Verbleib in einen Körper eingegossen hat; wenn sie beim Tod den Körper wieder verlassen, heißen sie (vom Körper) abgeschiedene Seelen (*animae separatae*); noch heute spricht man von den Abgeschiedenen und vom Verscheiden. Der Ausdruck »Seele« hat bei Descartes schon einiges von seiner früheren Mehrdeutigkeit verloren und steht in der Seelenlehre grundsätzlich nur noch für die vernünftige Seele des Menschen, von der die Schultradition die vegetative Seele, welche vegetative Vorgänge in Pflanzen-, Tier- und Menschenkörpern steuert, und die sensitive Seele unterschied, welche animalische Vorgänge in Tier- und Menschenkörpern steuert. Beide ersetzt Descartes durch materielle Entitäten, die er allerdings nicht anders als die Schulphilosophen ebenfalls als Geister bezeichnet, wenn er Ausdrücke wie *spiritus animales* oder *esprits animaux* (»thierliche geister«) verwendet. Er unterscheidet nicht mehr zwischen

[10] Wolff, *De loquela*, Ausg. 1755; »§.4. *Mentis operatio*«; 244.

Lebens- und Animalgeistern, weil seine organischen Maschinen, Pflanzen wie Tiere, gleichermaßen Automaten sind und deshalb nicht die Annahme verschiedener Arten von Transmittern erfordern. Die Animalgeister, die Descartes annimmt, bestehen nach seiner Meinung aus äußerst feiner Materie, die dem Stoff von Äther und Feuer gleicht; ähnliche Verwendungen von »Geist« oder »*spiritus*« gibt es noch heute in Wörtern wie »Weingeist«, »Salmiakgeist« oder »Brennspiritus«. Wenn Wolff den Geist als Urheber der Sprache bezeichnet, denkt er an ein immaterielles Prinzip. Die von ihm angeführten Autoren äußern sich differenzierter. Die Grammatik von Port-Royal schreibt 1660, dass die Sprache außer ihrem materiellen Teil, der Menschen und Papageien gemeinsam ist, auch über einen geistigen Teil verfügt. Sie hält es für einen der größten Vorzüge des Menschen gegenüber den Tieren und für einen Beweis seiner Vernünftigkeit, dass ihm die Erfindung gelang, aus fünfundzwanzig bis dreißig Lauten unzählige Wörter zu bilden, die ihm nun als Zeichen für seine Gedanken dienen. Deswegen kann er andere Menschen an seinem Denken teilhaben lassen, obgleich sie nicht in seinen Geist hineinschauen können, denn Wörter, die physische Phänomene sind, umschließen Gedanken als ihre Bedeutungen.[11] Clauberg schreibt 1664, dass Sprechen und Verstehen erst durch die Verbindung von Körper und Seele möglich werden,[12] und La Forge erklärt 1666, dass die Fähigkeit des Geistes, sich während der Vereinigung mit dem Körper mit anderen Menschen zu verständigen, eine Folge seines Vermögens ist, bestimmte Gedanken mit bestimmten Bewegungen der Sprechorgane zu verbinden.[13] Lamy schreibt 1675, dass man auch bei Wörtern Körper und

[11] *Grammaire generale* l. 2, c. 1; 26–27.

[12] Clauberg, *Theoria corporum viventium* c. 35, §879; Schalbr. 199: »Der Sprechakt entspringt nicht weniger der Verbindung von Seele und Körper als der Hörakt.«

[13] La Forge, *Traité* c. 20; 1666: 351 | 1974: 294–295: »Dass der Geist sich während seiner Vereinigung mit dem Körper verständlich machen kann, ist offensichtlich eine Folge seines Vermögens, Gedanken mit bestimm-

Seele unterscheiden muss, nämlich ihren materiellen und ihren geistigen Teil, also das, was Vögel ähnlich wie Menschen artikulieren können, und die Bedeutung, die nur der Mensch in artikulierte Wörter einschließen kann. Die Ideen, die der Geist dadurch übermittelt, dass er mit den Sprechorganen bestimmte Wörter bildet, sind sozusagen die Seelen der Wörter, und die artikulierten Laute, die diese bezeichnen, obgleich sie ihnen nicht ähnlich sind, sind ihr materieller Teil, also sozusagen ihr Körper. Wolffs Mitteilung, dass Sprechen eine Tätigkeit des Geistes ist, wirkt demgegenüber etwas verkürzt. Zu der Formulierung »was immer einen Gedanken einschließt« bewog ihn vielleicht Lamys Bemerkung, dass die Bedeutung ähnlich in den Wortlaut eingeschlossen ist wie die Seele in den Körper.[14]

§4

Die Definition, nach der der Geist sich alles dessen bewusst ist, was in ihm geschieht, ist nicht hinreichend

3|245–246 ▷ S. 302

§4 Bisher haben wir zwar bewiesen, dass man alle inneren Ereignisse, deren wir uns bewusst sind, zu den Gedanken des Geistes zählen muss; trotzdem gebe ich keineswegs zu, dass die Natur des Geistes hinlänglich expliziert ist, wenn wir ihn als eine Substanz bezeichnen, die sich alles dessen bewusst ist, was in ihr geschieht. Wenn das nämlich der echte Begriff unseres Geistes wäre, könnte man alles aus ihm herleiten, was vom Geist erkennbar ist; folglich könnte man daraus auch die Gattungen der Gedanken *a priori* ermitteln. Denn gerade die Schüler von Herrn Descartes halten wie ihr Meister das für wahr, von dem sie klar und deutlich erkennen, dass es in

ten Bewegungen seines Körpers zu verbinden und diese so zu Zeichen seiner Gedanken zu machen.«

[14] Lamy, *La rhetorique* l. 1, c. 1; 4–5.

der Idee eines Dings enthalten ist, und legen deshalb ihrer Philosophie das folgende Prinzip als unerschüttertes Fundament zugrunde: Alles, was man von einem Ding erkennt, ist in seinem Begriff enthalten. Darin folgen sie den Mathematikern, deren Theoreme deswegen alle Einwände überstehen, weil sie nichts zulassen, das nicht in den Begriffen der Dinge enthalten ist. Sie sprechen mit Gewissheit einer Fläche, die in drei Linien eingeschlossen ist, drei Winkel zu, weil man das Zusammentreffen dreier Linien zur Begrenzung einer Fläche nicht ohne drei Winkel begreifen kann. Sie behaupten, dass diese drei Winkel gleich zwei Rechten sind, denn in einer von drei geraden Linien umschlossen Fläche begreifen sie nur drei Winkel, die gleich zwei Rechten und weder größer noch kleiner sind. Ähnlich greifen sie, wenn sie in der Statik und Mechanik die Ruhe von Körpern ursächlich aus dem Gleichgewicht herleiten wollen, stets auf die Aufhängung des Schwerpunkts zurück, denn in dessen Begriff ist enthalten, dass die Teilchen, die ihn von allen Seiten umgeben, im Gleichgewicht sind. Und wem die Methode der Wahrheitsfindung des berühmten *Herrn von Tschirnhausen* bekannt ist, der weiß und sieht ein, dass sie bloß eine Methode zum Aufspüren dessen ist, was im Begriff eines jeden Dings enthalten ist. Wenn ich nun aber den Begriff einer Substanz bilde, die sich alles dessen bewusst ist, was in ihr ist und geschieht, so kann ich zwar daraus entnehmen, dass der Geist sich selbst für sich selbst repräsentiert, es geht aber nicht zugleich daraus hervor, dass er sich auch andere Dinge repräsentiert und welche davon er erstrebt oder ablehnt. Es kann sich also hier nicht um den echten Begriff des Geistes handeln. Die Perzeption des Geistes ist ihrer Gattung nach von der Perzeption von Feuer, Farbe oder anderen körperlichen Gegenständen ja gar nicht verschieden, und daher taugt dieses innere Bewusstsein von dem, was in uns geschieht, genauso wie alles, was wir bloß perzipieren, auf keinen Fall dazu, [in einer Definition] mit

Wörtern beschrieben und vermittelst ihrer dem Geist eines anderen eingepflanzt zu werden.

Während der vorige Paragraph sich vorwiegend an cartesisches Gut hielt, treten nun Positionen von Tschirnhaus in den Vordergrund.

■ *Begriffe und Perzeptionen bei Tschirnhaus.* – Tschirnhaus nimmt ein Vermögen der Begriffe (*intellectus*) und ein Vermögen der Perzeptionen (*imaginatio*, Einbildungskraft) an. Das Vermögen der Begriffe (*conceptus*) versieht uns mit Vertandesvorstellungen, das Vermögen der Perzeptionen, das Tschirnhaus Einbildungskraft nennt, mit Sinnesvorstellungen. Die Einbildungskraft gliedert sich in drei Untervermögen: Äußere Sinnlichkeit oder Wahrnehmung von Außendingen, innere Sinnlichkeit, die uns über innerkörperliche und innerseelische Vorgänge informiert und Vorstellungen früher wahrgenommener Gegenstände für uns bereithält (»sinnliches Gedächtnis«), und schließlich Begehrungsvermögen.[1] Eine ähnliche Einteilung hatte Descartes verworfen. Als sein ehemaliger Freund Regius »*perceptio*« nur im Sinn von »Sinnesvorstellung«, »sinnlicher Gedächtnisinhalt« oder »Einbildung« verwendete, wandte Descartes ein, dadurch werde die Bedeutung von »*perceptio*« zu Unrecht auf den Bereich der Sinnlichkeit eingeschränkt.[2] Perzeptionen im Sinn von Tschirnhaus informieren uns darüber, dass etwas wirklich existiert, während Begriffe uns keine Auskunft über Existenz oder Nichtexistenz,

[1] Tschirnhaus, *Medicina mentis* p. 2, s. 1; 1695: 41 (1963: 77–78).

[2] Regius schrieb: »›Perzeption‹ meint Sinne, Gedächtnis und Einbildungskraft« (*Notae in programma*, § XVIII; AT VIII/2 346, 1–2). Descartes monierte das ebd.; AT VIII/2 363, 20–24: »Bei den Arten der Perzeption zählt er nur die Sinne, das Gedächtnis und die Einbildungskraft auf. Daraus kann man entnehmen, dass er keinen reinen Erkenntnisakt zulässt, das heißt, keinen Erkenntnisakt, der keine körperlichen Bilder zum Gegenstand hat.«

sondern nur über die innere Möglichkeit von Gegenständen geben. Tschirnhaus hebt hervor, dass wir bei Perzeptionen auf den Körper angewiesen sind, während der Geist bei Begriffen den Eindruck hat, dass er sie selbst erzeugt; ob wir sie denken, hängt von unserer Entscheidung ab, gleichgültig, ob sie uns gefallen oder nicht. Im Bereich der Sinnlichkeit geschieht dagegen alles wie von außen her, und zwar ungefähr so, als wären wir Zuschauer in einem Theater; deshalb tauchen Einbildungsvorstellungen manchmal sehr gegen unseren Willen auf.[3] Es gibt ein Kriterium zur Unterscheidung beider. Der Verstand, das Vermögen der Begriffe, verfährt bei allen Menschen auf die gleiche Weise; deshalb kann das, was man selbst begreift, auch jedes andere Vernunftwesen begreifen. Dagegen verfährt die Einbildungskraft, das Vermögen der Perzeptionen, keineswegs bei allen Menschen gleich, und deshalb kann niemand sicher sein, dass ein anderer ein Ding genauso wahrnimmt wie er. Zum Beispiel liebt jemand eine Speise, die ein anderer verabscheut, von Geburt an Blinde wissen nicht, was Wörter wie »rot« oder »Licht« bedeuten, und taub Geborene können den Ausdruck »taub« nicht so verstehen wie wir, weil ihnen die Perzeption ›hören‹ fehlt. Weil dagegen der Verstand oder das Vermögen der Begriffe bei allen Menschen gleich ist, kann man Begriffe, die man selber hat, anderen verlustfrei durch Wörter vermitteln; auch kann man sicher sein, dass etwas, das man selbst als undenkbar erkennt, auch von anderen Menschen als undenkbar erkannt werden kann.[4]

Den Wahrheitsbegriff verwendet Tschirnhaus in einem weiten Sinn; man kann ihn nicht nur von Urteilen, sondern auch von Begriffen aussagen, denn Tschirnhaus ist davon überzeugt, dass jede Vorstellung eine Bejahung oder Verneinung enthält.[5] Sowohl Urteile als auch Perzeptionen und Begriffe können also wahr oder falsch sein; untrügliche Kriterien für Wahrheit oder

[3] Tschirnhaus, *Medicina mentis* p. 1, s. 1; 1695: 41 (1963: 78).

[4] Tschirnhaus, *Medicina mentis* p. 2, s. 1; 1695: 45–46 (1963: 81).

[5] Tschirnhaus, *Medicina mentis* p. 2, s. 1; 1695: 36 (1963: 74).

Falschheit sind bei Perzeptionen Vorstellbarkeit und Nichtvorstellbarkeit und bei Begriffen Denkbarkeit und Undenkbarkeit. Vorstellbar ist eine Perzeption beziehungsweise denkbar ist ein Begriff, wenn ihre Elemente miteinander verträglich sind oder wenn sie sich in einem Urteil durch »ist« verbinden lassen; unvorstellbar ist dagegen eine Perzeption und undenkbar oder unbegreifbar ein Begriff, deren Elemente nicht miteinander vereinbar sind oder sich nicht durch »ist« zu einem Urteil verbinden lassen. Unvorstellbare Perzeptionen (zum Beispiel ›trockenes Wasser‹) und undenkbare Begriffe (zum Beispiel ›ein Kreis mit Radien verschiedener Länge‹) erkennt man unmittelbar als falsch.[6] Daraus ergibt sich eine zuverlässige Regel, nach der auch Anfänger entscheiden können, ob sie etwas begriffen haben oder ob sie es bislang nur perzipieren: Wer andere dazu bringen kann, etwas zu begreifen, hat es auch selbst begriffen.[7] Die Überzeugung, dass man alle Vernunftwesen verlustfrei über Begriffe und Begriffsverhältnisse informieren kann, hat etwas mit dem zu tun, was man heute als Öffentlichkeit der Wissenschaft bezeichnet.

Ars inveniendi. – Die Kunst des Findens beginnt damit, dass man Begriffe in ihre Elemente zerlegt und dadurch zu den irreduziblen Grundbegriffen, den ersten oder einfachen Begriffen gelangt, aus denen sie zusammengesetzt sind; diese sind der Stoff, aus dem komplexe Begriffe bestehen.[8] Aus dem Text geht hervor, dass beispielsweise ›Ausdehnung‹ zu den Grundbegriffen gehört: Weil man örtliche Bewegung nur denken kann, wenn man zugleich etwas Bewegliches denkt, ist ›Bewegung‹ kein erster Begriff. Bewegliches kann man nur denken, wenn man zugleich auch Ausdehnung denkt, aber mit ›Ausdehnung‹ ist

[6] Tschirnhaus, *Medicina mentis* p. 2, s. 1; 1695: 34–35 (1963: 73): »Daher kommt es, dass Falschheit in dem besteht, was man nicht begreifen kann, Wahrheit dagegen in dem, was man begreifen kann.«

[7] Tschirnhaus, *Medicina mentis* p. 2, s. 1; 1695: 46 (1963: 82).

[8] Tschirnhaus, *Medicina mentis* p. 2, s. 1; 1695: 66–67 (1963: 97).

ein erster Begriff gefunden, denn man kann ihn denken, ohne weitere Begriffe mitzudenken.[9] Der junge Wolff merkt bald, dass Tschirnhaus' Auskünfte hier etwas knapp geraten sind; deshalb versucht er, wie Gottsched berichtet, »dem Mangel der Sacherklärungen [Realdefinitionen] abzuhelfen. Sturms Beispiele derselben, und die aus Barrows mathematischen Vorlesungen, wiesen ihm, dass sich Tschirnhausens Regeln davon gar leicht absondern [abstrahieren] ließen, ja die genetische Erklärung des bloßen Kreises, oder Zirkels, schien ihm hinlänglich dazu zu seyn: so geübt war er schon, aus besonderen Fällen das Allgemeine herauszuziehen! Nur das fiel ihm schwer, die Elemente der Sacherklärungen, wie Tschirnhaus sie nennet [die einfachen Begriffe], zu finden.«[10] – Nach der Ermittlung der Grundbegriffe muss man sie in Gattungen einordnen. Hauptgattungen der Perzeptionen und Begriffe sind 1. die Hauptgattung ›Perzeptionen der Einbildungskraft‹, 2. die Hauptgattung ›mathematische Begriffe und irreduzible Vernunftbegriffe‹ und 3. die Hauptgattung ›physische oder reale Begriffe‹;[11] zu deren Untergattungen gehören nach Tschirnhaus ›Bewegung‹ und ›Ruhe‹.[12] Das wirkt sehr allgemein, teilt aber mehr mit, als es zunächst den Anschein hat. Zum Beispiel erscheint unter der Hauptgattung ›mathematische Grundbegriffe‹ der Begriff ›Größe‹ und unter dem Grundbegriff ›Ausdehnung‹ der Begriff ›*figura*‹ (Gestalt). Wer Descartes gelesen hat, weiß, dass man mit ›Größe‹ und ›Gestalt‹ alle Korpuskelarten und damit alle Arten von Materie konstruieren kann; so sind zum Beispiel cartesische Luftkorpuskeln klein und rund.[13] Nimmt man den Begriff ›Bewegung‹ hinzu, dann kann man physikalische Zustände von Materiearten konstruieren und beispielsweise darstellen, wie Wasserkorpuskeln beim Ansturm

[9] Tschirnhaus, *Medicina mentis* p. 2, s. 1; 1695: 67 (1963: 98).
[10] Gottsched, Historische Lobschrift; 16–17.
[11] Tschirnhaus, *Medicina mentis* p. 2, s. 2; 1695: 76 (1963: 105).
[12] Tschirnhaus, *Medicina mentis* p. 2, s. 2; 1695: 84 (1963: 112).
[13] Descartes, *Le monde*, Traité de la lumiere, c. 5; 24, 27–25, 15.

von Feuerkorpuskeln so heftig in Bewegung geraten, dass sie den Sinnen als Dampf erscheinen.[14]

Nach der Ermittlung und Klassifizierung der einfachen Begriffe werden die weiteren Grundoperationen der Erfindungskunst beschrieben. Zuerst muss man die internen und externen Beziehungen der Grundbegriffe ermitteln und prüfen, ob sich daraus neue Erkenntnisse ergeben; die Wahrheiten, die man dabei entdeckt, bezeichnet Tschirnhaus als Axiome, *notiones communes* (gemeinsame Begriffe) oder ewige Wahrheiten.[15] Axiome sind in den Grundbegriffen, aus denen sie gewonnen werden, bereits enthalten und hängen ausschließlich von ihnen ab; deshalb lässt sich an korrekt gebildeten Axiomen genau so wenig zweifeln wie an den Grundbegriffen selbst, aus denen sie gewonnen wurden, denn die einen sind so deutlich oder undeutlich wie die anderen. Einen Vorteil dieser Axiomlehre sieht Tschirnhaus darin, dass bei ihr die üblichen Dispute darüber entfallen, ob Axiome schlechthin evidente und unbezweifelbare Sätze sind; nach Tschirnhaus sind sie bereits mit den Grundbegriffen, aus denen man sie gewonnen hat, gerechtfertigt oder nicht.[16] – In einem weiteren Schritt muss man kompatible Grundbegriffe miteinander verbinden, denn dadurch erhält man komplexe Terme, aus welchen man Theoreme zusammensetzen kann, die neue Erkenntnisse enthalten.[17] Zur Darstellung solcher Kombinationen bildet man Definitionen. Nach Tschirnhaus ist jede gute Definition genetisch, das heißt, sie gibt an, wie der definierte Gegenstand entsteht oder wie man ihn erzeugen kann; Gegenstände durch ihre genetische Definition zu begreifen, ist also nichts anderes, als in Gedanken ihre Entstehung zu wiederholen. Das macht Tschirnhaus mit der genetischen

14 Descartes, *Discours de la methode*, Les meteores, disc. 4; AT 265, 3–266, 22.

15 Tschirnhaus, *Medicina mentis* p. 2, s. 2; 1695: 117–118 (1963: 143–144).

16 Tschirnhaus, *Medicina mentis* p. 2, s. 2; 1695: 122–123 (1963: 147).

17 Tschirnhaus, *Medicina mentis* p. 2, s. 2; 1695: 66–67 (1963: 97–98).

Definition des Kreises klar: »Ein Kreis ist diejenige Figur, die entsteht, wenn man alle Punkte zeichnet, die von einem festen Punkt den gleichen Abstand haben.«[18] Stellen wie diese deuten an, dass es in Tschirnhaus' Lehre von den Realdefinitionen darum geht, im Begriff von Körpern deren Zustände, ihre Ingredienzen und die Umstände ihrer Entstehung festzuhalten, zum Beispiel bei großen Glaslinsen die Bedingungen ihrer Spannungsfreiheit und bei Porzellanen den Grund ihrer Härte. Die in den Schulen übliche Behauptung, dass eine gute Definition aus der Angabe der nächsthöheren Gattung und der spezifischen Differenz besteht, ist nach Tschirnhaus wenig hilfreich, denn das Wissen, wie eine Sache entsteht oder produziert wird, schließt diese Informationen ohnehin mit ein.[19] Auf den ersten Blick wirken die erwähnten Operationen nicht schwierig, in Wirklichkeit braucht man aber, wie die *Medicina mentis* versichert, schon bei der Bestimmung der Gattungen von Grundbegriffen Erfahrung, Wissen und Umsicht[20] – ein Hinweis darauf, dass man einige Grundbegriffe mühsam empirisch ermitteln muss.

Der wichtigste Zweck der Methode ist die Lösung von Problemen. Wer gelernt hat, wie man Wahrheiten oder Theoreme findet, ist in der Lage, Probleme korrekt zu formulieren, und wer mit Hilfe genetischer Definitionen Wirkungen *a priori* aus Ursachen herleiten kann, ist in der Lage, die Ursachen erfahrener Wirkungen zu entdecken, das heißt, zu ermitteln, welche Ursachen zu einer gewünschten Wirkung führen. Das eine ist wichtig, wenn man Ursachen zur Erzielung von Wirkungen einsetzen will (Aufgabe: Welche Ursachen muss man einsetzen, um Asbest zum Schmelzen zu bringen?), und das andere braucht man, wenn man herausfinden will, weshalb etwas Bestimmtes geschieht (Aufgabe: Was ist die Ursache davon, dass Porzellan aus Saint-

[18] Tschirnhaus, *Medicina mentis* p. 2, s. 2; 1695: 67 (1963: 97).
[19] Tschirnhaus, *Medicina mentis* p. 2, s. 2; 1695: 71–72 (1963: 101–102).
[20] Tschirnhaus, *Medicina mentis* p. 2, s. 2: 1695: 72–73 (1963: 102–103).

Cloud von selbst zerspringt?).[21] Tschirnhaus' allgemeine Methode zur Lösung von Problemen beruht nach seiner Meinung auf nur wenigen Voraussetzungen: Man muss die Grundbegriffe von allem kennen, das man kombinieren will, um eine Wirkung zu erzielen; bei jedem Grundbegriff muss man ermitteln, welche Wirkung folgt, wenn man ihn allein einsetzt, und welche Wirkungen man zu erwarten hat, wenn man Kombinationen von Grundbegriffen, also mehrere Grundbegriffe zugleich, einsetzt.[22] Oft erläutert Tschirnhaus seine Überlegungen mit Beispielen aus der Mathematik; Qualität und Angemessenheit dieser Beispiele überzeugen Mathematikhistoriker nicht immer.[23] – Um exemplarisch zu zeigen, dass seine Methode universal ist, wendet sie Tschirnhaus auf physikalische Probleme an, zum Beispiel auf das Verhalten von Flüssigkeiten unter verschiedenen Bedingungen, auf Gärungsprozesse und vulkanische Ereignisse.[24]

Tschirnhaus ist davon überzeugt, dass er in einer Zeit des Übergangs lebt und dass man das Thema seines Buches ange-

[21] Zaunick, E.W. Von Tschirnhaus in seinem Werden und Wirken. In der deutschen Ausgabe von Tschirnhaus' *Medicina mentis* s. S. 17: »Im Jahre 1686 besaß Tschirnhaus einen Spiegel, mit dem er alle damals bekannten Metalle, auch Eisen, verflüssigen, ja sogar teilweise verflüchtigen konnte. Ziegel, Bimsstein und Knochen schmolzen zu Glas. Am 22. August 1687 gelang ihm sogar die Verflüssigung von Asbest, der seit der Antike als das dem Feuer gegenüber widerstandsfähigste Material galt.« – Ebd. 22: Er hat die von der Familie Chicaneau in St. Cloud errichtete Porzellan-Manufaktur mit den Augen des Fachmannes besichtigen können. In seinem Reisebericht an den Statthalter Fürst von Fürstenberg schreibt er darüber: [181, S. 43]: »›Zu Saint Clou in der Porcelain Manufactur, kaufte ich mir unterschiedene Stücke, die mir aber hernach von selbst zersprangen, denn in der Composition viel Salia gebrauchet werden.‹«

[22] Tschirnhaus, *Medicina mentis* p. 2, s. 2; 1695: 129–131 (1963: 153–154).

[23] Einen Eindruck vermitteln die Anmerkungen von Herbert Oettel zu Zaunicks deutscher Ausgabe der *Medicina* mentis.

[24] Tschirnhaus, *Medicina mentis* p. 2, s. 2; 1695: 145–157 (1963: 165–176).

messener wird behandeln können, wenn spätere Generationen die gegenwärtigen Bemühungen um die Verbesserung des Wissens glücklich zu Ende führen. Er betont jedoch, dass man schon in seinem Jahrhundert Großes entdeckt hat, auch wenn es nur ein kleiner Teil des überhaupt Entdeckbaren ist.[25] Falls man über den bisherigen Stand hinaus noch Wahrheiten entdecken will, muss man sich unablässig in der Methode des Findens üben; dabei folgt man am besten der eigenen Veranlagung, denn so erzielt man die meiste Freude und die besten Ergebnisse und trägt am wirksamsten zum Fortgang der Wissenschaft bei.[26] Nach seiner Meinung bereitet keine Wissenschaft mehr Freude als die Physik, durch die man zu Erkenntnissen über Gottes Wirken, über sich selbst und über die Welt gelangt.[27] In der Physik wird uns bei der Suche nach Wahrheit auf dem Weg über Sinne, Erinnerungsbilder und Leidenschaften sehr viel von außen her geschenkt; deswegen ist es richtig, mit der Erfahrung zu beginnen, anstatt sich Physiken auszudenken.[28] Jede Wahrheit, die man findet, muss man für etwas Kostbares halten und lieben, und zwar selbst dann, wenn sie Meinungen widerlegt, die man früher vertreten hat, wenn sie dem Ansehen schadet, das man dadurch erwarb, oder wenn man sie von weniger geachteten Kollegen übernehmen muss. Denn es kommt nur darauf an, dass es sich um die Wahrheit handelt.[29]

In einer Wissenschaft wie der Mathematik, erklärt Wolff, lässt sich einer guten Definition *a priori* und ohne zusätzliche Erfahrung alles entnehmen, was von dem Definierten erkennbar ist. Weil zum Erkennbaren im Fall des Geistes die Gattungen seiner Gedanken gehören, könnte man versuchen, diese aus

[25] Tschirnhaus, *Medicina mentis* p. 3; 1695: 272–273 (1963: 268).
[26] Tschirnhaus, *Medicina mentis* p. 3; 1695: 272–277 (1963: 268–272).
[27] Tschirnhaus, *Medicina mentis* p. 3; 1695: 280–289 (1963: 274–281).
[28] Tschirnhaus, *Medicina mentis* p. 3; 1695: 290–291 (1963: 282).
[29] Tschirnhaus, *Medicina mentis* p. 3; 1695: 296 (1963: 286).

der Definition des Geistes herzuleiten. Wolff denkt hier an andere Gattungen als Tschirnhaus, nämlich an cartesische: Einige Gattungen betreffen den Geist und seine Zustände, andere die Materie und ihre Zustände. Nach den in §3 gewonnen Erkenntnissen könnte man vorschnell den Geist als eine Substanz definieren, die ein Bewusstsein von allem hat, das in ihr geschieht, aber das wäre keine gute Definition, denn sie begründet zwar, dass sich der Geist für sich selbst repräsentiert, aber nicht, dass er sich auch materielle Dinge repräsentiert, von denen er einige erstrebt und andere ablehnt. Die zunächst erwogene Definition von »Geist« entspricht also nicht dem wahren Begriff des Geistes. Der Versuch, dessen Wesen allein mit »Bewusstsein« zu bestimmen, ist nach Wolff schon deshalb verfehlt, weil er nicht auf einen Begriff zugreift, sondern auf eine Perzeption der inneren Sinnlichkeit, nämlich auf die, dass der Geist sich aller Ereignisse in ihm bewusst ist; »Ich denke« ist nicht weniger eine Perzeption als »Ich esse«. Mit Perzeptionen kann man nichts definieren, denn sie sind nicht bei allen Menschen gleich, auch unterscheiden sich Perzeptionen, die den Geist betreffen, zumindest der Gattung nach nicht von Perzeptionen wie ›Feuer‹ oder ›Farbe‹. Also kann man die Perzeption, dass sich der Geist für sich selbst repräsentiert, nicht bei der Definition des Geistes verwenden.

§5

Die apriorische Herleitung der Gattungen der Gedanken aus dem Begriff des Geistes wäre aufwendig, denn ein genetischer Begriff des Geistes schließt den Begriff des Schöpfers ein 3|246–247 ▷ S. 303

§5 Wer allerdings den echten Begriff des Geistes bilden will, aus dem sich alles herleiten lässt, was vom Geist erkennbar ist, muss seine Zuflucht zum Begriff der Gottheit nehmen; denn weil der Geist ein Geschöpf ist, enthält seine Natur eine

Beziehung zur Natur des Schöpfers und muss infolgedessen aus dieser entwickelt werden. Er wurde mit Sicherheit von Gott hervorgebracht, wird von Gott in seinem Sein erhalten und schließt deswegen eine allseitige Abhängigkeit von Gott mit ein; wie könnte man also seine Natur ohne die Natur der Gottheit begreifen? Weil aber eine solche Herleitung der Natur unseres Geistes aus dem Begriff des göttlichen Schöpfers mehr Zeit erfordert, als es die Art unseres Vorhabens zum gegenwärtigen Zeitpunkt erlaubt, und weil für uns eine *a posteriori*-Einteilung unserer Gedanken in ihre Gattungen wohl ausreicht, unterziehen wir uns dieser Arbeit nicht und zeigen lediglich, wie man sie durchführen kann. Zuerst sind Erfahrungen über unseren Geist zu sammeln, die zwar nur Perzeptionen sind, aber bei der Entdeckung von Begriffen helfen. Dazu gehört zum Beispiel, dass wir uns dessen, was in uns geschieht, bewusst sind, und dass wir etwas erkennen, erstreben und ablehnen können. Danach muss man im Blick auf die Bedingungen dieser Perzeptionen die Abhängigkeit des Geistes von Gott entdecken und schließlich auf der Grundlage eines Vergleichs der erwähnten Perzeptionen mit dem Begriff des göttlichen Schöpfers und Erhalters die Natur des Geistes *a priori* entdecken.

Den Versuch, die Gattungen der Gedanken (heute würde man sagen: die Kategorien) aus dem Begriff des Geistes herzuleiten, mag Wolff unter anderem deshalb hier nicht unternehmen, weil es schwer ist, eine Definition von ›Geist‹ zu bilden, aus der sich alles herleiten lässt, was man vom Geist erkennen kann. Nach Tschirnhaus hat der genetische Begriff eines Gegenstands Informationen über dessen Entstehung zu enthalten, und das bedeutet, dass der Begriff des Geistes, der in einer unauflöslichen Abhängigkeit vom Schöpfer steht, den Gottesbegriff voraussetzt. Die Ausdrücke »*numen*« (Gottheit) und »*nutus*« (Wink, Willensakt) verwendet man im Umkreis

Weigels häufig; das gilt nicht zuletzt für Sturm, während solche Ausdrücke bei einem Reformierten wie Clauberg selten sind. Bei Hambergers Schüler Wolff begegnet man ihnen aber in *De Loquela* oft.[1]

Wolff geht davon aus, dass es nicht nötig ist, die Einteilung unserer Gedanken *a priori* aus dem Begriff des menschlichen Geistes herzuleiten; man könne sie nämlich auch *a posteriori* ermitteln. Deshalb begnügt er sich mit einer knappen Skizze des Vorgehens bei der *a priori*-Herleitung: Zuerst muss man durch Introspektion Erfahrungen zusammentragen, die den Geist betreffen; sie bestehen zwar aus Perzeptionen, erleichtern aber die Entdeckung von Begriffen. Zum Beispiel: Der Geist ist sich alles dessen bewusst, was in ihm vorgeht; er kann erkennen, begehren und verschmähen. Danach muss man bei der Ermittlung der Bedingungen der Möglichkeit solcher Perzeptionen die Abhängigkeit des Geistes von Gott aufdecken. Schließlich muss man durch einen Vergleich der gefundenen Perzeptionen mit dem Begriff des Schöpfers und Erhalters der Welt die Natur des Geistes *a priori* entdecken. Zu einem solchen Programm, das Wolff nicht durchführen will, würde man wenige Jahrzehnte später grundsätzliche Fragen stellen. Vorerst aber klingen natürliche Theologien noch zuversichtlicher als heute: Wolff sagt nicht, dass die Herleitung der Natur

[1] Zum Beispiel
§ 5 ad conceptum Numinis
sine natura Numinis
ex Numinis Creatoris conceptu
cum conceptu Numinis Creatoris et Conservatoris
§ 11 Numinis ipsius rerum omnium providi
§ 13 propter facultatem a Numine nobis concessam
§ 14 per conceptum Numinis
§ 15 efficacissimus Numinis nutus
§ 22 sine benigna Numinis providi directione
§ 34 potens Numinis nutus
§ 38 Numinis potentissimi

des menschlichen Geistes aus Gottes Wesen unsere Fähigkeiten grundsätzlich übersteigt, sondern nur, dass sie mehr Zeit erfordert, als er im Augenblick hat.

§6

Empirische Ermittlung der Gattungen der Gedanken

3–4|247–248 ▷ S. 303

§6 Wenn wir also unsere Aufmerksamkeit auf uns selber richten und die Ereignisse in uns nebeneinanderstellen, deren wir uns bewusst sind, während sie geschehen, bemerken wir, dass zwischen ihnen ein doppelter Unterschied besteht. Einige Gedanken repräsentieren dem Geist etwas zur Anschauung, andere machen ihn dem angeschauten Ding geneigt oder schrecken ihn sozusagen von ihm ab. Wenn wir Gedanken der ersten Art genauer abwägen, nehmen wir wahr, dass einige die Dinge selbst und andere deren Modi repräsentieren. Bei beiden handelt es sich entweder um Begriffe, die etwas bloß Mögliches enthalten, zum Beispiel die Entstehung einer Linie durch das Wandern eines Punktes von einem Punkt A zu einem Punkt B, oder um Perzeptionen, die mit Hilfe der äußeren oder inneren Sinne oder aus irgend einem anderen Grund entstehen. Unter Anleitung der Erfahrung merken wir aber auch ohne Mühe, dass sich Begriffe bei allen Menschen gleich verhalten und Perzeptionen nicht. Alle Menschen begreifen zum Beispiel auf dieselbe Weise, dass eine Strecke einen Kreis beschreibt, wenn sie sich um einen ihrer Endpunkte dreht, während Geschmäcke, Düfte und dergleichen verschiedene Subjekte verschieden affizieren. Schließlich erfordern Perzeptionen von Außendingen eine äußere Ursache, die entweder zum gegenwärtigen Zeitpunkt so auf ein Sinnesorgan einwirkt oder früher so auf es eingewirkt hat, dass der Geist die jeweilige Perzeption bekam; für Begriffe gilt das aber nicht. Perzeptionen lassen also auf eine Abhängigkeit vom Körper schließen, Begriffe aber keineswegs. Darüber hinaus ist zu Modi zu bemerken, dass wir durch die einen die Dinge als etwas begreifen, das ist oder so und so beschaffen ist, durch andere dagegen als etwas, das tätig ist oder die Tätigkeit eines anderen Dings erleidet; und bei diesen letzteren bemerken wir, dass sie in ihrem Begriff beständig die Zeit einschließen, sei sie nun gegenwärtig, vergangen oder zukünftig. Auch sind in jedem Begriff des reinen Verstandes verschiedene Dinge miteinander verbunden, und der Verstand bildet durch Verbindung mehrerer Begriffe einen neuen; auf ähnliche Weise pflegt er auch Perzeptionen zu verbinden, die er von den Sensorien gleichzeitig bekommt. Dabei gebraucht er teils sein Urteilsvermögen, teils übt er sein Vermögen der Schlussfolgerungen aus. Urteile, die er über Dinge bildet, verbindet er in der Regel je nach deren Verschiedenheit mit verschiedenen Leidenschaften, obgleich sich diese öfters auch zu bloßen Perzeptionen zu gesellen pflegen.

Bei der Lektüre von § 5 entsteht zunächst der Eindruck, dass Wolff sich seinen § 4 durch eine kurze Bemerkung hätte ersparen können, denn er wusste schon vorher, dass eine *a priori*-Ableitung der Gattungen der Gedanken zumindest in dieser Situation nicht möglich ist. Vermutlich hat er sich aber den Paragraphen schon deshalb nicht erspart, weil er klarmachen wollte, dass er sich auch auf natürliche Theologie versteht. Jetzt folgt immerhin eine Herleitung der Gattungen der Gedanken *a posteriori*. Durch die Erfahrungstätigkeit der Introspektion erkennen wir die Gattungen unserer Gedanken; sie entsprechen nach Meinung Wolffs den obersten Kategorien cartesianischer Ontologien, nämlich Substanz und Modus, und der Einteilung der Gedanken in Begriffe und Perzeptionen. Eine Übersicht über Wolffs Beobachtungen zeigt Folgendes.

Gedanken repräsentieren:

- etwas *oder* – etwas als erwünscht oder unerwünscht (Gedanken an Dinge und Urteile über sie verbindet man häufig mit Leidenschaften)
- Dinge selbst *oder* Modi (Zustände) von Dingen
- Modi überhaupt (die Süße, das Laufen) *oder* – Eigenschaften – Tätigkeiten bzw. Erleidungen von etwas (mit Informationen über deren Zeitpunkt)

Gedanken sind:

Perzeptionen	*oder*	**Begriffe**
– repräsentieren etwas Faktisches oder etwas als faktisch Vorgestelltes		– repräsentieren etwas Mögliches
– entstehen durch Affizierung der äußeren oder inneren Sinne		– entstehen durch immanente Tätigkeiten des Verstandes
– affizieren Menschen je verschieden		– verhalten sich bei allen Menschen gleich
– hängen vom Körper ab		– sind vom Körper unabhängig und enthalten keine sinnlichen Komponenten
– Der Geist verbindet gleichzeitig entstandene Perzeptionen zu neuen Perzeptionen, Urteilen oder Schlussfolgerungen		– der Geist verbindet mehrere Begriffe zu neuen Begriffen, Urteilen oder Schlussfolgerungen

Wolff verwendet den Ausdruck »Modi« und nicht den Ausdruck »Akzidentien«; das hängt vielleicht damit zusammen, dass er schon hier die *modi significandi* mitdenkt, mit Sicherheit aber auch damit, dass sich der Wortgebrauch von »*modus*« in den letzten drei Generationen verändert hat.

■ *»Modus«, »Akzidens«, »Qualität«.* – Der neue Wortgebrauch ist bei Descartes voll ausgeprägt. Noch am Anfang des 17. Jahrhunderts war es üblich, vom Unterschied zwischen Substanzen einerseits und Akzidentien (Quantitäten, Qualitäten, Relationen, Tätigkeiten) andererseits zu sprechen. Inzwischen ist aber die Akzidentienlehre in Schwierigkeiten geraten. Nach herkömmlicher Lehre treten die meisten Akzidentien zu bereits bestehenden Substanzen hinzu, und das spricht für die Annahme, dass sie von ihnen real verschieden sind. Zum Beispiel ist Paul mit zwölf und Paul zwanzig Jahren zwar derselbe, aber seine Quantität ist nicht dieselbe, sondern hat sich von Jahr zu Jahr verändert. Man kann also annehmen, dass Pauls Quantität von Paul als solchem real verschieden ist. Konzeptualisten waren allerdings zur Zeit der Abfassung von *De loquela* seit fast vierhundert Jahren davon überzeugt, dass zumindest zwischen Körpern und ihrer Quantität kein realer Unterschied besteht; für sie war die Quantität nichts anderes als die Substanz, betrachtet unter dem Gesichtspunkt, dass sie Teile hat. In der Reformationszeit führte diese Meinungsverschiedenheit zu erheblichen Polarisierungen in der Abendmahlslehre. Später eröffnete das Vordringen korpuskularistischer Physiken darüber hinaus die Möglichkeit, Qualitäten als Resultate von Korpuskelgestalten und Korpuskelbewegungen zu interpretieren; man nahm zum Beispiel an, dass die Sinneswahrnehmung ›heiß‹ durch schnelle Bewegung von Korpuskeln mit spitzer Gestalt entsteht. Dadurch ergab sich die Möglichkeit, auch den Realunterschied zwischen Körpern und Qualitäten in Frage zu stellen. Eine Qualität ist dann nichts anderes als der Körper selbst, betrachtet unter dem Gesichtspunkt, dass sich in ihm Korpuskeln bestimmter Gestalt und Größe in einer bestimmten Art von Lage und von Bewegung oder Ruhe befinden. Für Wolff waren diese Auseinandersetzungen durch den Sieg korpuskularistischer Physiken entschieden. In der zweiten Hälfte des 17. Jahrhunderts trat der Ausdruck »Akzidens« mehr und mehr in den Hintergrund; als Nachfolger etablierte sich der von Descartes konsequent verwendete Ausdruck »*modus*«, der mit der Konnotation ›real von der Substanz verschieden‹ nicht belastet war. Als Grundbedeutung auch von »*modus*« im neuen Sinn kann man im Deutschen »Zustand« annehmen: Ein Zustand ist von dem Ding, das ihn hat, nicht real verschieden.

Implizite oder explizite Urteile über Dinge kann man mit Leidenschaften *verbinden*, die sich nach Wolff öfter zu Perzeptionen als zu Begriffen gesellen – »ein abscheuliches Krokodil«. Die Philosophie der Sprache kennt aber auch andere Arten von Verbindung, die Wolff vermutlich aus Anlasss eines *Avertissement* in der Grammatik von Port-Royal und eines Passus in der erst später erschienenen Logik von Port-Royal erwähnt;[1] dass man Begriffe miteinander verbinden kann, um neue Begriffe zu gewinnen, weiß er schon durch Tschirnhaus' Theorie der einfachen Begriffe. »Verbinden« bezeichnet zunächst die Tätigkeit, durch die man mehrere Gedanken zu einem neuen Gedanken oder zu einem Urteil verbindet; Wolffs Bestimmung »gleichzeitig« bezieht sich darauf, dass der Geist gleichzeitig erscheinende Begriffe oder Perzeptionen wie ›heiß‹ und ›Wasser‹ oder ›grün‹ und ›Substanz‹ nicht einfach nebeneinander stehen lässt, sondern dass er sie durch eine Tätigkeit, die man bald als Synthesis bezeichnen wird, sozusagen zu Gestalten verschmilzt. Man kann aber auch Begriffe des reinen Verstandes miteinander verbinden, die keine Wahrnehmungsbestimmungen enthalten;[2] diese Verwendung von »rein« entspricht der bei Descartes, der *intellectionem puram* (reine Verstandestätigkeit) so charakterisiert: »*quae circa nullas imagines corporeas versetur*« (die ganz von körperlichen Sinnesbildern absieht).[3] Dass Wolff den Unterschied

[1] S. unten §35, Anm. 19–21.

[2] S. Tschirnhaus, *Medicina mentis* p. 2, s. 2; 1695: 76–77 (1963: 105–106). S. auch Micraelius, *Lexicon philosophicum*; 552: »Der Verstand ist rein und nicht mit Sinnesqualitäten vermischt.«

[3] Descartes, *Notae in programma*, Ad singulos articulos notae; AT VIII/1 363, 22–24.

zwischen der Verbindung mehrerer Gedanken zu einem neuen und ihrer Verbindung zu einem Urteil kaum hervorhebt, hängt vermutlich mit Tschirnhaus' Meinung zusammen, dass jeder komplexe Gedanke schon von Natur aus eine Bejahung oder Verneinung enthält[4] und dass demgegenüber die Bildung expliziter Sätze etwas Sekundäres ist; das Entscheidende ist schon bei der Zusammenstellung der Gedanken geschehen.

Mit seiner Aufzählung dessen, was Vorstellungen repräsentieren können, bereitet Wolff die Einführung von Wortarten wie Substantiven, Adjektiven, Verben, verbalem Aktiv und Passiv, verbalen Tempora und Interjektionen vor. Derartige Angaben sind aber in einer Abhandlung über Sprache überhaupt, von der man erwartet, dass sie universalgrammatisch verfährt, nicht ganz unproblematisch, denn einige Sprachen organisieren ihre Wortarten (»Gattungen von Wörtern«) im Blick auf andere Ontologien als aristotelische oder cartesische, und andere verzichten auf explizite Passiv- oder Temporalformen. Aber Wolff ist anscheinend vor allem daran interessiert, seine Leser auf ein Grundprinzip der vernünftigen Grammatik vorzubereiten, nämlich auf den Gedanken, dass die Strukturen des menschlichen Denkens sich in den Strukturen der Grammatik widerspiegeln, und dabei mag er nicht auf Beispiele verzichten, die seinen Hörern vertraut sind.

§7

Definition von »Zeichen« 4|248 ▷ S. 304

§7 Nachdem die Verschiedenheit der Gedanken insoweit dargelegt wurde, wie es für die gegenwärtige Aufgabe wohl genügt, lässt sich nun beurteilen, welche Bedingungen Zeichen erfüllen müssen, wenn man mit ihnen Gedanken zum

[4] Tschirnhaus, *Medicina mentis* p 2, s. 1; 1695: 36 (1963: 74).

Ausdruck bringen will. Bevor wir das aber aus den bisher erstellten Grundlagen herleiten, ist vorher das Wesen von Zeichen im allgemeinen zu erklären. »Zeichen« nennen wir in der Tat alles, was zusätzlich zur Idee seiner selbst auch die Idee von etwas anderem in unserem Geist auslöst. Wenn es das Vermögen, diese zweite Idee auszulösen, aufgrund seiner Natur notwendigerweise besitzt, nennen wir es »natürliches Zeichen«, wenn ihm aber menschliche Gewohnheit dieses Vermögen verlieh, bezeichnen wir es als »künstliches Zeichen«. Daher muss man es zur Menge der Axiome rechnen, dass natürliche Zeichen die Idee des bezeichneten Dings unterschiedslos in allen Menschen hervorrufen, während künstliche Zeichen das nur bei solchen tun, denen bekannt ist, dass Gewohnheit dem betreffenden Zeichen die Fähigkeit verliehen hat, etwas Bestimmtes zu bezeichnen. Daraus folgt, dass natürliche Zeichen den künstlichen bei weitem vorzuziehen sind, es sei denn, man hätte einen oder wenige über etwas Geheimes zu informieren.

---

§6 hat die Gattungen der Gedanken so knapp behandelt, wie Wolff es hier für nötig hielt. Jetzt sind die Gattungen sprachlicher Zeichen für Gedanken sowie die Anforderungen zu ermitteln, denen sie genügen müssen. Vorher ist noch der Ausdruck »Zeichen« zu explizieren.

■ *Zeichen.* – In der von Wolff benutzten Literatur geht man mehr oder weniger ausführlich auf Zeichen im allgemeinen ein. Tschirnhaus schlägt andere Unterscheidungen vor als Wolff (wahres, falsches, sicheres, unterscheidendes Zeichen). Clauberg gibt eine knappe Explikation: Ein Zeichen macht etwas bekannt oder zeigt es an; deswegen hat man im Deutschen »zeichen« von »zeigen« gebildet. Clauberg erwähnt wie Wolff die übliche Unterscheidung zwischen natürlichen und künstlichen Zeichen: Einige Zeichen, die man »Wahrzeichen« nennt, bezeichnen mit

Notwendigkeit, aber andere nicht. So zeigen Statuen oder Portraits von Natur aus Menschen an, Rauchwolken von Natur aus Feuer; dagegen wurden andere Zeichen von Gott oder Menschen nach Gutdünken eingesetzt, zum Beispiel sakramentale Zeichen wie Wasser und Wein. Auch Vokabeln sind künstliche Zeichen, wurden aber von Menschen eingesetzt. Was natürliche Zeichen bedeuten, erkennt man von Natur aus, weil zwischen ihnen und dem, was sie bezeichnen, irgend eine Ähnlichkeit, Kausalbeziehung oder sonstige Verknüpfung besteht.[1] La Forge und die Grammatik von Port-Royal verzichten auf eine allgemeine Charakterisierung, und Cordemoys *Discours physique de la parole* weicht von den üblichen Explikationen unter anderem dadurch ab, dass er nicht nur den (eigenwillig charakterisierten) natürlichen Zeichen die künstlichen (*signes d'institution*) gegenüberstellt, sondern diese außerdem in gewöhnliche (*ordinaires*) und private Zeichen unterteilt; darauf spielt möglicherweise Wolffs Schlussbemerkung an. Cordemoys gewöhnliche Zeichen sind künstlich, werden aber von vielen Menschen verstanden; zum Beispiel gibt es bei vielen Völkern gleichermaßen gebräuchliche Gesten von Zustimmung oder Ablehnung und regional umgrenzte Nationalsprachen oder Dialekte. Private Zeichen werden dagegen zwischen wenigen Personen ausgehandelt, um Dinge mitzuteilen, die andere nicht wissen sollen;[2] das gilt zum Beispiel für geheimsprachliche Zeichen, auf die Wolff am Ende des Paragraphen kurz anspielt. – Nach Lamy bezeichnet man etwas als Zeichen, das außer seiner eigenen Idee noch eine weitere auslöst; zum Beispiel weckt ein Efeuzweig über einer Haustür außer der Idee seiner selbst auch die Idee eines Weinausschanks. Natürliche Zeichen bezeichnen aufgrund ihrer Natur, zum Beispiel Rauch ein Feuer, aber künstliche bezeichnen etwas, auf

[1] Clauberg, *Ontosophia* 21, §325; Schalbr. 336: »Ein Zeichen macht etwas anderes bekannt oder weist auf es hin; daher im Deutschen *zeichen* von *zeigen.*«

[2] Cordemoy, *Discours physique de la parole*; 1668: 124–127 | 1968: 235.

das sich eine Anzahl von Menschen geeinigt hat. In diesem Sinn bezeichnen Wörter Gedanken;[3] dass sie es tun, beruht auf einer Vereinbarung der Sprachgemeinschaft.

§8

Bei einem Vergleich der Kalkülsprache Algebra mit der natürlichen Sprache ergeben sich drei Anforderungen an sprachliche Zeichen

4–6 | 248–249 ▷ S. 305

§8 Damit wir freilich die Anforderungen an Zeichen für unsere Gedanken deutlich erkennen, bedienen wir uns zu ihrer Herleitung einer Analogie. Denn die Regel der Logiker, nach welcher Analogien zwar beim Erläutern nützlich sind, aber nichts beweisen, führt in die Irre, wenn man sie nicht richtig versteht. Die mathematischen Disziplinen, vor allem die, welche die reine Mathesis behandeln, bezeugen mehr als deutlich, dass kaum etwas stärkere Beweise über die abgelegensten Gegenstände ermöglichen kann und beim Aufspüren einer verborgenen Wahrheit hilfreicher ist als Analogien. Freilich nicht die unbestimmten Analogien der Redner und Dichter, wohl aber die bestimmten, die nicht nur mit einem analogischen, sondern mit einem richtigen *tertium comparationis* übereinstimmen. Denn nicht nur in der Mathesis beweist man sehr viel mit Analogien von Dreiecken, sondern auch in der Arithmetik sind alle Proportionsregeln Methoden zum Aufspüren einer unter den Zahlen verborgenen Wahrheit. Und in Descartes' *Analysis speciosa* oder neuer Geometrie, die man gemeinhin Algebra nennt, gewinnt man die Gleichung fast immer mit Hilfe einer Analogie, vor allem dann, wenn sie formell noch nicht in der gestellten Aufgabe enthalten ist. Eine solche Analogie liefert uns nun die Mathesis selbst, und

[3] Lamy, *La rhetorique* l. 1, c. 1; 4.

zwar ihr edlerer Teil, die *Analysis speciosa.* In ihr ist es nämlich üblich, der Einbildungskraft gegebene oder zu findende Größen mit Zeichen wie den Buchstaben des Alphabets zu repräsentieren, also, wie man leicht einsieht, nicht mit natürlichen, sondern mit künstlichen Zeichen. Ich sage deshalb: Wie sich Zeichen des Alphabets zu gegebenen oder analytisch zu findenden Größen verhalten, so verhalten sich Zeichen für unsere Gedanken zu eben diesen Gedanken unseres Geistes. Zweifellos ist diese Ähnlichkeit so, wie wir es erwarten, denn sie betrifft nicht nur vier Terme, nämlich Zeichen des Alphabets und Größen sowie Gedanken unseres Geistes und Zeichen für sie; sondern wir begreifen diese auch paarweise mit derselben Idee, nämlich mit der Idee der Repräsentation für den Geist. Wie also Buchstaben des Alphabets dem Geiste Größen repräsentieren, so müssen ihm Zeichen für Gedanken unseres Geistes eben diese repräsentieren. Aus der genannten Analogie ergibt sich folgerichtig 1., dass die Anzahl der Zeichen gleich der Anzahl der Gedanken sein muss, denn die Analysis nimmt regelmäßig so viele alphabetische Zeichen an, wie die gestellte Aufgabe Größen enthält; 2. dass die Zeichen den Unterschied zwischen den Gedanken so anzeigen müssen, wie man in der Algebra bekannte Größen mit den ersten Buchstaben des Alphabets (a, b, c usw.) bezeichnet und unbekannte mit den letzten (x, y, z); man muss also so viele Gattungen von Zeichen bilden, wie es Gattungen verschiedener Gedanken gibt; 3. dass die Zeichen zugleich die Verwandtschaft der Dinge, ihre Abhängigkeit voneinander und ihre gegenseitige Beziehung so anzeigen, wie man in der neuen Geometrie eine Größe, die ein Vielfaches des Quantums a ist, nicht mit dem Ausdruck »b«, sondern vielmehr mit Ausdrücken wie »e·a«, »i·a« oder »o·a« bezeichnet, oder wie man, wenn sich a zu b verhält wie x zu einer zweiten unbekannten Größe, diese nicht als »y«, sondern als »b·x/a« bezeichnet.

Nach der Behandlung der Zeichen ist zu überlegen, welche Bedingungen sprachliche Zeichen für Gedanken erfüllen müssen. Dazu bedient sich Wolff einer Analogie. Die Regel der Logiker, dass Analogien (*similitudines*) nichts beweisen, sondern nur erläutern, gilt nämlich nicht für alle Analogien. Die Disziplinen der reinen Mathesis zeigen, dass man schwierige Sachverhalte und verborgene Wahrheiten am besten mit Hilfe von Analogien beweisen und aufdecken kann, und zwar nicht mit den vagen und metaphorischen Analogien der Dichter und Redner (»Berthas Wangen leuchteten wie die Morgenröthe«), sondern mit sogenannten bestimmten Analogien (*analogiae determinatae*), bei denen die verglichenen Terme nicht nur ungefähr, sondern im strengen Sinn mit ihrem *tertium comparationis* übereinstimmen.

■ *Disziplinen der Mathesis.* – Was »*mathesis pura*« bedeutet, zeigt ein siebzig Jahre jüngerer Katalog in der Studienordnung »Methodologische Anweisungen in allen vier Facultäten auf allerhöchsten Königlichen Befehl zum Druck übergeben«, und zwar in Abschnitt 3, S.4: »Die *Mathesis begreift folgende Haupt=Theile* in sich: 1. Die eigentlichen Wissenschaften, welche zusammen die *Mathesin* ausmachen. a. *Mathesis pura inferior*, welche die Arithmetik, Geometrie und Trigonometrie in sich faßt. Ohne derselben kann keine andere Wissenschaft der Mathematik gelernet werden, und ohne ihr kann die *Physic* nicht einmahl völlig verstanden werden. – b. *Mathesis pura superior.* Sie enthält die Lehre von den krummen Linien, vornehmlich von den Kegelschnitten, die *Analysin finitorum et infinitorum*, und überhaupt alles, was von der *Mathesi pura* nicht unter den ersten Elementen begriffen werden kann, e.g. die *Algebra*, eine umständliche Abhandlung der Trigonometrie etc. Sie enthält die *sublimesten* Entdeckungen des menschlichen Verstandes, und ohne ihr können die Theile der *Mathesis adplicatae* nicht gründlich und vollständig erlernet werden.« Nach den Fächergruppen der *Mathesis pura* nennt der Katalog unter c. die *Mathematica adplicata* oder Lehre von der Natur und den Kräften der Körper; zu ihr gehören Mechanik, Optik und Astronomie, Perspektive, Kriegsbaukunst und »Schifs=Baukunst samt der Kunst ein Schiff zu regieren«.

Der Ausdruck »*Mathesis*« (»Mathese«) kann zu Wolffs Zeit auch Disziplinen bezeichnen, die nach heutigen Vorstellungen weder zur Mathematik gehören noch ihr sehr nahestehen. Sturm, der wie Wolff in Jena studiert hat, setzt ins Titelblatt seiner Schrift *Kurtzgefasste Mathesis* einen Katalog der Wissenschaften, die zur Mathesis gehören, und zwar »In Tabellen verfasset / deren folgende sind: Der allgemeinen Mathematik I, Der Rechenkunst IV, Der Algebrä III, Der Meß=Kunst / d.i. Der Geometrie samt der Trigonometrie V, Der Optick III, Der Kriegs=Bau=Kunst VI, Der bürgerlichen Bau=Kunst VI, Der Himmel= und Erde=Beschreibung IV, Der Chronologie III, Der Horographie I, Der Mechanick I, Der Chiromantie I.« (die römischen Ziffern geben die Zahl der Tabellen an, die der betreffenden Unterdisziplin gewidmet sind).

Die Behauptung, dass selbst eine Wissenschaft von so hoher Gewissheit wie die Mathematik mit Analogien arbeitet, belegt Wolff mit Beispielen, die davon ausgehen, dass der Ausdruck »wie« in »A verhält sich wie B« oder der Ausdruck »=« in »a=b« für Analogien steht. In der Mathesis beruhen viele Beweise auf Analogien zu Dreiecken, und in der Arithmetik ist jede Regel zur Berechnung von Proportionen eine Methode zur Entdeckung einer unter den Zahlen verborgenen Wahrheit (w verhält sich zu x **wie** y zu z). Auch in der *Mathesis speciosa*, Descartes' neuer analytischer Geometrie, bildet man Gleichungen durch Aufstellung von Analogien oder Ähnlichkeiten (»x = y + 2b«).

Sturms »Kurzgefasste *Mathesis* oder Erste Einleitung zu den mathematischen Wissenschafften« ist die deutsche Fassung der

Mathesis compendiaria; die Übersetzung und die Texterweiterungen besorgte Sturms Sohn Leonhard Christoph (er fügte auch die Hydrostatik und Hydraulik von Bonifacius Henricus Ehrenberg hinzu). Im Abschnitt »Von der Algebra« heißt es über Gleichungen: »Weil, wie bereits oben gemeldet, zur *Mathesi universali* die *Algebra* mitgehöret, so erfordert die Ordnung hiervon zu handeln. Sie wird auch *Analysis speciosa*, oder neugestaltete Erfind=Kunst genennet, und lernet man solche nicht sowohl durch Reguln als Ubung. Uberhaupt aber muß man folgender massen verfahren: Zuerst / wenn eine Frage vorgeleget wird, giebt man vor allen Dingen darauff acht, was unbekannt, und am meisten zu wissen nöthig ist, als woran der übrigen unbekannten Dinge ihre Erkäntniß hanget. Und solches benahmet man mit einem von denen drei letzten Buchstaben x, y oder z. Gleichwie hingegen, was angegeben und bekannt ist, (wie denn dergleichen allezeit muß vorhanden seyn, wenn die Aufgabe auflößlich seyn soll,) entweder mit Zahlen, oder mit denen ersten Alphabetsbuchstaben a, b, c etc. genennet werden muß. Und das heisst *Nominum Impositio*, die **Benahmung**. Alsdenn 2) Wird das Unbekannte, als wenn es schon bekannt wäre, angesehen, und (nach Art der Frage) damit gehandelt so lange biß zwei äusserlich=unterschiedene, an sich aber gleiche, Arten zum Vorschein kommen, welche neben einander gestellet werden. Und solches wird *Aequatio* oder die **Vergleichung** genennet. 3) Hierauff wird beyderseits gleich viel zugesetzet oder weggenommen, *multipliciret* oder *dividiret*, wie vorhanden liegender *Casus* erfordert, biß auff einer Seiten allein die unbekannte *Quantitas*, x, y oder z, auff der anderen aber nichts als bekannte Zahlen oder Buchstaben *a*, *b*, *c*, etc. erscheinen; und biß daher gehet die *Reductio* oder **Auffhebung** (Analysis), welche allen zuvor gesuchten ein Genüge thun wird.« [1]

[1] Sturm, Kurtzgefasste Mathesis; 4a–5a.

Wolffs Hinweis auf die Analogie von natürlicher Sprache und Algebra ist nicht so abwegig, wie es auf den ersten Blick scheinen könnte. Wenn man die Algebra als künstliche Kalkülsprache ansieht, erscheint auch sie – genauso wie die natürliche Sprache – als ein System, das mit frei gewählten Zeichen arbeitet. Die damals aktuelle Idee einer *Mathesis universalis* legt es nahe, die Algebra gerade so zu verstehen; Wolff versucht anscheinend hier einen Schritt in Richtung auf eine Theorie der Sprache im Rahmen dieser *Mathesis*. Deshalb spürt er Analogien zwischen dem Zeichensystem der cartesischen Algebra, dieses »edelsten Theils« der Mathesis, und dem Zeichensystem der natürlichen Sprache auf und formuliert auf dieser Grundlage drei Anforderungen, denen die frei gewählten Zeichen von Sprachen genügen müssen. Die Analogie zwischen Algebra und natürlicher Sprache muss sich erstens daran zeigen, dass sich die Wörter natürlicher Sprachen zu den von ihnen repräsentierten Gedanken ähnlich verhalten wie algebraische Zeichen (Ziffern und Buchstaben) zu den von ihnen repräsentierten Größen; »ähnlich« steht hier für sogenannte bestimmte Analogien, bei denen die verglichenen Terme nicht nur metaphorisch, sondern im strengen Sinn mit ihrem *tertium comparationis* übereinstimmen. Alphanumerische Zeichen *repräsentieren* dem Geist Größen, und Wörter *repräsentieren* ihm Gedanken; beide repräsentieren also etwas für den Geist. Die Zuordnungen sind korrekt: Es handelt sich um je zwei Termpaare, nämlich einerseits um Größen und Zeichen für Größen (Ziffern und Buchstaben) und andererseits um Gedanken und Zeichen für Gedanken (Wörter), und beide Termpaare haben die gleiche Funktion: Sie repräsentieren etwas für den Geist – die Algebra Größen, die Sprache Gedanken. Wolff legt also ein präzises (bestimmtes) *tertium* comparationis vor.

Die erste Anforderung an Zeichen für Gedanken, die Wolff ermittelt, betrifft deren ökonomische Verwendung. In einer Gleichung verwendet man nur so viele Zeichen, wie die gestellte Aufgabe Größen enthält; ähnlich muss in der natürlichen Sprache die Anzahl der Zeichen der Anzahl der auszudrückenden Gedanken entsprechen. Der Ausdruck »*quaestio proposita*« (die gestellte Aufgabe) zeigt, wie diese Anforderung zu verstehen ist. Sie verbietet nicht, dass eine gewöhnliche Sprache Synonyma enthält, aber sie verlangt, dass in überschaubaren Redezusammenhängen die Anzahl der Zeichen mit der Anzahl der auszudrückenden Gedanken übereinstimmt, und zwar unabhängig davon, ob die betreffende Sprache Synonyma bereithält oder nicht. – Die zweite Anforderung geht davon aus, dass die Algebra die Unterschiede zwischen Größen dadurch kenntlich macht, dass sie die ersten Buchstaben des Alphabets als Zeichen für bekannte Größen und die letzten als Zeichen für unbekannte Größen verwendet. Wenn in einer kunstgerechten Gleichung die Buchstaben a, b oder c auftauchen, weiß jeder, dass von bekannten Größen die Rede ist. Auf ähnliche Weise müssen sprachliche Zeichen die Unterschiede zwischen den Gedanken, die sie repräsentieren, erkennbar machen. Später wird sich zeigen, dass die Sprache zu diesem Zweck verschiedene Wortarten vorsieht, nämlich einerseits Substantive, Adjektive, Verben und Partikel und andererseits Flexionsmöglichkeiten und Vorkehrungen der Syntax. – Die dritte Anforderung bezieht sich darauf, dass algebraische Zeichen den Zusammenhang, die gegenseitige Abhängigkeit und die Wechselbeziehungen von Größen zum Ausdruck bringen. Wenn beispielsweise eine Größe das e-Fache beziehungsweise i-Fache der Größe a ist, bezeichnet man sie nicht mit einem wenig informativen Ausdruck wie »b«, sondern nennt sie »e·a« oder »i·a«; und wenn sich a zu b verhält wie x zu einer unbekannten Größe, bezeichnet man diese nicht mit den wenig informativen Namen »y« oder »z«, sondern macht das Verhältnis der beteiligten Größen zueinander durch einen Ausdruck wie »x=b·x/a« erkennbar. Ähnlich verfährt die natürliche Sprache, die über Verwandtschaften, Abhängigkeiten und Wechselbeziehungen der in ihr repräsentierten Gedanken durch Mittel informiert, die ihre Grammatik vorsieht.

§9

Gattungen sprachlicher Zeichen

6|250 ▷ S.306

---

§9 Kraft §6 und Regel 1 von §8 sind also für Gedanken, die uns Dinge zur Anschauung repräsentieren, andere Zeichen einzusetzen als für solche, die uns dazu geneigt machen, Dinge zu erstreben oder abzulehnen. Kraft des genannten Paragraphen, Regel 2, sollen die Zeichen den Unterschied zwischen einem Modus und dem modifizierten Ding anzeigen. Kraft desselben Paragraphen, Regel 3, sollen die Zeichen die Zeit anzeigen, die der Begriff eines durch Tun oder Leiden modifizierten Dings mit einschließt, aber auch die wechselseitige Abhängigkeit und Ähnlichkeit von Dingen.

---

§6 hat die Gattungen der Gedanken durch Introspektion ermittelt, §7 die allgemeine Definition von »Zeichen« formuliert, und §8 hat drei Anforderungen aufgestellt, denen sprachliche Zeichen für Gedanken angesichts der angenommenen Analogie zwischen Sprache und Algebra genügen müssen. Nun spezifiziert §9 die Gattungen von Zeichen, über die Sprachen verfügen müssen, wenn sie die Gattungen der Gedanken angemessen darstellen sollen; »Gattungen sprachlicher Zeichen« bedeutet ungefähr das, was man heute unter Wortarten und deren Modifikationen versteht. Weil Wolff in §9 nur feststellt, welche Wortarten gegebenenfalls erforderlich sind, ist es richtig, dass er dem Text die Form einer Agenda gibt; ob »die Grammatik« tatsächlich solche Wortarten vorsieht, wird erst in §35 überprüft. Wolff fordert erstens Zeichen für Gedanken, die Dinge als solche zur Anschauung repräsentieren, und zweitens Zeichen für Gedanken, die uns die Erwünschtheit oder Unerwünschtheit der angeschauten Dinge repräsentieren; in § 35 wird sich heraussstellen, dass die Sprache dieser Anforderung durch Wortarten wie Nomina und Interjektionen genügt. – Wolff fordert zweitens Zeichen für Gedanken, die das modifizierte Ding repräsentieren, und Zeichen für Gedanken, die dessen Modi repräsentieren. Die Formulierung orientiert sich an Descartes' Ontologie der Substanzen und Modi. Von den sprachlichen Zeichen für Modi müssen einige für Gedanken stehen, mit denen man Dinge als so oder so beschaffene begreift; später wird sich zeigen, dass die Grammatik für diesen Zweck die Wortart der Adjektive bereithält. Es muss aber auch Zeichen für Modi geben, mit denen wir Dinge als tätig oder als leidend begreifen; diese müssen außerdem die Informationen über den Zeitpunkt der betreffenden Tätigkeit oder des betreffenden Leidens vermitteln, die im Begriff des durch Tätigkeit oder Leiden modifizierten Dings enthalten sind; in § 35 stellt sich heraus, dass die Grammatik diese Anforderung durch Aktiv, Passiv und Tempuszeichen erfüllt. – Drittens fordert Wolff Zeichen für Gedanken, die Ähnlichkeiten und gegenseitige Abhängigkeiten von Dingen repräsentieren; in § 35 wird klar, dass die Sprache dieser Anforderung durch eine Vielzahl von Wortarten und Flexionsformen genügt, zum Beispiel durch Casusendungen, Verbalformen, Steigerungsstufen, Augmentative und Diminutive, zusammengesetzte Wörter, Präpositionen und Konjunktionen. Damit ist für Wolff der Katalog der Gattungen sprachlicher Zeichen beziehungsweise der Wortarten abgehandelt, über die eine Sprache verfügen muss, wenn sie in bestimmter Analogie zur Algebra die Gattungen der Gedanken angemessen zum Ausdruck bringen will. Schon hier zeigt sich, dass die Sprachenbasis der Sprachtheorie des jungen Wolff schmal ist; er rechnet nicht mit Sprachen, die mehr oder weniger Wortarten unterscheiden und weder mit deklinierbaren Nomina noch mit konjugierbaren Verben arbeiten. Menke teilt Leibniz denn auch im November 1704 mit: »[…] der Sprachen ist er noch nicht mächtig, wiewol er sich deren auch mit der Zeit bemächtigen wird.«[1]

§10

Zusätzliche Anforderung: Sprachliche Zeichen müssen kurz und leicht zu bilden sein

6|250 ▷ S. 306

---

§ 10 Weil es zur Weisheit gehört, ein Ziel auf dem kürzesten Weg zu erstreben, ist es angemessen, darüber hinaus noch anzumerken, dass man solche Zeichen wählen muss, die leichter zu verwenden sind als die übrigen, damit sie den Sprecher nicht zu sehr ermüden, und die kurz sind, damit er seine Begriffe zügig mitteilen kann. Besonders das zweite Erfordernis darf man bei der Wahl der Zeichen nicht vernachlässigen, denn bei Gedanken besteht sehr große Gefahr, dass es dem Sprecher lästig fällt, für die Äußerung der Zeichen für sie eine große Zeitspanne aufzuwenden.

In § 10 schiebt Wolff Anforderungen an sprachliche Zeichen nach, die sich nicht aus den Gattungen der Gedanken, sondern aus praktischen Erwägungen ergeben: Sie müssen leicht zu äußern sein, weil sich der Sprecher sonst anstrengen muss, und sie müssen kurz sein, damit er seine Begriffe zügig mitteilen kann; denn wenn das Äußern von Zeichen für Gedanken zu viel Zeit erfordert, wird dem Sprecher das Sprechen lästig. Auffällig ist, dass Wolff, der damals noch als Prediger tätig ist, hier nur auf die Belange des Sprechers und nicht auf die der Hörer eingeht.

[1] Gerhardt, Briefwechsel zwischen Leibniz und Christian Wolff, Brief I, Beilage; 15.

Unverdorbene Sprachen fassen sich kurz und sind leicht zu verwenden.– Von den in *De Loquela* zitierten Autoren vertritt vor allem Lamy die Ansicht, dass eine zur Kommunikation bestimmte Sprache knappe Äußerungen ermöglichen muss. Die Entwicklung der Sprache von ihrer natürlichen Einfachheit bis hin zu der kulturbedingten Komplexität, die sie inzwischen erreicht hat, empfindet er als Verfallsgeschichte. Er glaubt, dass anfangs alle Sprachen sehr einfach waren; das Verlangen nach Kürze brachte die Menschen sogar dazu, mehrere Wörter zu einem zu verschmelzen. Im Hebräischen sagte man zum Beispiel anfangs *pakad ata*, du hast besucht, aber später wurde daraus ein einziges Wort, nämlich *pakad-ta.*[1] Dieselbe natürliche Einfachheit zeigt sich am sparsamen Umgang mit Silben und Radikalen: Alle chinesischen Wörter haben nur eine Silbe, und im Hebräischen und Griechischen bestehen die Wurzeln aus nur drei Konsonanten. Zu dieser Einfachheit bewegt uns die Natur: Je kürzer eine Rede ist, desto besser passt sie zum Mitteilungsdrang des Sprechers und zur Wissbegierde des Hörers. Als aber alle Sprachen irgendwann begannen, sich hin zum Schlechteren zu verändern, wurden die Wörter meist länger, obgleich es keinerlei Vorteil bringt, dass sie inzwischen aus so vielen Silben bestehen.[2] Weil man mit der Sprache nicht nur etwas mitteilen, sondern sich darüber hinaus auch elegant präsentieren wollte und an Leichtigkeit und Anmut der Rede interessiert war, erfand man unendlich viele Regeln, um die man sich nicht zu kümmern brauchte, wenn es nur darum ginge, sich verständlich zu machen. Zum Beispiel gibt es im Griechischen und Lateinischen und in fast allen anderen Sprachen im Unterschied zum Französischen zahlreiche Konjugationsformen, die zwar der Anmut des Sprechens dienen, den Hörer aber über kein einziges Merkmal der mit dem Verb behaupteten Tätigkeit informieren.[3] Als Ge-

[1] Lamy, *La rhetorique* l. 1, c. 7; 26.

[2] Lamy, *La rhetorique* l. 1, c. 4; 15.

[3] Lamy, *La rhetorique* l. 1, c. 8; 32.

genbeispiel führt Lamy die Grammatik der Tartaren, Mongolen oder Moguln an, die der königliche Bibliothekar Melchisedec Thevenot, Onkel des Orientreisenden Jean Thevenot, in seiner *Relation de divers voyages curieux* publiziert hatte. Angesichts dieser kurzen Grammatikskizze, auf die Menke, der Gründer und Herausgeber der *Acta Eruditorum*, Leibniz vergeblich aufmerksam zu machen versuchte,[4] bemerkte Lamy, man könne die tartarische Grammatik in weniger als einer Stunde lernen; er dachte dabei an das durch immer neue Entdeckungsreisen aktuell gewordene Projekt einer Universalsprache, die so einfach sein sollte, dass sie alle Völker der Erde in kurzer Zeit erlernen und als internationales Verständigungsmittel benutzen konnten.[5]

Der Text, der die tartarische Grammatik beschreibt, wurde im Dritten Teil von Melchisedec Thevenots *Relation de divers voyages curieux* nach S. 27 des zweiten Berichts (*ROVTE DV VOYAGE DES HOLANDOIS A PEKIN*) unpaginiert veröffentlicht.

»*GRAMMATIK DER SPRACHE DER TARTAREN*
Mongulen oder Mogolen, übersetzt aus einem arabischen Manuskript.
(Das Manuskript befindet sich in der Bibliothek von M. Gaumin.)

Auch wenn dem Publikum hier nicht zum ersten Mal etwas von dieser Sprache vorlegt würde, wäre das Vorgelegte dennoch

[4] S. Leibniz, Werke, Allgemeiner und gelehrter Briefwechsel 1696–1697, Bd. 13, Brief 381: Otto Mencke an Leibniz, 3./13. März 1697; 637. – Leibniz hatte allerdings schon ein halbes Jahr zuvor selbst eine Kopie von Thevenots Skizze an Johann Jacob Julius Chuno geschickt (s. ebd., Brief 170, 12. Sept. 1696; 266).

[5] Lamy, *La rhetorique* l. 1. c. 8; 34: »Man kann diese ganze Grammatik in weniger als einer Stunde lernen. Gelegentlich wurde die Ausarbeitung einer neuen Sprache vorgeschlagen, die man in wenig Zeit erlernen kann und die sich deshalb binnen kurzem alle Völker der Welt zu eigen machen würden; das wäre von großem Nutzen für den Handel.«

sehr bemerkenswert, denn es enthält vielleicht die einfachsten Regeln einer Sprache, die für die wechselseitige Kommunikation zwischen Menschen erforderlich sind. Was P. Gruber von der Sprache der Tartaren sagt, die gegenwärtig die Herren Chinas sind, lässt mich vermuten, dass er möglicherweise von eben der Sprache redet, deren Regeln ich hier angebe.

VERBEN

In dieser Sprache haben die Verben nur eine Konjugation, und es gibt keine anderen Tempora als die für Vergangenheit und Zukunft.

Das Merkmal oder Kennzeichen des Präteritums oder der Vergangenheit ist Ba.

Daltba	*Er hat geschlagen.*
Ailba	*Er hat geschickt.*
Aidba	*Er hat gegessen.*

Das Merkmal oder Kennzeichen des Futurs oder der Zukunft ist mu.

Daltmu	*Ich werde schlagen.*
Ailmu	*Ich werde schicken.*
Aidmu	*Ich werde essen.*

Das Merkmal oder Kennzeichen des Infinitivs ist Ku, das auch für das Gerundium steht.

Das Merkmal oder Kennzeichen des Imperativs ist B ohne Vokal.

Musareb	
Dalteb	*Schlag!*

Das Merkmal oder Kennzeichen des aktiven Partizips ist Gi, und das ist auch die Form der Namen von Arbeitern; etwas Ähnliches findet sich auch in der türkischen Sprache.

Alle Tempora werden auf dieselbe Weise konjugiert; dafür genügt ein Beispiel.

Ni Dalteba	*Ich habe geschlagen.*
Gi Dalteba	*Du hast geschlagen.*
Anaa Dalteba	*Er hat geschlagen.*

Bangi, oder, Banai Dalteba	*Wir haben geschlagen.*
Ta Dalteba	*Ihr habt geschlagen.*
Tsedai Dalteba	*Sie haben geschlagen.*

NOMINA

Die Nomina erleiden bei der Deklination nur die Veränderung, die den Unterschied zwischen Singular und Plural angibt, also das Pluralzeichen.

Muri	*Ein Pferd.*
Murit	*Die Pferde.*

Nomina diminutiva bildet man, indem man Ganc hinzufügt.

Muri, *ein Pferd*	Muriganc, *ein kleines Pferd.*
Aldu	*Alduganc.*

Komparative bildet man durch Hinzufügung der Partikel tutta, die »mehr« bedeutet.

Das Meine, das Deine drückt man so aus: Muri, *das Pferd,* Murini oder Manai-Muri, *mein Pferd,* Nanai-muri, *dein Pferd.* Tenai-muri, *sein Pferd.*

Ich hätte an dieser Stelle noch ein Wörterbuch dieser Mongulensprache beifügen können, doch haben wir hier nur eine Kopie voller Fehler, geschrieben von einem Perser, der kein Arabisch konnte, obgleich die Wörter in dieser Sprache erklärt werden; daher sah mich gezwungen, den Abdruck dieser Kopie noch aufzuschieben.«

Nach seinen Erwägungen über Sprache, Gedanken und Wörter schließt Wolff diesen Gedankengang durch den Nachweis ab, dass Menschen in der Sinnlichkeit anderer Menschen Gedankenzeichen erzeugen können und somit eine wichtige Voraussetzung für menschliche Kommunikation erfüllen. Der Nachweis erfolgt in einer occasionalistischen Skizze, die von § 11 bis § 18 reicht. Der Faden von § 9 wird erst in § 35 wieder aufgenommen.

II.
Occasionalistische Theorie des Sprechens

§11

Kann ein Mensch auf den Geist eines anderen Menschen einwirken?

6–7|250–251 ▷ S. 307

§11 Nach dieser Vorbemerkung über die Bedingungen für Zeichen ist nun ferner ins Auge zu fassen, wie viele und wie geartete Zeichen es gibt, durch die es uns möglich wird, unsere Gedanken für andere zum Ausdruck zu bringen. Dabei ist zu bemerken, dass wir anderen unsere Gedanken nur unter der Bedingung mitteilen können, dass wir in der Lage sind, in ihrem Geist Gedanken auszulösen, die unseren eigenen entsprechen. So zeigt sich, dass wir hier zunächst überprüfen müssen, ob und bei welchem Verfahren es uns gegeben ist, auf den Geist eines anderen einzuwirken. Da nun der Mensch aus einem Geist und einem organischen Körper besteht, die so miteinander verbunden sind, dass bestimmte Gedanken des einen mit bestimmten Bewegungen des anderen verknüpft sind, und dass umgekehrt auf bestimmte Bewegungen des einen bestimmte Gedanken des anderen folgen, ist nun zu untersuchen, ob unser Geist unmittelbar oder wenigstens mittelbar, nämlich vermittelst des Körpers oder vielleicht sogar auf beiderlei Weise, auf den Geist eines anderen einwirken kann. Denn wenn man auf der Seite der Klugheit stehen möchte, muss man zur Mitteilung von Meinungen des Geistes das schnellste und leichteste Verfahren wählen. Wenn wir jetzt unseren Geist zu Rate ziehen, nehmen wir zwar deutlich wahr, dass er sich seiner Gedanken bewusst ist, entdecken aber kein Verfahren, mit dem er ähnliche Gedanken im Geist eines anderen Menschen auslösen kann. Trotzdem muss man sich hüten, daraufhin zu sagen, dass es für einen Geist unmöglich ist, in einem anderen Geist nach

Wunsch Gedanken auszulösen, denn »Alles, wovon wir keinen Begriff haben, ist unmöglich« ist kein gültiger Schluss. In Wirklichkeit ist so etwas nicht unmöglich, wohl aber unbekannt, denn schließlich darf man nur das für unmöglich halten, was nicht begreifbar ist, das heißt, etwas, bei dem wir so sehr genötigt sind, es auseinanderzuhalten, dass wir es unmöglich durch »ist« verbinden können, wie der berühmte Verfasser der *Medicina mentis* in Teil 2, Abschnitt 1, S. 42 und 56, solide bewiesen hat. Freilich verwechseln die allermeisten beides ganz oft, und daraus sprudelt eine große Menge von Unmöglichkeiten hervor, deren Möglichkeit die Erfahrung trotzdem bisweilen nachweist. Es gibt wohl kein pestilenzialischeres Vorurteil, denn wer sich damit ansteckt, lässt sich ohne weiteres zur Leugnung nicht nur der Unsterblichkeit und Immaterialität der Seele und der Existenz von Teufeln und Gespenstern, sondern sogar der Existenz der Gottheit hinreißen, deren Vorsehung sich auf alle Dinge erstreckt und die allen Dingen ganz gegenwärtig ist. Wir verzichten auf die Nennung von Beispielen, der Leser mag sie selber sammeln. Inzwischen bekennen wir also, dass wir kein Verfahren kennen, mit dem der Geist im Geist eines anderen Gedanken auslösen kann, die seinen eigenen gleichen. Doch ziehen wir aus unserer Unwissenheit nicht den Schluss, dass man in dieser Frage unmöglich zu Gewissheit gelangen kann, denn dieses verbreitete Vorurteil behindert die Entdeckung neuer Dinge ungemein und zieht auch weitere Unzuträglichkeiten nach sich, die an dieser Stelle nicht zu erwähnen sind. Vielmehr bemühen wir uns um eine Methode, mit der wir entdecken können, ob eine solche Gewissheit möglich oder unmöglich ist.

Vor weiteren Überlegungen ist zu prüfen, ob ein Mensch auf den Geist eines anderen einwirken kann, um mit ihm zu kommunizieren, und wenn ja, mit welchen Mitteln. Die Frage ist für Cartesianer dringlich, denn sie setzen voraus, dass menschliche

Geister grundsätzlich keinen Zugriff auf andere menschliche Geister haben, weil sie in materielle Körper eingeschlossen sind. Da Geist und Materie inkommensurabel sind, können sie einander nicht wirkursächlich (»kausal«) mit Hilfe von Materie beeinflussen. Grundsätzlich könnten wir nur dann mit anderen Menschen kommunizieren, wenn wir in der Lage wären, auf dem Weg über ihre Sensorien in ihnen die von uns gewünschten Gedanken auszulösen. Deshalb sind wir zunächst einmal ratlos, aber die Erfahrung zeigt uns, dass wir andere Geister trotz der Kluft zwischen Körper und Geist auf genau diese Weise affizieren können. Wir müssen also nach einer Erklärung suchen, wieso das möglich ist. Wolffs Antwort wird lauten: Gott hat die Verbindung von menschlichem Geist und menschlichem Körper so gestaltet, dass im Körper des Sprechers auf bestimmte Willensakte seines Geistes hin die gewünschten Sprechbewegungen entstehen, während im Geist des Hörers zugleich aus Anlass der darauf folgenden Affizierung seiner sensorischen Nerven und seines Gehirns bestimmte Perzeptionen erscheinen. Bei dieser Erklärung wird Gott in Anspruch genommen, denn die cartesianische Konstruktion macht bei menschlicher Kommunikation substanztranseunte Kausalvorgänge erforderlich, die Geschöpfen versagt sind. Der Wunsch, dieses Dickicht von Kausalitäten zu entwirren, führte im Cartesianismus zu einer Blüte der Sprachphilosophie und bot Wolff Gelegenheit, einen occasionalistischen Exkurs über die Kausalität von Geschöpfen einzufügen.

■ *Bedeutungen von »Occasionalismus«.* – »Occasionalistisch« ist das Adjektiv zu »Occasionalismus«, das wie fast alle heute noch verwendeten -ismus-Ausdrücke jung ist; der Vorgängerausdruck »*Systema caussarum occasionalium*«, den Bilfinger zu »*systema occasionale*« verkürzte,[1] wurde gegen Ende des

[1] Zum Beispiel Bilfinger, *Dilucidationes Philosophicae* ²1740, s. 3, c. 4, §345; 354.

18. Jahrhunderts durch »Occasionalism[us]« abgelöst, das zum Beispiel 1790 Kant verwendete.[2] Krug führte den Ausdruck auf »*occasio*« zurück[3], dann müsste er aber »Occasionismus« lauten. In Wirklichkeit dürfte das Wort unter dem Eindruck des späten Terms »*causa occasionalis*« entstanden sein, der aus der Medizinersprache stammt, im Bereich der Philosophie zweimal bei dem Mediziner La Forge auftaucht und sich mit Malebranche am Ende durchsetzt. Im Deutschen wird das neue Wort gewöhnlich mit »Gelegenheitsursache« übersetzt. Einige cartesianische Occasionalisten behaupten, dass geschaffene Körper und geschaffene Geister bei substanzüberschreitenden Vorgängen überhaupt nicht oder nur in sehr geringem Maß als Ursachen fungieren können und dass die vermeintlichen Wirkungen der Seele auf den Körper und des Körpers auf die Seele dem einen wie der anderen nur scheinbar zuzurechnen sind; in Wirklichkeit muss man sie auf Gott zurückführen, der einerseits jede Bewegung im Universum erzeugt und andererseits unter bestimmten Bedingungen den Wunsch von Geistern nach dieser oder jener Einwirkung auf Körper erfüllt. Die Erwartung, dass der Ausdruck »Occasionalismus« angesichts seiner Vorgeschichte in der Historiographie vor allem solche Philosophien bezeichnet, in denen zumal im Blick auf das Leib-Seele-Verhältnis die These von der Ohnmacht der Körper und von der Unfähigkeit der Geister zumindest zu transeunten Tätigkeiten vertreten wird und in denen Ausdrücke wie »*causa occasionalis*« oder »*cause occasionnelle*« vorkommen, erfüllt sich aber nicht. Inzwischen ist die Bedeutung von »Occasionalismus« so weit geworden, dass es auch für nichtcartesianische Phänomene stehen kann, gleichgültig, ob sie mittelalterlich oder neuzeitlich sind.

[2] Kant, Kritik der Urteilskraft, 2. Theil, Anh., §81; Akademie-Textausgabe Bd. 5, 422.

[3] Wilhelm Traugott Krug, Allgemeines Handwörterbuch der philosophischen Wissenschaften Bd. 3, Leipzig (Brockhaus) ²1833; 93.

Die Bedeutung von »Occasionalismus« bestimmen zunächst die Autoren, die diesen Ausdruck verwenden. Wie sie sich dabei entscheiden, ist nicht von höchster Wichtigkeit, denn für Beurteiler sind die Sachdarstellungen maßgeblich; doch können sich Benennungen dadurch auf die Praxis des Historikers auswirken, dass sie Verwandtschaftsverhältnisse suggerieren oder ausblenden. Perler und Rudolph arbeiten in ihrem Occasionalismus-Buch mit einem weiten Occasionalismusbegriff[4] und nennen vier Kernthesen, in denen die in ihrer Arbeit behandelten muslimischen und christlichen Occasionalisten übereinstimmen. 1. Natürliche Gegenstände verfügen über keine kausalen Fähigkeiten und können deshalb keine Wirkungen hervorbringen. – 2. Weil Gott allein über kausale Fähigkeiten und Eigenschaften verfügt, kann er als einziger Wirkungen hervorbringen. – 3. Er bringt außer im Fall von Wundern seine Wirkungen auf geordnete Weise hervor. – 4. Weil deshalb Menschen geordnete Naturvorgänge beobachten können, dürfen sie auf Gesetzmäßigkeiten im Handeln Gottes schließen. Diese vier Positionen umreißen Kernelemente des Occasionalismus der bei Perler und Rudolph behandelten Autoren. Die erste und zweite wird weder von Clauberg noch von Sturm oder vom jungen Wolff vertreten; nach ihnen ist zwar die Materie ein schlechthin passives Prinzip, geschaffene Geister können aber aus eigener Kraft immerhin bestimmte immanente Wirkungen hervorbringen, nämlich Denk-, Willens- und Begehrungsakte; sie versagen erst bei transeunten Wirkungen. Clauberg schreibt zum Beispiel, dass der menschliche Geist nichts anderes kann als denken; er wird wie alle vernunftbegabten Wesen tätig, indem er denkt. Dagegen kann er Speisen im Magen weder verkochen noch zerkleinern oder über den Körper verteilen, wie sehr er das auch wünschen mag.[5] Auch Sturm nimmt an, dass unsere Seele immanente Tätigkeiten

[4] Perler und Rudolph: Occasionalismus; 250–253

[5] Clauberg, *Theoria corporum viventium* 26, §644; 189. – Clauberg, *Ontosophia* 21, §245; 336. – Clauberg, *Physica contracta* 8; 13.

ausführt. Wenn sie will oder nicht will, bejaht oder verneint, nachdenkt oder zweifelt, ist sie sich bewusst, dass niemand anderes ihr diese Tätigkeiten unterschiebt, sondern dass sie sie frei aus sich hervorbringt. Anders als beim Denken handelt es sich aber bei willkürlichen Bewegungen, zu denen beispielsweise die Betätigung der Sprechorgane gehört, um transeunte Tätigkeiten, die die Fähigkeit des menschlichen Geistes übersteigen. Bei ihnen darf man einem Geschöpf nur die den Körperbewegungen vorausgehenden geistimmanenten Willensakte, Begehrungen und Abneigungen kausal zuschreiben, während ihm deren körperliche Folgen höchstens moralisch zuzurechnen sind. Weil die Kraft unseres Willens mit transeunten Tätigkeiten überfordert ist, führt diese nämlich Gott aus freien Stücken auf unseren Wunsch hin an unserer Stelle durch; unser Geist steuert in solchen Fällen nur die Bedingung für die Auslösung der göttlichen Tätigkeit bei, nämlich den Wunsch, dass bestimmte Bewegungen des Körpers geschehen.[6] Für Wolff ist unsere Urheberschaft bei immanenten geistigen Tätigkeiten so selbstverständlich, dass er sie im Text gar nicht erörtert; sie kommt jedoch im einleitenden Brief von Wolffs Kandidaten Gravius an dessen Onkel Rausch zur Sprache. Dort heißt es im Blick auf den Ehebruch des Königs David, Gottes allgemeiner Wille habe verfügt, dass auf einen Wink des menschlichen Geistes hin diejenigen Bewegungen des Körpers mit Notwendigkeit erfolgen, die für den Beischlaf erforderlich sind. David wollte in dem betreffenden Einzelfall, dass sein Körper eben diese Bewegungen vollführte, und so geschah es auch aufgrund von Gottes allgemeinen Regeln. Die moralische Ursache von Davids Ehebruch muss man aber nicht bei Gott, sondern bei David suchen, der infolge der Verkehrtheit seines freien Willens Gottes allgemeines Naturge-

[6] Sturm, *Physica electiva* l. 1, s. 1, c. 4, IV, 10; 172. – Ebd., Physicae generalis usus a. 5, 10; 859. – Ferner ebd. *Physicae electivae generalis usus* a. 3, 5; 845–846.

setz der Bewegung missbrauchte.[7] Wolff führt in *De Loquela* nur transeunte Tätigkeiten des menschlichen Geistes unmittelbar auf Gottes Wirken zurück. Nach den Grundsätzen der Autoren, die Perler und Rudolph behandeln, wären weder Clauberg noch Sturm und der junge Wolff Occasionalisten, obgleich sie sich als Occasionalisten verstanden und von Zeitgenossen als solche bezeichnet wurden. Es wäre aber nicht hilfreich, einen Zweig des Occasionalismus durch eine Definition abzuschneiden. Das lässt sich dadurch vermeiden, dass man mit einem noch weiteren Occasionalismusbegriff arbeitet, unter den sich auch Autoren wie La Forge, Cordemoy und mehrere deutsche Occasionalisten subsumieren lassen. Andererseits würde angesichts der Vielfalt subsumierbarer Phänomene ein so weiter Occasionalismusbegriff vermutlich so allgemein, dass er erst bei mehrfacher Spezifizierung eine Orientierungshilfe würde. Perlers und Rudolphs dritter und vierter Kernsatz passt im Unterschied zum ersten und zweiten sehr gut zu Sturm und dem jungen Wolff, er könnte aber im Zusammenhang mit Al-Ghazali Schwierigkeiten machen.[8]

[7] S. oben S. 6.

[8] In Simon van den Berghs Ausgabe von Averroes' Widerlegung Al-Ghazalis im *Tahafut al-tahafut* wird als Einwand gegen Al-Ghazali mitgeteilt: Wenn Gott die alleinige Ursache wäre und wenn Wirkungen nicht von ihren Ursachen, sondern ohne festen Plan allein von Gottes Willen abhingen, dann könnte jemand, dem Gott kein Sehvermögen eingeschaffen hätte, Flammen, Berge und bewaffnete Feinde um sich haben, ohne sie zu bemerken. Wenn jemand ein Buch zu Hause liegen lässt, könnte es sich bei seiner Rückkehr in einen schönen Knaben verwandelt haben und ein Knabe, den er ebenfalls dort ließ, in einen Hund. Auf Befragen müsste er sagen, er habe seines Wissens ein Buch zu Hause gelassen, aber vielleicht sei es jetzt zu einem Pferd geworden und beschmutze seine Bibliothek (Van den Bergh I; 316–317 und 325–326). Nach Averroes ist laut Al-Ghazali darauf zu erwidern, dass uns Gott in Wirklichkeit das Wissen einschafft, dass er so etwas nicht tut. Sobald er aufgrund seiner Macht den üblichen Lauf der Dinge unterbricht und Geschehnisse verursacht, die diesem nicht entsprechen, schafft er

Zum Gemeingut Descartes-naher Occasionalisten gehören mehrere Annahmen. Gott hat die Materie in Bewegung versetzt, sie mit Hilfe der Naturgesetze auf vielerlei Weise zu Korpuskeln gestaltet und diese in einen geordneten Zustand gebracht. Körper haben Ausdehnung, aber keine Kraft, sich selbst oder andere Körper zu bewegen; sie bewegen sich nur deshalb, weil sie von etwas anderem bewegt werden, und zwar letztlich von Gott. Die Leute schreiben ihnen zwar Kräfte zu, in Wirklichkeit sind sie aber kraftlos und können andere Körper genauso wenig spontan in Bewegung versetzen wie sich selbst.[9] Nach einigen Cartesianern können menschliche Geister zwar immanente Wirkungen hervorrufen, aber keine Kausalität aufeinander ausüben. Gott hat jedoch verfügt, dass sie bei Erfüllung einer bestimmten Bedingung, nämlich bei der Affizierung des Gehörs durch einen physischen Wortlaut aus einer Sprache, die ihnen bekannt ist, die diesem Wortlaut zugeordnete Perzeption bekommen. Dazu sind keine ständigen *ad hoc*-Eingriffe Gottes erforderlich, sondern es beruht darauf, dass Gott bei der Planung des Weltlaufs der erlernbaren regelmäßigen Verknüpfung von Wortlauten und Perzeptionen Rechnung trägt. Ähnliche Verknüpfungen, die sprachlich als

uns auch nicht länger unser bisheriges Wissen ein (Van den Bergh I; 324). – Wenn ich das richtig verstehe, behauptet Averroes, dass Gott nach Al-Ghazali den Lauf der Welt so gestalten kann, wie er will, dass er den Menschen aber Erwartungen einschafft, die ihnen das, was er gerade tut, als gewöhnlichen Lauf der Dinge erscheinen lassen. Im Blick auf Al-Ghazali müsste dann der entsprechende Kernsatz lauten: Weil Menschen glauben, geordnete Naturvorgänge zu beobachten, gelangen sie irrtümlich zu dem Schluss, dass sich Gott bei seinen Wirkungen an Gesetze bindet.

[9] Zum Beispiel La Forge, *Traitté* c.16; 253–254 | 1974: 241: »Wir wollen also zweitens schließen, dass Gott die primäre, allgemeine und totale Ursache der Bewegung ist; so, wie er sein allmächtiges Wort aussprechen musste, um die ganze Natur aus dem Nichts hervorzuholen, hat er auch vermittelst desselben Wortes diese ganze Natur aus dem Chaos herausgeholt, indem er in ihr Bewegung erzeugte.«

Wenn-Dann-Bestimmungen erscheinen, regeln die scheinbaren transeunten Wirkungen von Körpern auf Körper, Geistern auf Körper, Körpern auf Geister und Geistern auf andere Geister, die nur Gott verwirklichen kann. Unter der Voraussetzung, dass solche Verknüpfungen nicht auf der inneren Natur der Dinge, sondern auf menschlichem oder göttlichem Gutdünken beruhen, sind Verknüpfungen geistiger, körperlicher oder geistig-körperlicher Ereignisse gleich leicht oder gleich schwer zu begreifen. Dank dieser Position betrifft der Occasionalismus Claubergs, Sturms und Wolffs in der Tat nicht nur die Wechselwirkung von Körper und Seele.

■ *Gottes Mitwirkung mit den Tätigkeiten der Geschöpfe.* – Auch Autoren, die keine Occasionalisten sind, nehmen im 17. Jahrhundert in der Regel nicht an, dass Geschöpfe im vollen Sinn die Ursachen ihrer Tätigkeiten sind. Nach der damals noch üblichen Meinung ist bei jeder ihrer Tätigkeiten Gott im Spiel: Er hat die Welt aus Nichts erschaffen, kann es aber nicht dabei belassen, denn sobald er seine Hand von ihnen fortzöge, sänken sie in das Nichts zurück, aus dem sie gekommen sind. Weil das nicht Gottes Wille ist, erhält er die Welt bis zum jüngsten Tag im Sein. Zur Zeit Wolffs ist diese Meinung in Deutschland noch weit verbreitet, entfaltet sich aber in verschiedene Zweige. Nach einer noch im 17. Jahrhundert vertretenen Ansicht, die sich auch Descartes zu eigen macht und die Weigel übernimmt, erhält Gott seine Schöpfung dadurch im Sein, dass er sie von Augenblick zu Augenblick neu erschafft (*creatio continua*);[10] Erschaffung und kontinuierliche Neuerschaffung werden dabei als ein einziger Akt verstanden. In den folgenden Paragraphen von *De loquela* wird klar, dass sich Wolff für eine extreme Auslegung der These entscheidet, die auf heutige Leser fremdartig wirkt. In diesem kurzen Exkurs werden gemäßigtere Meinungen skizziert, denen

[10] Zur Vorgeschichte dieser Annahme bei muslimischen Theologen s. Perler und Rudolph, Occasionalismus; 135.

der frühe Wolff nicht zustimmt, weil sie nach seiner Meinung Gottes Allwirksamkeit nicht angemessen zum Ausdruck bringen; sie gehen ihm nicht zu weit, sondern nicht weit genug. Es handelt sich um einen heute vergessenen Aspekt der europäischen Normalität im 17. Jahrhundert.

Gottes Mitwirkung mit den Tätigkeiten der Geschöpfe. – Die damals üblichste Lehre ging davon aus, dass der Schöpfer seinen Geschöpfen bei ihrer Erschaffung zwar die Kraft zu Tätigkeiten verliehen hat, aber weil sie aus dem Nichts gekommen sind und sich nicht selbst im Sein erhalten können, muss sie Gott von Augenblick zu Augenblick neu erschaffen.[11] So liegt die Frage nahe, ob es unter dieser Voraussetzung für Tätigkeiten und Entscheidungen von Geschöpfen Spielräume gibt. Eine der Antworten ist, dass Geschöpfe bei vielen Tätigkeiten als Mitursachen Gottes fungieren; dabei schießt ihnen dieser beständig die Kräfte zu, die ihnen zur vollen Verwirklichung ihrer Absichten fehlen. In diesem Zusammenhang sind zwei Arten von Fällen zu unterscheiden, die in der natürlichen Theologie bei der Lehre von der göttlichen Mitwirkung (*concursus divinus*) behandelt werden. Die natürliche Theologie ist eine Disziplin der Philosophie, die das erörtert, was der menschliche Verstand unabhängig von der Offenbarung über Gott erkennen kann. Zu ihren Themen gehört die Lehre von der Ordnung der Natur. Im Blick auf diese unterscheidet man zwei Arten der Beteiligung von Geschöpfen an den ihnen zugeschriebenen Tätigkeiten. Bei Tätigkeiten, die die Ordnung der Natur verlangt, gibt es einige, die Geschöpfe ihrer Natur nach erbringen können, und andere, die sie ihrer Natur nach nicht erbringen können. Im ersten Fall fungieren sie als Mitursachen Gottes, zum Beispiel beim Bewegen, Nachdenken und Arbeiten; im zweiten Fall können sie

[11] S. Thomas von Aquin, *Summa theologiae* I q. 104, a. 1 ad 4; Rom (Marietti) 1952, 493a: »Zum Vierten ist zu sagen, dass die Erhaltung der Dinge durch Gott nicht etwa durch eine neue Tätigkeit erfolgt, sondern durch Fortsetzung der Tätigkeit, die das Sein verleiht, bei der es allerdings weder Bewegung noch Zeit gibt.«

aber nicht Mitursachen sein, weil sie mit der geforderten Tätigkeit überfordert sind. Doch bleibt ihnen immerhin die Möglichkeit, Gott dazu zu bewegen, die entsprechende Leistung an ihrer Stelle zu erbringen. Die daraufhin erfolgenden Tätigkeiten Gottes können bis ins siebzehnte und achtzehnte Jahrhundert hinein als natürlich bezeichnet werden, weil die Ordnung der Natur sie verlangt. Dazu gehört nach vielen Autoren die Versorgung menschlicher Föten mit vernünftigen Seelen. Der menschliche Vater kann zwar den Leib eines Kindes mitsamt seinen vegetativen und sensitiven Fähigkeiten zeugen, aber Gott allein kann diesem Leib, wenn es an der Zeit ist, eine vernünftige Seele eingießen. Hier wird die Tätigkeit von den betroffenen Geschöpfen zwar nicht miterbracht, aber ausgelöst; der Fötus löst zum Beispiel die Eingießung einer Seele dadurch aus, dass er eine bestimmte Stufe der Organisation erreicht. Das Verfahren bei der Auslösung göttlicher Tätigkeiten wird nicht anders konstruiert als später bei occasionalistischen Autoren: Das Geschöpf veranlasst Gott dazu, die fällige Tätigkeit an seiner Stelle zu erbringen. Dabei wirkt Gott als selbständige Ursache (*causa per se*); die auslösenden Geschöpfe bezeichnet man dagegen als Beiursachen (*causae per accidens*), *causae morales* (anstiftende Ursachen), *condiciones sine quibus* non (notwendige Bedingungen) oder *occasiones.*[12] Bei Leistungen, die Geschöpfe ihrer Natur nach teilweise erbringen können, zum Beispiel beim Brennen von Feuer, bereitet diese Theorie geringere Schwierigkeiten als bei freien Handlungen vernünftiger Wesen, bei denen sich die Frage stellt, welche der beiden beteiligten Ursachen eine Wirkung zu verantworten hat. Bei der Antwort orientiert man sich an theologischen Rechtfertigungslehren von Autoren des 16. und 17. Jahrhunderts und überträgt deren Annahmen über die Rolle

[12] S. Vf., Über »occasio« und verwandte Begriffe vor Descartes, in: Archiv für Begriffsgeschichte XV (1971), S. 215–255. – Über »occasio« und verwandte Begriffe bei Zabarella und Descartes, in: Archiv für Begriffsgeschichte XVI (1972), S. 1–27. – »Über »occasio« und verwandte Begriffe im Cartesianismus«, in: Archiv für Begriffsgeschichte XVI (1972), S. 198–226.

des menschlichen Willens bei der Rechtfertigung des Menschen vor Gott auf Sachverhalte der Philosophie. Die im 17. Jahrhundert verbreitetsten Vorschläge stammen von Dominikanern und Jesuiten.

Der Dominikaner Domingo de Báñez (1528–1604) entwickelte im Ausgang von Texten von Thomas von Aquin den sogenannten Báñez-Thomismus, und die Jesuiten Luis de Molina[13] (1535–1600), Francisco Suárez (1535–1617) und Robert Bellarmin (1542–1621) konstruierten als Gegenangebot den sogenannten Molinismus und seine Modifikationen. Es handelt sich um Versuche, die Freiheit und Verantwortlichkeit des menschlichen Willens trotz göttlicher Eingriffe zu retten. Die Vorschläge der Bañezisten wurden in der Regel auch von reformierten Theologen akzeptiert, während die der Jesuiten zumindest bei niederländischen Remonstranten Anhänger fanden, die Calvins Prädestinationslehre nicht akzeptierten; auch lutherische Theologen vertraten Lösungen, die denen der Jesuiten glichen. Bañezisten gehen davon aus, dass Geschöpfe, die handeln möchten, nur dann aktiv werden können, wenn Gott ihr Vermögen, tätig zu werden, in die Wirklichkeit überführt: Er erschafft sie bei ihrer Neuerschaffung jeweils so, dass sie handelnd sind; der entsprechende Eingriff Gottes wird als physische Vorherbewegung (*praemotio physica*) bezeichnet.[14] Das Adjektiv »physisch« bringt zum Ausdruck, dass Gott vernünftige Geschöpfe zur Verwirklichung ihrer Handlungen nicht von außen her durch Motivation, sondern von innen her durch einen physischen Eingriff, nämlich durch eine entsprechende Neuerschaffung, bewegt. Bei vernünftigen

[13] Zu Molinas Fassung der Theorie s. Perler und Rudoph, Occasionalismus; 201–208.

[14] Der Sinn dieser Annahme ist in einem lapidaren Referat schwer zu verstehen. Hilfreich ist Perlers Darstellung und Erörterung der Koexistenz von göttlicher und geschöpflicher Kausalität zusammen mit seiner Skizze der Teilhabe von Geschöpfen an Gottes Vollkommenheit. S. Perler und Rudolph, Occasionalismus;145–153, ferner ebd. die knappe Erörterung der Concursustheorie; 204–208.

Geschöpfen geht der göttlichen Vorherbewegung ein weiterer göttlicher Eingriff voraus, der den Willen des Handelnden physisch zur Einwilligung in die betreffende Handlung bestimmt (*praedeterminatio physica*); das tut Gott durch die Neuerschaffung des Handelnden mit dem entsprechenden Willensakt, die ebenfalls ein physischer Eingriff ist. Weil göttliche Vorherbewegung und Vorherbestimmung unwiderstehlich sind, kennt Gott deren Folgen von Ewigkeit her. Bei seinem Wissen unterscheiden Theologen die *scientia simplicis intelligentiae*, mit der Gott sich selbst und alles Mögliche erkennt, von Gottes *scientia visionis*, mit der er alles Faktische erkennt, das in Vergangenheit, Gegenwart und Zukunft mit Notwendigkeit geschieht. Durch diese zweite Wissensart weiß Gott im voraus, dass seine Einwirkungen auf den Willen freier Geschöpfe erfolgreich sein werden, aber nicht deshalb, weil er im voraus weiß, wie sich diese in bestimmten Situationen entscheiden, sondern weil er von Ewigkeit her weiß, dass alle seine Eingriffe gelingen. Nach Meinung der Bañezisten wird durch Gottes Vorherbewegung die Freiheit des geschöpflichen Willens nicht angetastet, sondern realisiert, denn Geschöpfe können nur wollen, wenn Gott sie bei der *creatio continua* als Wollende erschafft; dabei berücksichtigt er Situation und Möglichkeiten der betroffenen Vernunften und determiniert ihren Willen so, wie sie ihn unter den gegebenen Umständen auch selbst determinieren würden, wenn sie das könnten. Bañezisten können darüber hinaus sogar sagen, dass vernünftige Geschöpfe den Willen Gottes determinieren, weil er ihrem Zustand die Informationen entnimmt, die er für die Vorherbestimmung ihres Willens braucht, falls er ihre Freiheit nicht antasten will.

Nach der Gegenmeinung der Jesuiten, die man gewöhnlich der Einfachheit halber als Molinismus bezeichnet, werden vernünftige Geschöpfe von Gott nicht physisch zu Handlungen determiniert, auch gibt es keine Vorherbestimmung des freien Willens durch physische Eingriffe Gottes. Gott beeinflusst vielmehr die Willensentscheidung des Menschen nur durch Motivationen von außen her, allerdings weiß er im voraus, wie stark eine Motivation sein muss, damit sich das vernünftige Geschöpf zu der von ihm gewünschten Handlung entscheidet. Dieses bewegt sich selbst zum Handeln und bestimmt die Richtung seines Willens, aber weil es aus eigener Kraft keine Wirkung zu Ende bringen kann, verwirklicht Gott seine Entscheidungen kooperativ; dabei ist ihm das Geschöpf sozusagen koordiniert (*concausa*, Partnerursache). Er erzwingt die menschliche Willensentscheidung nicht, sondern wartet sie ab, danach aber wird er zusammen mit dem Wollenden tätig, und zwar auch dann, wenn er die betreffende Tätigkeit nicht billigt; darauf spielt in Wolffs *De Loquela* der Kandidat Johannes Gravius mit der Erwähnung der Geschichte von David und Bathseba im Widmungsbrief an seinen Onkel an. Auch Gott bleibt frei, denn freie menschliche Entscheidungen lösen nur deshalb mit hypothetischer Notwendigkeit seine Mitwirkung aus, weil er von Ewigkeit her in Freiheit beschlossen hat, nach freien Entscheidungen vernünftiger Wesen bei der Verwirklichung der von ihnen gewollten Handlungen mitzuwirken, gleichgültig, ob er sie billigt oder nicht. Auch nach Meinung der Molinisten weiß Gott im voraus, wie sich jedes freie Geschöpf in jeder Situation entscheiden wird, aber er weiß es im Gegensatz zur Meinung der Bañezisten nicht deshalb, weil er weiß, welche erfolgreichen Vorherbestimmungen und Vorherbewegungen er selber ausüben wird, sondern weil sich sein Wissen nicht nur auf alle möglichen und notwendigerweise zukünftigen Ereignisse erstreckt, sondern auch auf zukünftige Ereignisse, die nicht notwendig, sondern kontingent sind, weil sie von freien Willensakten abhängen (*futuribilia, futura contingentia*). Weil dieses dritte Wissen Gottes zwischen der *scientia simplicis intelligentiae* und der *scientia visionis* sozusagen in der Mitte steht, heißt es *scientia media*. Deren Annahme war umstritten; die billigende Verwendung des Ausdrucks durch einen Autor ist ein Indiz dafür, dass dieser dem Jesuiten-Vorschlag nahesteht.[15]

[15] Thomisten und Calvinisten verwarfen die *scientia media*, Lutheraner verteidigten sie gegen Reformierte. In Jena tat das zum Beispiel

Beiden Ansätzen ist es gemeinsam, dass sie heute kaum noch bekannt sind und dass man sie, falls sie bekannt sind, für abwegig zu halten pflegt. Aber der Einsatz, die Ausdauer und die Erbitterung, mit der um sie gekämpft wurde, spricht dafür, dass sie für damalige Beteiligte nicht nur verständlich, sondern auch wichtig waren. Ihr Dahinschwinden seit der zweiten Hälfte des 17. Jahrhunderts führte zu einer tiefgreifenden Veränderung des europäischen Selbstverständnisses. Nun galt nicht mehr, dass Gottes Hand bei jeder Tätigkeit von Geschöpfen mit im Spiel ist und dass er zusammen mit uns unsere Hände bewegt, zusammen mit uns unsere Gedanken denkt und uns abends hilft, uns zur Ruhe zu legen (das deuten noch Kirchenlieder des 17. Jahrhunderts an). Jetzt wird es denkbar, dass wir unsere Hände allein bewegen, unsere Gedanken allein und ohne göttliche Hilfe denken und abends aus eigener Kraft die Augen schließen – ein harter Kontrast. Der neue Naturgesetzbegriff spielt beim Übergang der Europäer zu ihrem autonomen Selbstgefühl eine wichtige Rolle und begünstigt die Meinung, dass man dem gewöhnlichen Lauf der Natur (*cursus ordinarius naturae, ordinary course*) nur solche Wirkungen zurechnen darf, die sich notwendig aus Naturgesetzen ergeben. Unter dieser Voraussetzung sind alle Eingriffe Gottes in den gewöhnlichen Naturlauf als übernatürliche Tätigkeiten, als Wunder, anzusehen, denn sie fallen nicht unter den *ordinary course of nature* (sind nicht »*of course*«). Das, was man früher für den gewöhnlichen Lauf der Natur hielt, gilt fortan nicht mehr als natürlicher Verlauf, sondern als Serie von Wundern.

Wer den eigenen Geist beobachtet, berichtet Wolff, nimmt wahr, dass er sich zwar seiner Gedanken bewusst ist, nicht aber irgendeiner Fähigkeit, im Geist eines anderen Menschen

Weigels Schüler Hebenstreit, der sich bewusst von Weigels und Sturms Occasionalismus fernhielt. S. Hebenstreit, *Theologia naturalis*, exerc. 15, VIII–XI; 634–642.

Gedanken auszulösen, die seinen eigenen Gedanken gleichen. Die Erfahrung zeigt jedoch, dass er es trotz der strikten Trennung von Körper und Seele tatsächlich irgendwie kann, und daher stellt sich die Frage, wieso das möglich ist. Nach Wolff verwechselt man hier oft »bisher noch nicht begriffen« mit »unmöglich«, obgleich sich schon vieles, das anfangs als unmöglich galt, am Ende trotzdem als möglich herausgestellt hat. Diese Verwechslung von »noch nicht begriffen« mit »unmöglich« beruht nach Wolff auf einem pestilenzialischen Vorurteil (»pestilenzialisch« war anscheinend ein Modewort mit ähnlicher Bedeutung wie »übelst« bei heutigen Jugendlichen). Wer sich von diesem Vorurteil anstecken lässt, sinkt nach Wolff leicht dazu herab, die Unsterblichkeit und Immaterialität der Seele, die Existenz von Teufeln und Gespenstern und sogar die Existenz einer Gottheit und ihrer Vorsehung deswegen zu bestreiten, weil er sie bislang nicht begreifen kann.

■ *Leugnung von Dämonen, Hexenwesen und Zauberei.* – Dass die Verteidigung der Unsterblichkeit und Immaterialität der Seele und der Existenz Gottes zu den Grundinteressen von Cartesianern gehörte, wurde schon angedeutet; bereits der Titel der Pariser Erstausgabe von Descartes' *Meditationes* von 1641 lautet: *Meditationes de prima philosophia in qua Dei existentia et Animae immortalitas demonstratur* (in denen Gottes Existenz und die Unsterblichkeit der Seele bewiesen wird); die Amsterdamer Zweitauflage von 1642 ändert das in *Meditationes de prima philosophia in quibus Dei existentia, et animae humanae a corpore distinctio, demonstrantur* (in denen Gottes Existenz und die Verschiedenheit der menschlichen Seele vom Körper bewiesen werden). Solche Vorkehrungen gegen den Atheismus hängen mit der Überzeugung zusammen, dass er sozialschädlich ist. Gegen wen sich Wolff mit der Erwähnung der Teufels- und Gespensterleugnung wendet, ist dem Text nicht zu entnehmen. Gewöhnlich assoziiert man damals bei dem Ausdruck »Teufelsleugnung« die Leugnung von Zauberei und Hexenwesen, denn bei diesen ist vor allem der Teufel im Spiel. Falls Wolff auf diesen Sachverhalt anspielt, hielt er 1703 die Bestrafung von Hexen und Zauberern für richtig, obgleich es auf lutherischer Seite seit langem Streitschriften gegen die Hexenverfolgung gab. 1602 erschien Antonius Praetorius' *Gründlicher Bericht von Zauberey und Zauberern*, und 1635 folgte Johann Matthäus Meyfarts *Christliche Erinnerung*. Zur Zeit von Wolffs *De Loquela* wurden vor allem zwei Werke der Teufelsleugnung bezichtigt. Das erste war Christian Thomasius' Inaugurationsthese *De Crimine magiae*, die 1701 erschien; ein Jahr später folgte die deutsche Fassung *Kurtze Lehrsätze von dem Laster der Zauberey, vormahls in einer Inaugural Disputation defend*irt. Man warf Thomasius Leugnung des Teufels vor, und zwar am heftigsten der Pfarrer Peter Goldschmidt in einer 1705 veröffentlichten Kampfschrift mit dem Titel »Verworffener Hexen- und Zauberer-ADVOCAT. Das ist: Wolgegründete Vernichtung des thörichten Vorhabens Hn. Christiani Thomasii J.U.D. et Professoris Hallensis«. Acht Jahre zuvor war auf reformierter Seite in Amsterdam die deutsche Ausgabe der Schrift »Die bezauberte Welt« des Pfarrers Balthasar Bekker erschienen. Bekker, der aus Westfriesland stammte und Cartesianer war, hatte als Gefängnisgeistlicher verurteilte Hexen auf ihrem letzten Weg begleitet und war davon überzeugt, dass die Urteile gegen sie nicht gerechtfertigt waren und dass der Glaube an Hexerei ein widersprüchliches Vorurteil ist. Er ging davon aus, dass Gottes Ordnung der Natur zwar bestimmte Wechselwirkungen zwischen menschlichen Körpern und menschlichen Seelen vorsieht, dass es sich aber immer nur um Wirkungen einer Seele auf ihren eigenen Körper und eines Körpers auf seine eigene Seele handelt.[16] Die Behauptung,

[16] Bekker, Die bezauberte Welt, Buch 3, 2. Hauptstück, § 13; 12: »Ein jeglicher Geist kan allein seinen Geist vernehmen / und ein jeglicher Geist seinen Leib / sonder mehr. Denn was GOTT also verordnet hat, ohne daß wir wissen / wie / das ist / desselben Art oder Wesen und der Grund und Ursprung seiner Wircksamkeit. Das sehen wir / daß also

dass ein fremder Geist wie der Teufel in den Leib eines Menschen einfahren oder ihn mit körperlichen Mitteln zu einem teuflischen Bund verführen kann, lässt sich nach Bekker nicht aufrechterhalten, denn der einzige endliche Geist, der auf einen bestimmten Körper einwirken kann, ist die individuelle Seele, die Gott ihm zugeteilt hat.[17] Auch Bekker wurde Teufelsleugnung vorgeworfen; der Amsterdamer Senat verlangte von ihm vergebens einen Widerruf, und seine Kirche exkommunizierte ihn und enthob ihn seines Amtes. Bekker hatte aber Beschützer in der weltlichen Obrigkeit, die verfügten, dass sein Gehalt auch weiterhin gezahlt werden musste und dass seine Pfarrstelle vor seinem Tod nicht neu besetzt werden durfte; über Einzelheiten berichtet Brucker.[18] In der römischen Kirche hatte schon früh der Jesuit Friedrich Spee in seiner *Cautio Criminalis* von 1631 die Praxis der Hexenprozesse bekämpft, und in der zweiten Jahrhunderthälfte führte der Oratorianer Nicolas Malebranche in der *Recherche de la verité* den üblichen Glauben an Hexerei und

zwischen des Menschen Geist und Leib ist / aber von solchem Leib auff diesen einen Geist / und von diesem einem Geist auff den besonderen Leib / und nicht mehr / oder durch den einen Leib auff einen andern / und durch die beyden von dem einen Geist auff den andern / und förder nicht.«

[17] Bekker, Die bezauberte Welt, Buch 3, 2. Hauptstück, §. 14; 12: »So nun die Vereinigung des Teuffels mit des Menschen Leibe nicht geschehen kan / so lasset sehen / ob es nicht ist mit der Seele / diese / meynet man / wird vor allen von ihm eingenommen; und daß die Menschen erst von ihm verleitet seyn / wegen der greulichen Gesellschaft / die sie mit ihm eingegangen / wodurch er denn ihren Leib ferner zu allen Dingen gebrauchen kan / dieses oder das darinnen zu thun / wie aber dieser Geist zu des Menschen Geist gemacht wird / kan mir die Vernunft nicht sehen lassen. Die Seele hat kein Werck als in ihr selbst / und was in ihr durch den Leib dargestellet wird. In beyden siehet sie GOTT, von welchem sie beyde seyn. Wie wird die Seele den Teufel denn gewahr? Was für Mittel hat ein böser Geist sich des Menschen Seele zu zeigen? Was mich anbelanget, so habe ich dessen niemahls vernommen […].«

[18] Brucker, *Historia critica philosophiae* IV/2, period. 3, p. 2, l. 2, c. 3, § 17; 712–721.

Werwölfe auf Verirrungen der Einbildungskraft zurück.[19] Dass Wolff die Angelegenheit Thomasius bekannt war, ist anzunehmen, und dass er zu dieser Zeit auch über Bekker informiert war, ist ebenfalls zu vermuten, denn sein Kandidat Gravius erwähnt im Vorwort die deutsche Fassung der gegen Bekker gerichteten Dissertation von G.B.M.D. (Georg Büching), »Philosophische Untersuchung/Von Gewalt und Wirckung des Teuffels in Natürlichen Cörpern«, die der Mediziner Friedrich Hoffmann betreute. In ihr wurde Hoffmanns Ansicht vertreten, dass Einwirkungen des Teufels auf Körper grundsätzlich möglich sind, obgleich sie nicht immer dann vorliegen, wenn Ankläger oder Richter das meinen. An dieser Position Hoffmanns, dem Wolff wenig später in Halle begegnete, könnte er sich hier orientiert haben.

§12

Ein Vergleich des Geistbegriffs mit dem Gottesbegriff zeigt, dass Sein und Tätigkeit von Geistern und insbesondere ihre Einwirkungen auf andere Geister allein von Gottes Willen abhängen

7–8|251–252 ▷ S.308

---

§12 Wir erinnern uns deshalb aufgrund des oben Gesagten daran, dass der Begriff unseres Geistes den Begriff ›Geschöpf‹ voraussetzt, der eine gänzliche Abhängigkeit von Gott einschließt. Daher muss man den Gottesbegriff zu Hilfe rufen, damit die Dunkelheit, die die Idee unseres Geistes verhüllt, sogleich ganz entschwindet. Denn sobald wir die Idee, mit der wir unseren Geist perzipieren, mit dem Begriff Gottes vergleichen, bemerken wir vor allem, dass unser Geist deswegen denkt und sich seiner Gedanken bewusst ist, weil ein unendlicher Geist mit seinem ganz mächtigen Wink das will,

[19] Malebranche, *Recherche de la vérité* l.2, p.3, c.6: *Des sorciers par imagination, et des Loups-garoux* (Über Zauberer durch Einbildung und Werwölfe); *Oeuvres complètes* I, 370–376.

und dass unser Geist von dessen freier Entscheidung so völlig abhängt wie unsere Gedankendinge vom Wink und der Entscheidung unseres Geistes. Und deshalb begreifen wir ferner, auf welche Weise ein Geist unmittelbar auf einen anderen einwirken kann. Gott muss dazu die Fälle festlegen, in denen er will, dass auf den Willen eines Geistes hin in einem anderen Geist Gedanken entstehen, die denen des Wollenden ähnlich sind. Wenn es eine Sprache von Geistern gibt, dann nur diese; wir begreifen nämlich, dass ein Geist nur in dem Sinn tätig sein kann, dass auf seinen Willen hin die Wirkung eintritt. Dass aber dieser Wille seine Wirksamkeit nicht aus sich selbst, sondern nur durch den Wink des Schöpfers bekommt, ist für Menschen, die wahrhaft philosophieren, evident. Und auf diese Weise erklärt der berühmte Gürtler nach Thomas von Aquin die Sprache der Engel in *Inst. Theol.*, Kap. 6, § 47 und 48, S. 111–112.

Wolff knüpft an den Befund von § 5 an: Der Begriff geschaffener Geister schließt den Begriff ›Geschöpf‹ mit ein, der die Bestimmung ›gänzliche Abhängigkeit von Gott‹ enthält; daraus geht hervor, dass wir von Gott genauso abhängig sind wie Dinge, die wir uns ausdenken (Gedankendinge, *entia rationis*), von uns. Folglich können Menschen nur deswegen etwas denken und wissen, weil der allmächtige und unendliche Geist das will.[1] Dieser handelt aber nicht aufgrund von Einzelentscheidungen, sondern orientiert sich an selbstgesetzten Regeln. Wann immer ein Geist auf einen anderen wirkt, beruht das nicht auf einer *ad hoc*-Entscheidung Gottes, sondern auf einer Wenn-Dann-Regel, die Gott für alle ähnlichen Fälle festgelegt hat. Sie hat einen ähnlichen Status wie ein Naturgesetz in der Mechanik: Immer dann, wenn das Ereignis A eintritt, tritt

[1] Ein ähnlicher Vergleich findet sich bei Clauberg; s. *Exercitationes de cognitione Dei et nostri*, ex. 28, § 5; Schalbr. 644.

das Ereignis B mit Notwendigkeit ebenfalls ein. Für alle Arten von Kausalvorgängen hat Gott Bedingungen festgesetzt, unter denen die jeweilige Wirkung eintritt. Als Beispiel nennt Wolff die Kommunikation zwischen Engeln, bei der nach Nicolaus Gürtler und Thomas von Aquin die Regel lautet: Ein Engel bekommt die Vorstellung ›P‹ immer dann, wenn ein anderer Engel, der sie schon hat, dies wünscht; hier ist der Willensakt eines Geschöpfs das Ereignis, das Gottes Wirkung auslöst. Auf ähnliche Weise kann man erklären, wie sich menschliche Geister verständigen, also Vorstellungen austauschen können, obgleich sie in Körper eingeschlossen sind; nur ist dieser Vorgang komplizierter geregelt als die Kommunikation von Engeln. Gott schafft den menschlichen Empfängern von Mitteilungen nicht jedes Mal *ad hoc* die vom Sender gewünschte Vorstellung ein, sondern erlässt die allgemeine Regel, dass immer dann, wenn im Gehirn eines Menschen eine bestimmte Art von Impression entsteht, im Geist desselben Menschen die zugeordnete Vorstellung erwacht. Nicht der scheinbare Urheber der Impression, also im Fall akustischer Kommunikation der Sprecher, sondern Gott, der die Kommunikation zwischen Menschen geregelt hat, ist die wirkliche Ursache des Erwachens der betreffenden Vorstellung, und zwar genauso, wie er es bei der Kommunikation zwischen Engeln ist; nur hat er beim Menschen schwierigere Bedingungen oder *occasiones* vorgesehen. Hinweise auf die Engelsprache sind damals noch nicht ungewöhnlich; sie bekommt durch das Interesse von Cartesianern an der Sprache neue Aktualität, denn die Engelsprache ist der Modellfall einer Kommunikation, die ohne Zeichen auskommt.

Damit hat Wolff seinen Occasionalismus in wenigen Thesen umrissen.

1. Der menschliche Geist ist ein Geschöpf Gottes und hängt von ihm genauso ab wie von uns erdachte Dinge von uns – sie sind dahin, wenn wir sie nicht mehr denken.

2. Unser Geist kann nur deshalb denken und zugleich wissen, dass er denkt, weil es Gott so will.
3. »Transeunt wirken« bedeutet bei Menschen lediglich, dass auf ihren Willensakt hin die von ihnen gewünschte Wirkung eintritt; die wirkliche Ursache davon ist aber nicht der Mensch, sondern Gott. Dieser handelt aufgrund von allgemeinen Wenn-Dann-Regeln oder Gesetzen, in denen die Bedingung oder *occasio* festgelegt ist, auf die hin ein Ereignis eintritt. Immer dann, wenn diese Bedingung erfüllt ist, tritt das mit ihr verbundene Ereignis durch Gottes Willen ein.
4. Menschliche Kommunikation ist eine von Menschen ausgelöste Wirkung Gottes. Dass im Fall akustischer Kommunikation im Gehirn des Hörers die Impression eines von einer Sprachgemeinschaft akzeptierten Wortlauts entsteht, ist die von Gott eingesetzte Bedingung dafür, dass im Geist des Hörers die mit dieser Impression verbundene Vorstellung erscheint. Grob ausgedrückt: Die Impression gibt Gott die Information, mit welcher Perzeption er den Geist des Hörers im nächsten Augenblick neu zu erschaffen hat. Wolffs Formulierung »unmittelbare Einwirkung auf einen anderen« (*immediate in alterum agere*) bedeutet also nur: Die gewünschte Wirkung tritt unmittelbar dann ein, wenn die von Gott festgelegte Bedingung erfüllt ist; weitere Maßnahmen von Geschöpfen sind weder erforderlich noch erfolgreich.
5. Was als Bedingung für eine Wirkung fungieren soll, legt Gott in Freiheit fest. Bei Engeln hat er als Bedingung dafür, dass zwischen ihnen Kommunikation zustande kommt, den bloßen Willen zur Kommunikation festgelegt. Bei menschlichen Geistern sieht er umständlichere Bedingungen vor.

■ *Deutsche Occasionalisten.* – Der cartesianische Occasionalismus ist in den Niederlanden und in Frankreich entstanden. Auch in Deutschland vertraten in der zweiten Hälfte des 17. Jahrhunderts nicht wenige Autoren occasionalistische Positionen; an einige davon erinnere ich in der folgenden Skizze. Deutsche Calvinisten, die sich an niederländischen Universitäten cartesianischen Zirkeln anschlossen, brachten den dortigen Occasionalismus bei ihrer Rückkehr nach Deutschland sozusagen im Gepäck mit. Vor allem bei Lutheranern gab es aber eine andere Art von Occasionalismus, die weniger auf Anregungen Descartes' als auf theologischen Überlieferungen zur Allmacht und universellen Tätigkeit Gottes beruhte. Behauptungen von Occasionalisten, nach denen Gott die unmittelbare Ursache aller oder beinahe aller Ereignisse ist, wirken auf heutige Beobachter fremdartiger als auf Leser des 17. Jahrhunderts, denen die Lehre von der Erhaltung der Welt durch Gott (*conservatio mundi*) sowie von seiner Mitwirkung bei allen geschöpflichen Tätigkeiten (*concursus divinus*) noch vertraut war. Die Meinungen von Occasionalisten über die geschöpfliche Ohnmacht des Menschen sind extremer als die von Vertretern des *concursus divinus*, die Geschöpfen immerhin eine mitursächliche Beteiligung an der Hervorbringung vieler Wirkungen zugestehen. Für Occasionalisten gehen dagegen alle Wirkungen völlig auf Gott zurück, weil Geschöpfe in der Regel nur die Bedingung hervorbringen können, auf die hin die von ihnen gewünschte Wirkung eintritt.

Autoren, die von Descartes beeindruckt waren, lagen occasionalistische Theorien von Anfang an nahe, weil Descartes die Materie für etwas schlechthin Passives hielt und eine Mechanik ohne Kraftbegriff entwickelte, nach der alle Bewegungen von Körpern auf Gott zurückzuführen waren. Geister konnten allenfalls immanente Wirkungen wie Gedanken und Willensakte hervorbringen, aber wegen der Unvereinbarkeit von Materie und Geist keine wirkursächliche Kausalität auf Körper ausüben. Mithin war eine Kausalitätslücke zu füllen. In Frankreich vertraten den Occasionalismus Autoren wie La Forge, Cordemoy und Malebranche, die heute noch bekannt sind. Die verzweigte Geschichte des deutschen Occasionalismus, dem der junge Wolff in *De loquela* zuzurechnen ist, ist noch nicht gut erforscht. Im 17. Jahrhundert lassen sich anscheinend vor allem zwei Richtungen unterscheiden, nämlich eine cartesianisch geprägte Gruppe reformierter Autoren und eine Anzahl lutherischer Philosophen und Theologen, von denen einige ihre Ausbildung in Jena erhalten hatten. Die Verbindungen zwischen niederländischen und deutschen Reformierten waren sehr eng; occasionalistische Autoren wirkten teils in den Niederlanden und teils in calvinistischen Territorien des Reichs; ihre Zuordnung zu der einen oder anderen Gesellschaft ist manchmal nicht einfach. Dass eine dieser Philosophien als occasionalistisch zu klassifizieren ist, geht manchmal deutlicher aus den theologischen als aus den philosophischen Schriften des Autors hervor, obgleich die Abneigung der philosophischen Fakultäten gegen den Cartesianismus nicht größer war als die der theologischen.

Der reformierte Philosoph und Theologe Johannes Clauberg bezieht sich zwar auf die Lehre von der Erschaffung und Erhaltung der Welt, setzt aber bei cartesischen Problemstellungen an. Bei ihm gilt nicht mehr wie bei Descartes die Seele, sondern die Wechselwirkung zwischen Körper und Seele als Wesenheit oder Form des Menschen, also nicht mehr eine Substanz, sondern eine Relation. La Forge wandte ein, dass die aktuelle leibseelische Wechselwirkung oft unterbrochen wird, zum Beispiel bei Lethargie, Ekstase oder Meditation, und dass sie deshalb keine dauerhafte Verbindung begründen kann; anstelle der aktuellen Wechselwirkung erklärte er daher die beständige wechselseitige Abhängigkeit von Körper und Seele zur Form des Menschen.[2] Clauberg erwiderte, dass im lebenden Menschen zu fast jedem Zeitpunkt Wechselwirkungen stattfinden, manchmal viele und manchmal wenige, und dass die Verbindung von Seele und Körper erst dann beendet wird, wenn beide Seiten nicht mehr zu-

[2] Clauberg, *Corporis et animae conjunctio* XXV; Schalbr. 229–230, und *La Forge*, Traitté, c. 13; 1666: 198 | 1974: 211.

sammenspielen können, weil der Körper ausfällt.[3] In der Schulphilosophie galten substantielle Formen wie die menschliche Seele als etwas, das sich weder intensivieren noch abschwächen lässt; daraus, dass Claubergs neue Form des Menschen, die aktuelle Wechselwirkung, intensivierbar und abschwächbar ist, könnte man die Folgerung ziehen, dass manche Menschen mehr Mensch als andere sind und dass derselbe Mensch zu verschiedenen Zeiten mehr oder weniger Mensch ist. In der Tat zieht Clauberg den Schluss, »dass nicht alle gleichermaßen für Menschen zu halten sind und dass man von demselben Menschen sagen muss, dass er bald mehr und bald weniger lebt.«[4] Dass diese Theorie zu unangenehmen Konsequenzen führen kann, zeigte sich weniger schnell als eine weitere Misslichkeit. Für Schulphilosophen galt die Seele, die substantielle Form des Menschen, als Ursache seiner Tätigkeiten und Quelle seiner Kraft. Claubergs neuer Ansatz machte es also erforderlich, nach einer neuen Quelle der Kraft zu menschlichen Tätigkeiten zu suchen.

Die Wechselwirkung zwischen Leib und Seele hat zwei Aspekte. Einerseits bewegt sich bei willkürlichen Bewegungen der Körper auf den Wink des Geistes hin, und andererseits veranlassen die Sensorien des Körpers durch Affizierung den Geist zur Bildung von Perzeptionen, Begierden und Abneigungen.[5] Aber nach den Prinzipien cartesianischer Occasionalisten kann weder der Geist die physische Ursache willkürlicher Bewegungen noch der Körper die physische Ursache von Perzeptionen, Begierden und Abneigungen der Seele sein; in beiden Fällen können Körper und Geist höchstens die Ursächlichkeit moralischer Beiursachen ausüben. Eine moralische Ursache ist nicht der physische Urheber ihrer Wirkung, sie stiftet nur die wahre

[3] Clauberg, *Corporis et animae conjunctio* 30; Schalbr. 234, und c. 57, § 2; Schalbr. 261.

[4] Clauberg, *Corporis et animae conjunctio* c. 67, § 19; Schalbr. 272.

[5] Clauberg, *Corporis et animae conjunctio* c. 21, § 16; Schalbr. 225.

Ursache dazu an, die Wirkung hervorzubringen, veranlasst also ein anderes Prinzip dazu, die Arbeit an ihrer Stelle zu tun;[6] vergleichbare Vorstellungen verbindet man heute mit Ausdrücken wie »Schreibtischtäter« oder »Drahtzieher«. Weil eine moralische Ursache an der von ihr gewünschten Wirkung nicht wirkursächlich, sondern nur irgendwie beteiligt ist, gehört sie zu den *causae per accidens* oder Beiursachen, die von der *causa per se* als der wirklichen Ursache zu unterscheiden sind. Sie stehen der von Clauberg mehrmals erwähnten *causa procatarctica* der Mediziner nahe, die die physische Ursache von außen her zu ihrer Wirkung antreibt;[7] wahrscheinlich ist aus dieser Ursachenklasse bei dem Neologismen-freundlichen Mediziner Jean-Baptiste van Helmont die neue Gattung *causa occasionalis* hervorgegangen.[8] Die Frage, zu welchem Zweck bestimmte Veränderungen in den Sensorien mit bestimmten Vorstellungen in der Seele und bestimmte seelische Reize mit bestimmten Bewegungen im Körper verknüpft sind, kann die Vernunft nach Clauberg nicht beantworten, weil solche Verknüpfungen auf keinem Sachzwang, sondern auf Gottes freiem Gutdünken beruhen; hier sind wir auf Erfahrung angewiesen, die uns darüber informiert, wie es Gott *de facto* eingerichtet hat.[9] Clauberg entscheidet sich für eine Annahme mit Konsequenzen für die Wissenschafts-

[6] Clauberg, *Ontosophia* c. 15, § 258; Schalbr. 326.

[7] Clauberg, *Logica contracta*, Causae et Effecta § 58; 917: »[…] causa procatarctica (äusserlich zum werk anreitzende […])«.

[8] S. Vf., *Commercium mentis et corporis*; 165–172.

[9] Clauberg, *Exercitationes Cartesianae*, ex. 91; Schalbr. 753–755: »*De nexu qui est inter mentem humanam et corpus, et inter functiones utriusque.*« – Clauberg, *Corporis et animae conjunctio* c. 14, § 8; Schalbr. 219: »Daher darf man nicht fragen, weshalb bestimmte Gedanken in der Seele auf bestimmte Bewegungen im Körper folgen oder in welchem Sinn Bewegungen von Animalgeistern vom Willen der Seele abhängen. Denn dies ist nicht aufgrund irgend einer Naturnotwendigkeit oder inneren Verwandtschaft der Fall, wie sie die meisten hier fordern, sondern nur deshalb, weil es Gott der Schöpfer so will.«

praxis, denn sie schränkt den Theorie-Spielraum dadurch ein, dass sie eine Gruppe von Hypothesen *a limine* ausschließt. Zur Erläuterung wählt Clauberg das Kugelbeispiel. Der Grund dafür, dass eine Kugel A in Bewegung gerät, wenn eine Kugel B auf sie aufprallt, und dass B sich danach langsamer bewegt als vorher, ist Gottes freier Beschluss, dass immer dann, wenn zwei Kugeln aufeinanderprallen, die eine einen Teil ihrer Bewegung an die andere abgibt. Im Fall von Lehrern hat Gott etwas ganz anderes beschlossen, denn dadurch, dass sie Schülern ihr Wissen mitteilen, erleiden sie selber keinen Wissensverlust.[10] Hier tritt einem überlieferten Kausalverständnis, nach dem zwischen Ursache und Wirkung eine innere Verwandtschaft besteht (die Wirkung geht aus der Ursache hervor wie ein Kind aus der Mutter) ein ebenfalls überliefertes Kausalverständnis entgegen, nach dem die Verknüpfung von Ereignissen auf bloßem Gutdünken Gottes beruht; kausalen Abfolgen liegen keine natürlichen Ähnlichkeiten oder Notwendigkeiten zugrunde (»A *propter* B«), sondern lediglich von Gott nach Gutdünken erlassene Regeln für die zeitliche Abfolge von Ereignissen (»A *post* B«). Dass diese Ereignisse tatsächlich eintreten, ist nicht der Tätigkeit des zeitlich früheren A, sondern der situationsgerechten Neuerschaffung der Welt in jedem Augenblick zu danken. Deshalb ist Gott die physische Ursache der akustischen Impressionen und der willkürlichen Bewegungen, deren *causa moralis* die Seele ist, denn indem er alle Substanzen von Augenblick zu Augenblick neu erschafft, erschafft er zugleich ihre momentanen Eigenschaften und Tätigkeiten. Geschaffene Dinge verhalten sich zu ihm wie unsere Gedankengebilde zu unserem Geist: Sie sind nur so lange da, wie wir sie denken, und wirkliche Dinge sind nur so lange da, wie Gott sie dadurch erschafft, dass er sie denkt.[11] Leibniz wird gegen solche Argumente einwenden, dass sie dem Willen Gottes

[10] Clauberg, *Corporis et animae conjunctio* c. 14, § 11; Schalbr. 220.

[11] Clauberg, *Exercitationes de cognitione Dei et nostri*, ex. 28, § 5; Schalbr. 644. – Auch ebd., ex. 28, § 12; Schalbr. 645.

auf Kosten der göttlichen Vernunft zu viel Raum zugestehen; Gott handelte irrational, wenn er allein aufgrund von Gutdünken und ohne hinreichende Vernunftgründe tätig würde.

Die hier zu erwähnenden lutherischen Occasionalisten sind keine Cartesianer, obgleich sie viele Anregungen von Cartesianern übernehmen; sie stehen auch nicht in enger Beziehung zu den Niederlanden. Weigel und Hamberger sind keine Theologen, aber besonders Weigel, der in vieler Hinsicht Autodidakt war, äußert sich gern zu theologischen Themen. Auch er geht davon aus, dass Erhaltung der Welt und *creatio continua* dasselbe sind. Weil Gott die Welt von Augenblick zu Augenblick neu erschafft, besteht sie aus unzähligen aufeinander folgenden Malen (*vices*), von denen man gleichermaßen behaupten kann, dass sie sind und nicht sind; so wird die Welt infinitesimalisiert. Eins ihrer beiden Wesensprinzipien, das Nichtsein oder Nichts, ist determinierbar und übernimmt die Rolle der Materie; diese kommt als Prinzip der Begrenztheit bei allen endlichen Wesen vor, auch bei den Engeln.[12] Ihr zweites Prinzip, das Sein, ist determinierend und übernimmt die Rolle der Form (Verwirklichung). Geschöpfe verfügen nur über wenig Form, aber schon das verschafft ihnen einen Anteil an der Fülle des Wirklichen, der im Vergleich zur unendlichen Wesenheit Gottes zwar klein ist, aber immerhin bewirkt, dass Geschöpfe nicht Nichts, sondern mehr als Nichts sind (»>0«). Ihre Wesenheiten sind von der Wesenheit Gottes unendlich verschieden, bleiben aber stets dieselben,[13] denn sie bestehen ähnlich wie mathematische Reihen aus allen aufeinanderfolgenden vergangenen, gegenwärtigen und zukünftigen Malen ihrer Existenz, die wie die Punkte einer Linie kontinuierlich miteinander verbunden sind;[14] das erinnert an Vorstellungen

[12] S. dazu Leibniz in: Gerhardt, Briefwechsel zwischen Leibniz und Wolff, Brief 8 vom 9. November 1705; 43–44.

[13] Weigel, *De corpore divini numinis* c. 1, § 20; 9.

[14] Weigel, *De corpore divini numinis* c. 2, § 24; 25–26.

von Weigels Hörer Leibniz. Obwohl Gott alle leidenden und tätigen Dinge mitsamt ihren Tätigkeiten und Erleidungen in jedem Augenblick von neuem erschafft, kann man der Meinung sein, dass einige Geschöpfe etwas tun; weil aber Gott es ist, der ihr Tun zusammen mit ihren Substanzen in jedem Augenblick von neuem erschafft, tun sie zugleich auch nichts. Für Gottes Kraft verwendet Weigel das Wort »Wirkkraft« (*efficacia*), während er die Kraft der Geschöpfe als Wirksamkeit (*effectivitas*) bezeichnet.[15] Um beidem gerecht zu werden, verzichtet er bei der Definition von Ursache und Wirkung auf die Bestimmung der wirklichen Urheberschaft: Eine Ursache ist dasjenige, welches einem anderem Ding Sein zufließen lässt, und eine Wirkung ist dasjenige, dem dieses Sein zugute kommt.[16] In Wirklichkeit ist die Wirksamkeit der Geschöpfe aber nur erborgt, sozusagen ein Kredit Gottes; weil dieser oft zusammen mit den Zinsen schnell verbraucht ist, füllt Gott ihn wieder auf, solange er mag.[17] Geschöpfe beantragen Kredite Gottes durch bestimmte Zustände und Tätigkeiten, die Weigel als kausale Mittel (*media causalia;* üblich wäre: *causae* mediae, vermittelnde Ursachen) bezeichnet; bei anderen Autoren heißen sie *occasiones* oder Bedingungen. Einen notwendigen kausalen Nexus zwischen Ursachen und Wirkungen gibt es nicht, vielmehr hat Gott in Freiheit bestimmte *media* als Signale eingesetzt, mit denen Geschöpfe göttliche Tätigkeiten auslösen können;[18] die Wirkung tritt in solchen Fällen nicht durch die Geschöpfe, sondern nur anlässlich ihrer ein; unsere Wirksamkeit reicht immerhin dazu aus, die richtigen Mittel zur Auslösung göttlicher Wirkungen einzusetzen.[19] Ob wir

[15] Weigel, *Philosophia mathematica* s. 1, def. 7, §8; 58.

[16] Weigel, *Philosophia mathematica* s. 1, def. 10; 77.

[17] Weigel, *De corpore divini numinis* c. 1, §. 21; 9.

[18] Weigel, *Philosophia mathematica* s. 1, def. 7, §8; 57–58.

[19] Weigel, *Philosophia mathematica* s. 1, def. 7, corollar. universale, schol. §1; 52.

solche Mittel finden, hängt von uns und unseren Anstrengungen ab. Das ist ein Hinweis auf die Wichtigkeit mathematischer und mechanischer Forschungen, denn nicht zuletzt von diesem Mittelfinden hängt das Gemeinwohl ab. Im Glücksfall kann man dadurch mechanische Effekte erzielen, mit denen sich das Leben erleichtern und der Wohlstand mehren lässt, und von jemandem, dem das gelingt, sagt man mit Recht, dass er etwas vollbracht hat, wenngleich nicht aus eigener Kraft.[20]

Weigels Nachfolger Georg Albrecht Hamberger, der Wolff zu seinem occasionalistischen Versuch anregte, studierte bei Sturm in Altdorf; nach Weigels Emeritierung übernahm er dessen Lehrstuhl für Mathematik und Physik. Dass er Weigel nahestand, zeigen unter anderem seine Anspielungen auf die Göttliche Weisheit: Die Prinzipien der Vernunft sind Gebote der Göttlichen Weisheit, die uns, sooft wir nachdenken, zu ihren Spielgefährten macht; und die Wahrheit ist ein Diktat dieser Spielgefährtin.[21] Hamberger erwähnt Weigel mit achtungsvollen Formulierungen: *Laudatissimus Weigelius* hat in seiner Philosophie die mathematische Methode hervorragend dargeboten, er ist der Archimedes unserer Zeit und verfügt über reiche Erfahrung in der Kunst der Wahrheitsfindung.[22] Doch wird Weigels Occasionalismus in Hambergers mir bekannten Schriften nicht fortgeführt; sie rühmen zwar die Weisheit des Schöpfers, zum Beispiel mit dem Argument, er habe die Erde so weise erschaffen, dass sie grundsätzlich alle lebenden, verstorbenen und zukünftigen Menschen zugleich ernähren könne.[23] Auch übernimmt Hamberger Weigels Neigung zu speziellen Gottesbeweisen, denn er entwickelt einen

[20] Weigel, *Philosophia mathematica* s. 2, memb. 3, 4; 146–147.

[21] Hamberger, *De usu matheseos* § 1, s. p. (1. Seite des Paragraphen).

[22] Hamberger, *De usu matheseos* § 3; s. p. (1. und 2. Seite des Paragraphen). – *De usu matheseos* § 6; s. p. (2. Seite des Paragraphen). – *De methodo acquirendi virtutem*(, Vorrede).

[23] Hamberger, *De usu matheseos* § 18; s. p. (1. Seite des Paragraphen).

Beweis von Gottes Existenz aufgrund der Physiologie des menschlichen Herzens.[24] Allenfalls der Hinweis darauf, dass der Schöpfer seine Geschöpfe, die sich nicht selbst hervorbringen können, in jedem Moment im Sein erhält beziehungsweise von neuem erschafft, weckt Erinnerungen an Weigels Occasionalismus, der die Bestimmung »von Moment zu Moment« hervorhob.[25] Doch muss Hamberger zumindest in seinen Vorlesungen occasionalistische Positionen vertreten haben, wie unter anderem Wolff bezeugt, denn er schreibt, dass niemals ein Protestant dem zu Lebzeiten berühmten Jenenser Professor Hamberger Schwierigkeiten gemacht habe, weil er in seinen physikalischen Vorlesungen das System der Gelegenheitsursachen erklärte und verteidigte.[26]

Der vollständigste mir bekannte Occasionalismus-Entwurf Jenenser Schule stammt von Johann Christoph Sturm,[27] der in Altdorf lehrte, aber in Jena ausgebildet wurde; er kennt die einschlägige Literatur und beruft sich auch auf französische Autoren wie Cordemoy, Malebranche und Poiret.[28] Manche seiner Äußerungen erinnern an die *Physica christiana* oder *moysaica*,[29] die die These von der Ohnmacht der Geschöpfe für die zentrale Botschaft des Alten und des Neuen Testa-

[24] Hamberger, *De Deo ex inspectione cordis demonstrato*; 28.

[25] Hamberger, *De Deo ex inspectione cordis demonstrato*; 36: »Man wird Gott nicht nur als den Erfinder und Urheber unserer Maschine anerkennen müssen, vielmehr kann man, weil sich deren flüchtige Substanz in jedem Moment als höchst wiederherstellungsbedürftig erweist, niemand anderen als deren Erhalter und hochmächtigen Urheber anerkennen.«

[26] Christian Wolff, *Horae subsecivae marburgenses* I, Trimestre vernale I, §10; 210–211.

[27] Zu Sturms Biographie s. Albrecht, Eklektik; 309–321. – Zu Sturms Eklektizismus s. ebd.; 322–331. – Zur Entwicklung seiner Physiken s. ebd.; 332–357.

[28] Ich zähle in der *Physica electiva* 18 Nennungen von Cordemoy, 3 von Malebranche und 8 von Poiret.

[29] S. Vf., *Commercium mentis et corporis*; 157–161.

mentes hielt, auch steht er dem Cartesianismus nicht ferne,[30] vermeidet aber den Bruch mit der Schulphilosophie, von der er alles übernimmt und notfalls umdeutet, was er für akzeptabel hält. Sein Occasionalismus orientiert sich stärker an der Welterhaltungslehre der Theologen als an Problemen der cartesischen Leib-Seele-Lehre. Eher beiläufig erwähnt er seinen Lehrer Weigel: Ähnliches wälzt »*Weigelius noster*« schon lange in seinem Haupt und schärft es auch anderen ein; wenn man zum Beispiel mit der Hand eine Feder bewegt, um zu schreiben, dann tut man selbst und tut die Hand in Wirklichkeit nichts, denn Gott bewegt zugleich den Schreibenden und seine Feder.[31] Denn ein Körper, der einen anderen Körper bewegt, bekommt seine Bewegung mitsamt deren Auswirkungen letztlich von Gott; außer Gottes Wirkkraft, die bei Sturm wie bei Weigel »*efficacia*« heißt, gibt es in der Natur kein wirklich aktives Prinzip, vielmehr ist Gottes freier und mächtiger Wille die Wirkursache aller Ortsbewegungen.[32] In Übereinstimmung mit den biblischen Ermahnungen des Heiligen Geistes müssen daher nach Sturm auch die Philosophen bekennen, dass die Körperwelt mit allen ihren Teilen und Teilchen Wirkungen nicht hervorbringen, sondern nur erleiden kann.[33] Dann aber stellt sich die Frage, ob Geschöpfe überhaupt etwas tun, und wenn ja, was sie tun können und wie sie es tun. Zunächst liegt kein Widerspruch darin, dass Gott mit seiner Kraft und seinem Willen alles bewegt, dass aber trotzdem auch Geschöpfe einander bewegen; nur darf man nicht vergessen, dass Körper nur deshalb bewegen und Wir-

[30] Dazu Sturms *De Cartesianis et Cartesianismo brevis dissertatio*, verteidigt 1677 in Altdorf.

[31] Sturm, *Physica electiva* l. 1, s. 1, c. 4, II, 8; 139.

[32] Sturm, *De brutorum actionibus* § 1; 3: »Dass alles in dieser Welt von Gott bewegt wird, erkannten nicht nur moderne Physiker, sondern auch einige der ganz alten als zutreffend an. Auch uns gebietet die Vernunft, nicht anders zu denken.«

[33] Sturm, *Physica electiva* l. 1, s. 1, c. 4, IV, 8; 169.

kungen haben können, weil etwas anderes sie selbst bewegt. Auch wenn sie tätig sind, sind sie in Wirklichkeit leidend. Nur Gott bewirkt und bewegt, ohne selbst bewegt zu werden; nur er ist tätig, und seine Willensakte, Befehle und Gebote sind unendlich wirkungsvoll.[34] Trotzdem vertreten Christen in der Regel die Lehre von Gottes *Concursus*, nach der Geschöpfe aus eigener Kraft wirken können, obgleich ihre Kraft zur Fertigstellung der Wirkung nie ausreicht; deswegen schießt ihnen Gott nach Meinung der *Concursus*-Anhänger soviel Kraft zu, wie zur Vollendung der jeweils gewünschten Wirkung nötig ist. Sturm hält allerdings schon die Bezeichnung »*Concursus*« für unangemessen, weil sie den Anschein erweckt, dass bei geschöpflichen Wirkungen mehrere Beteiligte nebeneinander tätig sind.[35] Gott gilt zwar als das allgemeine Prinzip aller natürlichen Wirkungen, lässt aber, wie die *Concursus*-Anhänger meinen, zugleich geschaffene Unterprinzipien als Mitursachen zu.[36] Sie behaupten, dass Geschöpfe an ihren Wirkungen mit eigener Kraft beteiligt sind, doch kann man schwer begreifen, wieso sie Gott mit ihrer unzureichenden Kraft an Wirkungen teilhaben lässt, die er genauso gut allein erbringen könnte. Ferner ist schwer zu verstehen, wieso die unzulängliche Bemühung eines Geschöpfs mit Gottes mächtigem Handeln zu einer einzigen Handlung verschmelzen soll. Wenn ein kleiner Junge versucht, mit seiner Feder etwas zu schreiben, und wenn der Lehrer ihm dabei die Hand führt, weil es der Junge allein noch nicht kann, dann haben zwar beide die Absicht, dasselbe zu schreiben, auch fließt die Hilfe des Lehrers sozusagen in das Tun des Jungen ein, aber trotzdem bleiben beider Tätigkeiten voneinander verschieden – die eine ist zaghaft, die andere zielstrebig und sicher. Mithin verweigert die Concursuslehre Gott die Ehre, die ihm als alleiniger

[34] Sturm, *Physica electiva* l. 1, s. 1, c. 4, IV, 6; 165.
[35] Sturm, *Physicae electivae generalis usus* a. 3, 6; 847.
[36] Sturm, *Idolum naturae* c. 4, § 13; 39.

Ursache zusteht.[37] Dagegen kann man leicht verstehen, dass in Wirklichkeit Gott allein alles das bewirkt, was die Natur angeblich mit ihm zusammen bewirkt. Er hat die Materie erschaffen und in Bewegung versetzt, die Bewegung nach Naturgesetzen über die Einzelkörper verteilt und schließlich verfügt, dass Körper ihren Bewegungszustand beim Zusammenstoß mit anderen Körpern so verändern, wie die Gesetze der Bewegung es erfordern.[38] Bei vernünftigen Wesen ist die Lage komplizierter. Sie sind zwar Urheber ihrer immanenten Willensakte, aber deren Wirkung reicht über die Grenzen der eigenen Seele nicht hinaus. Nur wer sich selbst nicht kennt, kann glauben, sein Wille sei die wahre Ursache von Bewegungen seines Körpers und deren Folgen. Wir wissen nur, dass willkürliche Bewegungen auf unser Wollen hin erfolgen, und sind zunächst nicht sicher, ob unser Wille oder ob Gott ihre Wirkursache ist.[39] Bei näherer Überlegung erkennen wir aber, dass wir sie einem mächtigeren Willen zuschreiben müssen und dass unser eigener Wille zu bestimmten Bewegungen nur als *occasio* und Bedingung dafür dient, dass Gott die von uns gewünschten Tätigkeiten vollbringt, denn er akzeptiert unsere Willensakte als Bedingung dafür, dass er tut, was wir wollen.[40] Wer das erkennt, versteht, was Konstrukteure von Maschinen leisten: Ihre Willensakte sind nicht wahre Wirkursachen, sondern *occasiones* und Bedingungen dafür, dass ihre Maschinen sich kraft eines mächtigeren Willens in der von ihnen erdachten Weise bewegen. Solche Einsichten müssen unser Selbstvertrauen aber nicht schmälern, denn weil unsere Willensakte Bedingungen und *occasiones* unserer willkürlichen Bewegungen sind, bleibt immer etwas übrig, das wir uns

[37] Sturm, *Physica electiva* l. 1, s. 1, c. 4, IV, 7; 166–167.

[38] Sturm, *Idolum naturae* c. 4, § 14; 39–40.

[39] Sturm, *Physica electiva* l. 1, s. 1, c. 4, IV, 10; 172.

[40] Sturm, *Theosophia* c. 2, observ., consect. 2; 30–31. – Sturm, Physica electiva, Physicae electivae generalis usus a. 3, V; 845.

selbst zuschreiben können.[41] Leibniz argumentiert dagegen, dass dann, wenn es keine natürlichen Wirkursachen gäbe, nur übernatürliche Phänomene übrig blieben, und dadurch verwandelten sich alle Ereignisse, die die Physik behandelt, in Wunder. Dieser Einwand war möglich, weil die Bedeutung von »natürlich« und »übernatürlich« sich inzwischen von »vom Schöpfungsgesetz erfordert« hin zu »von geschöpflichen Ursachen hervorgebracht« verschoben hatte. In seiner Kritik an Wolffs *De Loquela* schreibt Leibniz, dass jemand, der deutliche Begriffe hat, bei der Erklärung der Wechselwirkung zwischen Leib und Seele genau so wenig ein Eingreifen Gottes unterstellen muss wie bei der Erklärung der Wechselwirkung zwischen Körpern, denn er kann beides erklären, ohne auf göttliche Wunder zurückzugreifen. Daher mache Wolffs *Disquisitio* im Grunde nur klar, dass man in Jena und Leipzig das Leibnizsche System der prästabilierten Harmonie noch nicht zur Kenntnis genommen hat.[42] Leibniz bedauert, dass Wolff in *De loquela* wie Sturm die Meinung Malebranches und weiterer Neocartesianer über die Gelegenheitsursachen vertritt, obwohl er, Leibniz, in französischen Zeitschriften, die in Paris und Holland erschienen sind,[43] schon lange eine Gegenmeinung vorgelegt hat.

[41] Sturm, *Theosophia*, c.3, prop. 4; 42–43. – Physica electiva l. 1, s.1, c.4, V, 4; 194.

[42] Wolff, Briefwechsel zwischen Leibniz und Wolff, Brief 6 vom 20. August 1705; 32.

[43] Leibniz spricht vom *Journal des Sçavans* und von der *Histoire des ouvrages des savants*.

§13

Bei Menschen bewirkt nicht wie bei Engeln bereits der bloße Wille zu kommunizieren die Kommunikation

8|252–253 ▷ S. 309

§13 Durch das bisher Gesagte wird klar, dass ein Geist nur dann auf einen anderen Geist einwirken kann, wenn Gott will, dass auf den Willen des ersten hin im zweiten Gedanken entstehen, die den Gedanken des ersten entsprechen. Daher müssen wir nun herauszufinden versuchen, was Gott in Hinsicht auf menschliche Geister will. Wir können den göttlichen Willen auf dreierlei Weise erkennen: Entweder leiten wir ihn *a priori* aus der Natur Gottes und der geschaffenen Dinge her, oder wir ermitteln ihn *a posteriori* aus seinen Wirkungen, oder wir erkennen ihn durch übernatürliche Offenbarung. Der erste Fall ist gegeben, wenn Gott etwas infolge der Vollkommenheiten will, die wir in ihm begreifen: Wenn das Gegenteil von etwas damit nicht vereinbar wäre, kann er es unmöglich wollen. Der zweite Fall liegt immer vor, gleichgültig, ob Gott etwas notwendigerweise (also aus dem soeben beschriebenen Grund) oder nicht notwendigerweise will. Der dritte tritt schließlich ein, wenn Gott etwas nicht notwendigerweise will, das heißt, wenn er unbeschadet der Vollkommenheiten, die wir in ihm begreifen, auch das Gegenteil wollen könnte. Welcher von diesen Fällen vorliegt, lässt sich öfter im einzelnen sehr schwer bestimmen, denn meistens können wir nicht einmal die Natur geschaffener Dinge ermessen und schon gar nicht die des unendlichen Schöpfers. Daher entscheide ich eingedenk unserer Schwachheit nicht, welcher Fall im Augenblick gegeben ist. Weil wir uns dennoch nicht dessen bewusst sind, dass unsere Gedanken jemals auf unseren Willen hin anderen oder dass die Gedanken anderer jemals auf deren Willen hin uns selbst bekannt geworden sind, schließen wir zwar nicht mit Gewissheit, aber doch mit höchster Wahrscheinlichkeit, dass uns die Gottheit das Vermögen, unmittelbar auf die Seele eines anderen einzuwirken, nicht zugestanden hat. Und dadurch wird klar, dass es eine Formulierung der Einbildungskraft und nicht des reinen Verstandes ist, dass etwas Ähnliches auf etwas Ähnliches einwirken kann, das ihm seiner Natur nach ähnlich ist; ihr Anlass ist die Erfahrung, dass ein Körper einem anderen durch Berührung Bewegung mitteilt.

Aus den letzten Sätzen von §12 geht hervor, dass ein reiner Geist nur deshalb mit anderen reinen Geistern kommunizieren kann, weil Gott beschlossen hat, auf den Willen des ersten Engels hin, der hier als Bedingung oder *occasio* fungiert, in einem zweiten Engel Gedanken entstehen zu lassen, die denen des ersten gleichen. Jetzt ist zu überlegen, welche Bedingung oder *occasio* Gott für das Gelingen zwischenmenschlicher Kommunikation vorgesehen hat. Es gibt drei Möglichkeiten, Gottes Willen herauszufinden. Man kann ihn 1. *a priori* aus dem Wesen Gottes und der Geschöpfe herleiten, ihn 2. *a posteriori* aus Gottes Wirkungen erschließen oder ihn 3. durch Offenbarung erkennen. 1. Daraus, dass Gott unendlich vollkommen ist, kann man a *priori* und ohne weitere Erfahrung schließen, dass er niemals etwas Böses will, denn das widerspräche seinem Wesen. – 2. Daraus, dass Lügen erfahrungsgemäß das Vertrauen zwischen Menschen untergräbt, kann man *a posteriori* schließen, dass Lügen Gottes Willen widerstreitet; dieser lässt sich also *a posteriori* durch Abschätzung der Folgen einer Handlung ermitteln, und zwar unabhängig davon, ob sie mit Notwendigkeit eintritt oder nicht. – 3. Die Offenbarung informiert uns über Gottes Willen dann, wenn er etwas nicht notwendigerweise will, sondern grundsätzlich auch das Gegenteil wollen könnte; zum Beispiel war es nicht notwendig, dass er die Heiligung gerade des Sabbats verlangte. Weil oft schwer zu entscheiden ist, welche der genannten Möglichkeiten gerade in Frage kommt, lässt Wolff diese Frage offen. Sicher ist jedenfalls, dass unseres Wissens Gedanken, die wir haben, noch niemals anderen Menschen auf unser bloßes Wollen hin bekannt geworden sind und dass wir noch nie Gedanken anderer auf deren bloßes Wollen hin erfahren haben. Daraus können wir mit höchster Wahrscheinlichkeit, obgleich nicht mit Gewissheit, den Schluss ziehen, dass Gott uns nicht unter der gleichen Bedingung mit anderen Menschen kommunizieren lässt wie Engel mit anderen Engeln. Wolff begnügt sich mit einem sehr vorläufigen Ergebnis; etwas genauer äußert er sich in § 16, in dem er die Wichtigkeit der Sensorien für die Kommunikation zwischen Menschen erwähnt, aber wirklich genau wird er erst in § 21. Immerhin zeigt sich nach seiner Meinung schon hier, dass nicht der reine Verstand, sondern die Einbildungskraft viele Menschen zu dem Vorurteil verführt hat, Ähnliches könne grundsätzlich auf Ähnliches wirken, zum Beispiel menschliche Seelen auf andere menschliche Seelen; es wurde, glaubt Wolff, vorschnell unter dem Eindruck der Alltagserfahrung gefällt, dass beim Zusammenstoß von Körpern ein Teil der Bewegung von dem einen Körper auf den anderen übergeht. Das ist eine Stellungnahme gegen *propter hoc*-Kausaltheorien, nach denen eine Wirkung aus der Ursache hervorgeht wie ein Kind aus seiner Mutter, und für *post hoc*-Theorien, nach denen Wirkungen bloß zeitlich auf ihre Ursachen folgen, und zwar unabhängig davon, ob beider Naturen einander ähnlich sind oder nicht.

Die Behauptung, dass Ähnliches auf Ähnliches wirken kann, verträgt sich nicht mit Wolffs Überzeugung, dass nicht das Wesen von Agentien, sondern Gottes Wille darüber entscheidet, unter welchen Bedingungen ein Ding auf ein anderes einwirken kann. Vom Gegenteil geht beispielsweise der Grundsatz der aristotelischen Fortpflanzungslehre aus, dass Ähnliches Ähnliches zeugt (»Ein Mensch zeugt einen Menschen«).[1] Ähnlich verfah-

[1] Aristoteles, *Metaphys.* Z 7, 1032 a 25.

ren Richtungen der Medizin, die annehmen, dass man Ähnliches durch Ähnliches heilen kann. Worauf sich Wolff hier bezieht und weshalb er gerade diese These kritisiert, zeigt möglicherweise ein Passus Claubergs:[2] Daraus, dass eine Kugel beim Zusammenstoß mit einer anderen einen Teil ihrer Bewegung verliert, während ein Lehrer, der sein Wissen weitergibt, es unvermindert behält, ergibt sich, dass Ursache-Wirkung-Relationen nicht von der inneren Natur des Tätigen und Leidenden, sondern allein von Gottes Willen abhängen. Einen ähnlichen Passus gibt es bei Cordemoy. Er schreibt im vierten Discours des *Discernement du corps et de l'ame*, dass Menschen, die nicht über sich selbst hinausschauen können, ihren eigenen Willen für die Ursache der Bewegungen halten, die unmittelbar auf ihren Willensakt folgen. Das gleicht (*est semblable*, vielleicht das Stichwort für Wolffs »*simile*«) dem Irrtum, dass Körper einander Bewegung mitteilen können. Personen, die so etwas glauben, nehmen wahr, was mit zwei kollidierenden Körpern passiert, und glauben, der eine sei die Ursache der Fortbewegung des anderen, weil diese unmittelbar auf beider Zusammenstoß folgt. Ebenso bilden sich manche Menschen ein (*s'imaginent*, vielleicht das Stichwort für Wolffs »*imaginatio*«), dass ihr Willensakt die Ursache der Bewegungen ist, die unmittelbar auf ihn folgen, und machen sich nicht klar, dass das nicht zutreffen kann.[3]

§14

Einwirkungen von Körpern auf Körper

9|253 ▷ S. 309

§14 Es ist aber nicht weniger schwierig, sich begreiflich zu machen, wie ein Körper auf einen Körper, als wie ein Geist auf einen Geist einwirkt. Denn da wir an der Materie nichts

[2] Clauberg, *Corporis et animae conjunctio* c. 14, §11; Schalbr. 219.

[3] Cordemoy, *Le discernement du corps et de l'ame* disc. 4; 1668: 103–106 | 1968: 139–140.

als bloße Ausdehnung bemerken und keinerlei Begriff davon haben, wie Bewegung von einem Körper auf den anderen übergeht, müssen wir aus demselben Grund wie oben die Dunkelheit der Materie-Idee mit dem Begriff der Gottheit vertreiben und die natürlichen Gesetze der Bewegung auf einen Willensakt Gottes zurückführen.

Der Paragraph greift ein bei französischen Occasionalisten beliebtes Thema auf, die *distribution des mouvemens* oder Umverteilung der Bewegung. Wenn alle geschöpflichen Wirkungen auf Wenn-Dann-Bestimmungen Gottes beruhen, die Gott nach Gutdünken erlassen hat, sind Einwirkungen eines Körpers auf den anderen nicht leichter zu erklären als Einwirkungen eines Geistes auf den anderen. Descartes' theozentrische Annahme, Gott sei die Ursache aller Bewegungen im Universum, lag übrigens nach der Formulierung mathematisch darstellbarer Naturgesetze nahe. Wer diese befolgen will, muss viel von Mathematik verstehen, aber Körper befolgen bei ihren Bewegungen die Naturgesetze, obgleich sie überhaupt nichts von Mathematik verstehen. Folglich können sie nicht die Ursachen ihrer eigenen Bewegungen sein. Hier muss ein anderes Prinzip eingreifen, und zwar ein vernünftiges, das von Mathematik und Mechanik so unglaublich viel versteht, dass es alle Bewegungen im Universum koordinieren kann. Es handelt sich sozusagen um einen vorkantischen Versuch, das Problem der synthetischen Urteile *a priori* zu lösen.

§15

Einwirkungen von Geistern auf Körper 9|253 ▷ S. 310

---

§15 Genauso muss man über die Weise urteilen, in der ein Geist auf einen Körper wirkt. Für die Wechselwirkung zwischen Leib und Seele kann es keine andere Ursache geben als den allwirksamen Wink der Gottheit, den wir klar genug *a posteriori* erschließen. Wenn nämlich ein Wink des Geistes aus eigener Kraft so wirksam wäre, dass auf ihn hin Bewegungen des Körpers erfolgen, dann könnte er jederlei Bewegung hervorrufen und wäre nicht auf nur einige beschränkt. Hier kann man nicht sagen, unähnliche Dinge könnten einander durch irgendetwas Vermittelndes so ähnlich werden, dass sie in der Lage sind, aufeinander einzuwirken, denn mit dem Beweis der Nichtigkeit der Behauptung, Ähnliches könne auf Ähnliches wirken, haben wir *eo ipso* auch diesen möglichen Einwand ausgeräumt. Vor allem aber ist es offensichtlich, dass wir nichts gewinnen, wenn wir behaupten, die Animalgeister seien das Vermittelnde, das zwischen Geist und Körper Ähnlichkeit stiftet, denn auch dann bleibt die schwierige Aufgabe zu zeigen, wieso der Geist auf feinste Materie einwirken kann. Und wenn man noch so sehr behauptet, der Geist sei selber feinste Materie (was aufgrund von §3 jedoch abwegig ist), wird man immer noch nicht die Zweifelsfrage los, woher diese Geistpünktchen ihre Bewegung beziehen und wieso diese Bewegung sie dazu befähigt, Animalgeister in Bewegung zu versetzen, kraft §14.

Dass reine Geister, also gute und gefallene Engel, Körper bewegen können, war hergebrachte Überzeugung; diese Fähigkeit ermöglicht es ihnen, durch Scheinleiber menschliche Gestalt oder Tiergestalt anzunehmen, Steine von Gräbern fortzuwälzen, junge Männer auf gefährlichen Reisen schützend zu begleiten oder Menschen zu unkeuschen Handlungen zu verführen.[1] Descartes stellt in den *Principia philosophiae* eine Stellungnahme zu dieser Meinung in Aussicht, kommt aber nicht mehr dazu, sie zu schreiben.[2] In den Streitigkeiten über Zauberei- und Hexenprozesse wird sie kontrovers diskutiert und von Autoren wie Bekker und Thomasius vehement bestritten. La Forge hält es für möglich, dass abgeschiedene Seelen fremde Körper bewegen können, und malt die technischen Vorteile aus, die sich daraus ergäben.[3] Für Wolff ist das wichtigste Thema die Fähigkeit der Seele zu willkürlichen Bewegungen, ohne die man nicht sprechen kann. Die meisten Bewegungen unseres Organismus (er heißt bei Sturm und Wolff noch *corpus organicum* – es gibt noch nicht viele *ismus*-Substantive) erfolgen unabsichtlich ohne unser Zutun und fallen unter die Bewegung von Körpern durch Körper. Nur Ortsbewegungen der Glieder des eigenen Körpers wie Regungen von Händen und Füßen, Einherschreiten und Bewegungen von Zunge und Mund erfolgen manchmal auf unseren Wink und Willen hin und heißen deshalb willkürliche Bewegungen. Doch gehen auch sie nach Sturm und Wolff auf dieselbe Kraft zurück,[4] die in der kleinen Welt unseres Körpers (im menschlichen Mikrokosmos) unsere unwillkürlichen Bewegungen und zugleich in der großen Welt (im Makrokosmos) die Bewegungen des Universums verursacht.[5]

[1] Vf., *Commercium mentis et corporis*; 12–23, und Vf., Schulphilosophische Meinungen über angenommene Engelleiber. In: Hans-Jürgen Horn (Hrsg.), Jakobs Traum. Zur Bedeutung der Zwischenwelt in der Tradition des Platonismus (Itineraria classica I).

[2] Descartes, *Principia philosophiae* II, § 40; AT VIII 65, 17–19: »[…] ob und auf welche Weise Geister von Menschen oder Engeln Körper bewegen können, untersuchen wir jetzt nicht mehr, sondern heben es uns für die Abhandlung vom Menschen auf.«

[3] La Forge, *Traitté* c. 25: De l'estat de l'Ame apres la mort; 403–413 | 1974: 322–327. S. dort z. B. S. 411–412 | 1974: 327.

[4] Sturm, *Physica electiva* l. 1, s. 1, c. 5, V, 5; 228.

[5] Sturm, *Physica electiva*, Generalis usus a. 5, 8; 858.

Man könnte nun das Urteil erwarten, dass unser Wille aufgrund erfahrbarer Bedingungen nur infolge eines göttlichem Willensaktes willkürliche Bewegungen ausführen kann, aber Wolff geht weiter und erklärt, dass wir Gottes Eingreifen sogar *a posteriori* beweisen können. Wenn der Wille und Wink unseres Geistes tatsächlich willkürliche Bewegungen aus eigener Kraft erzeugen könnte, wäre sein Spielraum nicht auf die wenigen Bewegungsarten beschränkt, derer wir fähig sind. Bei Wolff wie bei Clauberg ergibt sich also die Erkenntnis, dass nicht wir selbst die Wirkursachen unserer willkürlichen Bewegungen sind, schon daraus, dass arthritische Gelenke und Körperteile mit ermüdeten Animalgeistern unserem Willen nicht gehorchen.[6] Sie ergibt sich aber auch daraus, dass wir zwar beliebige willkürliche Bewegungen wollen können, dass aber beispielsweise mit dem Willensakt eines in London wohnenden Menschen »Ich will in zwei Sekunden in Paris sein« nie die erwünschte physische Wirkung verbunden ist.[7]

▒ *Cartesische Menschautomaten.* – Zu seinen Meinungen über Physiologie äußert der junge Wolff sich nur sparsam.[8] Das große Vorbild ist noch Descartes. Er konzipiert seine Leibautomaten unter dem Eindruck der damals in den Parks von Potentaten beliebten hydraulischen Gartenkunstfiguren, die sich in Menschen-, Tier- oder Göttergestalt bewegen und sich auch akustisch bemerkbar machen können.[9] Den Wasserantrieb hydraulischer Figuren ersetzt in Descartes' imaginären Automaten ein Stoff, den man damals noch als feine Flüssigkeit bezeichnet, der aber nach der

[6] Darauf weist auch Clauberg hin; s. *Corporis et animae conjunctio* c. 16, §8; 221.

[7] Sturm, *Theosophia*, c.4, §8; 79.

[8] Dagegen äußert sich Sturm zum Stand der Physiologie; s. *Physica electiva*, l.1, s.1, c.3, IV: *Ἐπίκρισις ἐκλεκτικὴ* circa enarratas hactenus Hypotheses; 94–115.

[9] Zu Einzelheiten s. Karl E. Rothschuh: René Descartes über den Menschen, Heidelberg 1969.

Etablierung des dritten Aggregatzustands zum gasförmigen Körper wird; Descartes bezeichnet ihn mit einem Term der traditionellen Philosophie als Animalgeister (*spiritus animales*). Diese gewinnt der Organismus durch Ausfilterung feinster Teilchen aus dem Blut; sie bestehen aus besonders dünnflüssiger Materie, die Feuer gleicht,[10] und sind Instrumente der vegetativen Seele bei vegetativen und der sensitiven Seele bei sensitiven und motorischen Tätigkeiten. Weil es für Descartes in beiden Fällen gleichermaßen um Funktionen der Körpermaschine geht, verwirft er die Annahme von Lebensgeistern (*spiritus vitales*) und spricht nur noch von Animalgeistern (*esprits animaux*), deutet sie aber nicht mehr als Seeleninstrumente, sondern identifiziert sie mit dem, was früher sensitive und vegetative Seele hieß. Die Vokabel »Lebensgeister« kommt allerdings heute noch in der Umgangssprache vor, während der Ausdruck »Animalgeister« seit langem obsolet ist. Die von diesen beiden Entitäten zu unterscheidende vernünftige Seele, die immateriell ist, hat nach Descartes ihren Hauptsitz in der Zirbeldrüse (*glande pinéale*, *glandula pinealis*), die sich in einer Höhlung des Gehirns befindet. Die Wand dieser Höhlung ist mit feinem Gewebe verkleidet, das viele kleine Öffnungen (*trous*, *pores*) hat; bei diesen handelt es sich um die Einmündungen der Nerven, die in der Nähe der Zirbeldrüse zusammenlaufen.[11] Bei willkürlichen Bewegungen verfährt der menschliche Geist wie ein Brunnenmeister (*fontenier*) in den Parks der Aristokraten, der im

[10] Descartes, *Traité de l'homme*; AT XI 129, 4–5: »[...] ein gewisser sehr feiner Wind oder vielmehr eine sehr lebendige und sehr reine Flamme.«

[11] Descartes, *Traité de l'homme*; AT XI 129, 8–16: »[...] diese kleinen Gewebe, die an der Wandung der Gehirnhöhlen wie Teppiche aufgehängt sind, umgeben eine bestimmte kleine Drüse, die sich ungefähr in der Mitte der Substanz dieses Gehirns befindet, genau am Eingang zu seinen Höhlungen; und sie haben an dieser Stelle eine große Zahl kleiner Öffnungen, durch die die kleinsten Bestandteile des in ihnen enthaltenen Bluts in diese Drüse einfließen können.«

zentralen Verteiler das erforderliche Antriebswasser in die Zuleitungen zu den beweglichen Körperteilen der Kunstfiguren schaltet; auf ähnliche Weise schaltet die vernünftige Seele auf dem Weg über Schlauchleitungen, die die Anatomen als Nerven bezeichnen, Animalgeister in die Muskeln der Körperteile, die sie bewegen möchte.[12] Die Zirbeldrüse ist nicht fest an der Gehirnmasse angewachsen, sondern durch kleine Arterien an ihr befestigt. Sie wiegt sich im Wogen der Animalgeister hin und her wie ein im Kamin an einem Faden aufgehängter Körper, den der Rauch bald hierhin, bald dorthin treibt,[13] denn die Animalgeister, die der Drüse Auftrieb geben, drängen sie bald in diese und bald in jene Richtung. Die Seele kann die Zirbeldrüse, die in Animalgeistern schaukelt wie ein Boot im Wasser, leicht bewegen; sie schiebt Animalgeister in die Nervenendungen der Glieder, die sie bewegen möchte. Auf dem Weg durch die Nerven gelangen diese bis in die Muskeln und blähen sie so auf, dass sie sich verkürzen und dabei die gewünschten Körperteile durch die an ihnen befestigten Sehnen mitziehen. An den unwillkürlichen Bewegungen der Körpermaschine ist die vernünftige Seele dagegen nicht beteiligt; Descartes führt sie auf innerkörperliche Mechanismen zurück, die das Zusammenspiel von Zirbeldrüse, Nervenendungen, Animalgeistern, Muskeln und Sehnen steuern. So werden mit Hilfe der Animalgeisttheorie organische Vorgänge wie Gehen und Schlucken, Greifen und Verdauen mechanisch erklärbar, aber wegen der Grundannahmen Descartes' ist eine zusätzliche Annahme erforderlich. Bei willkürlichen Bewegungen setzt nicht der Geist die Animalgeister in Bewegung, denn das widerspräche dem von Descartes formulierten Naturgesetz von der Erhaltung

[12] Descartes, *Traité de l'homme*; AT XI 130, 12–132, 1.

[13] Descartes, *Traité de l'homme*; AT XI 180, 12–21. Descartes denkt wahrscheinlich an Schweinsblasen, die man zu waschen und im Kamin zum Trocknen aufzuhängen pflegte. Sie waren noch im 20. Jahrhundert zur Aufbewahrung von Pfeifentabak beliebt.

der Gesamtmenge der Bewegung.[14] Um dieses nicht zu verletzen, tendiert Descartes dazu, dem Geist nicht die Erzeugung neuer Bewegung, sondern nur die Änderung der Richtung (*determination*) von in der Zirbeldrüse und den Animalgeistern schon vorhandener Bewegung zuzuschreiben. Wissenschaftler werden sich mit dieser Erklärung nicht lange zufriedengeben, und das ist einer der Gründe für die Entstehung des cartesianischen Occasionalismus. Jedenfalls braucht die Seele nach Descartes, um willkürliche Bewegungen zu veranlassen, weder in der Zirbeldrüse noch in den Animalgeistern neue Bewegung zu erzeugen; sie muss nur dort bereits vorhandene Bewegungen so steuern, dass sie genau auf die gewünschten Nervenausgänge zielen. Später weist Leibniz immer wieder darauf hin, dass auch Richtungsänderungen mechanisch relevant sind (»Steuerungsenergie«).

Cartesianer behaupten, sagt Wolff, dass Körper und Geist schon deswegen nicht aufeinander einwirken können, weil sie einander ganz unähnlich sind. Aber man könnte sie vielleicht durch irgend ein Mittel einander so ähnlich machen, dass sie am Ende doch aufeinander wirken; Wolff entgegnet, diese Vermutung sei schon durch den Nachweis in §13 miterledigt, dass Ähnliches nicht auf Ähnliches wirken kann, aber sie sei auch ohnehin unhaltbar, solange man nicht nachweist, dass der Geist zumindest Animalgeister steuern kann, die zwar besonders feine Materie, aber eben doch Materie sind. Wenn man sogar behauptet, dass die vernünftige Seele auch selbst aus feinster Materie besteht, hat man noch immer nicht die Frage beantwortet, woher denn die winzigen Geistpunkte,[15]

[14] Descartes, *Principia philosophiae* II, §36; AT VIII 61, in marg. 1–5: »*Gott ist die Erstursache der Bewegung und erhält im Universum stets die gleiche Bewegungsmenge.*«

[15] Kleinste Materieteilchen (*minima*) wurden manchmal als physische Punkte bezeichnet; von den in *De loquela* erwähnten Autoren tat das zum Beispiel Lana in *Magisterium naturae et artis*, tr. 1, c. 2, prop. 26; I 33a: »Die einzelnen physischen Minima oder Punkte haben ihre eige-

die die angenommene Geistmaterie zusammensetzen, ihre eigene Bewegung beziehen und wieso sie damit auch die benachbarten Animalgeister in Bewegung setzen können.

Die Meinung, dass die vernünftige Seele aus feinster Materie besteht, wurde nicht nur von Epikureern, sondern auch in Descartes' engster Umgebung vertreten. Sein Freund Cornelius van Hogeland schloss aus dem Verhalten einer bestimmten Art von feiner Materie, die er bei Experimenten mit der Windkugel (*Aeolipile*) beobachtet hatte, auf das Verhalten der Seele im Körper. Nach seiner Meinung ist die von ihm beobachtete fast unkörperlich feine Materie insofern mit der Seele von einer Art, als auch sie jeden anderen Körper durchdringen kann. Sie verbindet sich durch Fermentation mit jeder beliebigen Flüssigkeit, und ebenso könnte auch unsere äußerst feine Seele, solange sie überhaupt etwas ist, zwar nicht notwendigerweise (denn Gott hat unzählige Möglichkeiten, etwas zu erreichen), wohl aber möglicherweise durch die beständigen Fermentationen in Herz und Gehirn vermittelst des Bluts mit dem Körper vereinigt sein. Wenn sie aber mit ihm vereinigt ist und durch das Blut auf ihren Thron (vielleicht die Zirbeldrüse) erhoben wird, regiert und lenkt sie nach Hogeland alle unsere körperlichen und unkörperlichen Handlungen wie eine Königin.[16] Zur Rolle der Animalgeister schreibt Wolffs Bezugsautor Sturm: Die meisten Philosophen lehren heute, dass die Animalgeister zwischen Seele und Organismus vermitteln. Sie sind sehr feine körperliche Aus-

nen Gestalten und örtlichen Ausdehnungen, so wie es sich für etwas Materielles gehört; auch haben sie die gleiche Materie wie ein Körper. Aber ihre Ausdehnung ist so winzig, dass ihr eine wirkliche Abtrennung von Teilen physisch widerstreitet, und deshalb sagt man, dass sie keine physischen Teile haben, obgleich wir sie mit dem Verstand als etwas denken können, das unendlich viele Teile hat.«

[16] Hogeland, *Cogitationes de animae spiritualitate, ac possibili cum corpore unione*; 39–40. – S. dazu den Brief von Prinzessin Elisabeth von der Pfalz an Descartes vom Mai 1647; AT V 48, 4–17.

flüsse (*effluvia*), die aus dem Blut herausgefiltert werden, vom Gehirn aus in den ganzen Körper strömen und dort die Rolle dessen übernehmen, was man früher sensitive Seele nannte. Als Instrumente der Wechselwirkung zwischen Leib und Seele sind sie das Band, das beide zusammenhält. Die Stelle lässt vermuten, dass Sturm an einem Ersatz nicht nur für Descartes' Zirbeldrüsentheorie, sondern auch für Claubergs Annahme interessiert war, die aktuelle Wechselwirkung sei das Band, das Seele und Körper miteinander vereinigt. Nach seiner Meinung kann man inzwischen klar und einfach zeigen, wie die feinen Animalgeister, von denen das Gehirn und die Sensorien erfüllt sind, durch Eindrücke von Außendingen auf die Sinnesorgane in eine Bewegung geraten, die durch die Nerven ins Gehirn, den Sitz der Seele, übertragen wird. Dort affizieren sie den Geist, der mechanisch nicht beeinflussbar ist, auf unerklärliche Weise zu Gedanken und Urteilen über Außendinge.[17] Die Floskel »auf unerklärliche Weise« hält den Platz für Sturms Occasionalismus frei. Hogeland umgeht die Annahme einer solchen Unerklärlichkeit dadurch, dass er praktisch Animalgeister und vernünftige Seele miteinander identifiziert.

§16

Sensorische Körper-Geist-Wirkungen

9|253 ▷ S. 310

§16 Wir folgern ferner a posteriori, dass der Körper vermittelst der Sinnesorgane auf unseren Geist einwirken kann, und zwar im einzelnen durch die Augen beim Licht, durch die Ohren bei Tönen, durch die Zunge beim Geschmack, durch die Nase bei duftenden Körpern und durch Nervenpapillen, die allseits über die Haut verstreut sind, bei Tastbarem.

[17] Sturm, *Physica electiva*, l.1, Appendix primae sectionis; 233.

Der Körper wirkt tatsächlich durch seine Sinnesorgane regelmäßig auf den Geist, mit dem er verbunden ist; er lässt ihn durch die Augen Licht, durch die Ohren Töne, durch die Zunge Geschmäcke, durch die Nase Düfte und durch über die Haut verstreute Nervenpapillen (die in der Ausgabe von 1755 zu Pupillen werden) tastbare Qualitäten perzipieren. Diese Aufzählung soll den Leser auf Wolffs Überlegungen in den Paragraphen 19–22 vorbereiten, in denen überprüft wird, welche unserer Sinnesqualitäten als Zeichen für Gedanken in Frage kommen.

■ *Neue Aspekte von Perzeptionen.* – Wolff äußert sich hier schon etwas genauer über die Bedingung oder *occasio*, die Gott für das Gelingen menschlicher Kommunikation vorgesehen hat: Sie hängt jedenfalls mit den Sensorien zusammen. Äußerungen über den Ablauf von Wahrnehmungen bei Descartes, Wolff und anderen Autoren stammen aus einem vorklassischen Stadium der Naturwissenschaft, das dazu neigte, nur mechanische Wirkungen zuzulassen, weil es noch keine überzeugenden Alternativen gab. Später wird Wolff die Andeutungen dieses Paragraphen präzisieren: Materielle Einwirkungen auf die Sensorien wie Gerüche, Geschmäcke, Laute, Tastvorgänge und visuelle Befunde beruhen auf Korpuskelbewegungen, die die Sensorien affizieren und auch auf das Gehirn einwirken, weil sie nach ihrer Reise durch die Nerven in der weichen Gehirnmasse Eindrücke (Impressionen) hinterlassen, mit denen das Erscheinen einer Perzeption im Geist naturgesetzlich verknüpft ist. Diese Perzeption entsteht gleichzeitig mit der betreffenden Impression und wird als Sinneswahrnehmung bezeichnet. Die Bedingung oder *occasio* dafür, dass im Geist eine bestimmte Perzeption entsteht, ist also das Vorhandensein einer bestimmten Impression oder *species* im Gehirn. Exemplarische Darstellungen der Vorgänge sowohl bei willkürlichen Bewegungen als auch bei unterschiedlichen Sinneswahrnehmungen findet man bei Descartes im *Traité de l'Homme*, in der Dioptrik, in den *Principia Philosophiae* und in den *Passions de l'ame*;[1] auch in der Korrespondenz gibt es zahlreiche Hinweise, die zeigen, dass Perzeptionen in der Seele mit Korpuskelbewegungen im Organismus zusammenhängen. Bei diesen führt Descartes eine Unterscheidung ein, die stärker vom Stand der Messtechnik abhängt, als man damals vermutete: Einige Perzeptionen, nämlich Perzeptionen von Gestalt, Größe und Bewegung, lassen sich messen, rücken dadurch ins Licht der Mathematik und werden als klare (*clarae*) Perzeptionen bezeichnet; andere, zum Beispiel Farben und Geschmäcke, lassen sich nicht messen und werden als verworrene (*confusae*) Perzeptionen bezeichnet. Für Wärme, mit der es die Medizin bei alltäglichen Phänomenen wie Fiebern zu tun hat, künden sich schon damals vielversprechende Messverfahren an, obgleich sich die Bestimmung von Festpunkten als Problem erweist. Verworrene Wahrnehmungen sind den korpuskularen Vorgängen, die sie veranlassen, genau so wenig ähnlich wie die sie bezeichnenden Wörter. ›Rot‹ geht irgendwie auf einen Zustand von Korpuskeln auf der Oberfläche von Körpern zurück, über den die Wahrnehmung ›Rot‹ nichts Näheres mitteilt; deswegen täuschte sie Aristoteliker und einfache Leute über die wirkliche Beschaffenheit wahrnehmbarer Eigenschaften. ›Rot‹ ist nämlich als solches gar nicht in den Dingen, sondern nur in unserer Sinnlichkeit; diese Meinung dürfte bei der Entstehung neuzeitlicher Subjekttheorien eine nicht geringe Rolle gespielt haben. Perzeptionen der ersten Gruppe stellen dagegen ihren Gegenstand so dar, wie er ist – die Perzeption ›Dreieck‹ etwas an sich Dreieckiges und die Perzeption ›Ortsbewegung‹ das wirkliche Wandern eines Körpers von einem Ort zum anderen. Dass verworrene Ideen dem, was sie repräsentieren, keineswegs gleichen, ist übrigens für den Menschen letztlich von Vorteil. Sie verfol-

[1] *Traité de l'homme*; AT XI, 128–192. – *La Dioptrique*; AT VI 81–228. – *Principia philosophiae* IV, §§ 189–201; AT VIII 315–325. – *Les passions de l'ame* I, §§ 11–26; AT XI 335–339.

gen nicht den Zweck, korpuskulare Vorgänge exakt abzubilden, sondern nur den, die Vereinigung von Leib und Seele zu stabilisieren, denn sie bestehen aus leicht verständlichen Signalen für komplizierte korpuskulare Vorgänge, die uns nützen oder schaden können. Ihre Einsetzung durch Gott hat einen guten Sinn. Hätte Gott Adam komplexe physikalische Daten, die er gar nicht verstand, statt einfacher Signale wahrnehmen lassen, dann wäre die menschliche Gattung schon kurz nach ihrer Entstehung ausgestorben. Nun aber schicken die Sinne vor dem Genuss verdorbener Speisen ein unmittelbar verständliches Sinnessignal wie »widerlich riechend« oder »widerlich anzusehen« an den hungrigen Adam, und das erspart ihm die Mühe, vor seiner ersten Mahlzeit Mechanik zu studieren und Untersuchungen über die Wirkungen der Materieteilchen anzustellen, aus denen seine Speise besteht. Sinnessignale leuchten aufgrund einer gütigen Entscheidung des Schöpfers genau dann in der Seele auf, wenn der Körper akut oder auf lange Sicht gefährdet ist oder wenn ihm etwas guttut, zum Beispiel das Signal ›Verbrennungsschmerz‹, wenn ihn schnell bewegte spitze Korpuskeln beschädigen, oder das Signal ›wohlschmeckend‹, wenn er gesunde Früchte isst. Beide Arten von Signalen hat Gott mit der gleichen Freiheit eingesetzt, mit der der Stifter einer Sprache Wörter einsetzt, die ebenfalls den Dingen, die sie repräsentieren, fast immer unähnlich sind. Verworrene Perzeptionen dienen also nicht der Erkenntnis von Dingen so, wie sie an sich sind, sondern einer biologischen Pragmatik, die ihnen trotz ihrer Unabbildlichkeit so etwas wie Wahrheit verleiht. Diese Ansichten Descartes' geraten vor allem durch John Locke, der den französischen Cartesianismus sehr gut kannte, in den sogenannten britischen Empirismus, und Descartes' Unterscheidung zwischen klaren und verworrenen Perzeptionen lebt noch heute in den von Boyle und Locke geprägten Ausdrücken »primäre Qualitäten« und »sekundäre Qualitäten« fort.

§17

Die Weise der Vereinigung von Geist und Körper macht Kommunikation zwischen Menschen durch Vermittlung der Sensorien des Körpers erforderlich und möglich

9–10|254 ▷ S. 310

---

§17 Weil also unser Geist auf unseren eigenen Körper und Körper, die mit Hilfe bestimmter Organe mit irgend einem Geist verbunden sind, auf diesen Geist einwirken können, ist es auch evident, unter welcher Bedingung unser Geist auf den Geist eines anderen einwirken kann. Der Geist muss nämlich durch einen Willensakt in dem mit ihm vereinigten Körper bestimmte Bewegungen hervorrufen, bei denen die bewegten Körperteile unmittelbar durch Berührung oder mittelbar vermittelst irgendwelcher Materie, im Körper eines anderen Menschen eine Bewegung hervorrufen, mit der kraft der Artikel des durch göttliche Autorität zwischen Geist und Körper geschlossenen Vertrags eine Perzeption bestimmter Art beständig verbunden ist.

Wenn man das, was §17 mitteilt, vorgreifend auf die Kommunikation durch gesprochene Wörter überträgt, ergibt sich Folgendes: Der menschliche Geist kann auf seinen eigenen Körper so einwirken, dass dieser Sprechbewegungen ausführt, und dadurch kann er mittelbar (durch Vermittlung eines Mediums wie Wasser oder Luft) oder unmittelbar durch leiblichen Kontakt auf andere Körper einwirken, die ebenfalls mit einem Geist verbunden sind. Etwas Gesprochenes gelangt zum Beispiel durch das Medium Luft bis zum Gehör des Angesprochenen und ruft dort eine Bewegung der Animalgeister hervor, die über die Nerven ins Gehirn gelangt und dort eine Wirkung erzeugt, nämlich einen Eindruck. In §21 stellt sich heraus, dass Wolff bei dieser Wirkung an etwas denkt, das Descartes und

La Forge als »*species* / *especes*« bezeichnen, während Cordemoy den heute verständlicheren Ausdruck »*impression*« vorzieht: Die akustische Bewegung hinterlässt im Gehirn einen Abdruck, der mit naturgesetzlicher Sicherheit (*constanter*) das Auftreten einer Perzeption im Geist veranlasst und folglich als Bedingung oder *occasio* für deren Entstehung fungiert. Töne sind Erschütterungen (*ébranlemens*) des Mediums, die sich über das Gehör des Hörers bis ins Gehirn fortpflanzen und dort den akustischen Eindruck erzeugen, der zum Anlass dafür wird, dass im Geist des Hörers die verknüpfte Perzeption erscheint. Auch heutige Leser können verstehen, dass Cordemoy angesichts der Kompliziertheit dieses Vorgangs den Verdacht hegt, dass menschliche Geister ihre Gedanken leichter austauschen könnten, wenn sie keinen Körper hätten.[1] Leibniz ist allerdings anderer Ansicht. Er bemerkt in seiner Kritik an Wolffs *De loquela*, er glaube wie die meisten Kirchenväter, dass Engel keine reinen Geister sind, sondern sich wie alle endlichen Geister nie ganz vom Körper trennen; unter dieser Voraussetzung bereite ihre Sprache jedoch, wie Leibniz befürchtet, der Wissenschaft noch mehr Probleme als schon die Sprache der Menschen.[2]

Der Geist, schreibt Sturm, weiß durch alltägliche Erfahrung, dass er mit einem organischen Körper verbunden ist, der auf seinen Wink hin vielfältige Bewegungen ausführt und andere abbricht. Er weiß außerdem, dass ihn Eindrücke von Außendingen zu Perzeptionen, Urteilen, Gedanken und

[1] Cordemoy, *Discours physique de la parole*; 1668: 142 | 1968: 239–240): »[...] wenn dies so mühsam zu begreifen ist, denn man kennt den erstaunlichen Unterschied zwischen der Natur des Geistes und des Körpers, dann versteht man leicht, dass es zwei Geistern sehr viel leichter fiele, einander ihre Gedanken zu offenbaren, wenn sie nicht mit einem Körper verbunden wären.«

[2] Gerhardt, Briefwechsel zwischen Leibniz und Christian Wolff, Brief vom 20. August 1705; 32.

Leidenschaften veranlassen.[3] Nach Cordemoy setzt zwischenmenschliche Kommunikation die Vereinigung von Körper und Seele voraus, die zwar die unmittelbare Verständigung zwischen menschlichen Geistern verhindert, es aber andererseits ermöglicht, mit Hilfe von Sinnesqualitäten (zum Beispiel von Tönen) zumindest mittelbar Gedanken auszutauschen. Denn Gott hat gewollt, dass bestimmte Affizierungen der Sinne im Gehirn Impressionen bewirken, die stets von den gleichen Perzeptionen des Geistes begleitet werden.[4] Wolff zieht in §21 für diese Veränderungen wie die *Grammaire raisonnée*, Descartes und La Forge den Ausdruck »*espece*« vor, der an die *species sensibiles* der Schulphilosophie erinnert; etwas mehr oder weniger Vergleichbares kann man heute mit dem Ausdruck »Engramm« bezeichnen. Mit natürlichen Phänomenen wie Zucker oder Feuer hat Gott Perzeptionen wie ›süß‹ und ›heiß‹ verknüpft. Darüber hinaus verknüpfen Menschen mit anderen Impressionen, nämlich mit sinnlichen Zeichen, die man Wortlaute nennt, durch Beschluss oder Gewohnheit weitere Perzeptionen; die Auswahl der Wortlaute fällt allerdings in der Regel von Sprachgemeinschaft zu Sprachgemeinschaft anders aus. Solche Verbindungen von Wortlauten und Perzeptionen kann man später wieder trennen, weil sie nicht von Gott, sondern von Menschen eingesetzt wurden; natürliche Verbindungen wie die der Perzeption ›süß‹ mit Zucker sind dagegen unauflöslich. Aber auch die Auflösung von Verbindungen, die nicht auf die Natur, sondern auf Konventionen einer Sprachgemeinschaft zurückgehen, erfordert Mühe, denn weil das Gehirn die Impression des zuerst gelernten Sprachzeichens unmittelbar neben der Impression des ihm zugeordneten Gegenstands speichert, zum Beispiel die Impression des Wortlauts ʃvaːn unmittelbar neben der Impression

[3] Sturm, *Theosophia*, c. 2, observ. 7; 36.

[4] Cordemoy, *Discours physique de la parole*; 1668: 137–138 | 1968: 238).

eines Schwans, hängen beide zusammen.[5] Die Aufgabe, Perzeptionen von Wortlauten zu trennen, stellt sich unter anderem bei Sprachregelungen aufgrund neuer Moden, politischer Vorschriften oder (wie beispielsweise bei der Ersetzung von »Putzfrau« durch »Raumpflegerin«) aufgrund von Sozialhypothesen, aber auch beim Überwechseln von der Muttersprache zu einer Fremdsprache.

■ *Vertrag zwischen Körper und Geist.* – Wolff erwähnt hier den Vertrag zwischen menschlichem Körper und menschlichem Geist. Als Bezugsautoren kommen Clauberg und La Forge in Frage. In der *Conjunctio corporis et animae* von 1664, c.45, §§2–5, zählt Clauberg drei Eigentümlichkeiten der Verbindung von Geist und Körper auf: Die Seele kann nicht in mehreren Körpern zugleich durch wechselseitige Tätigkeiten und Erleidungen gegenwärtig sein, sie kann auch nicht nach Belieben durch Handlungen, die die Grenzen der eigenen Substanz überschreiten, auf andere Körper einwirken, und schließlich kann sie den Körper, mit dem sie verbunden ist, nicht nach Belieben verlassen. Bei dieser Gelegenheit führt Clauberg den Ausdruck »*foedus*« (Bündnis, Vertrag) ein: Das Bündnis oder der freundschaftliche Vertrag zwischen Geist und Körper ist natürlich und notwendig, beruht aber nicht auf Beschlüssen des menschlichen Geistes, sondern auf göttlicher Verfügung, und jede seiner Bestimmungen enthält Regelungen zur Organisation des Verhältnisses beider.[6] Clauberg äußert sich in diesem Passus nicht über einzelne Artikel des Vertrags, zählt aber in Kapitel 47 die Aspekte der Körper-Seele-Verbindung auf, die er für relevant hält.[7] Zwei Jahre später erscheint der *Traitté de l'esprit de l'homme* von Louis de la Forge, der Clauberg höflich und kritisch erwähnt. La Forge übernimmt Claubergs Vertrags-

[5] Cordemoy, *Discours physique de la parole*; 1668: 138 | 1968: 238.

[6] Clauberg, *Conjunctio corporis et animae* c.45, §§6–8; Schalbr. 250.

[7] Clauberg, *Conjunctio corporis et animae* c.47, §§1–34; Schalbr. 272–273.

metapher und findet es vernünftig, dass sich zwei so verschiedene Substanzen vor ihrer Verbindung über die Einzelheiten einigen und dass Gott genaue Vorkehrungen für die Koexistenz beider Substanzen im menschlichen Mikrokosmos getroffen hat.[8] Bei La Forge erzeugt laut Artikel 1 des Vertrags zwischen Körper und Seele jede besondere Bewegungsweise von Animalgeistern in der Zirbeldrüse und in der Höhlung des Gehirns, die diese Drüse umschließt, ein bestimmtes Animalgeistmuster (Impression). Laut Artikel 2 ist jedes dieser Muster mit nur einer einzigen Perzeption verknüpft. Laut Artikel 3 besteht ein Zusammenhang zwischen den betreffenden Perzeptionen und dem Zustand des Körpers bei ihrem Auftreten (deshalb lieben oder hassen wir den Gegenstand der einen oder anderen Perzeption). Laut Artikel 4 kann die Seele Gedanken, die von Natur aus mit einer bestimmten Impression verbunden sind, nicht mehr von dieser trennen. Laut Artikel 5 reaktivieren Gedanken, die etwas Körperliches betreffen, bei jedem erneuten Auftreten in der Seele die ihnen zugeordnete Impression im Gehirn. Laut Artikel 6 kann die Seele Wortlaute, also akustische Impressionen, die nicht von Natur aus, sondern durch menschliche Konvention mit bestimmten Gedanken verbunden sind, von diesen wieder trennen. Laut Artikel 7 besteht der Vertrag zwischen Geist und Körper so lange, wie das Herz Animalgeister ins Gehirn senden und das Gehirn Animalgeister durch die Nerven in die Muskeln leiten kann.[9] Die Geltung dieser Artikel wird nach La Forge von der Erfahrung so unübersehbar bestätigt, dass sie keines weiteren Beweises bedarf.[10] An solche Überlegungen von Clauberg und La Forge erinnert Wolff mit seinem Hinweis auf die Artikel des Vertrags zwischen Körper und Geist.

Dass im Körper eines anderen Menschen durch Affizierung seiner Sensorien Bewegungen von Animalgeistern (Impressionen) entstehen, die in seinem Geist mit Sicherheit die zu-

[8] La Forge, *Traitté* c. 15; 1666: 222–223 | 1974: 224–225.
[9] La Forge, *Traitté* c. 15; 1666: 223–224. | 1974: 225.
[10] La Forge, *Traitté* c. 15; 1666: 224 | 1974: 225.

geordnete Perzeption auslösen, zeigt die Erfahrung. Damit ist aber erst ein Teil des Sachverhalts erklärt. Bei späteren Erwägungen wird Wolff davon ausgehen, dass Bewegungen der Sprechorgane des Sprechers nicht nur im Geist des Hörers die Perzeption des übermittelten Wortlauts veranlassen, sondern dass sie zugleich die Perzeption des von diesem Wortlaut bezeichneten Dings auslösen. Die Bewegung, die durch den gesprochenen Wortlaut ʃva:n im Körper des Hörers entsteht und im Gehirn die entsprechende Impression bewirkt oder reaktiviert, weckt also im Geist des Hörers nicht nur eine, sondern zwei Perzeptionen, nämlich 'ʃva:n' und ›Schwan‹, und dadurch erweist sich der Wortlaut als Zeichen.

§ 18

Anforderungen an Sinnesqualitäten, die als Kommunikationsmittel dienen sollen

10|254 ▷ S. 311

---

§ 18 Da aber kraft des kurz zuvor Gesagten durch die Sinnesorgane im Geist eine Perzeption ausgelöst wird, ist es evident, dass jemand, der seine Gedanken mit anderen austauschen möchte, solche Zeichen wählen muss, mit denen er dessen Sinne treffen kann. Wir haben vorhin fünf Sinne erwähnt, Gesicht, Gehör, Geruch, Geschmack und Gefühl; daher ist nun zu prüfen, mit Hilfe welches Sinnes du im Geist eines anderen am allerleichtesten Gedanken erzeugen kannst, die deinen eigenen gleichen. Dabei ist es offensichtlich, dass man hier vor allem beachten muss, ob ein Sinn so beschaffen ist, dass wir das, was ihn affiziert, zu jeder beliebigen Zeit hervorbringen können. Ein solcher Sinn ist nämlich den übrigen vorzuziehen. Ein Organ, das man aus sehr großer Entfernung affizieren kann, ist in der Tat zum Empfangen von Sprache wohl besser geeignet als die übrigen, denn manchmal ist man gezwungen, mit jemand anderem aus ziemlich weiter Entfernung zu sprechen. Auch ist nicht ganz außer Acht zu lassen, dass ein Sinn, den man durch eine einzige Tätigkeit bei mehreren Menschen zugleich affizieren kann, in Sachen der Sprache mit größerem Recht zu berücksichtigen ist als jeder andere, der weniger leistet, denn nicht selten pflegt es nützlich zu sein, mit vielen zugleich zu sprechen.

Wir können im Geist eines Menschen mit Hilfe seiner Sensorien Perzeptionen auslösen. Gemeinschaften, die eine Sprache erarbeiten wollen, müssen sich für die Verwendung solcher Sinnesdaten entscheiden, mit denen sie ihre Adressaten zuverlässig affizieren können. Deshalb ist jetzt zu untersuchen, mit welchem der zuvor genannten fünf Sinne man im Geist eines anderen am leichtesten Gedanken hervorrufen kann, die den eigenen ähnlich sind. Dieser Sinn hat aber auch noch anderen Anforderungen zu genügen. Er soll jederzeit affizierbar sein; das trifft zum Beispiel für das Auge nicht zu, das nur bei Licht arbeiten kann. Er soll zweitens große Distanzen überwinden können, denn manchmal ist es nötig, sich mit anderen über weite Entfernungen hinweg zu verständigen. Und drittens soll man mit ihm mehrere Menschen zugleich erreichen können, denn das ist nicht selten von Nutzen.

Die Frage, weshalb sich Menschen bei ihrer sprachlichen Verständigung bestimmter Sinnesqualitäten bedienen und anderer nicht, wird in den Wolff vorliegenden Abhandlungen über die Sprache nicht so detailliert behandelt wie hier. Die Grammatik von Port-Royal stellt einfach fest, man habe herausgefunden, dass die bequemsten Zeichen für Gedanken aus Lauten gebildete Wörter sind.[1] La Forge geht davon aus, dass sich Menschen bei ihrer Verständigung gewöhnlich der Stimme bedienen, lässt aber auch andere Sinnesqualitäten zu. Er schlägt darüber hinaus ein negatives Selektionskriterium vor, das die Grammatik von Port-Royal

[1] *Grammaire generale*, Vorbemerkungen; 5: »Man hat herausgefunden, dass Töne und Stimmen von diesen Zeichen die bequemsten sind.«

nicht erwähnt: Bewegungen, die der Körper auf eigene Faust und ohne Beteiligung des Geistes auszuführen pflegt, eignen sich nicht zu sprachlichen Zeichen; das gilt zum Beispiel für Mimiken, die der Adressat mit dem unbewussten Verzerren des Gesichts bei Schmerz verwechseln könnte, ferner für Laute wie die, die man unwillkürlich bei Freude oder Schmerz ausstößt (»hei!«, »au!«), und schließlich für solche Zitterbewegungen, die dem unwillkürlichen Zittern bei Kälte gleichen. Solche Phänomene, die regelmäßig bestimmte Zustände des Körpers anzeigen, geben nämlich keine verlässliche Auskunft über die Gedanken des Mitteilungswilligen – gegebenenfalls weiß der Empfänger nicht, ob sein Gesprächspartner sich gerade im Zustand des Schmerzes, der Freude oder der Unterkühlung befindet oder ob er stattdessen etwas Bestimmtes mitteilen möchte.[2] Lamy nimmt das Kriterium der Grammatik von Port-Royal auf (*les plus commodes de ces signes*); wir könnten uns zwar wie Taubstumme auch mit den Augen oder den Fingern verständigen, aber man kann mit so unvollkommenen und unbequemen Mitteln die Vielfalt der Gedanken nicht zum Ausdruck bringen, ohne schnell zu ermüden. Dagegen kann man leicht die Zunge bewegen und den Klang der Stimme vielfältig und angenehm modifizieren, und deshalb hat die Natur die Menschen dazu bewogen, sich zur Übermittlung ihres Denkens und Wollens der Stimmorgane zu bedienen.[3] Allerdings gibt es Situationen, in denen man mit anderen Zeichen arbeiten muss, weil sich Sprechen mit Hilfe von Lauten zum Beispiel dann nicht empfiehlt, wenn andere etwas mitbekommen könnten, das sie nicht wissen sollen.[4] Wolff übernimmt in *De loquela* das Kriterium von Port-Royal und Lamy (*facillime*), fügt aber drei Bedingungen hinzu: Der gesuchte Sinn soll ständig verfügbar sein, große Entfernungen bewältigen und mehrere Individuen zugleich affizieren können.

[2] La Forge, *Traitté* c. 20; 1666: 351 | 1974: 294–295.

[3] Lamy, *La rhetorique* l. 1, c. 2; 1–2.

[4] Lamy, *La rhetorique* l. 1, c. 1; 3–4. – Ebd. l. 3, c. 24; 237: »Es ist natürlich, dass man die Zeichen wählt, die sich am besten eignen.«

III.
Eignung der einzelnen Sinnesqualitäten zu Mitteln sprachlicher Kommunikation

§19

Geschmäcke und Gerüche kommen als Zeichen einer gewöhnlichen Sprache nicht in Frage, man kann sie aber zu heimlichen Mitteilungen verwenden 10–11|254–255 ▷ S. 311

---

§ 19 Diesen Feststellungen lässt sich klar entnehmen, dass es in einer gewöhnlichen Sprache für Geschmack und Geruch keinerlei Verwendung gibt, denn die Erfahrung zeigt, dass es kaum in unserer Macht steht, auf der Zunge oder in der Nase eines anderen je nach Wunsch beliebige Geschmäcke und Gerüche hervorzurufen. Ich erwähne gar nicht erst, dass Gerüche genauso wie Geschmäcke vor allem den Nachteil haben, nicht immer größere Entfernungen zu überstehen. Und obgleich es keinen Zweifel daran gibt, dass Geschmäcke und Gerüche nicht weniger vielfältig sind als unsere Gedanken, wäre es dennoch ziemlich schwierig, jedem Geschmack oder Geruch einen Gedanken fest als Zeichen zuzuordnen; das Praktizieren einer solchen Sprache dürfte schlechthin hoffnungslos und unmöglich sein. Obgleich aber diese Sinne für übliche Sprechsituationen nicht in Frage kommen, können sie dennoch in Ausnahmefällen, die ein steganologisches Kunstmittel erfordern, am Platze sein. Denn ebenso, wie uns einige Geschmäcke und Gerüche wohltuend und andere unangenehm affizieren, affiziert uns auch alles, was uns widerfährt, entweder wohltuend oder unangenehm. Man kann also das, was uns wohltuend affiziert, mit angenehmen, und das, was uns unangenehm affiziert, mit unangenehmen Gerüchen oder Geschmäcken anzeigen. Ein solches steganologisches Kunstmittel hätte Jonathan verwenden können, als er David über den Hass seines Vaters informieren wollte, indem er etwas Bitteres oder unangenehm Schmeckendes in der Nähe des Gesträuchs niederlegte, in dem sich David verbarg. Und weil es bei Geschmäcken nicht weniger Grade von angenehm und unangenehm gibt als bei Gerüchen, kann man auf diese Weise die Grade von etwas, das uns angenehm oder unangenehm affiziert, sogar für jemanden zum Ausdruck bringen, der abwesend ist.

Wolff begnügt sich bei dieser Untersuchung nicht wie andere Autoren mit pauschalen Angaben, sondern behandelt die fünf Sinne einzeln; auf Zweifel an der Vollständigkeit des überlieferten Fünferkatalogs der Sinne geht er aber nicht ein.[1] Er beginnt mit Geschmäcken und Gerüchen und hält es für sicher, dass beide als Zeichen einer gewöhnlichen Sprache nicht in Frage kommen, denn man kann sie nur dann auf jemandes Zunge oder in jemandes Nase erzeugen, wenn man Speisen, Getränke oder duftende Materien zur Hand hat; Sinnesqualitäten, die man nicht ohne Aufwand jederzeit erzeugen kann, entsprechen aber nicht dem ersten Kriterium von § 18. Sturm und andere Autoren behandeln Geschmack und Geruch wie Wolff in einem einzigen Kapitel, und Wolff hält sich bei seinem Urteil an ähnliche Kriterien wie Sturm: Geschmack und Geruch überwinden nicht so große Entfernungen wie andere Sinne, Geschmäcke kann man bloß im Mund perzipieren, und nur wenige Gerüche reichen bis in weite Entfernung. Es gibt zwar nicht weniger Geschmäcke und Gerüche als Gedanken, doch wäre es schwierig, jedem davon einen bestimmten Gedanken als Zeichen zuzuordnen, denn wenn man

[1] Anders hält es zum Beispiel der von Wolff in § 28 zitierte Leipziger Anatom Johannes Bohn. S. dessen *Circulus anatomico-physiologicus*, progymn. 22; 340: »*Bei manchen Tieren gibt es weniger Sinne, vielleicht auch* mehr«, und ebd. 341: »*Es kann mehr Sinne geben als fünf.*« – Ebd.; 351: »*Der Sinn für Wärme und Kälte ist anscheinend vom Tastsinn verschieden.*«

beispielsweise Kandisgeschmack als Zeichen für ›sich wohlfühlen‹ einsetzte, müsste man seinem Gegenüber ein Stück Kandis auf die Zunge legen, um ihm mitzuteilen, dass man sich wohl fühlt. Auch finden bei weitem nicht alle Menschen dieselben Geschmäcke oder Gerüche angenehm. Der Versuch, eine Geschmack-Geruch-Sprache zu realisieren, wäre also ein hoffnungsloses und beinahe unmögliches Unterfangen. Weil uns andererseits beide Sinne angenehm oder unangenehm affizieren können, lässt sich jedenfalls mit ihnen zum Ausdruck bringen, dass uns etwas angenehm oder unangenehm ist,[2] und insofern kann man sie in außergewöhnlichen Fällen als Geheimzeichen verwenden: Dass etwas angenehm oder unangenehm ist, lässt sich verstohlen mit allgemein als angenehm oder unangenehmen empfundenen Düften oder Geschmäcken zum Ausdruck bringen. Auf die Schwächen einer solchen Geheimsprache geht Wolff nicht ein: Sie wäre arm, denn sie verfügte nach Wolff nur über Zeichen für »angenehm« und »unangenehm« und für »mehr« oder »weniger«, auch wären ihre Zeichen schwer zu normieren, und schließlich müsste man stets stabile Geschmacks- und Geruchsträger mit sich

[2] Sturm, *Physica electiva* l. 2, c. 6, I, 2; 336: »Und trotzdem beobachtet man zwischen ihnen [Geschmäcken und Gerüchen] den Unterschied, dass auch entfernte Gerüche einen Eindruck hervorrufen können, und zwar mit Hilfe eines Vermögens, dass von dem riechenden Körper bis zur Nase reicht.« – Ebd. c. 6, I, 4; 337–338: »Groß und unsäglich ist die Vielfalt der Geschmäcke, die man freilich unter bestimmte Gattungen zu bringen und mit bestimmten Namen zu bezeichnen beliebte, und zwar vor allem die Mediziner, die ihrem Vorbild Fernel nacheiferten.« – Ebd. c. 6, I, 5; 338: »Auch ist die Verschiedenheit der Gerüche nicht geringer als die der Geschmäcke, die wir trotzdem weniger mit eigenen und besonderen Namen zu unterscheiden pflegen als mit solchen, die wir von der Menge der Geschmäcke auf Gerüche übertragen.« – Ebd. c. 6, I, 6; 339: »Dies ist der größte Unterschied zwischen Geschmäcken wie zwischen Gerüchen, dass die einen auf die Sinnesorgane fast aller Menschen und Tiere angenehm wirken, während die anderen unangenehm und lästig sind.«

herumtragen, die alle Sprachgenossen gleichermaßen als angenehm oder unangenehm empfinden. Als Beispiel für seinen Vorschlag nennt Wolff eine Episode aus Kapitel 20 des Ersten Buches Samuelis.[3] Als Sauls Sohn Jonathan seinem Freund David heimlich mitteilen wollte, dass sein Vater, der König, Schlimmes plante, schoss er einen Pfeil in die zuvor mit David für diesen Fall verabredete Richtung. Genauso gut hätte er sich aber nach Wolff der skizzierten Geheimsprache bedienen und bei dem Gesträuch, hinter dem sich David verbarg, eine bitter oder widerlich schmeckende Speise niederlegen können. Weil es bei Geschmäcken und Gerüchen viele unterschiedliche Grade von Angenehm und Unangenehm gibt, hätte er mit dieser Sprache sogar mitteilen können, ob Sauls Pläne mehr oder weniger gefährlich waren. Zu Wolffs Einfall, in Ausnahmefällen Geschmäcke und Gerüche als Kommunikationsmittel zu verwenden, gibt es drastische Entsprechungen in der barocken Romanliteratur; in der sprachphilosophischen Literatur habe ich bislang nichts Vergleichbares gefunden.

■ *Veränderungen in der Lehre von den Sinnen.* – Bei der Lektüre von *De loquela* bekommen heutige Leser kaum einen Eindruck davon, dass sich die Lehre von den Sinnen während der beiden vorhergehenden Generationen dramatisch verändert hat. Die wichtigste Veränderung hängt mit dem Übergang Europas von der hergebrachten peripatetischen Elementphysik zu Teilchenphysiken zusammen; er präsentiert sich in der Wissenschaftshistorie gewöhnlich als Übergang zum Atomismus der Epikurtradition mit seinen unteilbaren Atomen und leeren Räumen oder zum cartesischen Korpuskularismus mit seinen unendlich teilbaren Teilchen in einem erfüllten Universum. Dabei werden Einzelkörper nicht mehr als Substanzen betrachtet, die aus Mischungen kontinuierlicher Elemente bestehen und mit wahrnehmbaren Qualitäten wie Grün, Warm oder Süß umkleidet

[3] Altes Testament, 1. Samuelis 20, 20–39.

sind. Sie gelten nun als Verbände von Atomen oder teilbaren Korpuskeln, die geometrisch darstellbare Zustände wie Größe, Gestalt und Bewegung haben und als solche weder farbig noch warm oder kalt, riechend oder schmeckend sind. Wahrnehmbare Qualitäten werden nun nicht mehr als Dinge in den Dingen, sondern als Erscheinungsweisen von Dingen betrachtet. Descartes skizziert die neue Lage so: Unser Geist wird allein dadurch, dass im Körper bestimmte Bewegungen entstehen, zu allerlei Gedanken veranlasst, und zwar besonders zu jenen undeutlichen Gedanken, die man als Sinneswahrnehmungen bezeichnet. Dadurch, dass ein Schwert in unseren Körper eindringt, bekommen wir Schmerz, aber Schmerz gleicht der örtlichen Bewegung eines Schwertes oder der Verletzung eines Körpers genau so wenig wie eine Farbe, ein Ton, ein Geruch oder ein Geschmack. Wenn also die sinnliche Wahrnehmung ›Schmerz‹ dadurch ausgelöst wird, dass Teilchen unseres Körpers durch das Eindringen eines anderen Körpers in örtliche Bewegung geraten, dann darf man schließen, dass unser Geist auch zu den übrigen Sinnesempfindungen durch örtliche Bewegungen von Teilchen veranlasst werden kann.[4] Diese Meinung vertrat gleichzeitig mit Descartes dessen Landsmann und Gegner Pierre Gassendi, der vor allem für die Entwicklung in England wichtige Wiedererwecker der atomistischen Epikurtradition; er schrieb zum Beispiel, dass Geruch in Wirklichkeit auf nichts anderem beruht als darauf, dass Korpuskeln von bestimmter Konfiguration in die Nase gelangen und auf deren Gewebe so einwirken, dass wir die entsprechende Sinneswahrnehmung bilden. Deswegen gelte für Geschmack und Geruch gleichermaßen, dass sie nicht in den Dingen selbst, sondern nur in unserer Sinnlichkeit sind. Bestimmte korpuskulare Ausdünstungen (*effluvia*) von Dingen an sich präsentieren sich unserer Vorstellungskraft als Geruchserfahrungen .[5]

[4] Descartes, *Principia Philosophiae* IV 197; AT VIII/1 320, 17–23.
[5] Gassendi, *Physica* s. 1, l. 6, c. 9; Opera omnia I 412a, und ebd. I 413b.

Weniger einschneidend ist die Veränderung der Annahmen über die Anzahl der äußeren Sinne. Aristoteles nahm in *De anima* II, c. 7–11, fünf verschiedene Sinne an, und zwar Sehvermögen, Gehör, Geruchssinn, Geschmackssinn und Tastsinn. Diese Vorgabe überlebte das Mittelalter und wurde gewöhnlich noch Ende des 16. Jahrhunderts respektiert; zum Beispiel betonte Suárez, dass es fünf äußere Sinne gibt und keinen mehr.[6] Manche Autoren waren mit dem Gedanken vertraut, dass die Sinne einiger Tieren feiner oder schwächer reagieren als unsere. Bei der korpuskularistischen Umdeutung der Welt traten Sinne, die die Schulphilosophie vernachlässigt oder einem der hergebrachten fünf Sinne zugeschlagen hatte, stärker in den Vordergrund. Zum Beispiel behandelte Gassendi zunächst ohne Bezugnahme auf den aristotelischen Fünferkatalog Lockerheit und Dichte, Durchsichtigkeit und Undurchsichtigkeit, Größe und Gestalt, Feinheit und Grobheit, Glätte und Rauheit, Schwere und Leichtigkeit, Wärme und Kälte, Flüssigkeit und Festigkeit, Feuchte und Trockenheit, Weichheit und Härte, Biegsamkeit, Dehnbarkeit und Formbarkeit als Qualitäten eigenen Rechts;[7] erst danach ging er auf die fünf Qualitäten des peripatetischen Schulkatalogs ein.[8] Sturm, der Gassendis Qualitätenlehre kannte (er zitiert in der *Physica electiva* Gassendis *Physica* mehr als dreißigmal), geht konzilianter vor und erklärt, dass der hergebrachte Fünferkatalog der äußeren Sinne zwar einige Qualitäten nicht erfasst, weil sie an keins der gewöhnlich erwähnten fünf Sensorien gebunden sind, doch sei es durchaus möglich, sie dem Fünferkatalog zuzuordnen;[9] zum Beispiel ließen sich folgende Qualitäten auf den Tastsinn zurückführen: Festigkeit, Härte, Weichheit, Elastizität und Flüssigsein, Rauheit und Glätte, Grobheit und Feinheit,

[6] Suárez, *De Anima* l. 3, c. 28, n. 2; Opera (Vivès) 697a: »*Non plures esse probatur.*«

[7] Gassendi, *Opera omnia, Physica,* s. 1, l. 6; I 372a–409b.

[8] Gassendi, *Opera omnia, Physica,* s. 1, l. 6, c. 9; I 409b.

[9] Sturm, *Physica electiva* l. 1, s. 2, c. 3, I, 3; 268

Wärme und Kälte, Feuchtigkeit und Trockenheit sowie Schwere und Leichtigkeit.[10] Das ist eins der Indizien dafür, dass damals führende deutsche Gelehrte mehr Wert auf ein nachbarschaftliches Verhältnis zur Schulphilosophie legten als ihre Kollegen in England, Frankreich und den Niederlanden.

Geschmack und Geruch wurden von nicht wenigen Autoren in einem einzigen Kapitel behandelt; Gassendi nannte in der Überschrift nicht anders als Wolff zuerst den Geschmack, während Sturm Aristoteles' Reihenfolge *De odoribus et saporibus* vorzog.[11] Dass man beide Sinnesvermögen zusammen behandelte, begründete man damit, dass nach Aristoteles Geruch und Geschmack eng miteinander verwandt sind. Schon die Sprache geht davon aus, dass den Geschmacksarten Geruchsarten entsprechen; weil man Geschmäcke deutlicher wahrnimmt als Gerüche, spricht man zum Beispiel nicht nur von süßem oder bitterem Geschmack, sondern auch von süßem oder bitterem Geruch.[12] Diese Meinung tradiert noch der peripatetische Physiker Johannes Magirus in Marburg, den man in England schätzte: Weil uns die Unterschiede der Gerüche schwächer affizieren als die der Geschmäcke, hat man ihre Artnamen von den Geschmäcken übernommen, mit denen sie eng verwandt sind.[13] Was in diesem Fall »enge Verwandtschaft« bedeutet, wird verschieden ausgelegt; Gassendi amüsiert sich darüber, dass Theophrast nur sieben Arten von Gerüchen zuließ, weil Aristoteles irgendwo sieben Arten von Geschmäcken

[10] Sturm, *Physica electiva* l.1, s.2, c.4, I; 277–280

[11] Gassendi, *Opera omnia, Physica*, s.1, l.6, c.9; I 409b. – Sturm, Physica electiva l.1, s.2, c.6; 336.

[12] Aristoteles, *De Anima* II 9; 421a 26–27.

[13] Magirus, *Physica peripatetica* l.6, c.9, §11; 334. – Diese *Physica* gehörte zu den Lehrbüchern, nach denen Newton in Physik unterrichtet wurde; s. Steffen Ducheyne: *Newton's training in the Aristotelian textbook tradition. From effects to causes and back.* In: History of Science 43 (2005); 217–237.

annahm.[14] Nach Sturm gibt es wie nach Wolff unbeschreiblich viele verschiedene Geschmäcke,[15] aber seit dem 19. und 20. Jahrhundert hat sich bei diesem Thema noch einmal viel verändert. Der Geruch hat die Führungsrolle übernommen – der größte Teil dessen, was die Umgangssprache als Geschmack empfindet, wird inzwischen auf den Geruchssinn zurückgeführt, aber auch auf den Tastsinn, auf dessen wichtige Rolle beim Schmecken schon Aristoteles in II *De anima* hinwies; noch im 17. Jahrhundert hob Caramuel seine besondere Bedeutung hervor: Es gibt keinen Geschmack ohne Tastsinn und keinen Geruch ohne Geschmack, denn diese Sinne sind von Natur aus eng koordiniert.[16] Nach der heute üblichen Meinung ist der Geruchssinn an den meisten Geschmackserfahrungen beteiligt; seine Informationen gehen auch in das ein, was man umgangssprachlich als Geschmacksempfindung deutet; das geht so weit, dass manchmal in der Schweiz und in Teilen Süddeutschlands niederdeutsche Verwendungen von »riechen« und »Geruch« durch Verwendungen von »schmecken« und »Geschmack« ersetzt werden, und zwar auch in Metaphern: Ein Vorgang, der niederdeutsch übel riecht, hat oberdeutsch ein Geschmäckle. Von Sturms und Wolffs unbeschreiblich vielen Geschmäcken sind nur wenige übriggeblieben. Der Geschmackssinn gilt als einfach konstruiert und kann nur noch fünf beziehungsweise sechs genuine Geschmacksqualitäten wahrnehmen. Der neue Sechserkatalog gleicht übrigens dem provisorischen Achterkatalog aus Aristoteles' De Anima II 9 mit ›süß‹, ›bitter‹, ›fettig‹, ›salzig‹, ›scharf‹, ›herb‹, ›sauer‹ und ›stechend‹,[17] wenn man berücksichtigt, dass heute manchmal ›scharf‹ und ›stechend‹ nicht mehr dem Geschmackssinn, sondern den Schmerzempfindungen zugeordnet werden.

[14] Gassendi, *Opera omnia, Physica* s. 1, l. 1, c. 9; I 414ab. – Sieben Geschmäcke: Aristoteles, *De sensu et sensili*; 442a 19–21.

[15] Sturm, *Physica electiva* l. 1, s. 2, c. 4, I,4; IV; 337–338.

[16] Aristoteles, *De anima* II 9; 421a 18–23. – Caramuel, *Apparatus philosophicus* l. prooem., disp. 3, LIX, Gustus; 24a.

[17] Aristoteles, *De anima* II 10; 422b 10–14.

§20

Tastbare Qualitäten kommen als Zeichen einer gewöhnlichen Sprache nicht in Frage, eignen sich aber zur Verwendung in Geheimsprachen 11|255 ▷ S.312

---

§20 Desgleichen taugt der Tastsinn üblicherweise nicht zum Sprechen, weil er erfordert, dass jemand, dem du etwas sagen willst, nahe bei dir steht, weil man mit Betasten kaum mehrere Menschen zugleich ansprechen kann und weil es schließlich bei weitem am schwierigsten, vielleicht sogar ganz unmöglich ist, durch diesen Sinn dem Geist eines anderen alle oben durchgegangenen Unterschiede zwischen den Gedanken zu repräsentieren. Doch ist auch er in Ausnahmefällen nicht ganz unnütz, denn was man nach vorheriger Absprache mit dem Tastsinn erreichen kann, wenn man einem anderen heimlich etwas mitteilen muss, ist sogar Schuljungen bekannt. Und vielleicht ist es nicht unpassend, hier eine Geheimsprache zu erwähnen, die auf Pulsschlägen beruht; der Ehrwürdige Pater Zahn, der sie als junger Mann erfunden hat, beschreibt sie in seinem *Oculus artificialis*, Fund. 3, Syntagm. 3, Kap. 9, gegen Mitte von Folio 607. Sie setzt allerdings wie beinahe alle steganologischen Kunstmittel eine gewöhnliche Art zu sprechen und zu schreiben voraus.

Tastqualitäten genügen schon deshalb nicht den Kriterien von §18, weil sich der Sprecher bei ihrer Verwendung in der Nähe des Hörers befinden muss. Auch kann man durch Tasteindrücke, auch wenn man mit beiden Händen und Füßen arbeitet, höchstens vier nebeneinanderstehende Menschen gleichzeitig informieren, aber auch so erfüllen sie nicht das zweite und dritte Kriterium von §18. Schließlich ist die Anzahl geeigneter Tastsignale so gering, dass man mit ihnen kaum die in §6 angeführten Unterschiede zwischen unseren Gedanken wiedergeben kann. Doch können auch Tastsignale in Sonderfällen nützlich sein; schon Schuljungen wissen, dass sich mit ihnen heimliche Informationen übermitteln lassen. Bei dieser Schuljungenkommunikation arbeitet man mit Berührungen, Stubsern oder leichten Tritten, die man einem Nachbarn außerhalb des Gesichtsfelds des Lehrers verabreicht; sie erlauben immerhin einen größeren Wortschatz als Geruchs- oder Geschmackssprachen. Als Sonderfall erwähnt Wolff (»*in congrue*« in §20 von 1703 ist ein Druckfehler) die Zahnsche Puls-Geheimsprache, die er anders als Zahn dem Tastsinn zuordnet, weil man Pulsschläge ertastet. Ihr möglicher Wortschatz ist so groß wie der gewöhnlicher Sprachen, doch setzt sie wie fast alle Geheimsprachen eine gewöhnliche Sprache und Schrift voraus.

■ *Zahns Pulsschlag-Geheimsprache.* – Von Zahns *Oculus artificialis* benutzt Wolff die Auflage von 1702.[1] Das betreffende Kapitel erörtert Möglichkeiten, Begriffe und Geheimnisse über weite Entfernungen hinweg zu übermitteln. Zahn hat die Puls-Steganographie in seiner Studentenzeit erfunden; sie verwendet symmetrische Verschlüsselungstabellen ohne Schlüsselwort, die ähnlich wie später das Morse-Alphabet mit langen und kurzen Zeichen arbeiten und bei Bedarf modifiziert werden können.

		-			--			-----			-----	
·	**A**	-·	11	**B**	--·	21	**C**	---·	31	**D**	----·	41
··	**E**	-··	12	**F**	--··	22	**G**	---··	32	**H**	----··	42
···	**I**	-···	13	**K**	--···	23	**L**	---···	33	**M**	----···	43
····	**N**	-····	14	**O**	--····	24	**P**	---····	34	**Q**	----····	44
·····	**R**	-·····	15	**S**	--·····	25	**T**	---·····	35	**V**	----·····	45
······	**W**	-······	16	**X**	--······	26	**Y**	---······	36	**Z**	----······	46

Weil in diesem Alphabet das Zeichen für A aus einem Langsignal und einem Kurzsignal besteht, erhält es in Zahns Pulsgeheimschrift die Kennzahl (»Ch.«) 11. Das Zeichen für »Z« besteht dagegen aus vier Langsignalen und sechs Kurzsignalen und er-

[1] Zahn, *Oculus artificialis* (1702), fund. 3, synt. 3, c. 9; 607–608. In demselben Kapitel werden weitere Kryptologien beschrieben.

hält deshalb die Kennzahl 46. Der Empfänger muss eine ähnliche Pulsgeschwindigkeit haben wie der Sender; als tolerierbar nimmt Zahn Abweichungen von bis zu 20 Prozent an. Für jeden Einer, den die Chiffre enthält, setzt Zahn fünf Pulsschläge an; deshalb entfallen beispielsweise auf die Ziffer 3 3×5=15 und auf die Ziffer 5 5×5=25 Pulsschläge. Der Empfänger muss den Sender sehen können; bei großen Entfernungen besteht die Möglichkeit, Teleskope (künstliche Augen) einzusetzen. Die geheime Botschaft aus einer belagerten Stadt könnte zum Beispiel lauten: »CRAS ERUMPEMUS« (Morgen versuchen wir einen Ausbruch). Die Übermittlung verläuft so:

> Vereinbartes Signal für »Anfang der Botschaft«. – Der erste Buchstabe von »CRAS« ist C mit der Chiffre 31; man wartet also für die Ziffer 3 zuerst 15 Pulsschläge ab, bevor man das Signal für das Ziffernende gibt, danach 5 Pulsschläge für die Ziffer 1, nach denen man wieder das Signal für das Ziffernende sendet. R, der zweite Buchstabe von »CRAS«, hat die Chiffre 15, daher sind vor dem Signal für das Ziffernende fünf Pulsschläge für die Ziffer 1 und danach 25 Pulsschläge für die Ziffer 5 abzuzählen. Entsprechend verfährt man bei den übrigen Buchstaben der Botschaft »CRAS ERUMPEMUS« und sendet zuletzt das Signal für »Ende der Botschaft«.

Der Empfänger muss die Mitteilungen des Senders mit Hilfe seines eigenen Pulses entschlüsseln; das funktioniert aber nur, wie Zahn bemerkt, wenn seine Pulsfrequenz nicht mehr als 20 Prozent von der des Senders abweicht. Dass sich diese durch unvorhersehbare Eindrücke von Augenblick zu Augenblick erheblich verändern kann, wird nicht berücksichtigt. Die Verschlüsselung ist zweifach (»–·« / »11«), doch erfordert die Verwendung der Pulssprache, wie auch ihr Erfinder anmerkt, viel Zeit und Konzentration. Zahn macht auf weitere Nachteile aufmerksam, schlägt aber gleichzeitig Möglichkeiten zu deren Umgehung vor. Heute würden er und sein Partner wahrscheinlich nicht Pulsschläge zählen, sondern Stoppuhren verwenden.

§ 21

Visuelle Qualitäten kommen als Zeichen für eine gewöhnliche Sprache nicht in Frage, doch lassen sich aus ihnen besonders viele Geheimsprachen konstruieren

11–14 | 255–258 ▷ S. 313

---

§ 21 Der Gesichtssinn reicht bis in sehr weite Entfernungen, die die übrigen Sinne nicht erreichen können, denn er dringt sogar bis zu den Fixsternen vor, die nach der vorsichtigsten Hypothese, der des Bologneser Jesuiten Mario Bettini, über 1.969.400 deutsche Meilen, nach der nächsthöheren von Tycho aber 11.180.000, ja nach der Keplers, der am weitesten geht, sogar 51.600.000.000 deutsche Meilen entfernt sind. S. Riccioli in *Almag. Nov.*, Teil 1, Buch 6, Kap. 7, fol. 419a. Man könnte daher zu dem Urteil gelangen, dass dieser Sinn kraft § 18 vorzüglicher ist als alle sonstigen, die man zum Sprechen benutzen kann. Weil sich aber das Sehorgan nur bei reinem oder modifiziertem Licht (dieses läuft unter dem Namen »Farbe«) affizieren lässt und weil es nicht in unserer Macht steht, Licht nach Gutdünken zu erzeugen oder zu modifizieren, muss man urteilen, dass es für eine gewöhnliche Sprache nicht von Nutzen ist. Trotzdem ist sein Nutzen in weniger gewöhnlichen Fällen bei weitem der ansehnlichste. Ich möchte im Augenblick nicht davon sprechen, wie wir Abwesenden, die durch einen großen räumlichen oder zeitlichen Abstand von uns getrennt sind, mit Hilfe des Gesichtssinns Meinungen unseres Geistes zugänglich machen können, weil das nicht unter die Tätigkeit des Sprechens, sondern unter die des Schreibens fällt. Einiges andere, das sicher nicht weniger vorzüglich ist, muss man aber hier erwähnen. Den ersten Platz mag dabei die Daktylogie behaupten, durch die wir anderen mit Hilfe von Fingerzeigen Empfindungen unseres Geistes zugänglich machen. Der ehrwürdige Pater Zahn beweist in *Oculus artificialis,* a. a. O. f. 608, dass sie bereits den Alten bekannt war, denn Plutarch, Macrobius, Plinius,

Apulejus, Quintilian, Juvenal und andere erwähnen sie; und weil bei neueren Autoren, besonders bei Schott in der *Schola steganographica*, aber auch bei Caramuel, verschiedene Methoden vorkommen, behandelt Zahn zwei Verfahren aus dessen *Apparatus Philosophicus*, Buch 4, §. 253 a. a. O., und konstruiert nach den dortigen Vorgaben ein doppeltes Alphabet. Das erste ist sehr leicht zu konstruieren. Weil es nämlich an jeder Hand fünf Finger gibt und weil sich deshalb, wenn man die linken Finger auf die rechten legt, 25 Möglichkeiten ergeben, ist klar, dass man 25 Buchstaben bekommt, wenn man alle Finger der rechten Hand nacheinander mit den einzelnen Fingern der linken berührt. Und diese Art von Daktylogie weicht nicht sehr von einer altertümlichen Art zu rechnen ab, die durch verschiedene Fingerkrümmungen erfolgt und die Beda Venerabilis in seinem Band *De temporibus et natura rerum* vor dem Untergang bewahrt hat; er nennt sie Fingersprache. Im Anschluss an Beda hat sie Joh. Noviomagus in *De Numeris*, Buch 1, *Kap.* 13 und 14, kurz behandelt und mit Figuren erläutert. Die Konstruktion der zweiten kann man kaum mit wenigen Worten deutlich vorstellen, man kann sie aber bei demselben Autor oder bei Zahn a. a. O. nachschlagen. Ferner sind optische Kryptologien zu empfehlen, wie sie Schott in der *Magia naturalis*, Teil 4, Buch 1, und in der *Schola steganographica*, Class. 8, Kap. 16, mit mehreren Beispielen behandelt. Besonders bemerkenswert ist freilich die, die ihm ein Freund mitteilte und die er in der *Technica curiosa*, Buch 7, Kap. 6, § 3, S. 544 und 546, beschreibt; es handelt sich nämlich um ein (ich zitiere Schott wörtlich) äußerst zuverlässiges Verfahren, mit dem man eine kurze Nachricht in höchstens zwei Stunden über sehr weite Entfernungen hinweg übermitteln kann, zum Beispiel von Deutschland nach Rom. Eine mit dieser eng verwandte hat Franciscus Tertius de Lanis erdacht, als er in Brescia Philosophie dozierte, und im *Magisterium Naturae et Artis* dargelegt, und zwar in Trakt. 3, Buch 5: Über die Pendelbewegung, Kap. 3, Problem II. Weil wir uns kurzfassen müssen, wollen wir das nicht exzerpieren;

von dem meisten hat der oft gelobte Zahn unter möglichster Beibehaltung der Wortwahl der Erfinder Auszüge verfasst und am angegebenen Ort zu einer Sammlung zusammengetragen. Stattdessen wollen wir einen Schlüssel angeben, mit dem man nicht nur die meisten Erfindungen von Autoren dechiffrieren, sondern auch eng mit ihnen verwandte und praktischere akustische und sonstige Steganologien knacken kann. Vorausgesetzt wird natürlich (1) das Verfahren des Sprechens mit Wörtern, dessen wir uns gewöhnlich bedienen, und des Schreibens mit Alphabetbuchstaben. (2) Buchstaben werden durch Zahlen bezeichnet, die Kryptologen müssen sich also auf eine Tabelle einigen. (3) Die Sprecher müssen sich an Orten befinden, zwischen denen man eine gerade Linie ziehen kann, damit sie einander sehen können, denn Lichtstrahlen verbreiten sich in gerader Linie; oder sie dürfen nur so viel Abstand voneinander halten, dass der eine die Stimme des anderen noch klar perzipieren kann. (4) Ziffern, die für Buchstaben stehen, werden dadurch wiedergegeben, dass man irgendeinen Körper so oft bewegt, wie die betreffenden Zahlen Einheiten enthalten. (5) Damit klar ist, wann man mit der Darstellung eines Buchstabens fertig ist, muss man ein Schlusszeichen senden, zum Beispiel dann, wenn man sich mit Hilfe eines Glöckchens mit einem Freund im Nebenzimmer unterhält, der dessen ohne Pausen wiederholtes Klingeln in Buchstaben übersetzt. Wenn jemand in der Nähe deines Gebäudes wohnt, kannst du Wörter mit ihm austauschen, indem du bei Dunkelheit eine brennende Kerze oder bei Tageslicht einen anderen Körper auf das Fenster zubewegst und dann wieder fortziehst. Dieselben Regeln gelten auch für die Steganologie mit Hilfe des Arterienpulses, die oben in § 17 angedeutet war. Es lässt sich allerdings nicht leugnen, dass es katoptrische und dioptrische Steganologien gibt, die nicht unter diese Regeln fallen. Dazu gehört die, die uns Harsdörffer in den *Delitiae Mathematicae*, Buch 2, S. 246, geschenkt hat, und ebenso die, welche Kolhans im *Tract. Optic.*, Buch 1, Teil 3, Theor. 4, S. 57, erörtert. Doch eignet sich der

Gesichtssinn nicht nur gut für Steganologien; es gibt darüber hinaus sogar unzählige Gedanken, die man anderen beim ersten Mal nur durch den Gesichtssinn mitteilen kann. Die Rede ist hier von Perzeptionen, das heißt, von Ideen oder (um mit dem berühmten De la Forge ein passenderes Wort zu wählen) von körperlichen Sinnesbildern, die unmittelbar von den Sinnen oder der Einbildungskraft abhängen, die man aber in anderen mit Wörtern vergeblich zu wecken versucht, wie weiter unten *a priori* bewiesen wird.

Für seine Zahlen beruft sich Wolff auf Giambattista Ricciolis *Almagestum novum*; *er* zitiert aus dessen zwei ersten Tabellen zu »*Fixarum distantia a terra*«.[1] Allerdings gibt Riccioli die Entfernungen in Erdradien an, während sie Wolff oder ein nicht genannter Gewährsautor mit Rücksicht auf deutsche Leser in deutsche Meilen (ca. 7,5 km) umrechnet. Der Gesichtssinn erfüllt das zweite Kriterium aus § 18 besser als alle übrigen Sinne, denn er bewältigt die größten Entfernungen; daraus folgt aber nicht, dass man ihn auch zum Sprechen verwenden muss, denn er versagt bereits beim ersten Kriterium von § 18 (ständige Verfügbarkeit), weil er nur bei reinem oder modifiziertem[2] Licht (Farbe) funktionsfähig ist. Weil man Licht und Farben nicht jederzeit nach Belieben erzeugen oder modifizieren kann, ist der Gesichtssinn zur Verwendung in einer gewöhnlichen Spra-

[1] Johannes Baptista Ricciolus, *Almagestum novum*, Bd. I/1, l. 6, c. 7; 419a.

[2] Sturm, *Physica electiva* l. 1, s. 2, c. 8, III, 8; 418. Sturm bezieht sich mit »Dioptr. I. Cap. n. IV« auf eine lateinische Ausgabe von Descartes' Dioptrik, die Kapitel und Numeri unterscheidet; in dem von Adam und Tannery gedruckten lateinischen Text findet sich die betreffende Stelle I 1, 4 in AT VI 586. – S. ferner Sturm ebd., IV, 11; 430: »Die Farbe, die wir mit dem Gesichtssinn wahrnehmen, ist nichts anderes als Licht, das das Auge mit einer gewissen Modifikation rezipiert, und zwar, um sie näher zu bestimmen, mit einer Abschwächung.«

che nicht geeignet. Wolff geht nicht näher darauf ein, dass einige visuelle Qualitäten, nämlich geschriebene oder gedruckte Buchstaben, den Vorzug haben, die Mitteilung von Gedanken über große räumliche und zeitliche Entfernungen hinweg zu ermöglichen, denn das fällt nicht unter das Thema »Sprache«, sondern unter das Thema »Schrift«. Er betont jedoch, dass visuelle Qualitäten besonders gut für Geheimsprachen (Steganologien, Kryptologien) geeignet sind. Den aus ihnen gebildeten Kunstsprachen ordnet er die Daktylogie (er schreibt nicht: »*Daktylologia*«) oder Fingersprache zu, bei der man Gedanken durch Fingerstellungen ausdrückt.[3] Die Konstruktion des ersten Verfahrens ist einfach: Jede Hand hat fünf Finger, mit denen man Signale für 25 Buchstaben bilden kann. Das zeigt Zahns Tabelle des ersten Fingersprache-Modus.

■ *Optische Geheimsprachen.* – Zahns erster Fingersprachenmodus arbeitet folgendermaßen:

Rechter Daumen berührt linken Daumen:	A
Rechter Daumen berührt linken Zeigefinger:	B
Rechter Daumen berührt linken Mittelfinger:	C

[3] Wolff beruft sich auf Zahns *Oculus artificialis* (1702), nämlich fund. 3, synt. 3, c. 9, § Arthologia (gelegentlich auch das richtige »Arthrologia«) et Dactylogia (nicht: Dactylologia); 608. – Die Berufung auf Caramuel findet sich in Schotts *Oculus artificialis*, fund. 3, synt. 3, c. 9, der zweiten Auflage; 608. Zahn verwendet Caramuels *Apparatus philosophicus* l. 4, §§ 252 und 253; l. 4, § 252 (*Metaciphrae per digitos, primus modus*); col. 140ab, sowie § 253 (*Modus secundus*); col. 140b–141a. Auf Caramuels dritten Modus in § 254; 41ab geht Zahn nicht ein. Caramuel, der 1637 eine eigene Steganographie-Abhandlung herausgab, erwähnt darüber hinaus eine rudimentäre Dactylo-Grammatik, bei der die rechte Hand eine Einzelvokabel und die linke deren grammatische Modifikation mitteilt; vorgesehen sind Fingerstellungen für Satzteil, grammatisches Geschlecht, Nominalform oder Verbalform und syntaktische Bestimmung (s. *Apparatus philosophicus*, liber IV metaciphricus, § 255: *Dactylo Grammatica*; 142ab). Auf Verwendungsmöglichkeiten dieser Sprache geht Caramuel nicht ein; klar ist jedoch, dass sie geheime Fingerzeige für Prüflinge bei Prüfungen ermöglicht.

Rechter Daumen berührt linken Ringfinger: D
Rechter Daumen berührt linken kleinen Finger: E
usw.

Wolff glaubt, dass diese Fingersprache eng mit einem alten Rechenverfahren zusammenhängt, das Beda Venerabilis in *De temporibus et natura rerum* überliefert hat; unter dem Eindruck seines Berichts rekonstruierte und illustrierte es im sechzehnten Jahrhundert Johannes Noviomagus. Zahn druckt an der von Wolff genannten Stelle S. 608 nur ein bis S. 609 reichendes Schema der Buchstaben-Daktylologie, Noviomagus behandelt dagegen das Fingerrechnen, und zwar im Ersten Buch, Kapitel 14, von *De Numeris*, und illustriert den Text mit 21 kleinen Figuren. In dieser Rekonstruktion steht zum Beispiel für

1: Kleiner Finger geknickt, übrige Finder gestreckt
2: Kleiner Finger und Ringfinger geknickt, übrige Finger gestreckt
3: Kleiner Finger, Ring- und Mittelfinger geknickt, übrige Finger gestreckt
4: Ring- und Mittelfinger geknickt, übrige Finger gestreckt
5: Mittelfinger geknickt, übrige Finger gestreckt[4]
usw.

[4] Bedas *De natura rerum et temporum ratione* (abgedruckt in Mignes PL Bd. 90) wurde 1529 von Henricus Petri in Basel gedruckt (*Bedae presbyteri Anglosaxonis* [...] *De natura rerum et temporum ratione*, Basel (Petrus) 1529. Der Band enthält eine kurze Fassung von *De rerum natura* und eine kurze sowie eine längere Fassung von *De temporum ratione* (fol. 1 r°–6 v°, 7 r°–11 v° und 12 r°–74 r°.) Der Drucker ordnete das erste Kapitel von *De temporum ratione* irrtümlich der längeren Fassung von *De rerum natura* zu und verfuhr bei den Kopfzeilen von fol. 14 r° bis fol. 47 r° entsprechend; erst ab Kapitel 65 (fol. 48 r°) lautet die Kopfzeile korrekt »*De temporum ratione*«. – Während in dieser Ausgabe das Verfahren zur Zifferndarstellung nur verbal vorgestellt wird, fügt Noviomagus in *De numeris* Abbildungen der Fingerstellungen für 1–11, 20–100 sowie 200 und 1000 hinzu. Im 13. und 14. Kapitel des ersten Buches von *De numeris* (ohne Paginierung) rekonstruiert er Bedas Fingersprache (*Proximae rationis numericae enumeratio, ex Beda Anglosaxone*).

Für besonders interessant hält Wolff ein Verfahren, über das Schott durch einen Freund informiert wurde und das er erstmals in *Technica curiosa* beschrieben hat; es erlaubte die schnelle Übermittlung kurzer Geheimbotschaften über weite Entfernungen hinweg in höchstens zwei Stunden, stellte aber hohe Anforderungen an Infrastruktur und Diplomatie. Derartige Kryptologien lassen sich ähnlich wie Morsezeichen nicht nur als Geheimsprachen, sondern auch als Geheimschriften oder Kryptographien verwenden. Wolffs *De loquela* ist eine Abhandlung über die Sprache, nicht über die Schrift; zu ihren Gegenständen gehören also Geheimsprachen (*cryptologiae*, *steganologiae*), aber nicht Geheimschriften (*cryptographiae*, *steganographiae*). Fast alle Geheimsprachen, die Wolff erwähnt, lassen sich auch als Geheimschriften verwenden. Seine Definition von »Sprache« lautet: »Eine an den Augenblick gebundene Tätigkeit, durch die wir Anwesenden unsere Gedanken mitteilen;« diese Mitteilung kann bei Engeln ohne Zeichen, bei Menschen mit vereinbarten Zeichen erfolgen. Wenn man die von einer Geheimsprache vorgesehenen Längen und Kürzen durch lange oder kurze Töne, lange oder kurze Blinkzeichen oder langes oder kurzes Wimpelzeigen ausdrückt, dann handelt es sich nach Wolffs Definition um Sprechen, denn man teilt Anwesenden durch eine an den Augenblick gebundene Tätigkeit Gedanken mit. Bringt man dagegen die vorgesehenen Längen oder Kürzen mit Tinte oder speziellen Flüssigkeiten auf Papier, Holz oder Stein an, so bedient man sich einer Geheimschrift, denn die verwendeten Zeichen überdauern den Augenblick ihrer Entstehung und lassen sich auch an Abwesende übermitteln.

Die von Wolff als besonders schätzenswert bezeichnete Geheimsprache findet man in Schotts *Technica curiosa*, l. 7, c. 6, § 3: *Artificium tertium*; 544–546. Auf einem erhöhten Ort A seien fünf Masten errichtet. Jeder davon trägt an der Spitze eine kleine Winde, an deren Seil nur wenig unterhalb des Rads ein Wimpel oder ein sonstiger geeigneter Gegenstand hängt. An drei weiteren erhöhten Orten B, C und D, die in einer Entfernung von jeweils sechs oder sieben deutschen Meilen möglichst genau auf einer Strecke ABCD liegen, treffe man die gleichen Vorkehrungen. Die Botschaft soll lauten: REX MORITUR (Der König liegt im Sterben). Die Besatzungen von A und D verfügen über eine Schlüsseltabelle, die grundsätzlich der Pulssprachentabelle in §20 gleicht. Sie besteht aus fünf Zeilen und fünf Spalten; auf die erste Zeile entfallen A bis E, auf die zweite F bis K, auf die dritte L bis P, auf die vierte Q bis V und auf die fünfte X bis Z sowie W; die letzte Zelle bleibt frei. Alle Besatzungen verfügen über ein gutes Fernrohr. Die Besatzung von Anlage A übermittelt die Botschaft verschlüsselt nach Anlage B. Zu diesem Zweck wird, weil die Schlüsseltabelle den Buchstaben R in Zelle 4/2 legt, zuerst der Wimpel an Mast 4 und danach der an Mast 2 für kurze Zeit gestrichen. Anschließend wird, weil E in Zelle 1/5 liegt, zuerst der Wimpel an Mast 1 und später der an Mast 5 für kurze Zeit gestrichen. Weil X in Zelle 5/1 liegt, wird sodann zuerst der Wimpel an Mast 5 und später der an Mast 1 für kurze Zeit gestrichen. Entsprechend verfährt man bei den folgenden Buchstaben, nämlich M, O, R, I, T, U, und R. Die Besatzung von Anlage B notiert die Signale von Anlage A, ohne sie zu verstehen, und übermittelt sie an die Besatzung von Anlage C; diese registriert die Signale von Anlage B, und zwar ebenfalls, ohne sie zu verstehen, und übermittelt sie an Anlage D, deren Besatzung sie empfängt, entschlüsselt und weiterleitet. Die Anzahl der Anlagen lässt sich bei Bedarf erhöhen.

Kurz vor Ende der *Schola steganographica*, nämlich in *classis* 8, *Epilogus et auctarium operis*; 345–346, beschreibt Schott ein der Fünf-Masten-Steganologie ähnliches Verfahren, das ihm Lana vor Jahren brieflich mitgeteilt hatte; weil es dieser als junger Mann in Brescia erfand, bezeichnet es Schott als *Steganologia brixiensis*. Lana selbst veröffentlicht es erst in seinem Hauptwerk *Magisterium naturae et artis*, und zwar unter dem Namen, den ihm Schott gegeben hat; der betreffende Passus besteht fast ganz aus Exzerpten von Schotts Bericht.[5] Sender und Empfänger

[5] Lana, *Magisterium naturae et artis* I, tract. 3, l.5, c.3, probl. 11; I 385b–386b.

müssen einander sehen können und neben einem schwingenden Fadenpendel stehen. In der Schlüsseltabelle wird jedem Buchstaben eine bestimmte Anzahl von Pendelschwingungen zugeteilt; zum Beispiel A 5, B 10 und C 15. Bei A wartet der Sender nach dem Anfangssignal fünf Schwingungen ab und verdeckt danach die Sicht auf das Pendel. Bei den folgenden Buchstaben verfährt er entsprechend. Zahn geht ausführlich und exzerptfreudig auf Schott und Lana ein; an dem Fünf-Masten-Verfahren kritisiert er wie Schott, dass es im Inland zwar gut funktionieren mag, dass man aber in Territorien fremder Landesherren mit diplomatischen Schwierigkeiten zu rechnen habe.[6] Wolff stützt sich bei seinem Bericht wortnah auf Zahn.

Die Beispiele von Geheimsprachen, die Wolff erwähnt, sind verhältnismäßig anspruchslos. Bei den von ihm erwähnten Verschlüsselungen ohne Schlüsselwort arbeitet man mit symmetrischen Substitutionstabellen; die Buchstaben des Alphabets werden fortlaufend durch die Zahlen 1 bis 25 ersetzt, die sich ihrerseits durch Punkte und Striche (»A: –·« bis »Z: ––––·····«), durch lange und kurze Töne oder durch lange und kurze sonstige Signale nebeneinander angeordneter Signalgeber darstellen lassen. Wolffs Autoren berichten aber auch über anspruchsvollere Verfahren. Schott schildert zum Beispiel eine Kryptographie des Abtes Trithemius, bei der man Buchstaben durch Wörter substituiert; die Grundform lässt sich vielfach abwandeln. Wer zum Beispiel eine geheime Warnung mit fünf Buchstaben, z. B. »CAUTE« (Vorsicht!), verschicken will, fertigt für sich und den Empfänger eine geheime Tabelle an, bei der die erste Spalte

[6] Zahn, *Oculus artificialis*, fund. 3, synt. 3, c. 9; 606: »Aber dieses Verfahren hat seine Schwierigkeit, vor allem dann, wenn die Orte, durch die man eine geheime Botschaft auf weite Entfernung übermitteln muss, verschiedenen Landesherren gehören. Schott deutet jedoch an, dass man das Verfahren in demselben Reich und derselben Provinz erfolgreich verwenden kann, und zwar auch ohne Fernrohre, Masten, Winden und Seile, nämlich manchmal mit Rauch, nachts mit Feuer und Fackeln, wie eben Schott in seiner Anmerkung bemerkt.«

die Buchstaben der Geheimbotschaft und die zweite die diesen Buchstaben zugeordneten umgangssprachlichen Wörter enthält; man kann sie beliebig erweitern und vielfältig umordnen.

C	Lieber
A	Freund
U	ich
T	vermisse
E	dich

Trithemius sieht die Möglichkeit vor, im Versandtext oder anderswo verdeckte Regeln zur Substitution von Buchstaben anzugeben; nach Schott kann man zur Erleichterung solcher Transpositionen Drehscheiben aus Pappdeckel (*rotulae*) verwenden.[7] Das zuletzt erwähnte Verfahren ist ein Spezialfall eines Projekts von Kircher, der Pantographie, mit der man Texte für Leser beliebiger Sprachen verfassen kann, und zwar auch solcher, die man nicht beherrscht; die Vorarbeiten stammen noch von Trithemius. Man braucht dazu mehrspaltige Tabellen für Musterbriefe, die in der ersten Spalte Orientierungsbuchstaben und in den übrigen Spalten die fremdsprachlichen Vokabeln enthalten, die der Tabellenverfasser den Buchstaben zugeordnet hat. Man kann zum Beispiel in der ersten Zelle der ersten Spalte den Buchstaben »a«, in der ersten Zeile der Spalte für deutsche Wörter »guter«, in der Spalte für lateinische Wörter »bone« und in der Spalte für griechische Wörter »*ἀγαθέ*« einsetzen; bei diesem Stand erlaubt es die beliebig erweiterbare Tabelle jedermann, polyglotte Anreden wie »Lieber Felix« und »Bone Felix« zu erzeugen; es kann allerdings bei so entstandenen Texten je nach Sprache zu unangenehmen Wortstellungsproblemen kommen. Heutige technisch

[7] Schott, *Schola steganographica*, classis 1, c, 5; 12: »Trithemius hat aber den Weg gebahnt, indem er alphabetische Manipulationen vornahm, dank denen man in Briefen beliebigen Anliegens versteckt und unverdächtig Geheimnisse des Geistes verschicken kann.« – Datendrehscheiben spielen zum Beispiel in ebd., classis 3, c. 4; 95 und 99, und ebd. classis 5; 182, eine Rolle.

besser ausgerüstete Leser finden derartige Methoden bestenfalls umständlich, aber zu Kirchers Zeit konnte man sie nicht nur für europäische, sondern auch für überseeische Korrespondenzen nützlich finden; Kircher dachte an Tabellen für französische, italienische, deutsche, arabische, ägyptische, armenische, äthiopische, syrische, indische, chinesische, japanische, afrikanische und amerikanische Korrespondenzen.[8] Schott beschreibt auch Kirchers komplizierteren Ziffernabacus,[9] der auf 26 Spalten mit 26 Zellen beruht. Die erste Zelle lässt man leer, in A1 trägt man die Ziffern von 1–24 ein, in B2 tut man das ebenfalls, beginnt aber mit 2 und trägt die fehlende 1 am Ende nach, in C3 beginnt man mit 3 und trägt am Ende 1 und 2 nach usw. Danach formuliert und verschlüsselt man die Botschaft.

Beispiel

1. ***Geheimbotschaft***: »State cauti!« (Seid vorsichtig!)
2. ***Schlüssel***: »Omnia sunt hominum tenui pendentia filo« (Alles, was mit Menschen zu tun hat, hängt an einem dünnen Faden.)
3. ***Brief***: »Quanta sit rerum humanarum inconstantia et vicissitudo, dilectissime Valeriane, sat superque demonstrant quotidiani multorum casus.«
   (»Wie groß die Unbeständigkeit und Wechselhaftigkeit der Angelegenheiten von Menschen ist, beweisen die alltäglichen Geschicke Vieler mehr als genug«.)

Entschlüsselung des ersten Worts der Botschaft: *Der* ***Absender*** kennt 1. den Brieftext und 2. das im Schlüssel enthaltene Wort »Omnia«. Auf dieser Grundlage ermittelt er durch Buchstabenabstände (wie: x bis z inklusive = 3) einen Code.

[8] Kircher, *Polygraphia nova*, synt. 1, c. 5, Notae in praedictam praxin 6; 12.

[9] Schott, *Schola steganographica*, classis 3; 75–86.

	A	B	C	D	E	F	G	H	I	K	L	M	N	O	P	Q	R	S	T	V	X	Y	Z	W	
A	1	2	3	4	5	6	7	8	9	10	11	12	13	14	15	16	17	18	19	20	21	22	23	24	**A**
B	2	3	4	5	6	7	8	9	10	11	12	13	14	15	16	17	18	19	20	21	22	23	24	1	**B**
C	3	4	5	6	7	8	9	10	11	12	13	14	15	16	17	18	19	20	21	22	23	24	1	2	**C**
D	4	5	6	7	8	9	10	11	12	13	14	15	16	17	18	19	20	21	22	23	24	1	2	3	**D**
E	5	6	7	8	9	10	11	12	13	14	15	16	17	18	19	20	21	22	23	24	1	2	3	4	**E**
F	6	7	8	9	10	11	12	13	14	15	16	17	18	19	20	21	22	23	24	1	2	3	4	5	**F**
G	7	8	9	10	11	12	13	14	15	16	17	18	19	20	21	22	23	24	1	2	3	4	5	6	**G**
H	8	9	10	11	12	13	14	15	16	17	18	19	20	21	22	23	24	1	2	3	4	5	6	7	**H**
I	9	10	11	12	13	14	15	16	17	18	19	20	21	22	23	24	1	2	3	4	5	6	7	8	**I**
K	10	11	12	13	14	15	16	17	18	19	20	21	22	23	24	1	2	3	4	5	6	7	8	9	**K**
L	11	12	13	14	15	16	17	18	19	20	21	22	23	24	1	2	3	4	5	6	7	8	8	10	**L**
M	12	13	14	15	16	17	18	19	20	21	22	23	24	1	2	3	4	5	6	7	8	9	10	11	**M**
N	13	14	15	16	17	18	19	20	21	22	23	24	1	2	3	4	5	6	7	8	9	10	11	12	**N**
O	14	15	16	17	18	19	20	21	22	23	24	1	2	3	4	5	6	7	8	9	10	11	12	13	**O**
P	15	16	17	18	19	20	21	22	23	24	1	2	3	4	5	6	7	8	9	10	11	12	13	14	**P**
Q	16	17	18	19	20	21	22	23	24	1	2	3	4	5	6	7	8	9	10	11	12	13	14	15	**Q**
R	17	18	19	20	21	22	23	24	1	2	3	4	5	6	7	8	9	10	11	12	13	14	15	16	**R**
S	18	19	20	21	22	23	24	1	2	3	4	5	6	7	8	9	10	11	12	13	14	15	16	17	**S**
T	19	20	21	22	23	24	1	2	3	4	5	6	7	8	9	10	11	12	13	14	15	16	17	18	**T**
V	20	21	22	23	24	1	2	3	4	5	6	7	8	9	10	11	12	13	14	15	16	17	18	19	**V**
X	21	22	23	24	1	2	3	4	5	6	7	8	9	10	11	12	13	14	15	16	17	18	19	20	**X**
Y	22	23	24	1	2	3	4	5	6	7	8	9	10	11	12	13	14	15	16	17	18	19	20	21	**Y**
Z	23	24	1	2	3	4	5	6	7	8	9	10	11	12	13	14	15	16	17	18	19	20	21	22	**Z**
W	24	1	2	3	4	5	6	7	8	9	10	11	12	13	14	15	16	17	17	19	20	21	22	23	**W**
	A	B	C	D	E	F	G	H	I	K	L	M	N	O	P	Q	R	S	T	V	X	Y	Z	W	

Erste Buchstaben v. 1. u. 2.:	**S** und **O**	Schnittzelle: 7	7. Buchstabe nach Briefanfang	**S**
Zweite Buchstaben v. 1. u. 2.:	**T** und **M**	Schnittzelle: 6	6. Buchstabe nach s:	**U**
Dritte Buchstaben v. 1. u. 2.:	**A** und **N**	Schnittzelle: 13	13. Buchstabe nach u:	**C**
Vierte Buchstaben v. 1. u. 2.:	**T** und **I**	Schnittzelle: 3	3. Buchstabe nach c:	**S**
Fünfte Buchstaben v. 1. u. 2.:	**E** und **A**	Schnittzelle: 5	5. Buchstabe nach s:	**I**

Wenn der ***Absender*** den Code SUCSI ermittelt hat, hebt er dessen 5 Buchstaben im Brief auf geeignete Weise hervor, vielleicht durch Punkte, Häkchen oder Fettschrift:

»Quanta sit rerum humanarum inconstantia et vicissitudo, dilectissime Valeriane ...«

Der ***Empfänger*** kennt den Brieftext, das Schlüsselwort OMNIA und den Code SUCSI. Jetzt kann er den Inklusivsabstand (a bis c: 3, c–d: 4) von dessen erstem Buchstaben (S) zum Briefanfang und den des folgenden U (incl.) zum vorhergehenden Buchstaben ermitteln und bei den folgenden Buchstaben entsprechend verfahren.

1. Buchst.: **O**	Buchstaben vom Briefanfang bis S:	7	Schnittzelle von 7 in Sp. O: OS	**S**
2. Buchst.: **M**	Buchstaben von S bis U:	6	Schnittzelle von 6 in Sp. M: MT	**T**
3. Buchst.: **N**	Buchstaben von U bis C:	13	Schnittzelle von 13 in Sp. N: NA	**A**
4. Buchst.: **I**	Buchstaben von C bis S:	3	Schnittzelle von 3 in Sp. I: IT	**T**
5. Buchst.: **A**	Buchstaben von S bis I:	5	Schnittzelle von 5 in Sp. A: AE	**E**

Das erste Wort der Geheimbotschaft lautet »State«. Bei der weiteren Entschlüsselung ergibt sich als zweites Wort »cauti«. »State cauti« bedeutet auf Deutsch: »Seid vorsichtig!«

Statt auf weitere Einzelheiten einzugehen, formuliert Wolff zum Abschluss fünf Regeln für die Konstruktion und Entschlüsselung einfacher optischer und akustischer Steganologien. Als erste Voraussetzung wird das Vorhandensein einer gewöhnlichen Sprache mit Wörtern und einer Schrift mit Buchstaben des Alphabets genannt. Leibniz bestreitet, dass diese Voraussetzung zu allen Fällen passt; zum Beispiel beziehen sich die Schriftzeichen der Chinesen und die Notationen der Chymiker und Astrologen nicht auf bestimmte Buchstaben; dabei seien die chinesischen Zeichen, über die Propst Müller schon einige Entdeckungen in Aussicht gestellt habe, differenzierter und intelligenter.[10] Wolff räumt ein, dass sich diese Regeln zumindest auf einige katoptrische und dioptrische Steganologien, also auf solche, die mit Spiegeln und optischen Linsen arbeiten, nicht anwenden lassen, und nennt je ein Beispiel aus den *Delitiae Mathematicae* des berühmten Nürnberger Dichters Georg Philipp Harsdörffer und aus Kolhans' *Tractatus opticus*. In beiden Fällen geht es um die Aufgabe, vorhandene Texte mit Hilfe von Spiegeln auf Wände zu projizieren.

Die Stelle, auf die sich Wolff bezieht, steht nicht im Zweiten, sondern im Dritten Teil der *Delitiae*: Harsdörffer, Der philosophischen und mathematischen Erquickstunden dritter Theil, Die 26. Frage; 246: »Wie eine Schrifft in die Ferne zu weisen? – In ein schattiges Ort mit hellen Buchstaben schreiben / kan zwar durch einen flachen Spiegel geschehen / wie fast gemein ist / und darvon zu lesen in der Fortsetzung dieser Erquickstunden am 217 Blat. Auf eine andre Weise muß man die Buchstaben

[10] Gerhardt, Briefwechsel zwischen Leibniz und Wolff, Brief vom 20. August 1705; 32–33. – Zu Propst Müller s. unten; 268–269.

ruckwarts / oder von der Lincken zu der Rechten schreiben / wie hier bey A zu sehen / und in C solte gerad zu lesen seyn. – Ist der flache Spiegel also überschrieben, so neige ihn solang, bis der Widerschein an das begehrte Ort fället. Alsdann nimm ein großes Lintzenglas B/ und richte es also / dass die gantze Widerstrahlung von demselben begriffen / und eingefangen wird / so kan man die Schrifft über eine Gassen und weiter in das Zimmer hineinblenden / daß sie deutlich an der Wand zu lesen ist / und scheinen auch solche Buchstaben grösser / und bunt. Gleiches kan auch geschehen mit einem Gemähl auf dem Spiegel / das nach dem Durchschnitt verzeichnet / und in die Ferne geblendet wird. Dieses könnte / zu Vorstellung der Gasterei Darii / da die Hand das Mene Tekel Upharsin usw.[11] geschrieben, mit Verwunderung gebrauchet werden.« – Ferner erwähnt Wolff Johannes Christophorus Kolhans' Tractatus opticus III 1, 4; 56–57: »Eine Schrifft durch einen oder mehr Spiegel bey dem Sonnenschein wie auch bei nächtlicher weile mit einem brennenden Licht / an eine schattige Wand zu entwerffen / dass ein ander sie lese und verstehe. Wodurch einer dem andern / ohne Reden und Brief schicken / seinen Willen/Hertzens Gedancken und was anders kan offenbaren und zu verstehen geben.« Nach Wolffs Sprachdefinition handelt es sich hier um Geheimsprachen, denn die Projektion des Spiegelbilds ist eine an den Augenblick gebundene Tätigkeit zur Mitteilung von Gedanken an Anwesende.

Zum Abschluss erinnert Wolff an eine Eigentümlichkeit des Gesichtssinns, deren Ähnlichkeit mit visuellen Steganologien er möglicherweise darin gesehen hat, dass in beiden Fällen etwas vorher Unzugängliches durch den Gesichtssinn zugänglich gemacht werden kann. Vorstellungen wie ›rot‹ kann man jemandem, der sie noch nie perzipiert hat, nicht verbal definieren, man kann ihm aber rote Gegenstände zeigen. Heute würde man sagen: Man kann »rot« nur ostensiv, aber nicht

[11] Altes Testament, Daniel 5, 1–30.

verbal definieren. Eine noch immer bekannte Beschreibung des Phänomens findet man bei Locke;[12] es hängt insofern mit dem Thema von Wolffs Dissertation zusammen, als es die Definierbarkeit von Wörtern betrifft. Dass sich Wörter wie »rot« nicht nur *de facto*, sondern notwendigerweise nur ostensiv definieren lassen, beweist Wolff in *De loquela* § 34 *a priori*.

§22

Jetzt bleiben nur noch Qualitäten des Gehörs als praktikable Zeichen einer gewöhnlichen Sprache übrig

14|258 ▷ S.315

---

§ 22 Übrig bleibt von den Sinnen das Gehör, das alle Völker in jedem Zeitalter nicht ohne gütige Lenkung der vorsorgenden Gottheit der Sprache gewidmet haben. Denn es erfüllt alle Erfordernisse, die wir in § 18 aufzählten. Das Gehör lässt sich nicht nur aus großem Abstand, sondern auch bei sehr vielen Menschen zugleich affizieren, die uns auf allen Seiten umringen; auch übersteigt es die Fähigkeiten des Sprechvermögens nicht, unendlich mannigfach variierende Laute erklingen zu lassen, deren Verschiedenheit man nicht nur sehr deutlich wahrnehmen kann, sondern die darüber hinaus auch alle Verschiedenheiten von Gedanken auf geeignete Weise zum Ausdruck bringen, wie die Erfahrung selber sagt.

[12] Locke, *Essay* 3.15.11; Nidditch 425, 20–26: »Ein eifriger blinder Mann, der sich den Kopf gewaltig über sichtbare Gegenstände zerbrochen und die Erklärungen seiner Bücher und Freunde dazu verwendet hatte, um Wörter wie Licht und Farben zu verstehen, die ihm häufig über den Weg kamen, rühmte sich eines Tages, er verstehe jetzt, was *Scharlach* bedeutet. Als ihn daraufhin sein Freund fragte, was *Scharlach* denn sei, erwiderte der blinde Mann, es sei wie der Klang einer Trompete. Genau so gut wird jemand den Namen einer anderen einfachen Idee verstehen, wenn er hofft, er könnte das bereits durch eine Definition oder durch andere Wörter lernen, mit denen man diesen Namen zu erklären versucht.«

Gottes Vorsehung hat es so eingerichtet, dass sich alle Völker beim Entwurf ihrer Sprache für akustische Qualitäten entschieden, denn der Gehörsinn erfüllt alle in § 18 genannten Bedingungen: Er lässt sich auch aus großer Entfernung affizieren und kann die Ohren vieler Umstehender zugleich erreichen; auch überfordert es die Möglichkeiten des Sprechvermögens nicht, unendlich mannigfaltige und deutlich wahrnehmbare Töne hervorzubringen und so die Vielfalt unserer Gedanken leicht und treffend auszudrücken, wie die Erfahrung zeigt.

IV.
Erzeugung und Artikulation stimmhafter Laute

§23

Mittelbare und unmittelbare Stimmbildungsorgane und Stimmartikulationsorgane 14|258 ▷ S. 315

---

§23 Sehr viele Organe unseres Körpers sind dazu bestimmt, diese Laute auszulösen; sie werden nicht unpassend in Organe zur Bildung der Stimme und Organe zur Modifikation der Stimme beziehungsweise zur Bildung artikulierter und deutlicher Laute unterteilt, die ersteren aber unterteilt man noch einmal in mittelbare und unmittelbare. Es ist nämlich sicher, dass die Atmung an der Entstehung von Stimme beteiligt ist; deshalb bezeichnet man die Atmungsorgane als mittelbare Stimmorgane. Zu diesen gehören die Lungenflügel mit den Bronchien, die Rippen mit den Interkostalmuskeln, das Zwerchfell zusammen mit den meisten Bauchmuskeln und schließlich die Luftröhre. Das unmittelbare Stimmorgan ist der Kehlkopf. Modifizierende Organe sind schließlich außer der Mundhöhle und der Öffnung der Nase zum Rachen die Zunge mit dem Zungenbein, das Zäpfchen sowie Wangen, Zähne und Lippen. Deren Beschreibungen aus den Schriften der Anatomen hierher zu übernehmen, halten wir nicht für sehr nötig.

Wolff erwähnt trotzdem verhältnismäßig viele Einzelheiten und gibt dabei Anhaltspunkte zur Bestimmung seines Bezugstextes. Es handelt sich vermutlich um die *Dissertatio de loquela* des Schaffhausener Mediziners Johann Konrad Ammann,[1] der nach seiner Basler Promotion in den Niederlanden praktizierte. Er konzentrierte sich auf die Ausbildung Taubstummer im Sprechen und Verstehen; 1692 erschien sein *Surdus loquens*, eine Abhandlung über die Unterweisung Taubstummer, die der englische Theologe und Mathematiker John Wallis, der ebenfalls Taubstumme unterrichtete, 1698 in den *Philosophical Transactions* der *Royal Society* rezensierte, und 1700 erschien Ammanns *Dissertatio de loquela*, die zu Anfang den Briefwechsel mit Wallis abdruckte. Einiges spricht dafür, dass Wolff dieses Buch schon für § 23 zu Rate gezogen hat, zum Beispiel die Berücksichtigung der Bauchmuskulatur und der Verbindung zwischen Nase und Rachen; bei den übrigen von Wolff benutzten Autoren ist in diesem Zusammenhang von beidem nicht die Rede. Die bei Ammann beliebte Verwendung von »cum« in Formulierungen wie »*lingua cum osse hyoide*« übernimmt Wolff bisweilen, ersetzt sie aber gelegentlich auch durch »et«-Verbindungen und führt sie an anderen Stellen selber ein. In der *Dissertatio de loquela* erörtert Ammann oft anatomische Details und berichtet von eigenen Erfahrungen

[1] Das Werk erschien 1700 bei Wolters in Amsterdam, eine deutsche Übersetzung (mit Auszügen aus Wallis' *De Loquela*) verlegte 1747 Ragoczy in Prenzlau und Leipzig, eine weitere 1828 eine Berlinier Taubstummenanstalt (Taubstummeninstitut in der Lindenstraße No. 84 und 85, auch in Commission bei T.H. Riemann, Schlossfreiheit No. 9). Ammanns Verleger Rotterdam veröffentlichte 1697 dessen *Surdus loquens* (Amsterdam 1692) zusammen mit Franciscus Mercurius‹ van Helmont *Een zeer korte Afbeelding van het ware natuurlijke Hebreuwse A. B. C.* Van Helmont berichtet im Ersten Teil seines Werks über eigene Versuche zur Unterrichtung Taubstummer. Einige Versionen der 1697er Ausgabe drucken keine Abbildungen, andere übernehmen nach dem Inhaltsverzeichnis 34 Darstellungen von Positionen der Lautbildungsorgane aus den mehrsprachigen Erstausgaben (Sulzbach 1667). Van Helmont besuchte Ammanns Unterricht und hielt ihn für weit erfolgreicher als seinen eigenen (Ammann, *De loquela, Candido Lectori*, erste und zweite Seite: »[...] *se longe a me superatum in praxi fatebatur*«). In Wolffs De loquela wird van Helmont nicht erwähnt.

und Meinungen; solche Passus übergeht Wolff hier. Die Reihenfolge der Mitteilungen gleicht der auf dem Zettel eines Lesers, der sich beim Durchblättern von Ammanns Text Notizen macht. Bei der Unterscheidung von Stimmbildungs- und Stimmartikulierungsorganen verwendet Wolff »*mediata*« und »*immediata*« und nicht wie Ammann »remota« und »proxima«, aber diese Substitution ist in der Schulphilosophie gang und gäbe.

Ammann, De loquela, c. 1; 21: »Remota sunt omnia organa respirationi […] famulantia, ut sunt *Pulmones*, cum *aspera Arteria* et *Bronchiis*, Cost[*a*]e cum interjácentibus musculis, *Diaphragma*, et plerique *Abdominis musculi* […] modo per *asperam Arteriam* in *vesiculosum Pulmonum viscus* trudatur […]«

Wolff, De loquela §23; 14: »Sunt autem organa vocis mediata pulmones cum bronchiis, costae cum musculis intercostalibus, diaphragma cum plerisque musculis abdominis et denique arteria aspera.«

Die Luftröhre (*arteria aspera*) wird bei Ammann am Anfang und bei Wolff am Ende der Aufzählung erwähnt. Das hängt vermutlich damit zusammen, dass sie Ammann drei Zeilen nach seiner Aufzählung in einer Zusatzbemerkung noch einmal erwähnt und dass Wolff dies irrtümlich für eine Doppelnennung hält. Es folgt die Aufzählung der restlichen Artikulationsorgane.

Ammann, De Loquela c. 1; 35: »*Meatuum* horum praecipuus est *oris interior cavitas* […]. Alter est *narium in fauces apertura* […]. Ea sunt *Lingua* cum *Osse hyoide*, *Vvula*, *Maxillae* cum infixis *dentibus*, et *Labiis*.«

Wolff, De loquela §23; 14: »Organa tandem modificantia sunt, praeter internam oris cavitatem nariumque in fauces aperturam, lingua cum osse hyoide, uvula, maxillae, dentes atque labia.«

§24

Entstehung stimmhafter Laute

14–15|258–259 ▷ S. 316

§24 Wohlan denn, lasst uns deshalb zeigen, wie man mit Hilfe der schon aufgezählten Organe einen Laut formt und wie man ihn danach modifiziert. Was das erste betrifft, so ist vor allem zu beachten, dass es zwei Atmungstätigkeiten gibt, nämlich Einatmen und Ausatmen, und dass die Sprache beim Ausatmen entsteht und nicht etwa beim Einatmen. Wenn man nämlich die inneren Interkostalmuskeln nicht weniger als die äußeren so spannt, dass sich die unteren Rippen den oberen nähern und sich zusammen mit dem Brustbein nach außen heben, während das Zwerchfell seine Fasern kontrahiert, zum Bauch hindrängt und die in diesem enthaltenen Eingeweide nach unten drückt, vergrößert sich in der Folge das Fassungsvermögen des Brustkorbs, und die Brusthöhle weitet sich aus; die elastischen Luftmaschinchen in den Lungenbläschen strecken sich wieder und weiten die Lungenflügel, bis diese die Brusthöhle ausfüllen; und weil sie dem Druck der äußeren Luft im ausgedehnten Zustand weniger Widerstand entgegensetzen, geben sie ihr Gelegenheit, durch Nase und Mund in die Luftröhre und von da aus in die Lungenflügel einzuströmen. Wenn aber die Tätigkeit der Interkostalmuskeln und der Zwerchfellfasern beendet ist, wenn die Rippen in ihre frühere Lage zurückspringen und wenn sich infolgedessen das Zwerchfell wieder zur Unterseite des Brustkorbs hinbewegt, verengt sich dieser erneut, die Lungenflügel werden zusammengedrückt, und die Luft wird teilweise wieder hinausgepresst. Die dabei ausgeatmete Luft, die wir Atem nennen, ist überhaupt nicht stimmhaft, damit sie aber stimmhaft wird, muss sie in zitternde Bewegung geraten, denn Töne entstehen durch eine zitternde Bewegung der Luft. Diese zitternde Bewegung bekommt der Atem, wenn er in Laut übergeht, durch das Zittern des Kehlkopfs, das man beim Sprechen mit den

Fingern ertasten kann; wir haben es erfahrungsgemäß so sehr in unserer Gewalt, dass wir es nach Belieben ein- und abschalten können, denn wenn wir laut zu vielen sprechen wollen, bringen wir den Kehlkopf zum Zittern, wenn wir aber Wörter leise äußern wollen, unterbinden wir sein Zittern fast ganz. Wieso aber der Kehlkopf ins Zittern gerät, leitet Ammann in *Dissert. de Loquela*, Kap. 1, S. 24–27, aus dessen Bauweise her: Dadurch, dass seine Muskeln, wenn sie auf seine Knorpel einwirken, gegen deren Widerstand zunächst nicht ankommen, ihn aber in erneutem Ansturm überwinden, entsteht eine zitternde Kehlkopfbewegung und wird dem Atem mitgeteilt, der durch den kontrahierten Stimmlippenapparat nach außen drängt. Je nach dem, ob sich der Stimmlippenapparat mehr oder weniger zusammenzieht, wird auch die Stimme heller oder dunkler, und weil die Kehlkopfritze bei Jüngeren gewöhnlich enger ist als bei Erwachsenen, muss die Stimme bei diesen auch heller und bei jenen dunkler klingen.

Zuerst will Wolff nun zeigen, wie man mit Hilfe der genannten Organe Stimme erzeugt und wie man diese anschließend modifiziert. Er hält sich dabei an ihm bekannte Lehrbücher; diese äußern sich oft anders als heutige Handbücher, die auf dreihundert Jahre neuerer Wissenschaftsgeschichte zurückgreifen können. Die Darstellung wirkt lebhaft, und das ist vermutlich Wolffs Verdienst, denn ein Handbuch, das ihm für den gesamten Paragraphen als Vorlage hätte dienen können, finde ich nicht. Sturm äußert sich weder in der *Physica electiva* noch in der *Physica conciliatrix* über Entstehung und Modifikation der menschlichen Stimme, aber an einzelnen Stellen erinnert Wolffs Text an Ammann, Bohn und an das zwanzig Jahre ältere Hauptwerk Borellis, das Bohn zitiert. Wolff unterscheidet Einatmen und Ausatmen und vertritt die übliche Meinung, dass Sprache nur beim Ausatmen entsteht. Damit ist aber Ammann nicht einverstanden; er berichtet im dritten Kapitel der *Dissertatio de loquela*: »Was ich bisher über Stimme und Sprache gesagt habe, möge man bitte auf dasjenige Sprechen beziehen, das beim Ausatmen entsteht; es gibt nämlich auch die Möglichkeit, beim Einatmen zu sprechen. Nicht jeder verfügt über sie, ich habe sie aber manchmal bei Bauchrednern bewundert. Und einmal sah ich in Amsterdam eine Alte, die auf beiderlei Weise sprach und sich beim Einatmen ihre Fragen sozusagen selbst beantwortete. Ich hätte schwören mögen, dass sie sich mit einem Mann unterhielt, der mindestens zwei Schritte von ihr entfernt stand, weil ich glaubte, die Stimme, die sie beim Einatmen in sich hineinschluckte, käme von draußen. Dieses Weiblein hätte mühelos die Pythia spielen können.«[1] – Zunächst beschreibt Wolff den Verlauf des Einatmens; dabei verwendet er den neuartigen Ausdruck »Luftmaschinchen«. Bohn schätzte Boyle und teilte dessen Überzeugung, dass Luft elastisch ist.[2] Der Atemluft weist Bohn wie Borelli wichtige Vitalfunktionen zu. Er verbindet Boyles Elastizitätstheorie mit der Vorstellung, dass die in der Lunge verbleibenden Luftkorpuskeln beim Einatmen zusammengedrückt werden, jedoch beim Nachlassen des Drucks wegen ihrer Elastizität von selbst in ihre vorige Gestalt zurückschnellen; sie sind also etwas, das sich selbst bewegt (*automata*), und das macht sie maschinenähnlich. Im *Circulus anatomicus* verwendet Bohn »*machinulae aëris*« zum Beispiel in progymn. 4; 70–71, und progymn. 5; 91. Borelli, der auch Muskelfasern als *machinulae* bezeichnet, äußert sich detaillierter und bezeichnet Luftkorpuskeln als kleine Spiralmaschinen.[3] Wolff übernimmt von Bohn oder Borelli die Meinung,

[1] Ammann, *Dissertatio de loquela*, c.3; 117.

[2] Boyle, *Nova experimenta physico-mechanica de vi aëris elastica*, Oxford (Hall) 1666), Rotterdam (Leers) 1669 und weitere Drucke. Übersetzungen ins Lateinische erleichterten die Verbreitung englischsprachiger Arbeiten auf dem Kontinent.

[3] Borelli, *De motu animalium* II, c.8, prop 115; 225: »Nach dieser Klärung betrachte ich die kleinsten Teilchen der Luft als spiralische

dass Einatmen nicht unmittelbar auf der Tätigkeit der Atmungsorgane beruht, sondern dem Gewicht und der Elastizität der Luft zu danken ist; die Lunge verhält sich dabei passiv, während die Luft aktiv wird; sie dringt in die Lunge ein, sobald deren Widerstand infolge der Weitung des Brustkorbs nachlässt.[4] Ausgeatmete Luft wird durch eine Zitterbewegung im Kehlkopf stimmhaft, die man beim Sprechen mit dem Finger fühlen kann und die sich nach Belieben an- oder abstellen lässt.

Dass der Kehlkopf zu zittern beginnt, führt Ammann, wie Wolff berichtet, auf dessen Konstruktion zurück. Nach ihm besteht er aus fünf glatten elastischen Knorpeln, die eine Ritze für das Entweichen der Luft frei lassen; sie sind durch Bänder und Muskelpaare miteinander verbunden. Wenn wir Wörter aussprechen wollen, senden wir aus Herz und Gehirn die entsprechenden Befehle an die Kehlkopfmuskeln, und diese wirken sogleich auf die Knorpel ein; weil aber ihre Kraft geringer ist als deren Widerstand, können sie diesen erst im zweiten Anlauf brechen, und das wiederholt sich wieder und wieder. Dadurch entsteht eine oszillatorische Bewegung, die auf die ausströmende Luft übergreift und sie stimmhaft macht; sie erfasst auch die Knochen von Brust und Kopf. Auf ähnliche Weise entsteht beim Spielen einer Glasharfe in der Umgebungsluft eine Zitterbewegung; auch zeigt

Maschinen, die zwar durch äußere Krafteinwirkung zusammengedrückt werden, aber danach wie ein Bogen aus eigener Kraft zurückschnellen können.«

[4] Bohn, *Circulus*, progymn. 5; 84: »*Bei der Atmung verhält sich die Lunge eher passiv als aktiv.*« – Ebd.; 88: »*Die Luft wird nicht durch die Weitung des Brustkorbs in die Lunge gesogen*«, und ebd.; 90: »*Die Luft dringt aufgrund ihres Gewichts und ihrer Elastizität in die Lunge ein.*« – S. ebd.; 92: »*Auf welche Weise die Luft in die Lunge einströmt.*« – Borelli, *De motu animalium* II, c. 7, prop. 82; 165: »Luft und Lunge sind nicht die Wirkursachen der Atmung, sondern beide verhalten sich bei dieser Tätigkeit passiv.«

sich in dem Wasser, das man zuvor in die Gläser dieser Harfe gegossen hat, eine leichte Wellenbewegung. Etwas Ähnliches ist beim Summen größerer Fluginsekten zu beobachten, das nicht nur durch deren Flügel verursacht wird, denn sie summen weiter, auch wenn man ihnen die Flügel abschneidet; in solchen Fällen erzeugen sie nämlich den Ton durch schnelle Bewegungen von Muskeln in der Brusthöhle. Etwas Ähnliches beobachten wir auch bei uns selbst, zum Beispiel dann, wenn wir den Buchstaben »R« mit der Zunge bilden, aber auch dann, wenn wir beim Liebkosen eines Kindes summen und dabei mit den Lippen über seine Haut streichen.[5]

Die Zitterbewegung überträgt sich auf den Atem, wenn er durch den engen Stimmlippenapparat (*glottis*) nach außen drängt. Je mehr oder weniger man diesen kontrahiert, desto heller oder dunkler klingt der stimmhafte Atem. Weil bei Knaben die Stimmritze enger ist als bei Männern, sind ihre Stimmen heller.

Gelehrten von 1703 stehen mehrere Vorschläge zur Erklärung von Ton, Lautstärke und Tonlage zur Verfügung. Descartes interessierte sich weniger für die Entstehung als für das Hören von Schall, betrachtete diesen aber weiterhin, wie es schon in der Schulphilosophie üblich war, als zitternde und vibrierende Luftbewegung.[6] Diese ist sowohl bei Naturgeräuschen wie Donner als auch bei den animalischen Lauten im Spiel, die viele Tiere beim Ausatmen bilden. Clauberg vergleicht die Ausbreitung von Schall

[5] Wie in Wolffs Stellenangabe behauptet: *Ammannus in dissertat. de Loquela c.1. p.24–27.*

[6] Descartes, *Principia Philosophiae* IV, §194; AT VIII 319, 7–9: »[...] die beiden anderen Nerven, die in den inneren Hohlräumen des Gehörs versteckt sind, nehmen die zitternden und vibrierenden Bewegungen der umgebenden Luft in sich auf.«

mit der Ausbreitung kreisförmiger Wellen im Wasser;[7] nach ihm sind an der Entstehung von Wörtern, die aus artikulierten Lauten bestehen, die Lunge und die übrigen Atmungsorgane insofern beteiligt, als sie die erforderliche Luft zur Verfügung stellen und dadurch für die Lautstärke aufkommen. Der Kehlkopf als oberster Teil der Luftröhre ist ebenfalls beteiligt, denn er macht die Stimme höher oder tiefer; Knaben singen mit hellerer Stimme als Männer, weil ihre Stimmritze enger ist, und breitere und größere Musikinstrumente klingen tiefer.[8] Auf eine Erklärung der Entstehung des Luftzitterns verzichtet Clauberg, Lamy teilt dagegen mit, dass der Kehlkopf, in dem der ausströmende Atem stimmhaft wird, von Muskeln und Knorpeln umgeben ist, mit denen man ihn öffnen und schließen kann. Wenn seine Öffnung eng ist, verkrumpelt sich (*se froisse*) die Luft, die ungestüm nach außen strömt, und gerät in eine Bewegung, die sie stimmhaft macht; das führt allerdings noch nicht zur Artikulation der Laute.[9] Auf die Rolle des Kehlkopfs geht Lamy nur pauschal mit einer Skizze der Entstehung des Luftzitterns und der Stimmlagen ein. Nach Cordemoy ist die Stellung der Kehlkopfknorpel die Ursache von tausend hohen oder tiefen, lieblichen oder schrillen, durchdringenden oder schwachen Tönen; sie alle hängen von den mannigfaltigen Umformungen ab, die die Luft im Kehlkopfbereich erfährt; das Erzittern der Luft, die durch den Kehlkopf ausströmt, entsteht durch das Zittern der Kehlkopfmuskeln.[10] Wolffs Darstellung ist ausführli-

[7] Clauberg, *Physica contracta* XXV, §1003; Schalbr. 42: »[...] dem Ton, das heißt, zitternder und vibrierender Luft.« – Ebd. XXIV, §§948–949; Schalbr. 40: »Das Gehör nimmt an der Luft deren zitternde und vibrierende Bewegung wahr, die Ton heißt. – Und dieser wird von einer tönenden Ursache, zum Beispiel einer Glocke, einer Zunge usw. so hervorgerufen, wie ein herabfallender Stein oder Tropfen im Wasser Kreise erzeugt.«

[8] Clauberg, *Theoria corporum viventium* c.30, §§731–738; Schalbr. 193.

[9] Lamy, *La rhetorique* l. 1, c. 1; 2.

[10] Cordemoy, *Discours physique de la parole*; 1668:14–15 | 1968: 204 und ebd.; 1668: 112 | 1968: 231.

cher als die Claubergs, Lamys und Cordemoys, aber knapper als die von Autoren wie Borelli, Bohn oder Ammann.

§ 25

Modifikation stimmhafter Laute

15–16 | 259–260 ▷ S. 317

§ 25 Der ausgeatmete Laut wird zunächst nur durch wechselnde Mundöffnungen modifiziert, und wegen dieser Modifikation bekommt er den Namen »Vokale«; danach erleidet er darüber hinaus noch weitere Veränderungen, wenn er sich mit der Atemluft verbindet, die durch Zunge, Gaumen, Zähne, Lippen und die anderen oben genannten Organe modifiziert worden ist und den Namen »Konsonanten« erhält; Konsonanten kann man als solche nur hören, wenn sie sich zu Vokalen gesellen, denn ihre Materie ist nicht stimmhaft. Hier die Entstehung der einzelnen Vokale und Konsonanten darzustellen, halten wir nicht für angeraten; wen es jedoch nach so etwas verlangt, den verweisen wir auf Ammann, a. a. O. Kap. 2, S. 52–79, und auf den Ehrwürdigen Pater Lamy in einem sehr eleganten Büchlein mit dem Titel *L'Art de parler*, Buch 2, S. 160, 161, und Kap. 4, S. 169–174.

Wolff will auf Einzelheiten der Bildung von Vokalen und Konsonanten nicht eingehen und verweist auf Amman und Lamy. Heutigen Lesern könnte es deshalb entgehen, dass seinerzeit in Europa ein beträchtliches Interesse an Phonetik bestand. Ich berichte kurz über einige Beispiele, beschränke mich aber auf die Lehre von den Vokalen.

■ *Wolff zugängliche Vokalbildungslehren.* – Für alle hier zu erwähnenden Autoren ist es charakteristisch, dass sie nicht explizit zwischen »Buchstabe« (*littera*) und »Laut« unterscheiden; deshalb können sie sagen, dass die Materie aller Buchstaben stimmhafter Atem ist und dass man die Stellung der Organe und die Wege, die der Atem durchläuft, als formendes Prinzip der Buchstaben betrachten kann. Eine der wichtigsten Quellen ist Ammanns Dissertatio de loquela, die in Kapitel 2 (*Literarum naturam, et varios eas formandi modos exponit*) die Lehre von den Vokalen behandelt. Es handelt sich hier um verbale Informationen, während ein Teil der Ausgabe von Helmonts *Zeer korte Afbeelding* und Ammanns *Surdus loquens* (1697) die Kupferstiche zur Darstellung der Sprechorgane bei der Artikulation aus den Erstausgaben der *Zeer Korte Afbeelding* neu abdruckt. Nach Ammanns Buch von 1700 lässt sich die Anzahl möglicher Buchstaben nur schwer bestimmen, weil viele Organstellungen möglich sind; dass sich aber trotzdem alle Völker vernünftig verhalten und nur solche Buchstaben in ihr Alphabet aufnehmen, die sie ohne Mühe bilden können, also kaum mehr als vierundzwanzig, lässt darauf schließen, dass die Sprache letztlich höheren Ursprungs ist. Als Taubstummenlehrer ist Ammann der Ansicht, dass historische Orthographien seine Arbeit sehr erschweren. Deutsche gehen mit ihrer Rechtschreibung verständiger um als alle übrigen Völker, denn ihre Buchstaben stehen (abgesehen vom Dehnungs-h) stets für denselben Laut, und ihre Vokale sind einfach und bleiben auch in Diphtongen erhalten; das kann man vom französischen oi oder œ und auch vom niederländischen oe und eu nicht eben behaupten. In manchen Sprachen können dieselben Buchstaben so verschieden ausgesprochen werden, dass jemand, der einen französischen oder englischen Taubstummen unterrichten muss, ihn am besten zuerst die deutschen Buchstaben lehrt, weil der Schüler sonst ganz irre wird.[1] Ammann zieht der seiner Meinung nach missverständlichen Einteilung der Vokale in labiale, dentale, linguale und gutturale die natürlichere Einteilung nach Mundregionen vor und unterscheidet palatal-dentale, labiale und gutturale Vokale,[2] nämlich a, e, i, j,

[1] Ammann, *Dissertatio de loquela* c. 2; 52–56.

[2] Ammann, *Dissertatio de loquela* c. 2; 59–60.

y, o, u und w (j und w kommen in dieser Aufzählung vor, weil Liquida als Semivokale gelten). Der erste und einfachste Vokal ist der Gutturalvokal a; die Zunge ist bei ihm normalerweise in Ruhestellung und berührt den Unterkiefer kaum. Bei weiterer Mundöffnung erhält man ein offenes a, und wenn man dabei die Lippen etwas rundet, ein a, das beinahe ein o ist; so sprechen die Engländer ihr o oder au (knot, shop, cause) und die Franzosen ihr e, wenn es einem n oder m vorausgeht (entendement).[3] – Die Dentalvokale e, i, j und y können Kinder erst sprechen, wenn sie im Unterkiefer Zähne haben. Ein e entsteht, wenn die Zunge bei leichter Lippenöffnung die ebenfalls leicht geöffneten Zähne berührt; dort muss sie mit der Spitze auf den Eckzähnen des Unterkiefers ruhen und einen Buckel bilden, so dass sie dem Gaumen näher rückt als beim a; dadurch wird der Weg für den Laut allseits ein wenig enger. Die Engländer sprechen ihr e bisweilen so aus wie die Deutschen ihr i (evil), die Franzosen manchmal so wie die Deutschen ihr a (membre).[4] Im Deutschen sind i, j und y derselbe Vokal, nur spricht man ihn das eine Mal kürzer und das andere Mal gedehnter aus. Das i wird beinahe wie ein e gebildet, nur nähert man die Zähne einander mehr, hebt den Zungenbuckel stärker an oder tut beides; so wird der Weg des Lauts noch enger, und das i wird klarer. Ein y ist ein gedehnteres oder gedoppeltes i. Die Engländer sprechen i und y wie ein deutsches ei aus, die Flamen tun dasselbe mit ihrem gedoppelten ij (time, cry; wijn, tijd); bei den Engländern klingt ein doppeltes e wie ein deutsches i.[5] – Labialvokale sind o, u und w; sie werden mit verschiedenen Lippenstellungen gebildet. O und u unterscheiden sich ähnlich wie e und i, und w verhält sich zu u wie j zu i. Man bildet diese Laute, indem man Zähne und Zunge wie beim a stellt, die Lippen aber zusammenzieht; tut man das weniger, so erhält man ein o, tut man es mehr,

[3] Ammann, *Dissertatio de loquela* c. 2; 62–64.
[4] Ammann, *Dissertatio de loquela* c. 2; 64–65.
[5] Ammann, *Dissertatio de loquela* c. 2; 65–66.

wird es ein u. Das deutsche o entspricht dem der Franzosen, nur schreiben diese es oft mit au oder eau. Das deutsche u gleicht dem englischen und italienischen, die Franzosen schreiben es aber »ou« und die Flamen »oe«. Das (interlabiale) w ist ein schnell und stark gesprochenes u.[6]

Den Theologen und Mathematiker John Wallis erwähnt Wolff erst in §33. Dessen Phonetik der Vokale ist sehr differenziert und heute oft schon deshalb nicht leicht zu verstehen, weil sich die Charakterisierung von Vokalnuancen mit den Aussprachegewohnheiten verändert. Wallis unterscheidet wie Ammann nur drei Vokalgruppen, nämlich gutturale, palatale und labiale; weil man deren Vokale mit weit, halb oder wenig geöffnetem Mund bilden kann, ergeben sich für ihn neun Einzelvokale, für deren Wiedergabe das Lateinische allerdings nur fünf Buchstaben vorsieht.[7] Gutturale Vokale bildet man am Anfang des Rachens beziehungsweise am Ende des Gaumens oder der Zunge. 1. Bei weiter Mundöffnung entsteht dort das deutsche â oder offene o; Wallis' Meinung, dass Deutsche kein langes a sprechen können, teilen damals manche Autoren. Engländer sprechen das a laut Wallis wie ein kurzes o, das schriftlich meist als au oder aw, aber manchmal auch als a erscheint (cause, aw'd, fall). 2. Bei mittlerer Öffnung des Rachens entsteht an derselben Stelle das dunkle weibliche e der Franzosen; im Englischen kommt dieser Laut nur vor, wenn einem r ein e vorausgeht (vertue, liberty). 3. Schließlich entsteht in der Kehle bei noch geringerer Mundöffnung das dunkle ò oder û; das Französische hat diesen Laut in der letzten Silbe von »serviteur«, das Englische in Wörtern wie »turn« oder »burn«.[8] – Palatale Vokale entstehen im Gaumen, wenn man die Luft zwischen ihm und der Zunge leicht komprimiert; je nach

[6] Ammann, *Dissertatio de loquela* c.2; 66. Dem interlabialen *w*, das Ammann dort beschreibt, entspricht das interlabiale b und v des heutigen Spanischen.

[7] Wallis, *Tractatus prooemialis de loquela*, s.2; 4–5.

[8] Wallis, *Tractatus prooemialis de loquela*, s.2; 5–6.

Größe des Hohlraums zwischen Zunge und Gaumen entstehen derer drei. Den genannten Hohlraum kann man auf zweierlei Weise verändern: durch Zusammenziehen der Lippen, während man gleichzeitig an der Lage der Zunge nichts ändert, oder durch Anheben der Zunge zum Vordergaumen, während man gleichzeitig die Lippen in derselben Lage belässt. 4. Bei großem Hohlraum entsteht das schwache englische à (»bat«, »lamb«); vom deutschen offenen à unterscheidet es sich deshalb, weil Engländer die Zungenmitte anheben, um die Luft im Gaumen zu komprimieren, während Deutsche sie senken, um die Luft in der Kehle zu komprimieren. Im Französischen entsteht ein ähnlicher Laut, wenn ein m oder n auf ein e folgt (entendement); die Walliser, deren Sprache diesen Laut ebenfalls kennt, schreiben ihn mit a. 5. Bei mittlerer Mundöffnung entsteht an derselben Stelle das französische männliche é, das bei Engländern in Wörtern wie *there* und *tell* vorkommt, das aber auch Italiener, Spanier und andere kennen. 6. Bei noch kleinerer Mundöffnung erhält man ein schwaches i, das in englischer Orthographie gewöhnlich als »ee« oder »ea« (feet, hear, aber: field), in wallisischer Orthographie als i oder y, bisweilen aber auch als u erscheint.[9] – 7. Labiale Vokale bildet man mit den Lippen. Bei weiter Lippenöffnung entsteht ein rundes ô, mit dem die meisten das griechische ω aussprechen; die Franzosen schreiben es meist mit au, und im Englischen gleicht ihm der Vokal in »whole« oder »oat«. 8. Bei mittlerer Öffnung der Lippen erhält man an derselben Stelle das deutsche fette u, das auch Spanier, Italiener und andere benutzen; die Franzosen schreiben es mit ou, die Walliser mit w und die Engländer meist mit Doppel-o (foot, aber: full). 9. Bei kleiner Öffnung entsteht ein dünnes u wie im englischen »muse«, »new«, im spanischen »ciudad« und im wallisischen »lliw« oder »duw«.[10] – Wallis schließt mit der Bemerkung, dass er selbst keine weiteren Vokale kennt, dass man aber gegebenenfalls lange und kurze Vokale

[9] Wallis, *Tractatus prooemialis de loquela*, s. 2; 6–9.
[10] Wallis, *Tractatus prooemialis de loquela*, s. 2; 9–10.

als eigene Laute zählen könnte; auch lässt er die Möglichkeit offen, dass ihm unbekannte Sprachen statt der drei Mundöffnungsweiten, mit denen wir arbeiten, vielleicht vier oder mehr unterscheiden.[11] –

Die zweite Darstellung, die Wolff in §25 empfiehlt und die er als sehr elegant empfindet (»*Lamy in libello elegantissimo*«), ist weniger anwendungsorientiert und schwächer organisiert als die von Ammann und Wallis. In Lamys *L'art de parler* variieren manchmal nicht nur die Seitenzahlen, sondern auch die Buch- und Kapitelzählungen von Ausgabe zu Ausgabe; die Amsterdamer Ausgabe, die 1699 in fünf Büchern bei Marchand erschien, passt zu Wolffs Angaben in § 25.[12] Lamy beginnt mit der Behandlung des a. Wenn man den Mund völlig öffnet, wird die ausgeatmete stimmhafte Luft zu einem a mit Widerhall am Rachenende; dabei bleibt die Zunge untätig und berührt die Zähne nicht. Wenn sich der Kehlkopf verengt, der Mund sich weniger öffnet und die Lippen sich nach außen ziehen, hört man ein e, das so klingt, als bliebe es im Rachen stecken und als stützte es sich auf die Wurzel der Zunge, deren Spitze die etwas geöffneten Zahnreihen berührt. Ein i ist leichter zu bilden und verbraucht nicht viel Luft. Es verbleibt nicht im Rachen, sondern wird bis an die Zähne getragen, die an seiner Bildung beteiligt sind; der Mund ist dabei kaum geöffnet, und die Lippen ziehen sich in die Breite. – Beim Aussprechen von o geschieht das Gegenteil: Der Kehlkopf öffnet sich, der Rachen weitet sich und bildet eine Höhlung, in der man diesen Laut erklingen hört. Der Mund wird

[11] Wallis, *Tractatus prooemialis de loquela*, s. 2; 10–11.

[12] Die Amsterdamer Ausgabe 1699 von Lamys *La rhetorique* druckt auf S. 159–162 Buch III, Kap. 2: *Des lettres dont les mots sont composez. Premierement des voielles, comment leur son se forme*; Lamy behandelt dort auf S. 160–161 die Vokale. Wolff gibt mit der richtigen Seitenzahl versehentlich Buch II als Fundort an. Auf Lamys Vokalkapitel folgt ein allgemeines Kapitel über Konsonanten (III, 3; 163–166) und schließlich Kap. 4 (S. 167–174) mit der Überschrift *Comment se forment les consones.* Wolff nennt hier ohne Buchangabe als Fundort Kapitel 4, S. 169–174.

rund, und die Lippen formen sich zu einem Kreis, während sie beim i sozusagen eine Gerade bilden. Der Klang des o nähert sich dem des a, und deshalb verwechseln einige Nationen beide Laute, zum Beispiel die Deutschen. Der Diphtong ou unterscheidet sich vom o nur dadurch, dass er dunkler ist. – Die Aussprache des französischen u ist sacht, der Kehlkopf dämpft die Luft, die aus der Lunge strömt, so dass sie weniger kräftig wirkt. Weil sich dabei der Rachen nicht öffnet, klingt dort der Laut nicht nach; die Lippen schieben sich vor und bilden nur eine kleine Öffnung. Wenn man das u noch sachter bildet, klingt es fast wie ein i, und deshalb verwechseln die Lateiner beide Vokale, sie sagen nämlich sowohl optimus als auch optumus. Die Griechen bezeichneten ein solches sachter geratenes u als y oder kleines u; vom Diphtong ou, mit dem die Franzosen das u der Deutschen und Italiener darstellen, unterscheidet es sich sehr. Jeden der genannten Vokale kann man kurz oder lang aussprechen; im Lateinischen gibt es dafür keine eigenen Buchstaben, aber die Griechen zählen mit ε und η und mit o und ω sieben Vokale; bei den Hebräern gibt es sogar bis zu dreizehn, weil sie beispielsweise ein langes, kurzes und sehr kurzes a unterscheiden (ָ ַ ֲ); Franzosen sprechen den gleichen Vokal oft verschieden aus. Wenn man den Mund weiter aufmacht, wird der Laut kräftiger und klarer, aber wenn man den Mund weniger öffnet, wird er schwächer und weniger klar. Deshalb unterscheidet man ein offenes, geschlossenes und stummes e (progrès, fer, grace).[13]

Auf die meisten Autoren, die Wolff in De loquela erwähnt, weist er in §25 nicht hin. Die Grammaire generale enthält im ersten Kapitel des Ersten Teils eine kurze Lehre von den Vokalen, die den Leser auf deren Vielfalt aufmerksam macht: Einige Laute, die man Vokale nennt, sind so einfach, dass man sie durch bloße Veränderung der Mundöffnung bilden kann; sie sind von denjenigen Lauten zu unterscheiden, die man nur hört, wenn sie zu Vokalen hinzutreten, und die deswegen Konsonanten (Mit-

[13] *La rhetorique* l. 3, c. 2; 162.

töner) heißen. An der Bildung der Vokale sind Zähne, Zunge oder Gaumen beteiligt. Gewöhnlich nimmt man fünf Vokale an, nämlich a, e, i, o, u; abgesehen davon, dass man jeden davon kurz oder lang sprechen kann, lassen sich je nach Mundöffnung vier bis fünf weitere Vokale erzeugen. Schon das offene e ist vom geschlossenen e so verschieden, dass man beide als eigene Vokale betrachten könnte; ähnlich verhält es sich mit dem offenen und geschlossenen o. Weil diese beiden voneinander verschiedener sind als ein langes und kurzes a oder i, haben die Griechen für sie mit ο und ω eigene Buchstaben erfunden. Das u, das bei Lateinern, Italienern und Spaniern wie ein französisches ou gesprochen wird, unterscheidet sich sehr von dem u, das früher die Griechen sprachen und das heute die Franzosen sprechen. Auch ist das eu in feu oder peu ein eigener einfacher Vokal, obgleich es mit zwei Buchstaben geschrieben wird. Schließlich ist das weibliche e (zum Beispiel am Ende von femme) im Grund ein stimmloser Laut, der zu Konsonanten hinzutritt, wenn man sie ohne Endvokal ausspricht oder wenn ein weiterer Konsonant auf sie folgt. Die Hebräer nennen ihn sch^{e}wah (ְ), er kommt jedoch in allen Sprachen vor, wird aber dort nicht beachtet. Deutsche und Franzosen schreiben ihn gegebenenfalls mit e und betrachten ihn zusammen mit dem Konsonanten, auf den er folgt, als eigene Silbe; das zeigt sich im Französischen bei Wörtern wie netteté, j'aimeray, donneray usw. Dieses stumme e kann im Französischen für sich allein eine Silbe bilden (vie, vuë, aymée). Rechnet man es zu den Vokalen hinzu, dann gibt es im Französischen außer den fünf Vokalbuchstaben auch ohne Berücksichtigung von Längen und Kürzen schon neun einfache Vokale, nämlich a, ê, é, i, o, ô, eu, ou, u und das stumme e.[14] – Caramuel behandelt 1665 im Apparatus philosophicus allgemeine Fragen der Wissenschaften und Geheimwissenschaften, aber auch Schriften, Chiffren und Metachiffren. Im Zweiten

[14] *Grammaire generale* p. 1, c. 1: Des lettres, et premierement des voyelles, Paris (Petit) 1664; 6–9.

Buch erörtert er knapp die Unterscheidung zwischen Vokalen und Konsonanten (»Vokale heißen die, die allein erklingen können, Konsonanten die, die nicht allein, sondern nur mit anderen erklingen«). Er unterscheidet sieben Vokale, nämlich a, e, i, o, u, y und w, für die die Lateiner nur fünf Zeichen haben, während man im Griechischen darüber hinaus das y und im Deutschen das w verwendet. Eine Erwähnung des deutschen und niederländischen j fehlt in Caramuels Liste wahrscheinlich deshalb, weil im Spanischen das y dessen Funktion übernimmt. Darüber hinaus findet Caramuel bei den Hebräern das Qamez (ָ), das diese selbst wie ein a, die Deutschen aber wie ein o aussprechen; dieser o-Laut kommt nach Meinung Caramuels auch bei den Portugiesen vor, zum Beispiel in dem Wort, das bei ihnen Contemplaçãom (inzwischen: contemplação) geschrieben wird. Lateiner verwenden den Laut nach Caramuel ebenfalls, und zwar in Bildungen wie loustrare und illouminare.[15]

§26

Schäden an Stimmbildungs- und Stimmartikulationsorganen

16|260 ▷ S.317

§26 Wir begreifen aber leicht, dass ein Defekt oder eine Verletzung bestimmter Organe mit Notwendigkeit zur Entstehung eines Sprachfehlers führt; wenn nämlich ein Stimmbildungsbildungsorgan geschädigt ist, lässt sich der Laut nicht vollkommen formen, wenn ein Stimmmodifikationsorgan geschädigt ist, lässt er sich nicht richtig modifizieren, und wenn

[15] Caramuel, *Apparatus philosophicus* l., Prooem., disp. 2, XV, 2°; 11b, 2°. – S. auch ebd. l. 2, §131; 72b–73a: »Vokal heißt ein Buchstabe, der für sich allein erklingen kann, Konsonant einer, der nicht allein erklingt, sondern zum Erklingen andere braucht. Konsonanten werden unterteilt in Gutturale, Palatale, Dentale, Linguale und Labiale …«.

ein Atmungsorgan so geschädigt ist, dass die Atmung nicht richtig erfolgt, wird unweigerlich das Austreten der Stimme manchmal unterbrochen. Bei den Organen zur Modifikation haben wir auch die Zunge erwähnt, die die Leute für das einzige Instrument der Sprache halten, weil man beim Reden vor allem ihre Bewegungen wahrnimmt; aber die Erfahrung scheint dafür zu sprechen, dass sie keineswegs unentbehrlich ist. Gegen Anfang des vorigen Jahrhunderts zog nämlich Frankreich einen Menschen auf, der keine Zunge hatte, aber trotzdem alle Buchstaben des Alphabets aussprach. Johannes Clauberg betont in der *Theoria corporum viventium*, Kap. 35, § 882, S. 341, die Wahrheit dieses Faktums sei ihm von Augenzeugen bestätigt worden. Solange freilich für uns nicht feststeht, ob der Bau der übrigen Organe von den unsrigen verschieden war (was allerdings wahrscheinlich ist, denn von der Zunge wird erfahrungsgemäß bei der Modifikation der Vokale, die ihrem Abgang zu den Konsonanten dient, oft Gebrauch gemacht), lässt sich aus diesem Bericht nichts Zuverlässiges schließen.

Mit der Mitteilung, dass der stimmhafte Atem hin und wieder abreißt, wenn man wegen einer Schädigung der zuständigen Organe nicht richtig atmen kann, versucht Wolff, eine Ursache für das Stottern anzugeben. Darüber hinaus halten die Leute zu Unrecht die Zunge für das einzige Sprechwerkzeug,[1] obgleich die Erfahrung eher dafür zu sprechen scheint, dass man auf sie nicht angewiesen ist. Wolff erwähnt nicht Caramuels Beispiele von Menschen, die ohne Zunge sprechen konnten, nämlich Kapitän Wandovallius von Dünkirchen und Gouverneur Bamberg von Philippsburg,[2] berücksichtigt aber

[1] Ammann, *De loquela* c. 1; 19: »Die *Sprechorgane* werden von Unkundigen mit Gattungsnamen wie *Mund* oder *Zunge* benannt, aber fälschlich.«

[2] Caramuel, *Apparatus philosophicus* l. prooem., disp. 1, 16.

einen von Clauberg berichteten Fall, der in Deutschland mehr beachtet wurde als die genannten. In Frankreich hatte zu Anfang des 17. Jahrhunderts ein Mann keine Zunge, konnte aber trotzdem alle Buchstaben des Alphabets aussprechen.Andere Berichte schränken das ein: Er konnte nicht das damals übliche Zungen-R sprechen; das schließt allerdings nicht aus, dass er ein Gaumen-R spechen konnte. Clauberg berichtet, dass Augenzeugen ihm diese Geschichte bestätigt haben, aber Wolff bemerkt, man könne aus seinem Bericht keine sicheren Schlüsse ziehen, bevor geklärt sei, ob die Sprechorgane des betreffenden Mannes Anomalien aufwiesen oder nicht. Das entspricht einer Grundregel der neuen Experimentalphilosophie, nach der man aus Erfahrungsberichten ohne Informationen über die näheren und nächsten Umstände des Vorgangs, des Beobachters und der Beobachtung keine Schlüsse ziehen darf. Weil Wolff anscheinend den Bericht von Jacques Roland nicht kannte, wusste er nicht, dass schon seit 1630 zumindest ein Teil der von ihm vermissten Informationen vorlag.

■ *Die ausgereusperte Zunge.* – Clauberg besuchte Saumur nach Abschluss seines Studiums (1646) auf dem Weg nach Paris. Seine *Theoria corporum viventium* erschien 1664 in Amsterdam; in der Werkausgabe von Schalbruch, Amsterdam 1691, die Wolff nicht benutzt, ist sie auf S. 163–208 abgedruckt.[3] Die Krankheitsgeschichte *Aglossostomographia* von Jacques Roland, Sieur de Belebat, umfasst 79 Seiten und erschien 1630 in französischer Sprache in Saumur; die *Bibliothèque Nationale* in Paris besitzt ein Exemplar. Anfang der siebziger Jahre des 17. Jahrhunderts publizierte der Pressburger Mediziner Karl Rayger, *Physicus Posnaniensis, in Hungaria*, eine lateinische Übersetzung mit Anmerkungen. Nach Raygers Text teilt Roland mit, dass ein Junge namens Pierre Durand an den Pocken erkrankte und

[3] Der Text von Clauberg: *Theoria corporum viventium* c. 35, § 882; Schalbruch; 199.

dabei durch Gangräne und Fäulnis seine Zunge verlor. Kapitel 2 (*Qualis conformatio oris hujus quod sine lingua loquitur*; 564–570) berichtet über den Zustand der Sprechorgane des Jungen nach seiner Genesung: Der Gaumen war ungewöhnlich flach, vielleicht infolge des Verlustes der Zunge, die Rachenöffnung war oval und so eng, dass kaum noch Platz für eine Fingerspitze blieb. Das Zäpfchen war lang und dünn, sein Ende hing herab und war beweglich. Die Mandeln sahen aus wie zwei Kastanien und traten stärker hervor als bei anderen Personen dieses Alters (565–566). Es folgt eine Mitteilung über die *ranulares* oder den *grenouïller* des Jungen; Rayger weiß aber nicht, welches Organ damit gemeint sein könnte.[4] An der Stelle, an der früher die Zunge saß, befand sich nunmehr nach Roland ein flacher Doppelkörper aus Muskelfleisch; er zog sich vom inneren Teil des Kinns bis zur ovalen Öffnung des Rachens hin und schwoll in der Mitte beiderseits an. Bald zog er sich zusammen, bald streckte er sich wieder zum Gaumen hin, und wenn der Junge sprach oder schluckte, sah dieser Doppelkörper so aus wie zwei miteinander verbundene Blutegel. Roland hielt ihn für ein Überbleibsel von Teilen des *Genioglossus* oder *Myloglossus*.(566).

Diese Geschichte war noch Jean Paul bekannt; s. Jean Paul: Exzerpte. Digitale Edition, Faszikel V, Manuskriptseite 3, Notiz V-BVA-01-1780-1781-0040: »Dunkan, der Vater des Zerisantes, ein berühmter Arzt in Frankreich, hatte einen Diener, dessen Sohn seine Zunge ausreusperte, und demungeachtet so deutlich sprach, als zuvor, aber den Buchstaben R nicht. Ein Wundarzt zu Saumür schrieb hierüber einen Tractat, welchen Dunkan betitelte: Aglossostomographia. Ein a. Arzt zu Saumür, Namens Benediktus, Dunkans Feind, bewies in einer Abhandlung, daß die Krankheit Aglossostomatographia hätte genant werden müssen.« – Jean Paul stützt sich auf eine andere Quelle als Clauberg; seine mittelbare oder unmittelbare Vorlage ist

[4] In Raygers Ausgabe: S. 566.

Bayles *Dictionnaire historique et critique*, und zwar der Artikel »Cerisantes«, der in der von Gottsched besorgten deutschen Ausgabe:»Herrn Peter Baylens Historisches und Critisches Wörterbuch«, Bd. 2, auf S. 124 abgedruckt ist: »Er hatte einen Diener; dessen Sohn von 12–13 Jahren reusperte im Husten seine Zunge aus, und brachte sie zu seinem Vater, mit diesen Worten: nehmet hin, hier ist meine Zunge, die ich ausgereuspert habe. Dieser Junge hat nach diesem Zufalle, (der ihm vermutlich von den Pocken zugestoßen war, welche die Wurzel der Zunge abgefressen hatten,) so gut als zuvor geredet, außer dass er den Buchstaben R. schwerlich ausgesprochen. Er ist in ganz Europa herum geführt worden, und hat lange gelebt. Da ein Wundarzt zu Saumur hierüber einen Tractat gemacht, dem Herr Duncan den Titel, nämlich *Aglossostomographia*, gegeben hatte, so ließ ein anderer Medikus zu Saumur, (er hieß Benedictus, der eine lateinische Übersetzung Lucians gemacht hat,) der dem Herrn Duncan nicht gewogen war, eine Dissertation drucken, um zu beweisen, dass er *Aglossostomatographia* hätte sagen sollen, und setzte diese Verse vor seine Schrift:

»Du wirst dich wundern, Leser mein,
Daß ohne Zungen ein Knäbelein
So leicht und fertig reden kann.
Allein, wie steht dir das wohl an,
dass ein Barbier, der nicht kann les'n
Das Griechsche, doch so kühn gewes'n,
Dasselbige zu schreiben gar?
Scheint dir dieß Sinngedicht fürwahr,
Die süße Frucht von meinem Witz,
Nicht ganz verwerflich und unnütz,
Und läufts so mit; so nimms in Acht:
Es ward von mir zu Pferd gemacht.«

Zur letzten Zeile dieses Gedichts berichtet Bayle unter Berufung auf einen Freund: »Lose Vögel haben den letzten Vers in den

Abdrücken, die sie finden können, verändert, und dafür gesetzet, es ward von mir als Pferd gemacht.«

Jean Pauls unmittelbare Vorlage war wahrscheinlich nicht die Gottschedsche Ausgabe des Bayleschen Wörterbuchs, sondern eine kürzere Fassung von ihr; er scheint sich an einer deutschsprachigen Zeitschrift zu orientieren: D. Johann August Unzer: Der Arzt. Eine medicinische Wochenschrift, Wien und Leipzig (Graffer), Bd. 3, 1778, 196. Stück; 529–530: »Duncan, der Vater des Cerisantes, ein berühmter Arzt in Frankreich, hatte einen Diener, dessen zwölfjähriger Sohn seine Zunge ausreusperte, und dem ungeachtet noch so deutlich sprach, als zuvor; nur daß er den Buchstaben R nicht deutlich aussprechen konnte. Ein Wundarzt zu Saumür schrieb hierüber einen Tractat, welchem Herr Duncan den Titel gab: *Aglossostomographia.* Ein anderer Arzt zu Saumür, namens Benedictus, und ein Feind des Herrn Duncan, ließ hierüber eine Abhandlung drucken, worin er bewies, dass diese Krankheit *Aglossostomatographia* hätte genannt werden müssen [...]«.

V.

Der Weg vom Sprechen zum Verstehen

§ 27

Der Weg der Wörter vom Sprecher zum Hörer

16–18 | 260–261 ▷ S. 318

---

§ 27 Soviel über die Bildung der Laute; jetzt ist noch ihre Verbreitung zu behandeln. Weil aber Sprache kraft des bisher Gesagten modifizierter Laut ist, liegt es auf der Hand, dass man sich ihre Verbreitung an der jedes beliebigen Schalles klarmachen kann. Man versteht sie am leichtesten mit der Hypothese der Gelehrten, die Laute zu Wirbeln zitternder Luft erklären. Wenn nämlich der Zusammenstoß tönender Körper Ätherwirbel hervorruft, die denen sehr ähnlich sind, die ein ins Wasser geworfener Stein im Nass hervorruft, ist es evident, dass sich die Stimme des Sprechers notwendigerweise nach allen Seiten hin ausbreitet und mit einigem Verzug bis an entfernte Stellen gelangt, dass sie aber desto schwächer wird, je weiter sie kommt, bis sie allmählich ganz erlischt. Man kann aber nicht mit Sicherheit behaupten, dass sich Gesprochenes auf diese Weise verbreitet, bevor geklärt ist, ob die Natur der Luft solche Wirbel zulässt. Nicht ohne Grund zweifeln Perrault und Franciscus Tertius de Lana daran, weil Wasserwirbel auf der Wasseroberfläche vorkommen, auf der nur die leichte Luft lastet, aber nicht im tiefen Wasser. Wir bleiben also auf der sicheren Seite, wenn wir behaupten, dass der Kehlkopf die Luft, die durch die Luftröhre aus den Lungenflügeln ausgeatmet wird und durch die enge Stimmritze nach außen dringt, in zitternde Bewegung versetzt, dass diese später, wenn sie den Mund verlassen hat, auch den Luftteilchen in ihrer Nähe durch wechselseitige Berührung eine entsprechende Bewegung mitteilt, und dass diese wiederum mit anderen Teilchen in ihrer

Nähe dasselbe tun, bis sie sich auf diese Weise nach allen Seiten hin bis in beträchtliche Entfernung ausgebreitet haben. Weil aber jedes zitternde Teilchen sein Zittern an ein Teilchen neben, vor, über und unter sich weitergibt, liegt es auf der Hand, dass Sprache nach überall hin übertragen wird. Da sich jedoch das Zittern des einen Teilchens von dem des anderen nur graduell unterscheidet, denn aufgrund der Naturgesetze der Bewegung verliert ein Körper, der mit einem anderen zusammenstößt, einen Teil seiner Bewegung; und weil die Luftmaschinchen infolgedessen umso weniger zittern, je weiter sie sich vom Mund des Sprechers entfernen, bis sie am Ende ganz zu zittern aufhören, ist es notwendig, dass ganze Wörter zu aller Ohren gelangen, obgleich sie nach und nach schwächer werden. Wenn zum Beispiel ein Redner seine Wörter mit ungleicher Geschwindigkeit und Lautstärke vorträgt, erreichen im ersten Fall die letzten Silben und Wörter entfernte Stellen früher als die ersten, im zweiten Fall gelangen die weniger lauten nicht bis in weitere Entfernung, und folglich wird die Rede des Sprechers gar nicht deutlich verstanden. Und weil die Luft mit ihrem Gewicht Druck nach unten ausübt, treffen zitternde Luftteilchen, die nach oben streben, auf den Widerstand derer, die schon oben sind, so dass ihr Schwung durch den Gegenschwung derer, die nach unten wollen, bald abgeschlagen wird; deswegen dringt die Stimme eines Sprechers schwerer nach oben, als sie nach unten übertragen wird.

Wolff hat gezeigt, dass Sprache modifizierter (artikulierter) Schall ist; sie breitet sich also nicht anders aus als sonstiger Schall. Nach Meinung Wolffs versteht man das am leichtesten, wenn man annimmt, dass Töne Wirbel (Wellen) zitternder Luft sind. Wer unterstellt, dass bei Zusammenstößen, an denen klangfähige Körper beteiligt sind, ähnliche Wirbel entstehen wie die, die ein ins Wasser geworfener Stein auslöst, sieht sehr leicht ein, weshalb sich die Stimme eines Sprechers in alle

Richtungen ausbreitet und mit leichter Verzögerung auch in abgelegene Bereiche gelangt; dass sie ferner mit wachsender Entfernung immer schwächer klingt und am Ende ähnlich wie Wellen in ruhigem Wasser verebbt; Wolff arbeitet noch mit dem cartesischen Ausdruck »Wirbel« (*vortex*). Eine Schallwellentheorie, zu der es, wie Sturm zeigt, schon Ansätze in Antike, Mittelalter und Renaissance gab,[1] vertritt in Wolffs literarischer Umgebung Clauberg sozusagen im Vorübergehen[2]; zu ihren Vorzügen gehört es, dass sie das Schwinden und Erlöschen von Schall mit einer plausiblen Metapher darstellen kann. Wolff zögert aber, sie zu übernehmen, weil noch nicht feststeht, ob die von ihr angenommenen Wellen mit der Natur der Luft vereinbar sind. Perrault (bei Sturm: *Perraltius*) und Lana bezweifeln das; nach ihnen löst ein Stein deswegen kreisförmige Wellen auf der Wasseroberfläche aus, weil nur der verhältnismäßig schwache Luftdruck auf ihr liegt; dagegen treten im tieferen Wasser, auf dem die viel schwereren Wassermassen lasten, vergleichbare Wellen nicht auf. Sturm, an dem sich Hambergers Physikvorlesung in Jena orientierte, unterstützt nicht ohne Vermittlungsversuche die Position Perraults und Lanas, die mit der damals noch nicht sehr alten Einsicht arbeitet, dass Luft, die nach der herkömmlichen Meinung als leichtes Element von Natur aus nach oben strebt, in Wirklichkeit etwas wiegt und Druck nach unten ausübt.[3]

Der Arzt und Architekt Claude Perrault erörterte die Frage in seinem Akustikhandbuch *Du bruit* (bei Wolff: *Tractatus de sono*), das 1680 im zweiten Band von Perraults *Essais de physique* erschien. Der erste Teil, der das schallerzeugende Luftzittern (*agitation de l'air*) behandelt, referiert im zweiten Kapitel

[1] Sturm, *Physica electiva* l, 1, s. 2, c. 7, II, 3; 368–369.
[2] Clauberg, *Physica contracta* 24, §§ 948–949; Schalbr. 40.
[3] Sturm. *Physica electiva* l. 1, s. 2, c. 7, II, 7–12; 372–376.

aktuelle Meinungen über dessen Ausbreitung.[4] Einige Autoren glauben, dass Schall sich in kreisförmigen Wellen verbreitet, die denen gleichen, welche ein ins Wasser geworfener Stein auslöst. Nach Perrault berücksichtigen diese Forscher aber nicht, dass solche Wellen auf einer ebenen Fläche entstehen, auf der lediglich der Luftdruck lastet, dass sie aber nicht bis in die Tiefe dringen, denn tiefere Wasserschichten bleiben wegen des hohen Gewichts des auf ihnen lastenden Wassers sogar von schwerem Seegang unberührt. Ohnehin verbreitet sich Schall in der Luft nicht wie Wellen auf einer Wasserfläche zweidimensional, sondern dreidimensional in alle Richtungen; die Schallwellentheorie, die sich an Wasserwellen orientiert, geht also an der Wirklichkeit vorbei. Nach Lana spricht gegen sie der experimentelle Befund, dass Schall sich auch in tiefem Wasser nach allen Richtungen ausbreitet; sogar Fische in tiefem Wasser können ihn hören, obgleich sich auf der Wasseroberfläche keine Wellenkreise bilden. Ammann weist zwar drauf hin, dass Wasser in einem Glasharfenglas in eine leichte Wellenbewegung gerät, wenn man den Glasrand mit angefeuchtetem Finger reibt; aber Lana entgegnet, wenn sich Schall im Wasser ausbreite und gleichzeitig Kreise auf der Wasseroberfläche entstehen, müsse eben eine weitere Vibration noch kleinerer Teilchen im Spiel sein, die jene kreisförmigen Wellen verursacht.[5] Wolff erwähnt die Auseinandersetzung, geht aber weder auf Einzelheiten noch auf den Streit über die Zusammensetzung der Luft ein: Besteht sie aus mehreren Korpuskelklassen verschiedener Größe mit jeweils eigenem Verhalten und werden diese alle vom Luftzittern erfasst oder nur eine oder zwei von ihnen? – Leibniz erwähnt das Pro-

[4] Perrault, *Essais de physique*, vol. 2: *Du bruit*. Dort p. 1, c. 2; 1–13: »Die Wellen, die sie sich eingebildet haben, sind unbrauchbar.« – Ebd.; 13–14: »Die Luft ist genau so wenig der Wellenbewegung fähig wie Meerwasser unterhalb des Bereichs, in dem sich hoher Seegang noch auswirkt.«

[5] Lana, *Magisterium naturae et artis* l. 9, c. 3, prop. 12; II 405b G-406a A.

blem kurz in seiner Kritik an Wolffs *De loquela.* Luftwirbel, die Schall verursachen, gleichen keineswegs den Wirbeln, die ein ins Wasser geworfener Stein hervorruft; Schelhammer habe dazu in seinem Buch *De Auditus modo et organis* zwar Anregungen von Leibniz aufgegriffen, aber dort, wo er sich ähnlich äußere wie Wolff in der *Disquisitio de loquela*, habe er die Sache eben nicht richtig verstanden.[6]

Wolff legt seiner Darstellung die Annahme zugrunde, dass die Ausbreitung von Schall auf die Weitergabe des Zitterns von Korpuskeln des Mediums zurückzuführen ist; er arbeitet aber zugleich mit der Vorstellung von Schallstrahlen; »*radius phonicus*« dient als Bezeichnung für Schallstrahlen, die sich in mancher Hinsicht ähnlich verhalten wie Lichtstrahlen (»*radius luminosus*«).[7] Der Kehlkopf versetzt die durch die Luftröhre entweichende Atemluft mit Hilfe der Stimmritze in zitternde Bewegung. Sobald sie den Kehlkopf verlassen hat, teilt sie ihre Zitterbewegung den benachbarten Luftteilchen mit, die sie ihrerseits an die ihnen benachbarten Luftteilchen weitergeben. Auf diese Proliferation des Schalls nach allen Richtungen ist es zurückzuführen, dass er nicht nur die Orte der divergierenden Schallstrahlen, sondern das ganze Medium (quaquaversum) ausfüllen kann. Wolff kann, ohne die Schallwellenhypothese zu bemühen, nicht nur erklären, weshalb sich Schall in alle Richtungen ausbreitet, sondern auch, weshalb er mit wachsender Entfernung immer schwächer wird:

[6] Gerhardt, Briefwechsel zwischen Leibniz und Wolff, Brief vom 20. Augst 1705; 33.

[7] Schott verwendet in seiner Akustik Ausdrücke wie *radiatio* und *radiare,* aber auch »*radius sonorus*« und »*radius phonicus*« (s. Magia universalis II, l. 2, c. 1 Hypotheses, II; 99 und l. 2, c. 1, synt. 3; 101). Sturm spricht von *radiis sonoribus* bei seinen Erwähnungen der Schallstrahlenhypothese, zum Beispiel auf Seite 384 und 386 und Seiten 676–678 der *Physica electiva.*

Bei der Proliferation des Luftzitterns kommt es unablässig zu Kollisionen von Teilchen des Mediums, und aufeinanderprallende Körper verlieren bei Zusmmenstößen einen Teil ihrer Bewegung. Diese Erklärung hat den Nachteil, dass sie keine so anschauliche Analogie zum allmählichen Schwinden von Schall bereithält wie die Schallwellentheorie, doch gibt sie immerhin einen Grund dafür an, dass zwischen dem Zittern einzelner Luftmaschinchen graduelle Unterschiede bestehen. »Grad« ist damals noch nicht zur speziellen Maßeinheit für Temperaturen geworden, sondern kann bei allen intensivierbaren und abschwächbaren Veränderungen (*intensiones et remissiones*) verwendet werden; man kann noch von hohen oder niedrigen Liebes- oder Geschwindigkeitsgraden sprechen, und Ausdrücke wie »hochgradig nervös« sind noch heute verständlich. Zwischen dem Zittern einzelner Luftteilchen bestehen insofern graduelle Unterschiede, als einige heftig und andere schwach erzittern. Je weiter sie sich vom Mund des Redners entfernen, desto schwächer zittern sie, und am Ende hören sie ganz zu zittern auf. Wolffs Gewährsautoren weisen mit Beobachtungen und Experimenten nach, dass von der Heftigkeit des Zitterns die Lautstärke abhängt: Heftiges Zittern führt zu lautem Schall, verhaltenes Zittern zu leisem,[8] aber unabhängig davon verbereitet sich leiser wie lauter Schall im Medium mit gleicher Geschwindigkeit[9] und ungleicher Reich-

[8] Zum Beispiel Schott, *Magia naturalis* p. 2, l. 1, c. 1, prop. 9; 18: »*Zitternde Körper klingen stärker als weniger zitternde.*« – Auch Lana, *Magisterium naturae et artis* Bd. 2, l. 10,c. 3, prop. 22; 452: »*Lauter Ton unterscheidet sich von leisem dadurch, dass jener zu derselben Zeit mehr und stärkere Vibrationen hat.*«

[9] Stellen von Lana und Sturm behaupten die Unabhängigkeit der Schallgewindigkeit von der Lautstärke, zum Beispiel Lana, *Magisterium naturae et artis* Bd. 2, l. 10, c. 3; prop. 26; 453b G: »*Lauter und leiser Ton desselben Tönenden gelangen gleich schnell in dieselbe Entfernung*«, und Sturm, *Physica electiva* l. 1, s. 2, c. 7, III, 7; 382, »Ein lauter Ton wird nicht schneller befördert als ein leiser.«

weite, denn schwaches Zittern ist schneller aufgebraucht als heftiges. Hörer, die nahe beim Sprecher stehen, verstehen in der Regel alles, aber Hörer, die weit von ihm entfernt sind, verstehen nur noch die laut genug gesprochenen Redeteile, denn leise gesprochene erlöschen schon, bevor sie entferntere Ohren affizieren können. Wolff fügt hinzu, es sei notwendig, dass ganze Wörter an die Ohren jedes Hörers gelangen. Die Funktion der Bemerkung in diesem Zusammenhang ist nicht leicht zu verstehen; vielleicht denkt er nicht an physikalische Notwendigkeit, sondern an das zweckmäßige Erfordernis, dass Redner oder Prediger laut und deutlich sprechen müssen, damit sie jeder Zuhörer versteht.

Der folgende Text macht in beiden Ausgaben von *De loquela* keinen guten Eindruck. Die Ausgabe von 1703 setzt den Fall, dass ein Redner seine Wörter mit *ungleicher* Geschwindigkeit und Lautstärke ausspricht (*inaequali velocitate et claritate*), während die Ausgabe von 1755 bei im übrigen gleichem Kontext das Gegenteil annimmt: *in gleicher* Geschwindigkeit und Lautstärke (*in aequali velocitate et claritate*; der Einsatz von »in« ist redundant, denn der bloße Ablativ genügt). Vermutlich ist »*in aequali*« kein Druckfehler, sondern die Konjektur eines Beteiligten, dem der Text von 1703 nicht geheuer war. Beide Versionen fahren gleichermaßen fort: Wenn der erste Fall (Wörter werden ungleich beziehungsweise gleich schnell gesprochen) eintritt, kommen die letzten Silben und Wörter bei entfernten Hörern früher an als die ersten.

Der Text enthält keine Informationen über Einzelheiten. Schon in der Ausgabe von 1703 wird nicht klar, was »mit ungleicher Geschwindigkeit und Lautstärke« bedeuten soll, doch liegt es nahe anzunehmen, dass sich »Geschwindigkeit« nicht auf die Schallgeschwindigkeit, sondern auf die Sprechgeschwindigkeit des Redners bezieht. Aber diese Annahme führt zu keiner guten Lösung, denn wenn Wolff an einen Redner dächte, der beispielsweise in zehn Sekunden zwanzig und in den folgenden zehn Sekunden zehn Wörter ausspricht, erreichten beide Pakete bei hinreichender Lautstärke einen Redner in 100 m Entfernung ohne Überschneidungen mit gleicher Geschwindigkeit. Wolff schreibt: »*In priori casu*« (vermutlich: Im Fall ungleicher Sprechgeschwindigkeit) gelangen die letzten Silben und Wörter früher an entfernte Stellen als die ersten. Das würde implizieren, dass die Schallgeschwindigkeit von der Sprechgeschwindigkeit abhängt, aber dass ein vielversprechender Physiker wie der junge Wolff so etwas behauptet, ist schon beim Blick auf seine Bezugsautoren unwahrscheinlich. Weil das Substantiv »*concionator*« auch »Prediger« bedeuten kann, ist nicht auszuschließen, dass der Prediger Wolff an Predigten in geschlossenen Kirchenräumen denkt, in denen die Ankunftszeit einzelner Predigtteile von Faktoren wie Diffusion, Beugung und Überlagerung beeinflusst werden kann. Unter dieser Voraussetzung kann ein Fachmann wahrscheinlich zu einer überzeugenden Interpretation der Stelle gelangen, sie wäre aber textlich nicht gedeckt, weil Wolff nichts über die näheren Umstände der Predigt mitteilt. Der vielleicht konjizierte Text von 1755 macht die Lage nicht besser. Wenn ein Redner alle Silben und Wörter mit gleicher Geschwindigkeit ausspricht, gelangen die letzten nicht früher zu entfernten Hörern als die ersten, sondern sie alle gelangen ohne Überschneidung in der vom Redner vorgesehenen Reihenfolge zu den Hörern, die sie noch hören können. Dagegen ist der Text für Wolffs zweiten Fall unproblematisch, denn leise gesprochene Wörter überstehen in der Tat nur geringere Entfernungen als laut gesprochene.

Im letzten Beispiel, das Wolff erwähnt, geht es um den günstigsten Standort von Rednern oder Predigern. Weil Luft auf der Erdoberfläche lastet, stoßen zitternde Luftmaschinchen, die nach oben streben, sogleich mit solchen zusammen, die wegen ihres Gewichts nach unten streben. Infolge solcher Kollisionen verbreitet sich der Schall von Wörtern leichter von oben nach unten als von unten nach oben. Darauf weist auch Lana hin.[10]

§28

Der Weg der Wörter vom Ohr des Hörers bis zu dessen Verstand

18|261–262 ▷ S. 319

---

§28 Die zitternde Luft dringt ins Ohr ein und wird im Gehörgang mehrmals durch Reflexionen verstärkt, die in etwa denen gleichen, die der berühmte Sturm in *Colleg. Cursios.*, Teil 2, tent. 8, concl. 3, S. 160, in stentoreophonischen Röhren nachgewiesenen hat; danach erschüttert sie das Trommelfell und prägt überdies der in der Paukenhöhle enthaltenen Luft vermittelst der Vibrationen von Hammer, Amboss und Steigbügel ihr Zittern ebenfalls ein; sobald diese in die gleiche Zitterbewegung geraten ist wie die äußere Luft, wendet sie sich dem runden und ovalen Fensterchen zu, trifft auf das beiden vorgelagerte Membränchen, bringt die Luft in den Labyrinthhöhlen zum Zittern und teilt dieses Zittern am Ende den Zweiglein des Gehörnervs mit, von denen sich zwei in die Windungen des Vorhofs und des Bogengangs erstrecken, während der dritte am höchsten Punkt der Schnecke endet (wie es bei Magnif. Hrn. Dr. Bohn in *Circulus*, S. 407, steht), der schließlich sein Zittern weitergibt. Dieses wird von den Animalgeistern ins Gehirn übertragen, und je nach seiner Verschiedenheit treten daraufhin im Geist gemäß den Artikeln des zwischen ihm und dem Körper durch göttlichen Wink geschlossenen Vertrags verschiedene Perzeptionen auf, die wir

[10] Lana, *Magisterium naturae et artis*, l. 10, c. 1, experim. 57; II 429a A: »Wer von einem erhöhten Ort aus redet, wird von jemandem an einem niedrigeren Ort besser verstanden als von jemandem an einem noch höheren Ort.« In *Magisterium* l. 10, c. 3, prop. 52; 471a B, begründet Lana das.

Wörter zu nennen pflegen und von denen die Leute aufgrund eines Vorurteils glauben, dass sie dem Mund des Sprechers entfließen.

---

§28 skizziert zunächst den Weg der zitternden Luft von den Ohrmuscheln bis zum Innenohr und orientiert sich vor allem an der Darstellung des Leipziger Anatomen Bohn: Die Ohrmuscheln fangen die zitternde Luft auf, und im gewundenen Gehörgang wird ihr Zittern mehrmals durch Reflexionen verstärkt. Bohn erwähnt keine technischen Analogien, aber Wolff macht den Leser auf ein naheliegendes Beispiel in Sturms experimentalphysikalischem Sammelwerk *Collegium experimentale sive curiosum* aufmerksam.

Sturm hat sich um die Einfügung von Experimentalkollegs ins Physikstudium an deutschen Hochschulen verdient gemacht. Im Titel seines von Wolff erwähnten Experimentalwerks übernimmt »*curiosum*« damals übliche Konnotationen des französischen »*curieux*« und des englischen »*Virtuoso*«.[1] Im zweiten Teil des *Collegium experimentale* arbeitet Sturm mit stentoreophonischen Röhren; der Ausdruck soll an den griechischen Helden Stentor erinnern, dessen Stimme so laut war wie die von fünfzig Männern (Ilias V. 4785). Gleichbedeutend ist damals »akustische Röhren«; gemeint sind vormoderne Tonverstärker aus metallischen Rohren und Trichtern. Im achten Versuch des zweiten Teils, auf den sich Wolff bezieht, berichtet Sturm über die Geschichte solcher Hilfsmittel, über seine eigenen Erfahrungen mit unterschiedlichen Modellen und über seine Schlussfolgerungen aus den Ergebnissen (*Collegii experimentalis sive curiosi pars secunda, tentamen VIII: De tubis stentoreo-phonicis sive acusticis;* 142–164). Wolff erwähnt Sturms Conclusio III, die die Befunde von Conclusio I und II (ebd. 159–160) voraussetzt, und behaup-

[1] S. oben S. XXXVIII.

tet: Wenn die menschliche Stimme den Mund verlässt, breitet sie sich sphärisch aus und affiziert die Ohren des Hörers mit nur einigen der zitternden Luftteilchen. Spricht man dagegen in eine konische Röhre, die man dicht vor den Mund hält, wird der Schall sozusagen gebündelt und affiziert das ihr zugewandte Ohr des Hörers viel stärker, so dass man besser versteht. Sooft die zitternde Luft bei ihrer sphärischen Ausbreitung auf die gebogenen Stellen im Innern der Röhre stößt, wird sie durch Reflexion verstärkt. In Conclusio III; ebd. 160–163, ergänzt Sturm: Damit ist die Intensivierung der Stimme durch akustische Röhren nicht hinreichend erklärt, aber der britische Forscher Morland hat darauf aufmerksam gemacht, dass schon mehrmals reflektierter Schall, wenn er am Ende auf die Innenwand der Röhre prallt, von dieser noch einmal reflektiert wird, und dass dadurch der Verstärkungseffekt um ein Vielfaches wächst: Der Klang der Stimme wird intensiviert und erreicht an einem darstellbaren Punkt am Ausgang der Röhre sein Maximum.

Die durch wiederholte Reflexionen verstärkte zitternde Luft überträgt ihr Zittern auf das Trommelfell. Dadurch geraten im Mittelohr auch Hammer, Amboss und Steigbügel in Vibration und übertragen das Zittern der Außenluft auf die Luft in der Paukenhöhle.[2] Dort erfasst es das runde und ovale Fensterchen, rüttelt an beider Membranen, versetzt am Ende auch die Luft (Wolff sagt nicht: die Lymphe) im Labyrinth in Vibration und überträgt ihre zitternde Bewegung auf die Zweiglein des Gehörnervs im Vorhof, in den Bogengängen und am höchsten Punkt der Schnecke.[3] Das dadurch verursachte Zittern wird von den Animalgeistern über den Gehörnerv ins Gehirn übertragen.

[2] Dem entspricht Bohn, *Circulus*, progymn. 26, *Tympani membranae usus*; 401–402. Bohn bemerkt auf S. 405: »*Der Zweck der Knöchelchen ist dunkel. Sie scheinen der Verbreitung des Tons zu dienen.*«

[3] Bohn, *Circulus*, progymn. 26; 407–408.

Wolff stützt sich auf Bohns Progymnasma 26, und Bohn orientiert sich an Du Verneys *Traité de l'organe de l'ouie*. Bohn spricht von dem Bogengang (*canalis* semicircularis), fügt aber sogleich hinzu, dass es deren drei gibt; auf diesen Singular ist es vielleicht zurückzuführen, dass Wolff vom *canalis semicircularis* im Singular spricht.[4] Du Verney teilt das Labyrinth in drei *cavités* ein, die Bohn als *concamerationes* bezeichnet: Vorhof (*vestibulum*), drei Bogengänge und Schnecke;[5] darauf bezieht sich Wolffs Passus »*aerem in labyrinthi cavitatibus contentum*«. Wolffs Mitteilung über die Zweiglein des Gehörnervs, von denen sich zwei in die Windungen des Vorhofs (*vestibulum*) und des Bogengangs erstrecken, während der dritte am höchsten Punkt der Schnecke endet, ist knapp; Bohns Darstellung ist ausführlicher: Das Labyrinth betritt der weiche und der harte Gehörnerv durch eine besondere Öffnung, aber beide werden bald danach durch ein dünnes beinernes Zwischenstück voneinander getrennt. Der weiche und eigentliche Gehörnerv teilt sich wenig später in drei Zweige, von denen der eine in den Vorhof läuft, der andere die Windungen des Bogengangs nachzeichnet und der dritte an der Spitze der Schnecke endet, während der harte Gehörnerv durch eine Öffnung zwischen Warzenfortsatz und Griffelfortsatz entschlüpft.[6] Für fachfremde Leser sind solche Texte schon deshalb schwierig, weil zur Zeit ihrer Entstehung viele heutige Terme noch nicht gebildet oder gebräuchlich waren – Wörter wie »*nervus cochlearis*« und »*nervus vestibularis*« kommen nicht vor. Doch gewinnen auch Laien bei der Konsultation von Fachleuten den Eindruck, dass die Texte zahlreiche Hinweise zur Lokalisierung der erwähnten Phänomene enthalten.

4 Bohn, *Circulus*, progymn. 26; 407.

5 Du Verney, *Traité de l'organe de la ouie*, Table generale, am Anfang der Darlegung.

6 Bohn, *Circulus*, progymn. 26; 407–408.

Mit dem Thema des folgenden Paragraphen, der Übermittlung von Sinnesinformationen vom Gehirn an den Verstand, kommt der Geist ins Spiel, zu dessen Vermögen der Verstand gehört. Weil Wolff keine direkten Einwirkungen des Körpers auf den Geist zulässt, kann er nicht wie andere Autoren annehmen, dass das Gehirn seine Botschaft kurzerhand an die Seele weiterreicht, denn zwischen beiden liegt für ihn ein metaphysischer Abgrund. Wolff trennt sich deshalb jetzt von der Anatomie und greift auf seinen occasionalistischen Entwurf von §17 zurück: Gott hat einen Vertrag über die Beziehungen von Körper und Geist gestiftet, demzufolge genau dann, wenn bestimmte akustisch relevante Bewegungen von Animalgeistern ihr Werk im Gehirn des Hörers vollendet, nämlich eine Impression erzeugt haben, in dessen Geist diejenige Perzeption entsteht, die die Natur oder die Gewohnheit von Menschen mit dieser Impression verknüpft hat. Dazu, dass bei bestimmten Impressionen zugleich die Perzeption der mit ihnen verknüpften Wortlaute im Geist erscheint, bedarf es keiner besonderen Einwirkung des Körpers auf den Geist oder des Geistes auf den Körper. Dass es der Wille Gottes so bestimmt hat, reicht aus.

Beide Ausgaben schreiben im letzten Satz »*ex ore*« und bezeichnen es als eine falsche Behauptung, dass die Wörter aus dem Munde kommen. Das tun Wörter aber trotzdem. Vermutlich hat Wolff versehentlich »ex ore« statt »ex corde« geschrieben, denn er wendet sich in §36 mit Gründen gegen die Meinung, dass uns die Wörter aus dem Herzen kommen.

§29

Sprechen und Sprechenlernen

18–19|262 ▷ S. 320

---

§29 Wir kennen bereits aus Erfahrung folgendes Verfahren unseres Geistes: Wenn Perzeptionen ein paarmal gleichzeitig ausgelöst wurden und wenn man später noch einmal eine davon bekommt, entsteht zugleich die andere auch. Es ist unnütz, dafür einen Grund *a priori* anzugeben; wer will, mag den berühmten Malebranche in seiner französischen Abhandlung mit dem Titel *La Recherche de la verité*, Band 1, Buch 2, Teil 2, Kap. 3, S. 191 und folgende lesen. Dadurch wird aber klar, nach welchem Verfahren wir unsere Muttersprache und auch Fremdsprachen lernen. Wenn wir nämlich beim Anblick eines Dings, zum Beispiel eines Schiffs, das Wort hören, mit dem es bezeichnet wird, entstehen im Geist gleichzeitig die Perzeptionen des Dings und des Wortlauts. Daher muss, wenn sich die gleichzeitige Entstehung dieser Perzeptionen ein paarmal wiederholt hat, beim Hören des Worts die Perzeption des Dings und beim Anblick des Dings die Perzeption des Worts von neuem entstehen. Deswegen sind wir überhaupt in der Lage, den Sinn der Muttersprache zu verstehen. Beim Lernen von Fremdsprachen pflegen wir gemeinhin etwas anders vorzugehen, denn dabei verbinden wir die Wortlautperzeptionen nicht unmittelbar mit den entsprechenden Dingperzeptionen, sondern mit den Wortlautperzeptionen der Muttersprache, die dieselben Dinge bezeichnen. Und daher empfinden wir es als schwierig, dass wir, wenn wir Fremdsprachen nach der üblichen Methode lernen, drei Vorstellungen gleichzeitig denken müssen, obgleich wir nur eine bekommen – um andere Ursachen mit Schweigen zu übergehen.

Wenn die akustische Impression im Gehirn gespeichert ist, wird dem geübten Geist aufgrund einer von Gott verfügten Wenn-Dann-Beziehung die mit ihr verknüpfte Perzeption wieder präsent. Allein dadurch, dass das Gehirn das akustische Phänomen haʊs empfängt und dass zugleich im Geist die Perzeption ›haʊs‹ erscheint, entsteht noch keine Kommunikation, denn beides hilft einem sprachunkundigen Hörer nicht weiter als die Perzeption vergleichbarer Wortlaute wie »*maison*«, »*dom*« oder »בית«. Einen Wortlaut wie haʊs versteht man nur, wenn man erstens weiß, dass er bei deutschsprachigen Hörern ein materielles Gebilde bezeichnet, in dem Menschen dauerhaft wohnen können; diese Art von Wissen ist nicht angeboren, sondern muss gelernt werden. Zweitens muss dem Hörer das gelernte Wissen, dass im Deutschen das akustische Phänomen haʊs mit der Perzeption ›Haus‹ verknüpft ist, genau dann wieder einfallen, wenn in seinem Gehirn die Impression haʊs erzeugt oder reaktiviert wird. Das ist bei Menschen, die die Sprache beherrschen, in der Regel der Fall, und Wolff muss erklären, weshalb es so ist. Dazu verweist er auf eine menschliche Fähigkeit, die schon antike Philosophen beschäftigte.[1] Der Sachverhalt wurde im Mittelalter und in der frühen Neuzeit erörtert, doch hatte er bis zum Ende des 17. Jahrhunderts noch keinen allgemein akzeptierten Namen. Ende 1699, vier Jahre vor Wolffs *De Loquela*, bezeichnete ihn John Locke nach anfänglichen Versuchen mit »*consociatio*« in der vierten Auflage des *Essay concerning human understanding* als »*association*«,[2] und dieser Name setzte sich durch. Locke verwendete ihn nur für pathologische Assoziationen, doch gab man diese Einschränkung bald auf.[3] Als *De Loquela* entstand, hatte sich aber der neue Term bei uns noch nicht durchgesetzt, und Wolff hielt sich an die damals auf dem Kontinent führende Darstellung in Malebranches *Recherche de la verité*,[4] einem lange berühmten Buch, das die *Dissertatio de Loquela* erstaunlich wenig geprägt hat. Zunächst erinnert Wolffs Text an eine häufige Erfahrung: Wenn jemand mehrmals zwei Perzeptionen zugleich bekommen hat und wenn später eine davon noch einmal erscheint, fällt ihm sogleich auch die andere ein.

[1] Das einflussreichste Zeugnis war das zweite Kapitel von Aristoteles' *Opusculum* über Gedächtnis und Erinnerung (451a18–453b11).

[2] Locke, *An Essay concerning human understanding* 2.33: Of the Association of Ideas; Nidditch 394–401.

[3] Zum Beispiel Hume, *A treatise of human nature* I/1, §4: Of the connexion or association of ideas; 10–13.

[4] Malebranche, *Oeuvres complètes*, l. 2, p. 2, c. 2; I 274–278.

Nach Wolff gibt es dafür keinen notwendigen Grund, weil solche Verknüpfungen auf Gottes freiem Gutdünken beruhen. Wer sich für Einzelheiten interessiert, dem empfiehlt er, bei Malebranche nachzuschlagen.

Mit der Lehre von den Assoziationen lässt sich nach Meinung Wolffs erklären, was beim Erlernen der Muttersprache und fremder Sprachen geschieht. Wenn man jemandem beim Anblick eines Dings das Wort vorspricht, mit dem es bezeichnet wird, bekommt sein Geist gleichzeitig die Perzeptionen dieses Dings und des vorgesprochenen Worts. Wenn sich dieser Vorgang mehrmals wiederholt hat, denkt man schon bei der Perzeption des Wortlauts spontan die Perzeption des bezeichneten Gegenstands hinzu; so lernen Kinder die Vokabeln ihrer Muttersprache. Durch Stellen wie diese kann der Eindruck entstehen, dass für Wolff das Lernen einer Sprache im Vokabellernen besteht, und das ist bei Texten aus dieser Zeit nicht ungewöhnlich. Zum Beispiel interessiert sich das Dritte Buch von Lockes »Essay«, das die Sprache behandelt, fast nur für semantische Aspekte; alles andere wird im Kapitel »*Of particles*« sozusagen nebenbei erledigt.

Beim Fremdsprachenunterricht verhält es sich nach Wolff etwas anders als beim Lernen der Muttersprache, und zwar zumindest bei der Methode, nach der man bei uns gemeinhin Fremdsprachen lernt: Man verbindet die Perzeption einer fremdsprachlichen Vokabel nicht wie beim Lernen muttersprachlicher Wörter unmittelbar mit der Perzeption des zugeordneten Dings, sondern zuerst mit der Perzeption des entsprechenden muttersprachlichen Worts und erst dann mit der zugehörigen Dingperzeption. Wenn zum Beispiel ein Deutscher, der Französisch lernt, das Wort »*maison*« hört, assoziiert er zunächst das deutsche Wort »Haus« und erst danach die Vorstellung ›Haus‹; er muss also mit drei Perzeptionen jonglieren, und das empfinden Schüler meist als mühsam. Wolff deutet an, dass es noch weitere Gründe für die Schwierigkeit des Fremdsprachenlernens gibt, geht aber genauso wenig darauf ein wie auf Alternativen zum üblichen Sprachunterricht.

Die Rolle der Assoziation beim Sprechenlernen wird gegen Ende des 17. Jahrhunderts nicht selten erwähnt. Clauberg schreibt zum Beispiel, dass wir mit Wörtern zunächst nur die Perzeption des Klangs verbinden, in dem ihr materielles Sein besteht. Aber durch Gewohnheit lernt die Seele allmählich, mit solchen Klängen die Perzeption des Dings zu verbinden, für welches das Wort in der jeweiligen Sprache steht. Wenn man diese Perzeption sehr oft zu der des Wortlauts hinzugedacht hat, überdeckt sie manchmal die Wortlautperzeption so sehr, dass man gar nicht mehr auf sie achtet; so treibt nach Clauberg die Gewohnheit die Natur aus.[5] Auch Lamy ist der Gedanke der Verknüpfung von Wortideen und Dingideen vertraut. Er schreibt zum Beispiel: Vernunft und Notwendigkeit verpflichten uns, den Sprachgebrauch zu respektieren, denn Wörter dienen nur deshalb als Zeichen, weil sie der Sprachgebrauch mit Dingen verknüpft hat.[6] Oder: Die menschliche Sprache ist ein Erbteil des Menschen; ein Kind, das die Sprache seines Vaters lernt, verwendet sie so wie er. Auf ähnliche Weise lernen auch Vögel das Sprechen, obgleich es zwischen ihnen und unseren Kindern große Unterschiede gibt, denn Kinder ordnen die erlernten Wörter von Mal zu Mal anders an, erfinden tausend verschiedene Verwendungsmöglichkeiten und bilden daraus zusammenhängende Reden, während Vögel keinen Geist, sondern nur einen Körper haben, der das nicht kann.[7] Auch Cordemoy äußert sich über das Thema von Wolffs §29, zum Beispiel in Texten über das Lernen von Fremdsprachen, das Sprechenlernen von Kindern und die Orientierung der Gram-

[5] Clauberg, *Corporis et animae conjunctio* c.34, 5–8; Schalbr. 237.

[6] Lamy, *La rhetorique* l.1, c.12; 68.

[7] Lamy, *La rhetorique* l.1, c, 15; 72. »La parole est l'apanage de l'homme« – »Das Wort ist das Erbteil des Menschen.«

matiken am Verhalten der Kinder;[8] er sucht nach einem Grund dafür, dass uns beim Lernen einer Sprache die Bedeutung eines bestimmten Worts manchmal sofort wieder einfällt und manchmal nicht: Grundsätzlich können sich Lernende sowohl an das Wort als auch an die Idee des Dings erinnern, für das es steht, doch haben sie anfangs beides noch nicht so fest miteinander verknüpft, dass ihnen diese Idee beim Hören des betreffenden Worts mit Sicherheit gleich wieder einfällt.[9] Beim Lernen der Muttersprache verbindet die Seele die Idee eines Dings mit dem Klang des zugehörigen Worts, also mit einem akustischen Phänomen, das im Gehirn eine Impression hinterlässt; jeder solchen Impression im Gehirn entspricht eine Idee in der Seele. Sobald man diese Idee sprachlich ausdrücken will, wird das Gehirn an genau der Stelle erregt, an der es die Impression gespeichert hat, und es schickt sogleich Animalgeister in die zuständigen Sprechorgane. Weil wir von früh an lernen, beide Vorgänge miteinander zu verknüpfen, erfolgen sie sehr schnell; erst wenn man nachdenkt, bemerkt man, wie viele Einzelmaßnahmen erforderlich sind, bis sie zuverlässig funktionieren, und wundert sich nicht mehr darüber, dass Gott es war, der die Vereinigung von Leib und Seele erdacht hat. Weil die Seele die Impression des muttersprachlichen Wortlauts besonders eng mit der Idee des zugeordneten Dings verknüpft, ist es schwer, beim Fremdsprachenlernen Bedeutungen und muttersprachliche Wortlaute wieder voneinander zu trennen, und deshalb übersetzen sich viele Menschen beim Beginn des Lernens einer Fremdsprache die neuen Vokabeln zunächst in die entsprechenden muttersprachlichen Wörter. Andere Menschen sind aber anders veranlagt und verbinden die Vokabeln der neuen Sprache sogleich mit der Idee des bezeichneten Dings, ohne muttersprachliche Wörter zu assoziieren.[10]

[8] Cordemoy, *Discours de la parole*, 1668: 42–66 | 1968: 212–218.

[9] Cordemoy, *Discours de la parole*, 1668: 64–65 | 1986: 218.

[10] Cordemoy, *Discours de la parole; 1668*: 133–141 | 1968: 237–239.

VI.
Wörter bezeichnen ursprünglich Perzeptionen

§30

Wörter bezeichnen ursprünglich Perzeptionen, die man in Realdefinitionen nicht verwenden kann 19|262–263 ▷ S. 320

---

§30 Wenn man das bisher Gesagte weiter überdenkt, bemerkt man, dass man bei der Erforschung des wahren Wertes von Wörtern, den ihnen der Gebrauch zuweist, in Betracht ziehen muss, welche Perzeptionen der Geist verspürt, sooft ein Wort verwendet wird. Definitionen, in denen man solche Perzeptionen miteinander verbindet und zusammenstellt, sind allerdings bloß Nominaldefinitionen und keine Realdefinitionen; sie helfen uns zwar zu vermeiden, dass wir Wörter mit den unter ihnen begriffenen Dingen verwechseln, führen aber den Geist keineswegs zur gründlichen Erkenntnis der Natur von Dingen.

Erhard Weigel, der Lehrer von Wolffs Lehrer Hamberger, liebte die Mathematik. Er glaubte, dass die Welt ein Gedanke des allwissenden Mathematikers Gott ist, und fand einen mathematischen Ausdruck für diesen göttlichen Gedanken: Die Welt existiert, sobald Gott für sie anstelle von 0 einen Wert >0 einsetzt, denn Gottes Denken ist schöpferisch, und dadurch, dass er denkt, erschafft er zugleich. Man kann auch jeden Teil der Welt als positiven Wert >0 verstehen, denn alles, was ist, ist ein verwirklichter Gedanke Gottes und ist daher mehr wert als Nichts (»*valere plusqvam nihil*«). »>0« wird bei Weigel zum allgemeinen Ausdruck für alles von Gott oder Menschen Geschaffene – es ist ein positiver Wert. Der Wert jedes einzelnen wird durch das ihm von Gott zur Verfügung gestellte Maß an Sein bestimmt; genauso gut kann man aber auch sagen, dass er negativ durch das Maß an Sein bestimmt wird, das Gott ihm vorenthalten hat.[1] Wolfgang Röd hat gezeigt, wie solche Überlegungen zum Ausgangspunkt für eine Ontologie geworden sind, die auch moralische und begriffliche Entitäten (*entia moralia* und *entia notionalia*) berücksichtigt. Gott erschafft und ordnet die Naturdinge ähnlich, wie Menschen ihre *entia notionalia* (Gedankendinge, erdachten Dinge) bilden und ordnen oder wie sie je nach Zweck weitere *entia moralia* (Moralvorstellungen, »sittliche Werte«) erdenken, in Zahlen bestimmbar machen und dadurch in eine Rangordnung bringen.[2] Unter dem Eindruck solcher Überlegungen entwickelte Weigels Schüler Pufendorf, der erste Rektor der neu gegründeten Universität Lund, seine Theorie moralischer Entitäten. Diesen schreibt er eine besondere Art von Quantität zu, die man nicht mit der physikalischen oder mathematischen Quantität verwechseln darf.

■ *Werte.* – Pufendorf definiert moralische Entitäten als Modi oder Eigenschaften, die vernünftige Wesen bestimmten Dingen oder Handlungen zuschreiben, also sozusagen zu ihnen hinzudenken, um den Willen zu leiten und in Übereinstimmung mit Ordnung und Anstand zu bringen. Der Urheber der ersten Entitäten dieser Art war Gott, der Gebote erließ, weil er nicht wollte,

[1] Weigel, *Specimina novarum inventionum*, Demonstratio mathematica esse Deum, notae §5; 65–66: »Bedenke, dass die Welt nur ein objektiver Begriff der Gottheit ist, die Etwas statt Nichts denkt und dieses ernsthaft mehr will als Nichts.« – Weigel, *De corpore divini numinis* I, 20; 9: »Die Rede ist vom Sein, auch vom ein-kleines-Bisschen-Sein, durch das die Male [die Augenblicke der Existenz eines Geschöpfs, die zusammen als Reihe aller Male dessen Wesenheit ausmachen] zumindest an einem kleinen bisschen Wirklichkeit vom höchsten Grad der Wirklichkeit (den man im höchsten Seienden erblickt) ihren Anteil bekommen; dieser ist allerdings so winzig, dass man ihn kaum noch denken kann, wenn man ihn mit der unendlichen Quantität des höchsten Seienden vergleicht«.

[2] Wolfgang Röd, Erhard Weigels Lehre von den entia moralia, in: Archiv für Geschichte der Philosophie 51/1 (1969); 83–84.

dass die Sterblichen ihr Leben wie Tiere ohne Kult und Sitte verbringen; die meisten wurden aber später bei Bedarf nach menschlichem Gutdünken eingeführt.[3] Weil man Dinge nicht nur in physischer Hinsicht, sondern auch in Hinsicht auf Wertschätzung, Seltenheit und Preis miteinander vergleichen kann, muss man neben der physikalischen und mathematischen Quantität, mit der sich die Philosophen und Physiker bisher fast ganz begnügten, noch eine weitere Art von Quantität berücksichtigen, die Pufendorf als moralische (nichtphysische) Quantität oder Wert (*valor*) bezeichnet. Nach ihm bedeutet »Quantität« ursprünglich nicht mehr als »Einschätzbarkeit« oder »Vergleichbarkeit«, und über diese verfügen auch moralische Entitäten.[4] Zwar können physische Quantitäten bei der Wertschätzung von Dingen derselben Art eine Rolle spielen, zum Beispiel ist *ceteris paribus* ein großer Diamant mehr wert als ein kleiner. Dagegen ist ein großer Hund nicht unbedingt mehr wert als ein kleiner und ein großes Stück Blei nicht unbedingt mehr als ein kleines Stück Gold. Auch bei der Wertschätzung von Personen richtet man sich nicht nach der Körpergröße, sondern nach einer moralischen Quantität, nämlich dem größeren oder geringeren Ansehen, das sie genießen, und bei der Beurteilung ihrer Handlungen geben moralische Quantitäten wie Verdienstlichkeit oder Nichtswürdigkeit den Ausschlag. Die wichtigste moralische Quantität von Dingen und Handlungen, die in den Verkehr eingehen (Güter und Arbeit), ist der Preis, in dem ihr Wert (*valor*) zum Ausdruck kommt.[5] In diesem Sinn erklärt nun Wolff die einem Wortlaut zugeordnete Perzeption zu deren Verkehrswert: Man kauft die Perzeption mit dem ihr zugeordneten Wortlaut.

[3] Pufendorf, *De jure naturae et gentium* 1.1.2; 2–3.

[4] Pufendorf, *De jure naturae et gentium* 5.1.2; 666.

[5] Pufendorf, *De jure naturae et gentium* 5.1.2; 666–667. – Einen Überblick über die Vor- und Wirkungsgeschichte dieser Tradition hat Theo Kobusch verfasst; s. HWPh Bd. 9, Art. Sein, moralisches; 237–247. In diesem Zusammenhang s. besonders die Spalten 241–244.

In der Philosophie des späteren Wolff spielen notionale und moralische Qualitäten eine wichtige Rolle. In der Frühschrift *De loquela* lässt vor allem ein charakteristischer Wortgebrauch vermuten, dass Wolff dieser Aspekt der Weigel-Schule nicht unbekannt war: Er spricht am Anfang von § 30 vom wahren Wert (*valor*) der Wörter, der vom üblichen Wortgebrauch bestimmt wird.[6] Diesen Wert ermittelt man durch die Beobachtung des Sprachgebrauchs. Dabei erkennt man, dass Wörter der Alltagssprache zunächst nicht für Begriffe, sondern für Sinnesperzeptionen stehen, und das gibt Anlass zu der Frage, was die Sprache trotzdem für die Wissenschaft leisten kann, die ihrerseits ein Werk des Verstandes ist und sich mehr für Verstandesbegriffe als für Perzeptionen der Sinnlichkeit interessiert. Aus Perzeptionen kann man grundsätzlich nur Nominaldefinitionen bilden, die uns darüber informieren, wofür bestimmte Wörter stehen; dagegen informieren uns Realdefinitionen darüber, was ein Ding in Wahrheit ist. Trotzdem sind Nominaldefinitionen nicht unnütz, denn sie helfen uns, bei Wörtern und Dingen Ordnung zu halten; nur offenbaren sie uns nicht das Wesen von Dingen. Im den folgenden Überlegungen zeigt Wolff jedoch darüber hinaus, dass man mit Wörtern, die für Perzeptionen stehen, auch über begriffliche Sachverhalte reden kann und dass uns Perzeptionen, die der Sinnlichkeit entstammen, manchmal sogar zum wirklichen Wesen von Dingen hinführen.

[6] Auch Clauberg sagt in *De cognitione Dei et nostri*, exerc. 86, § 9; Schalbr. 741, über den Wert von Wörtern: »Wörter haben ihren Wert wie Münzen aufgrund von Gewohnheit«. – Ebd., exerc. 88, § 6; 747: »Wörter haben ihren Gebrauch durch Gewohnheit, und beim Sprechen ist das Volk der Meister.« Bei Clauberg findet man erstaunliche *valere*- und *valor*-Stellen; das, was in Jena »*ens morale*« heißt, bezeichnet er als *ens vicarium*. Ob seine Ansätze für den jungen Wolff von Bedeutung waren, kann ich nicht sagen.

§31

Zusammenarbeit von Sinnen und Verstand

19|263 ▷ S.320

---

§31 Wer das nicht beachtet, ist zu Unrecht davon überzeugt, er habe die Natur von Dingen erforscht, sobald er aufzählen kann, welchen Perzeptionen ein Wort gewöhnlich zugeordnet wird. Aber dass er seinen Irrtum nicht bemerkt, kommt vor allem daher, dass man vieles, was man perzipiert, zugleich sehr gut begreift, so dass man dessen Natur mit Hilfe der Sinne erforschen kann. Schon ein einziges Beispiel rückt das in hellstes Licht. Das Wesen einer Uhr als einer Maschine besteht in der Anordnung ihrer kunstgerecht hergestellten Rädchen und sonstigen Teile. Diese ist aber anscheinend den Sinnen so zugänglich, dass man sie nicht nur perzipiert, sondern auch begreift. Ganz ähnlich führen uns die Sinne zum Begreifen der Konstruktion unseres Körpers. Aus genau dieser Quelle entspringt der äußerst verderbliche Irrtum, dass jemand, der beim Anblick bestimmter Handlungen den Namen dieser oder jener Tugend hört, sich einbildet, mit den erwähnten Handlungen habe er das Wesen der betreffenden Tugend schon erfasst.

Dadurch, dass man aufzählen kann, mit welchen Perzeptionen die Sprachgemeinschaft ein Wort verbindet, hat man noch nicht die Natur des bezeichneten Dings erfasst. Einige Menschen meinen das aber, und in der Tat unterstützen uns Perzeptionen manchmal bei der Forschung. Vieles begreift man nämlich dadurch, dass man es perzipiert. Zum Beispiel besteht das Wesen einer Uhr, sofern sie eine Maschine ist, in ihrer *dispositio partium*, der Anordnung ihrer fachgerecht hergestellten Rädchen und sonstigen Teile. Diese kann man mit den Sinnen perzipieren, aber die Einbildungskraft kann sie zugleich als Schematismus erfassen, und diesen wiederum begreift der Verstand als Struktur[1] und erkennt, dass in ihr das Wesen der Uhr als einer Maschine besteht. Man kann sich also in manchen Fällen bei der Erforschung der Natur von Dingen der Sinne bedienen. Mit den Sinnen perzipiert man, mit dem Verstand begreift man, und beide arbeiten gegebenenfalls zusammen. Wer auf diese Weise die Konstruktion des menschlichen Körpers erforscht, tut im Prinzip nichts anderes als jemand, der die Konstruktion einer Uhr erforscht. Unser Körper ist zwar viel komplexer, doch ist er trotzdem eine Maschine, deren Wesen in der Anordnung ihrer Teile besteht.

■ *Die* dispositio partium *von Maschinen.* – Der menschliche Körper wird als eine Maschine verstanden, die Gott mit allen Einzelteilen versehen hat, die sie braucht, um gehen, essen und alles Übrige tun zu können, das sich bei dieser Anordnung der Teile erzielen lässt.[2] Das damals viel verwendete Schlüsselwort »*dispositio partium*« (Anordnung der Teile) kann man heute mit »Konstruktion« übersetzen: Die Leistungsfähigkeit einer Maschine ist konstruktionsbedingt. Während Automaten aus menschlicher Produktion aus verhältnismäßig wenigen Einzelteilen bestehen, bestehen Menschmaschinen, die Gott erschaffen hat, aus einer Vielfalt von Knochen, Muskeln, Nerven, Venen und sonstigen Teilen, auch sind sie intelligenter konstruiert und leisten mehr als alle Maschinen, die Menschen je erfunden haben.[3] Trotzdem laufen ihre natürlichen Bewegungen letzten Endes auf nichts anderes hinaus als die Bewegungen einer Uhr.[4] In den folgenden Jahrzehnten verändern sich Physik und Medizin sehr rasch, aber die Automatenmetapher überlebt und regt zu Theorien an. Schon lange vor La Mettrie kommt es zu einer Blüte mechanistischer Organismustheorien, zu deren Vertretern

[1] S. dazu im Folgenden den Schlusspassus von § 34.
[2] Descartes, *Le Monde*; AT XI 120, 4–14.
[3] Descartes, *Discours* p. 5; AT VI 55, 29–56, 9.
[4] Descartes, *Le Monde*, Traité de l'homme; AT XI 131, 6–11.

zum Beispiel Borelli gehört. Als eins der großen Probleme für solche Versuche erweist sich die Komplexheit höherer Organismen. Tschirnhaus bemerkt dazu, dass man sehr komplizierte Maschinen nur schwer begreifen kann, solange man nicht alle ihre Teile zugleich ins Auge fasst. Sobald man das aber tut, um sie erst später wieder in ihre Teile zu zerlegen und nunmehr deren Natur für sich zu untersuchen, wird es sogar in anspruchsvollen Fällen leichter, die Abhängigkeit der Funktionen von der Konstruktion zu begreifen, und dann erweist sich die anfängliche Schwierigkeit, sie zu verstehen, als bloße Einbildung.[5] Sturm hält die Vorzüge dieser das Ganze sowohl erfassenden als auch zerlegenden Betrachtungsart für beträchtlich und glaubt, dass sie zu tiefgreifenden Veränderungen der Situation des Menschen führen kann. Wenn man zum Beispiel die Konstruktionsbedingtheit der Funktionen des Leibes begriffen habe, könne man dessen Eigenschaften vielleicht dadurch verbessern, dass man Einzelteile an einer anderen Stelle anbringt oder zusätzliche Teile einbaut, um bestehende Schwächen auszugleichen.[6]

Im Grunde läuft Wolffs Erwähnung des Uhrenbeispiels auf ein etwas knapp geratenes Plädoyer für Empirie hinaus: Die Sinne vergegenwärtigen uns reale Sachverhalte, deren Struktur der Verstand erfassen kann. Wolffs Mitteilung entspricht einem Trend im damaligen Deutschland: Auf dem Buchmarkt wächst die Anzahl von Publikationen, die über Beobachtungen und Experimente berichten, und man beginnt, die universitäre Physikausbildung durch Experimentalkollegs zu ergänzen.

■ *Meinungen über Vernunft und Erfahrung.* – Im Hintergrund von Wolffs Andeutungen stehen langwierige europäische Auseinandersetzungen über die Rolle von Verstand/Vernunft und Sinneserfahrung bei der Erkenntnis; dabei gilt grundsätzlich der

[5] Tschirnhaus, *Medicina mentis* II, s. 3, *Primo*, 1; 231 (1963: 237).
[6] Sturm, *Physica electiva* l. 1, s. 3, c. 1, II, 6; 511.

Verstand als das Vermögen der Begriffe und Urteile und die Vernunft als das Vermögen der Schlussfolgerungen, doch werden beide Terme flexibel verwendet. Den Ausgangspunkt bilden schulphilosophische Systeme mit traditioneller Legitimität, in denen Vernunft, Autorität und Erfahrung als Wahrheitskriterien dienen; unter Erfahrung versteht man zunächst noch die allgemeine Alltags- und Lebenserfahrung. Man beruft sich auf zeitübergreifende Konsense: Autoritäten verschiedenster Epochen können Behauptungen über Tatsachen bestätigen und erbringen den Nachweis, dass eine Meinung mit der überlieferten Erfahrung und dem überlieferten Wahren übereinstimmt. Zu den Aufgaben von Lehrern gehört in solchen Systemen das Arrangement und die Interpretation von Autoritätenmeinungen, die im Glücksfall zur Versöhnung von Hergebrachtem und Neuem führen, zu einem Wechselspiel von Rezeptivität und Spontaneität, von kollektiver Wissensvorgabe und Wissensfortschritt. Die Lage ändert sich, als man aufhört, von der Physik als theoretischer Kerndisziplin der Philosophie bloß umgangssprachliche Erklärungen von Naturphänomenen zu erwarten. Im 16. und 17. Jahrhundert wächst das Verlangen, die Wissenschaft von der Natur in einen Faktor der Praxis zu verwandeln, mit dem man im Gegenzug zu den Katastrophen der Gegenwart die allgemeinen Lebensverhältnisse verbessern kann. Bisher gehörte deren Befriedigung zu den Aufgaben knechtlicher Disziplinen wie Agrikultur und Mechanik, in denen sich Bauern und Handwerker auszukennen hatten, gegebenenfalls auch zu den Aufgaben der Magie, für deren Erfüllung spezielle Dienstleister zuständig waren. Dass man nun von der vornehmen Wissenschaft von der Natur nicht nur theoretische Einsichten, sondern auch praktische Ergebnisse verlangte und dass man sie nicht mehr als Frucht beschaulicher Muße, sondern als Ergebnis von harter Arbeit und finanziellem Aufwand verstand,[7] war einer der Gründe

[7] Boyle, New Experiments physico-mechanical, touching the spring of the air, and its effects, Widmung (To the Lord of Dungarvan); Birch I

für die Verwandlung der Physik in ein allgemeines System der Mechanik, die Konsequenzen für die Wissenschaft und ihre Organisation hatte. In Teilen Europas hörten die Universitäten auf, als Vorkämpfer des Wissenszuwachses zu gelten; an ihre Stelle traten unabhängige private Mechanik-Kenner (*curieux*, *virtuosi*), Diskussionen in regelmäßig tagenden Zirkeln, ein europäisches Netz von Korrespondenzen und gelehrte Zeitschriften. Sie drängten überlieferte Autoritäten, kursierende Kollegmitschriften und universitäre Dispute in den Hintergrund. Zur außeruniversitären Organisation der neuen Initiativen entstanden neuartige Institutionen wie Akademien, die ausdrücklich zivilisatorische Interessen verfolgten. Übergreifende Systeme wie Vernunftrecht und vernünftige Theologie prägten bei Partnern aus zerstrittenen gesellschaftlichen Formationen Kommunikation und Außendarstellung und bewährten sich als Vermittler von Lebenssinn. Sie formten Ethos und Arbeit zugleich und boten Eliten bis weit ins 18. Jahrhundert hinein eine geistige Heimat.

Eine der folgenreichsten Veränderungen war die Neubestimmung der Wahrheitskriterien. Verstand und Vernunft konnten ihre Stellung behaupten, aber an die Stelle der Autoritäten trat nun etwas, das manchmal als Authorität (αὐτός, selber, und ὁρᾶν, sehen) oder Autopsie (»Selbersehen«) und manchmal schlicht als *experientia* bezeichnet wurde. Der Begriff der Erfahrung entwickelte sich fort von der Alltagserfahrung und hin zu einer methodisch streng geregelten Ausübung von Beobachtung und Experiment. In Polemiken gegen die traditionell verfasste Wissenschaft versuchte man klarzumachen, dass für die Erkenntnis nicht das maßgeblich ist, was eine Autorität zu irgend einer Zeit auf irgend eine Weise erfahren hat, sondern was ein Forscher selbst nach methodischen Regeln erfahren und

6: »Since it may highly conduce to the advancement of that experimental philosophy, the effectual pursuit of which requires as well a purse as a brain […]«.

überprüft hat. Erfahrungen, die ein Theorem bestätigten sollten, mussten nun wiederholbar sein, damit sie auch von anderen Forschern überprüft werden konnten. Überprüfbar wurden sie dadurch, dass sie zusammen mit genauen Informationen über die Umstände der Beobachtung oder des Experiments und über die Situation des Beobachters beziehungsweise über das Vorgehen des Experimentators vorgelegt wurden. Erfahrungen, die dieser Anforderung nicht genügten, galten fortan als unerheblich für die Wissenschaft von der Natur. Weil sich etwas unmittelbar Vergleichbares in Wissenschaften wie der Jurisprudenz, aber auch in noch nicht als Wissenschaften anerkannten Disziplinen wie bürgerliche Geschichte und Kirchengeschichte nicht erreichen ließ, entwickelte man strenge Kriterien für die Vertrauenswürdigkeit von Zeugen und Dokumenten.

Im Bereich der Naturwissenschaften setzten sich die neuen Vorstellungen von Empirie schnell durch, doch gab es Dissense über die Funktion der Erfahrung bei der Erkenntnis. Dabei traten vor allem in Frankreich und England zwei Meinungen in den Vordergrund. Sie repräsentierten Richtungen, die die Philosophiehistorie seit Ende des 18. Jahrhunderts unter Namen wie »Empirismus« und »Rationalismus« einander gegenüberstellt. Nach einer verbreiteten Meinung wurde im sogenannten Empirismus die systematisierende Vernunft und im sogenannten Rationalismus die Empirie nicht sehr geschätzt, aber gegen diese Annahmen sprechen viele Zeugnisse. Empiristische Entwürfe wie der Lockes sind nach Vernunftvorgaben konstruiert, und Lockes Freund Boyle betont im Blick auf das Verhältnis von Vernunft und Empirie, dass die Erfahrung zwar Informationen liefert, dass aber nach wie vor der Verstand der Richter bleibt, der über den Wert von Informationen zu urteilen hat, denn das Auge zeigt uns nicht das Wesen dessen, was es sieht, sondern versorgt uns nur mit Perzeptionen.[8] Den Unterschied zwischen

[8] Boyle, *The christian Virtuoso*; Birch V, 539: »Trotz des bisher Gesagten bin ich weit von der Absicht entfernt, der Vernunft irgend eine ihrer

beiden Richtungen kann man umrisshaft durch Vergleiche von typischen Vertretern erfassen, zum Beispiel dadurch, dass man den Mathematiker und Physiker Descartes dem Experimentalphilosophen Locke gegenüberstellt. Auf der Seite der sogenannten Rationalisten war Descartes ein erfahrener Experimentator und neigte wie seine Anhänger dazu, Behauptungen über Gegenstände der Naturwissenschaft empirisch zu überprüfen. Er stimmte mit der Gegenseite darin überein, dass er unter naturwissenschaftlicher Erfahrung nicht gelegentliche Erlebnisse von Autoritäten, die Alltagserfahrung oder die allgemeine Lebenserfahrung verstand, sondern eine methodisch geregelte Tätigkeit zur Gewinnung überprüfbarer Informationen über Naturphänomene. Aber andererseits setzte Descartes voraus, dass Menschen zuverlässigen Zugang zu obersten Begriffen und Vernunftprinzipien haben, und rechtfertigte das mit seiner Annahme »angeborener« Ideen,[9] durch die uns Gott die Möglichkeit wahrer Erkenntnis garantiert. Eine solche Annahme führt zu großem Vertrauen auf unsere Chancen bei der Theoriebildung. Descartes und seine Anhänger unterschieden sich in der Hochschätzung der Empirie und der neuen empirischen Verfahren kaum von der Gegenseite, nur wiesen sie der Erfahrung eine andere Funktionen zu. Gott hätte die Welt auf vielerlei Weisen erschaffen können, und wir sind fähig, seine Alternativen mit Hilfe

rechtmäßigen Prärogativen streitig zu machen. Denn ich habe in einem anderen Papier gezeigt, dass die Erfahrung lediglich ein Gehilfe der Vernunft ist, denn sie liefert dem Verstand tatsächlich Informationen; aber der Verstand bleibt nach wie vor der Richter und hat die Gewalt oder das Recht, die Zeugnisse, die man ihm vorlegt, zu prüfen und zu verwenden. Die äußeren Sinne sind bloß Werkzeuge für die Seele, die vermittelst der Ohren hört und für die das Auge nur ein unmittelbareres Fernrohr ist. Die Sinnlichkeit perzipiert bloß Gegenstände, aber beurteilt sie nicht. Auch trauen die umsichtigeren Philosophen ihrem Auge nicht zu, dass es sie über die Natur eines sichtbaren Gegenstands belehrt; sie verwenden es bloß, um Phänomene wahrzunehmen […]«.

[9] Zum Beispiel Descartes, Principes I 10; AT VIII/1 28–29.

der Vernunft zu rekonstruieren; aber für welche davon er sich tatsächlich entschieden hat, können wir nicht durch Vernunftschlüsse, sondern nur durch Erfahrung ermitteln. Erfahrung gilt also hier als Instrument zur Selektion zwischen konkurierenden Hypothesen, zu deren Entwurf die Vernunft befähigt ist. Im britischen Bereich verbreitet sich zunächst der Cartesianismus, doch treten bald experimentalphilosophische Bestrebungen in den Vordergrund, die nicht selten dem Atomismus Epikurs nahestehen. Sie teilen nicht die cartesische Zuversicht, dass Gott uns angeborene Ideen und allgemeinste Prinzipien eingegossen hat; niemand gießt sie uns ein, wir müssen sie mit unserem karg bemessenen Erkenntnisvermögen durch Arbeit und auf eigenes Risiko erwerben, denn wir sind in dieser Welt nach Gottes Willen im Pilgerstand.[10] Das Vierte Buch von Lockes »*Essay concerning Human Understanding*« macht klar, dass wir nur wenige zugleich gewisse und allgemeine Aussagen über Tatsachen bilden können und dass es richtig ist, sich auf Theorien zu beschränken, die kunstgerecht beobachtete Phänomene erklären. Die Empirie dient also hier nicht nur zur Selektion zwischen konkurrierenden Theorien, sondern sie bestimmt auch den Spielraum bei der Theoriebildung und ist insofern an der Erzeugung von Theorien beteiligt. Akzeptierte Theorien gelten solange als vertretbar, wie ihnen keine gesicherten Erfahrungen widerstreiten. Die Hervorhebung der Fehlbarkeit des menschlichen Wissens richtet sich gegen Anmaßungen von Schulphilosophien, in denen sich über Jahrhunderte hinweg ein Überangebot an Theorien mit einem Defizit an Empirie verband, aber auch gegen das Vertrauen von Cartesianern auf Erkenntnisse, deren Wahrheit angeblich Gott garantiert. Diese Art von Bescheidenheit aufgrund von Einsicht in die *condicio humana*, die vielen »empiristischen« Positionen zugrundeliegt, führt am Ende zu der Überzeugung, dass dann, wenn Gewissheit ein notwendiges Attribut von Wissenschaft ist, Tatsachenwissenschaften gar nicht möglich sind, denn sie

[10] Zum Beispiel Locke, Essay 4.16.2; 652, 12–29.

werden prinzipiell nie notwendig und allgemein. Weil wir fast nie alle Einzelphänomene erfassen können, gelangen wir fast nie über partikuläre Erkenntnisse hinaus, und weil wir fast nie die Ursachen natürlicher Phänomene vollständig erfassen, begreifen wir fast nie, weshalb ein Phänomen notwendigerweise so ist, wie es ist. Was man gewöhnlich als Naturwissenschaft (»Naturphilosophie«) bezeichnet, verwandelt sich unter der genannten Bedingung in eine wissenschaftsähnliche Veranstaltung. Tatsachendisziplinen sind also grundsätzlich revidierbar, denn sie verlassen nie das Zwielicht der Wahrscheinlichkeit. In §31 äußert sich der Verfasser der *Disquisitio de loquela* zu diesen Themen so knapp, dass man kaum einen Anhaltspunkt für seine Zuordnung zu diesem oder jenem Trend findet. Dass man nicht einmal Wolffs Bezugsautor Sturm eindeutig einem der beiden Typen zuordnen kann, die zu Entwicklungen in Frankreich und England zumindest in der einen oder anderen Hinsicht passen, spricht dafür, dass man in Deutschland zunächst seine eigenen Wege ging.

Im letzten Satz des Paragraphen macht Wolff darauf aufmerksam, dass der Verstand bei manchen Sachverhalten schwerer zu angemessenen Begriffen kommt als in Fällen, in denen ihm Schematismen zur Verfügung stehen. Zum Beispiel hat man das Wesen einer Tugend noch nicht begriffen, wenn man ihren Namen und die ihr zugeordneten Handlungen kennt. Zu den Gegenständen der Moralphilosophie gehören substanztranseunte Wenn-Dann-Verhältnisse, nämlich Quasiwirkungen von Körpern auf Geister und von Geistern auf Körper. Hier kann man nicht wie bei Schematismen von Perzeptionen, die für Veränderungen in Körpern stehen, fast sprunglos zu Begriffen übergehen; deshalb hat man das Wesen einer Tugend nicht schon dann begriffen, wenn man bestimmte äußere Handlungen und den Namen der mit ihnen verbundenen Tugend kennt, die eine immaterielle Entität ist. Doch können solche äußeren Handlungen Indizien für das Vorhandensein von etwas in der geistigen Substanz sein, das ihnen freilich gar nicht ähnlich ist, nämlich für das Vorhandensein einer Tugend, deren Wesen der Verstand nicht im Ausgang von einem Schematismus, sondern nur auf andere Weise erfassen kann. Aber auch in diesem Fall macht die Sinneserfahrung den Anfang, denn sie versieht den Verstand mit Indizien.

§32

Die Sprache kann Begriffe durch Wörter für Perzeptionen übermitteln

19–20|263–264 ▷ S. 321

§32 Bisher haben wir davon gehandelt, wie wir Wörter für materielle Dinge lernen; jetzt ist ferner hinzuzufügen, wie man uns die Bedeutung solcher Wörter beibringt, die immaterielle Dinge bezeichnen. Daher ist zu bemerken, dass es zwei Gattungen immaterieller Dinge gibt, denn sie sind entweder mit sinnlich wahrnehmbaren Dingen verbunden oder nicht. Zur ersten Gattung zählen Leidenschaften und diejenigen Affektionen unseres Geistes, die durch innere Bewegungen im Körper zustandekommen. Zur zweiten Gattung gehören die Begriffe des Verstandes und die Begehrungen des Willens, mit einem Wort, alle immanenten Tätigkeiten. Die Zeichen für die ersteren werden uns vertraut, wenn sich ihre Vorstellung mit etwas verbindet, das im Körper geschieht; zum Beispiel lernten wir das Wort »Liebe« kennen, als wir Handlungen sahen, durch die sich Liebende ihre Zuneigung verraten. Das Wort »gut« lernten wir dadurch kennen, dass wir Handlungen eines guten Menschen beobachteten. Was aber die Zeichen für immaterielle Dinge der zweiten Gattung betrifft, so können sie uns nur dann bekannt werden, wenn wir schon die Kenntnis von Wörtern für materielle und immaterielle Dinge der ersten Art und mithin eine gewisse Geläufigkeit in der Sprache als Voraussetzung mitbringen. Nachdem wir nämlich dem, was uns bewusst ist, bestimmte Wörter zugewiesen haben, können wir das anderen mit Hilfe bereits gelernter Vokabeln mitteilen. Wenn wir zum Beispiel die Wörter »alles« und »machen« schon kennen, können wir einem anderen klarmachen, was das Wort »Gott« bedeutet.

Die Sprache erfüllt für die Wissenschaft noch eine weitere Funktion. §32 behandelt die Möglichkeit, Begriffe immaterieller Dinge, Eigenschaften oder Tätigkeiten mit Hilfe einer an Perzeptionen orientierten Sprache darzustellen. Dabei können sich allerdings Spannungen zu Tendenzen strenger Cartesianer ergeben. Für sie gehört es zu den Grundsätzen der Philosophie, dass man Körperliches und Geistiges strikt auseinanderhält. Die Sprache verfährt hier weniger streng und neigt dazu, Geistiges mit Ausdrücken für körperliche Gegenstände und Vorgänge darzustellen, und das weckt Misstrauen. Wortverwendungen wie die, die Wolff in §32 ins Auge fasst, überspielen sozusagen die Trennung von Körper und Geist und werden nicht von allen Cartesianern geschätzt. Der Mediziner Ammann begnügt sich damit, im ersten Kapitel seiner *Dissertatio de loquela* den Unterschied zwischen der paradiesischen Sprache Adams und der Sprache nach dem Sündenfall hervorzuheben.[1] Aber Autoren wie Heidanus, Geulincx und Malebranche glauben, dass Descartes' Philosophie wegen ihrer Kritik an der Sinnlichkeit als Palliativ für unsere erbsündli-

[1] Ammann, *Dissertatio de loquela* c. 1; 10: »[…] sie wurde dem Ersten der Menschen von jenem ewigen Wort, dessen Abbild er war, bei der Erschaffung eingegossen, und er sollte sie, wenn er nicht gesündigt hätte, den Nachkommen unversehrt übermitteln. Aber die Sprache, so wie sie heute unter Menschen im Schwange ist, ist gegenüber der ursprünglichen so sehr entartet, dass man sie kaum als deren Schatten bezeichnen darf. Sie ist ein bloßes *Kunstgebilde*, aber ohne es wären wir schlechthin stumm, wie die Taubstummen bezeugen. Daher beschloss ich, den Ursprung beider Sprachen tiefgehend zu erforschen, den Unterschied zwischen ihnen aufzuweisen und danach mit Bedauern zur Darlegung der letzteren hinabzusteigen.«

che Verfallenheit an Körper und Sinne dienen kann, die unter anderem dazu führt, dass man über Unsinnliches so spricht, als wäre es sinnlich.

Weil der gefallene Mensch die Neigung hat, alles zu versinnlichen, bedarf die Sprache strenger Kritik. Bei der Beschreibung der Erbsündefolgen stützt sich Abraham Heidanus auf die Vorurteilslehre der *Principia*:[2] Unsere Seele ist von Kindheit an aufs innigste mit einem Körper verflochten und interessiert sich vor allem für leibliches Wohlsein oder Unbehagen; dadurch zieht sie sich gefährliche Vorurteile zu, von denen sie einige nie wieder ablegt. Vor allem bildet sie sich einen falschen Begriff vom Körper, denn weil sie zunächst nichts rein erkennt und sich alles nur sinnlich vorstellt, neigt sie zu der Meinung, es gebe nichts als sinnlich wahrnehmbare Substanzen,[3] und dadurch bekommt sie einen verkehrten Begriff von sich selbst.[4] Die Lage des Menschen unter der Herrschaft der Sinne verschlimmert sich dadurch, dass es ihm schwer fällt, an etwas zu denken, das den Sinnen verschlossen ist (dazu *Princ. Phil.* I, 73).[5] Weil man Gott nicht mit den Sinnen erkennen kann,[6] wenden sich sinnliche Menschen von ihm ab und werden ganz sinnlich.[7]

Wolffs Universitäten Jena und Leipzig sind lutherisch, und lutherische Theologen denken anders über die *condicio humana* als calvinische, auch passen cartesianische Meinungen wie die, dass die Kindheit vor allem ein Brutherd verderblicher Vorurteile ist, nicht gut in Weigels Umfeld, dessen Pädagogik davon ausging, dass Kinder am besten lernen, wenn sie es

[2] Descartes, *Principia Philosophiae* I, §71; AT VIII 35, 5–37, 22.

[3] Heidanus, *De origine erroris* l.4, c.2, brev.; 195.

[4] Heidanus, *De origine erroris* l.4., c.3, brev.; 210.

[5] Heidanus, *De origine eroris* l.1, c.5, §6; 37–38.

[6] Heidanus, *De origine erroris* l. 4, c. 1, §13; 191.

[7] Heidanus, *De origine erroris* l.6, c.3, brev.; 297: »Nachdem der Mensch Gott verlassen hatte, wurde er schlechthin sinnlich.«

lustvoll tun. Bei Wolffs Äußerungen in §32 erinnert denn auch kaum etwas an theologische Animositäten; er konzentriert sich auf die Frage, wieso Menschen auch Aussagen über Dinge verstehen, die man nicht sehen und auf die man nicht zeigen kann. Bisher hat er erklärt, wie man mit Hilfe von Beschreibungen und ostensiven Definitionen Wörter für körperliche Dinge lernen kann, und drauf hingewiesen, dass diese Verfahren sich nicht für alle Gegenstände unseres Denkens eignen. Das war der leichtere Teil seiner Aufgabe. Jetzt muss er erklären, wie man anderen Menschen die Bedeutung von Wörtern für unwahrnehmbare und immaterielle Dinge vermitteln kann. John Locke geht im *Essay* auf Bedeutungsübertragungen ein, die sich Analogien zwischen körperlichen und geistigen Phänomenen zunutze machen: Wörter wie »einbilden«, »erfassen«, »verstehen«, »begreifen«, »anhängen« und »einflößen«, die inzwischen auch oder nur noch geistige Tätigkeiten bezeichnen, standen ursprünglich für etwas sinnlich Wahrnehmbares und wurden auf geistige Tätigkeiten übertragen (*transferred*); einige davon darf man noch heute in beiden Bereichen der Wirklichkeit verwenden.[8] Wolff unterscheidet mit Descartes zwei Arten immaterieller Dinge, nämlich solche, die aus Anlass wahrnehmbarer körperlicher Vorgänge entstehen, zum Beispiel Leidenschaften und Perzeptionen,[9] und solche, die keines körperlichen Auslösers bedürfen. Er deutet an, dass man zur sprachlichen Darstellung geistiger Gegenstände der zweiten Art Ausdrücke verwenden kann, die zunächst alltägliche Vorgänge bezeichnen; zum Beispiel kann man jemandem, der sprechen lernt, mit Hilfe von Wörtern der Alltagssprache wie »alles« und »machen« die Bedeutung des Wortes »Gott« erklären. Für die Erklärung von Wörtern, die vom Körper ausgelöste geistige Vorgänge bezeichnen, sieht Wolff dagegen ein Verfahren vor, das Locke wahrscheinlich

[8] Locke, *Essay* 3.1.5; 403, 9–22.

[9] Descartes, *Passions de l'ame* I, a. 24; AT XI, 346, 21–350, 13.

deshalb nicht erwähnt, weil er kein Cartesianer ist. Weil die Perzeption von bestimmten geistigen Erfahrungen, zum Beispiel von Leidenschaften, aufgrund des Vertrags zwischen Körper und Geist mit der Perzeption bestimmter körperlicher Vorgänge verknüpft ist, denn zwischen beiden besteht eine Wenn-Dann-Beziehung, kann man die entsprechenden körperlichen Vorgänge als Indizien für das Vorliegen des mit ihnen verknüpften Geisteszustands ansehen und sagen: Die Vokabel »sich schämen« bezeichnet den geistigen Zustand eines Menschen, dem die Röte in die Wangen steigt. Wenn man Handlungen wahrnimmt, mit denen Liebende einander zeigen, dass sie sich lieben, kann man auf das Vorhandensein des geistigen Zustands ›Liebe‹ schließen und dem Schüler sagen: »Liebe« steht für denjenigen Geisteszustand, der vorzuliegen pflegt, wenn Menschen anfangen, einander zu küssen oder zu umarmen; darauf, dass solche Übertragungen ihre Probleme haben, hat Wolff bereits im vorigen Paragraphen hingewiesen. Der von ihm geschätzte Tschirnhaus hatte geschrieben: Wer Ausdrücke aus dem Bereich der Körperwelt für Zustände des Geistes stehen lässt, versucht, sich von diesen ein sinnliches Bild zu machen; aber den geistigen Zustand, den Leidenschaften wie Gefallen und Nichtgefallen, Schmerz und Begierde, Hass und Liebe oder Hunger und Durst auslösen, kann man mit keinem Bild begreifen.[10] Doch kann man anderen durch Ausdrücke aus der Körperwelt Hinweise auf Zustände des Geistes geben. und Cartesianer müssen lernen, sie als Fingerzeige auf etwas zu verstehen, das jenseits des Körpers liegt und das sie finden müssen. Wolff betont nicht nur, dass man Schülern das Verstehen von Wörtern für geistige Sachverhalte nur dann klarmachen kann, wenn sie die Sprache schon einigermaßen beherrschen; er deutet darüber hinaus in *De loquela* an, dass man lernen muss, mit geistig-körperlichen Wenn-

[10] Tschirnhaus, *Medicina mentis* p. 2, s. 2, 3: Quaedam nullo modo; 79–80 (1963: 108).

Dann-Schlüssen umzugehen und geistige Vorgänge und körperliche Begleitphänomene auseinanderzuhalten.

■ *Sprachliche Darstellung des Unwahrnehmbaren.* – Von deutschen Cartesianern zeigt vor allem Clauberg, dass die Sprache oft versucht, unwahrnehmbare Dinge mit Wörtern für wahrnehmbare Dinge zu bezeichnen; zahlreiche Beispiele finden sich in der *Paraphrasis in Meditationes Renati Cartesii*, in der *Ontosophia* von 1660 und in der Schrift *Corporis et animae conjunctio*. Bei Äußerungen über die Sinnlichkeit hält sich Clauberg zurück, beklagt es aber, dass unser Denken an die sinnennahe Sprache gefesselt ist und dazu neigt, den Körper zu überschätzen und den Geist zu unterschätzen. Er geht jedoch davon aus, dass die Erbsündlichkeit des Menschen und seine Verfallenheit an die Konkupiszenz eher ein Thema für Theologen als für Philosophen ist.[11] Menschen üben in den ersten Lebensjahren keine reinen Verstandestätigkeiten aus, und die meisten tun es niemals, weil ihre Seele an den Körper gefesselt bleibt; zu ermitteln, ob es vor dem Sündenfall tatsächlich anders war, hält er aber ebenfalls für eine Aufgabe der Theologen.[12] Er nennt zwei Möglichkeiten, Unsinnliches mit Wörtern für sinnlich Wahrnehmbares auszudrücken, aber schon die erste davon ist für radikale Cartesianer suspekt: Man kann sich geistige Dinge erstens als feine und dünne Körperchen vorstellen, die man sonderbarerweise für weniger real zu halten pflegt als harte und grobe. Zum Beispiel stellen wir uns Geister wie Luft, Wind, Feuer oder Dampf vor, und die Lateiner bezeichnen den menschlichen Geist in Anlehnung an *ἄνεμος*, das im Griechischen »Wind« bedeutet, als *animus*.[13] In der Ursachenlehre versuchen wir, Ursächlichkeit dadurch verständlich zu machen, dass wir uns mit Ausdrücken

[11] Clauberg, *Corporis et animae conjunctio*, c. 35, § 5; Schalbr. 239.

[12] Clauberg, *Corporis et animae conjunctio*, c. 35, §§ 9 und 10; Schalbr. 240.

[13] Clauberg, *Ontosophia* IV, § 51; Schalbr. 291.

für Flüssigkeiten wie »Überfließen der Wirkung aus der Ursache« behelfen, die zu Tätigkeiten von Gott oder Geistern und zumal zu Wirkursachen gar nicht passen. Gott Vater bezeichnet man als *Born* der Dreifaltigkeit und Gott als *Quelle* alles Guten (»das Gute verströmt sich selbst«), Vokabeln leitet man wie Wassergräben aus Flüssen ab (*derivantur*), und Geschöpfe *tauchen* aus dem Nichts *empor* (*emerserunt*).[14] Clauberg ist anscheinend der Meinung, dass man dergleichen hinzunehmen hat und dass sich irreführende Konsequenzen durch Sprachkritik neutralisieren lassen. Er erwähnt darüber hinaus eine von Wolff nicht genannte Möglichkeit, unwahrnehmbare Gegenstände mit Wörtern für wahrnehmbare zu bezeichnen: Man verneint Eigenschaften wahrnehmbarer Dinge und schreibt sie mit dieser Verneinung unwahrnehmbaren Dingen zu; so spricht man zum Beispiel vom Immateriellen, Unwahrnehmbaren oder Unsichtbaren.[15]

§33

Taube können keine Perzeptionen akustischer Phänomene bekommen. Abhilfe

20–21 | 264 ▷ S. 322

---

§33 Da wir also auf diese Weise sprechen lernen, können wir nun den Grund dafür erkennen, dass Taubgeborene auch stumm sind. Wir hegen allerdings keinen Zweifel daran, dass ihnen der Sprachgebrauch nicht ganz versagt ist, falls man sich nicht der Mühe entzieht, sie zu unterweisen. Denn damit man sprechen kann, bedarf es aufgrund des oben Gesagten vor allem zweier Dinge: Man muss die Atemluft stimmhaft machen, und man muss sie, wenn sie stimmhaft ist, auf verschiedene Weisen modifizieren. Da die Zitterbewegung des Kehlkopfs, die man mit den Fingern ertasten kann, den

[14] Clauberg, *Ontosophia* XIII, §231–232; Schalbr. 323.

[15] Clauberg, *Logica vetus et nova*, Proleg. c. 3, §67; Schalbr. 775.

Atem stimmhaft macht, muss man den Finger des Tauben, der stimmhaften Atem von sich geben soll, zuerst an den zitternden Kehlkopf des Sprechers und danach an den des Tauben halten, damit ihm sein Versuch, stimmhaften Atem von sich zu geben, am Ende wunschgemäß gelingt. Und weil Buchstaben stimmhafte Laute sind, die man durch verschiedene mit den Augen beobachtbare Bewegungen verschiedener Organe modifiziert hat, kann sie ein Tauber erfolgreich nachahmen, nachdem er sie beobachtet hat. Dass dies zu einem glücklichen Ende gelangen kann, lehrt die Tätigkeit des hochberühmten Wallis und des schon oben gelobten Ammann, von denen der eine im *Tractatus Grammatico-Physicus De Loquela* und der andere a.a.O., Kap. 3, eine Methode für den Taubstummenunterricht vorlegt; beide haben Taubstumme mit gutem Erfolg das Sprechen gelehrt.

Wenn »Sprechen« bedeutet, anderen eigene Perzeptionen durch akustische Signale mitzuteilen, könnten taubgeborene Personen grundsätzlich nicht sprechen, weil ihnen der Zugang zu akustischen Signalen verschlossen ist, denn sie können nicht hören. Es gibt aber Auswege. In der zweiten Hälfte des 17. Jahrhunderts erreicht die Kunst des Taubstummenunterrichts mit Wallis und Ammann einen Höhepunkt. Dass sich Gebildete schon vorher für derartige Bemühungen interessierten, zeigen Texte angesehener Autoren, die Wolff in anderen Zusammenhängen zitiert. Wolff selbst erwähnt die Arbeit von Wallis' Gegenspieler Holder, die 1669 erschien, vermutlich deshalb nicht, weil er sie (wie wohl auch Ammann) nicht kennt;[1] dasselbe gilt für Dalgarnos Versuch von 1680.[2]

[1] William Holder, *Elements of Speech*; der Anhang zum Taubstummenunterricht steht dort auf S. 111–168.

[2] George Dalgarno: *Didascalocophus*, in: *The works of George Dalgarno of Aberdeen*; 117–158. Es handelt sich eher um theoretische Über-

Taubstummenunterricht. Kurze Berichte. – Die Natur gleicht den Ausfall des Gehörs nach Schott bei vielen dadurch aus, dass sie an Lippenbewegungen erkennen können, was jemand sagt. Schott kannte in Sizilien einen tauben Jesuiten, der die Lippenbewegungen seines Gegenübers beobachtete und sich fließend über alles unterhalten konnte, obwohl er kein Wort hörte. Er verstand sogar Menschen, die lange im Flüsterton mit ihm redeten. Während einer feierlichen Prozession hatte dieser Pater durch einen Böllerschuss fast sein gesamtes Hörvermögen verloren, er lernte aber, durch Beobachtung der Mundbewegungen zu verstehen, was er mit dem Gehör nicht verstehen konnte. Nach Schott berichtet Kenelm Digby von einem ähnlichen Fall, nämlich von einem taub geborenen spanischen Edelmann, der mit den Augen Töne und Stimmen unterscheiden konnte und verständlich zu sprechen wusste. Anfangs hörte er nicht einmal Geschützfeuer und konnte kein Wort sprechen, aber sein schönes Gesicht und sein lebhafter Blick verrieten einen hellen Geist. Nach vergeblichen Bemühungen von Ärzten und Chirurgen fand sich am Ende ein Priester, der ihm zeigte, wie man spricht und andere versteht. Mit Geduld und Mühe erreichte er, dass der junge Herr die Wörter richtig aussprach und andere Menschen verstand, nur sprach er manchmal zu leise und manchmal zu laut, weil er sich selbst nicht hörte. Der Prinz von Wales unterhielt sich mehrmals mit ihm und sprach ihm auch wallisische Wörter vor, die er fehlerfrei wiederholte; die schwierigen Gutturale dieser Sprache kann man nur dadurch lernen, dass man den Mund des Sprechers beobachtet. Der betreffende Priester erzählte, er halte sich nicht an eine bestimmte Methode, sondern nur an seine Erfahrung. Solange sein tauber Schüler den

legungen zum Taubstummenunterricht als um praktische Anweisungen; praxisnah ist jedoch der Versuch eines Fingeralphabets, das anders konstruiert ist als das von Noviomagus (Kap. 8: Of an alphabet upon the fingers; 149–158), das aber von Sender und Empfänger hohe Konzentration verlangt.

Sprecher sehen konnte, verstand er noch die leisesten Wörter, wenn er ihn aber nicht sah, verstand er nichts. Vermutlich zeigte dieser Priester seinem Schüler Gegenstände, benannte sie mit ihren spanischen Namen, ließ ihn die Lippen- und Zungenbewegungen seines Lehrers beobachten und daraufhin so lange üben, bis er die richtige Aussprache traf.[3] – Nach Caramuel ist die neue Kunst der Unterweisung Taubstummer einem Mann namens Jean Paul Bonet Barlet Servant zu danken. An der misslichen Lage solcher Menschen ist nicht die Zunge schuld, denn auch Menschen ohne Zunge können sprechen, wenngleich mit Mühe; den Dünkirchener Kapitän Wandovallius und den Gouverneur Bamberg von Philippsburg konnte man zwar schlecht verstehen, sie beherrschten aber viele Sprachen. Taube sind stumm, weil sie nicht hören können, doch sind nicht alle von ihnen zum Stummsein verurteilt. Bei einer bestimmten Art von Taubheit ist das Gehör nur zugewachsen. Wenn beispielsweise jemandes Mittelohr von einer Haut überdeckt ist, behält er zwar sein Hörvermögen, hört aber nichts. Völlig Gehörlose können durch einen fähigen Lehrer lernen, mit den Händen zu sagen, was sie mit der Zunge nicht sagen können: Man formt vor ihren Augen mit den Händen Buchstaben oder schreibt sie nieder und stellt mehrere davon zu Mitteilungen zusammen. Dass dies nicht übermäßig schwierig ist, bewies ein stummer Hofmaler Philipps II.; er schrieb geistvolle Briefe, beherrschte die üblichen Rechenarten und verstand Italienisch und Latein. Jemand, bei dem das Mittelohr nur zugewachsen ist, ist nicht wirklich taub; er kann etwas hören, weil verborgene Gänge durch Mund und Nase zum Mittelohr führen. Deshalb braucht man nur zu überprüfen, ob er irgendwie auf Geschützfeuer reagiert; wenn er das hört, kann er auch sprechen lernen. Auch kann man ihm einen Trichterhals zwischen die Zähne schieben, den er fest mit den Lippen umschließen muss; wenn der Lehrer in den Trichter

[3] Schott, *Joco-seriorum naturae et artis sive Magiae naturalis centuriae tres*, cent. 2, prop. 1; 102–104.

hineinspricht und der Schüler ihn hört, kann ihm geholfen werden.[4] – Wenn jemandes Stummheit daher rührt, dass er keine Wörter hören kann, lässt sich nach Lana dennoch durch Kunst erreichen, dass er sprechen lernt und andere Menschen versteht. Lana erzählt, dass man solche Taube mit den Bewegungen von Lippen, Zunge und Zähnen vertraut machen muss, mit denen man Buchstaben, Silben und Wörter artikuliert; wer das beherrscht, versteht, was andere sagen, auch wenn er es nicht hört, und kann sogar lernen, dieselben Wörter auszusprechen wie sein Lehrer. Das muss nicht unbedingt schwierig sein, denn Gesunde lernen bekanntlich das Sprechen schon im unvernünftigen Alter. Sobald der Schüler alle Buchstaben kennt, muss man ihn mehrere davon zu Silben zusammensetzen lassen, zum Beispiel *ma* und *no*; so wird er fähig, das Wort »mano« auszusprechen. Zum Schluss macht ihm der Lehrer klar, dass mit »mano« eine Hand gemeint ist, und ebenso hält er es bei vielen anderen Beispielen. Notfalls kann sich der Taube sogar vor einen Spiegel setzen, um mit allen erforderlichen Mundbewegungen vertraut zu werden.[5]

Taubstummenunterricht. Wallis und Ammann. – Der Mathematiker und Theologe John Wallis veröffentlichte 1653 seine *Grammatica linguae anglicanae,* in deren Vorrede er eine Art vergleichender Sprachgeschichte entwarf. Zu Anfang des kompakten Abschnitts *Tractatus de Loquela* behandelt er »die Bildung und den ursprünglichen Klang aller Buchstaben«. Knapp zehn Jahre später bat man ihn, einem jungen Taubstummen, der mit fünf Jahren bei einem Unfall das Gehör verloren hatte, Sprachunterricht zu geben. Wallis hielt dessen Sprechorgane für intakt, aber ungeübt;[6] er schrieb an Boyle, der Junge könne so schreiben,

[4] Caramuel, *Apparatus philosophicus* l, prooem., disp. 1, 16: Mutorum institutio; 11b–12a.

[5] Lana, *Prodromo* (1670), c. 4; 51–[53] (falsche Paginierung: 49).

[6] Brief von Wallis an Boyle vom 30. Dezember 1661; Birch VI; 453–454.

wie ein englischer Schreiber, der kein Griechisch versteht, Griechisch schreibt, doch höre er so schlecht, dass seine früheren Schreibkenntnisse von keinerlei Nutzen mehr seien. Als Wallis seinen Freund Boyle zum ersten Mal über den Verlauf des Versuchs informierte, hatte der Schüler in gut vierzehn Tagen schon viele Wörter und etwas Syntax gelernt; er konnte alle englischen Laute sprechen, sogar L, R und das weiche Th, das vor allem Franzosen als schwierig empfinden, doch konnte er sie nicht alle auf Kommando bilden. Wallis nahm an, dass er am Ende zwar schlechter sprechen werde als jemand, der hören kann, aber wenn es ihm gelinge, seine Gedanken schriftlich zum Ausdruck zu bringen und geschriebene Mitteilungen anderer zu verstehen, werde er jedenfalls in der Lage sein, menschlichen Umgang so zu pflegen, wie wir es mit Autoren der Vergangenheit oder mit abwesenden Personen tun, und das mache alles wett, was seine Aussprache zu wünschen übrig lasse.[7] In einer Schlussbemerkung teilte die Redaktion der *Philosophical Transactions* der *Royal Society* mit, dass hier von Daniel Whaley die Rede sei, einem Sohn des Bürgermeisters von Northampton. Dieser Schüler nahm im Mai 1662 an einer Sitzung der Royal Society teil und konnte alle Wörter, die man ihm aufgab, zwar nicht mit der üblichen Intonation, aber gut verständlich sprechen; dasselbe tat er mehrmals in Whitehall in Gegenwart des Königs. Während seines einjährigen Aufenthalts bei Wallis las er einen großen Teil der englischen Bibel; er lernte, sich verständlich über Alltagsangelegenheiten zu äußern, an ihn gerichtete Briefe zu verstehen und sie zwar nicht elegant, aber doch verständlich zu beantworten. Wenn ihm Ausländer aus Neugier einen Besuch abstatteten, konnte er selbst die schwierigsten Vokabeln ihrer Sprache aussprechen,[8] sogar polnische (Wallis denkt vermutlich an *ą* und *ę*). Die *Philosophical Transactions* veröffentlichten Auszüge aus einem weiteren Schreiben von Wallis an Boyle, das zwar

[7] Brief von Wallis an Boyle vom 30. Dezember 1661; Birch VI 454.
[8] *The Philosophical Transactions abridged*, vol. 1; 468.

nur wenige Details von Wallis' Unterrichtsmethode, aber grundsätzliche Argumente gegen die seinerzeit verbreitete Meinung enthielt, dass Taubstumme unter keinen Umständen sprechen können. Bei ihrer Ausbildung muss man nach Wallis zwei Aufgaben erfüllen. Erstens muss man erreichen, dass sie die Aussprache lernen, denn nur dann können sie ihre Gedanken mitteilen und die Gedanken anderer verstehen. Ein normales Kind lernt seine erste Sprache mühelos im Alltag; es hört andere sprechen, wird selber angesprochen und merkt, welche Wörter bestimmte Handlungen begleiten und welche Wirkungen sie haben. Bei Gehörlosen ist das schwieriger.[9] Weil sie weder sprechen noch hören können, ist es bereits ein Problem, ihnen mit nichtverbalen Zeichen klarzumachen, wie man durch Bewegungen von Zunge, Lippen, Gaumen und anderen Organen bestimmte Laute bildet; das ist allerdings auch für die meisten Sprechfähigen ein so schwieriges Thema, dass sie es nicht in Worte fassen können.[10] Zweitens muss man Taubstummen beibringen, wie man Wörter versteht. Nun kann man Gedanken nicht nur durch Laute, sondern auch durch Schriftzeichen ausdrücken; die Chinesen praktizieren das jeden Tag, denn ihre Zeichen repräsentieren Dinge und Begriffe unabhängig vom gesprochenen Wortlaut und werden ähnlich wie unsere Ziffern in verschieden Ländern verschieden ausgesprochen, aber immer gleich geschrieben.[11] Auf ähnliche Weise kann man tauben Personen visuell zu verstehen geben, für welches Ding eine Buchstabenfolge steht. Wallis' Schüler können am Ende nicht so ordentlich sprechen wie jemand, der Englisch schon als Kind gelernt hat; aber wenn sie es ungefähr so sprechen können wie gleichaltrige Ausländer, sind ihre Schwächen grundsätzlich ausgeglichen.[12]

[9] *The Philosophical Transactions abridged*, vol. 1; 464–465.
[10] *The Philosophical Transactions abridged*, vol. 1; 465–466.
[11] *The Philosophical Transactions abridged*, vol. 1; 466.
[12] *The Philosophical Transactions abridged*, vol. 1; 467.

Ein weiterer Schüler von Wallis war der zehnjährige von Geburt an taube Alexander Popham, mit dessen Familie Wallis bekannt war. Er hatte vorher von William Holder, der ebenfalls Mitglied der *Royal Society* war, Sprachunterricht erhalten; das wurde zum Anlass eines verdrießlichen Prioritätsstreits.[13] Fast dreißig Jahre später berichtete Thomas Beverly in einem Brief an Wallis, der inzwischen 86 Jahre alt war, dass fünf der acht Kinder einer ihm bekannten Familie taub zur Welt gekommen seien, und bat um Rat. In seiner Antwort vom 30. September 1698, die ebenfalls in den *Philosophical Transactions* der *Royal Society* erschien,[14] ging Wallis zunächst auf seine bisherigen Bemühungen ein. Er habe zwar nicht alle Taubstummen zum Sprechen bringen können, sie aber wenigstens gelehrt, die Sprache zu verstehen, sich schriftlich passabel zu äußern und das eigene Wissen durch Lesen zu erweitern.[15] Beim Sprachunterricht unterscheide er zwei Phasen. In der ersten müssen die Taubstummen lernen, Zunge, Lippen und die übrigen Sprechorgane in diejenigen Stellungen und Bewegungen zu bringen, die ein Sprachlaut erfordert. Auf Details geht Wallis kaum ein, verweist

[13] Holders Streitschrift *Supplement to the Philosophical Transactions of Jvly, 1670*, war nicht mit den Herausgebern abgesprochen, sondern wurde von Holder auf eigene Faust publiziert. Wallis antwortete mit *A defence of the Royal Society, and the Philosophical Transactions.* Manche Behauptungen in diesem Streit lassen sich heute nicht mehr überprüfen. Zu der Frage, ob der kleine Popham bei Holder etwas Sinnvolles gelernt hat, bemerkt Jaap Maat in einer Internetmitteilung, Holder habe nur behauptet, dass Popham bei ihm die Aussprache von Wörtern lernte; vermutlich habe er sich auf nicht besonders hilfreiche phonetische Übungen konzentriert, die der Junge schnell wieder vergaß. S. Jaap Maat, *Teaching language to a boy born deaf in the seventeenth century: the Holder-Wallis debate*, History and Philosophy of the Language Sciences. Die Arbeit ist inzwischen auch als Buch erschienen.

[14] Wallis an Beverly, 30. 09. 1698, in: *Philosophical transactions*, vol. 20 (1698); 353–360.

[15] Wallis an Beverly, 30. 09. 1698; in: *Philosophical Transactions*, vol. 20 (1698); 353–354.

aber auf seine Abhandlung von 1653 und bemerkt, man habe erst wenig erreicht, wenn ein taubstummer Schüler so sprechen könne wie ein Papagei; wenn er nicht auch die Wortbedeutungen lerne, vergesse er die Aussprache sehr bald. Zum Lernen der Wortbedeutungen könne man aber erst übergehen, wenn der Schüler schreiben kann, denn beide Beteiligte müssen viel schreiben; weil Feder und Tinte nicht immer zur Hand sind, muss der Taubstumme außerdem lernen, Buchstaben mit den Fingern darzustellen. Im übrigen verfährt Wallis beim Sprachunterricht für Stumme nicht anders als bei dem für Kinder, die hören können.[16] Der Schüler muss zuerst Vokabeln lernen; dafür sieht Wallis erweiterbare semantische Bäume vor, zum Beispiel

/ **Arm**
// Elle, Speiche, **Hand**,
/// Handfläche, **Finger**,
//// Fingernagel, Fingerspitze, Fingerknöchel.

Derartige Bäume muss der Lehrer so verständlich in ein Lernheft eintragen, dass der Schüler das Verhältnis der Äste zueinander versteht;[17] der Schüler muss sich die entsprechenden Vokabeln durch Nachschreiben, Vorlesen und Wiederholen einprägen. Wallis erwähnt semantische Bäume zu »Mensch«, »Körper«, »Tiere«, »Pflanzen«, »unbelebte Körper«, »Stoffe«, »Haus« und »Möbel und Werkzeuge«; es ist ihm wichtig, das Chaos der Wörter für den Schüler zu strukturieren.[18] In der Flexionslehre behandelt er zuerst Singular und Plural; danach erfährt der Schüler

[16] Wallis an Beverly, 30. 09. 1698; in: *Philosophical Transactions*, vol. 20 (1698); 354–355.

[17] Jaap Maat berichtet in der oben zitierten Mitteilung, dass im Sommer 2008 eins der Wallisschen Lernbücher wieder aufgefunden wurde. Es trägt den Titel »Alexander Popham his book. Oxford, Novemb. 8. 1662.«

[18] Wallis an Beverly, 30. 09. 1698; in: *Philosophical Transactions*, vol. 20 (1698); 355–356.

auf neu anzulegenden Seiten des Lernbuchs, was Artikel, Demonstrativa, Pronomina, Substantive und Adjektive sind und wie man Nomina durch Wörter wie »ist« miteinander verbindet; dadurch bekommt er eine erste Vorstellung von Syntax.[19] Anschließend lernt er, zu deklinieren und zu konjugieren; das ist allerdings im Englischen leichter als in anderen Sprachen, weil es dort nicht viele Formen gibt.[20] Für Wallis ist wichtig, dass der Schüler Konjugation und Deklination als Kombinationstätigkeiten versteht und Stamm und Endung zu unterscheiden lernt, um je nach Bedarf wechselnde Endungen mit überdauernden Stämmen kombinieren zu können.[21] Wenn der Taubstumme begabt und der Lehrer gescheit ist, bringt diese Methode bei hinreichendem Fleiß in etwa einem Jahr unerwartet große Fortschritte und schafft die Grundlagen zur Weiterbildung des Schülers in Religion und anderen Wissensgebieten, die man aus Büchern lernen kann. In allen diesen Fällen muss der Lehrer sozusagen die Sprache des Schülers lernen, damit der Schüler unsere Sprache lernt.

Der damals angesehenste kontinentale Experte für Taubstummenunterricht war der ebenfalls von Wolff erwähnte Arzt Johann Conrad Ammann. Im dritten Kapitel seiner *Dissertatio de Loquela* berichtet Ammann über eine Methode, mit der er Taubstummen das Sprechen beigebracht hat.[22] Die meisten seiner Schüler können nach zwei Monaten lesen und viele Wörter sprechen. Sprechenkönnen erfordert, dass man Wörter richtig ausspricht, und Wörter bestehen aus vielfältig artikuliertem stimmhaftem Atem und erfordern bestimmte Stellungen der

[19] Wallis an Beverly, 30.09.1698; in: *Philosophical Transactions*, vol. 20 (1698); 356–357.

[20] Wallis an Beverly, 30.09.1698; in: *Philosophical Transactions*, vol. 20 (1698); 357–358.

[21] Wallis an Beverly, 30.09.1698; in: *Philosophical Transactions*, vol. 20 (1698); 358–359.

[22] Ammann, *De Loquela* c. 3: »Darlegung der Methode, mit der ich von Geburt oder durch Krankheit Taube das Sprechen lehre und behebbare Sprachmängel korrigiere.«

Sprechorgane, die man mit den Augen beobachten kann. Deswegen können auch Taube, wenn sie nicht blind sind, Buchstaben aussprechen, Wörter daraus zusammensetzen und diese für sprachliche Mitteilungen verwenden, doch brauchen sie einen sorgfältigen Lehrer.[23] Ammann nimmt nur geistig lebendige und lernwillige taubstumme Schüler an, die weder zu jung noch zu alt sind. Sie sollen auf das Jünglingsalter zugehen, also acht bis fünfzehn Jahre alt sein, und gut ausgebildete Sprechorgane haben. Solange dumme Kinder klein sind, kann man ihnen nichts beibringen, denn sie passen nicht auf und merken nicht, dass ihnen das Gelernte später Nutzen bringt; ältere Kinder werden dagegen oft eigensinnig oder genieren sich. Kinder ohne funktionsfähige Sprechorgane können niemals selber sprechen, aber wenigstens lernen, andere zu verstehen, und manchmal sogar, ihre Gedanken schriftlich mitzuteilen.[24] Geeigneten Schülern muss man zuerst eine menschenähnliche Stimme entlocken, weil sie sonst niemals lernen, klar zu sprechen. Das große Geheimnis dieser Kunst und sozusagen das Gehör der Tauben ist ihre Fähigkeit, bei sich selbst zwischen stimmlosem und stimmhaftem Atem zu unterscheiden; sooft sie einen Laut von sich geben, nehmen sie das Zittern in ihrem Kehlkopf wahr. Sie merken anfangs nicht, was der Lehrer will, wenn er einen Buchstaben ausspricht und ihnen befiehlt, das ebenfalls zu tun, denn sie wissen noch nicht, ob er nur den Mund aufmacht und dabei stimmlos ausatmet oder ob er im Gegenteil stimmhaft spricht, auch wissen sie nicht, ob sie das ebenfalls versuchen sollen. Deshalb muss der Lehrer ihre Hand an seinen Kehlkopf legen, damit sie dessen Zitterbewegung spüren; danach müssen sie ihren eigenen Kehlkopf berühren und selber Laute bilden. Auf diese Weise kann man ihre Stimme mit der Hand wie mit einem Zügel so lenken, dass sie am Ende feinste Nuancen wahrnehmen. Anfangs ist ihre Stimme rau und schwer, aber mit Zeit und Übung wird sie glatt

[23] Ammann, *De Loquela* c. 3; 80–81.
[24] Ammann, *De Loquela* c. 3; 81–82.

und klar, und sie verlernen das kaum menschlich klingende Piepsen, das die meisten von ihnen anfangs von sich geben.[25] Danach müssen sie Vokale aussprechen und den Mund so öffnen, wie es in Ammanns Lehre von den Vokalen beschrieben wird. Dabei nimmt der Lehrer einen Spiegel zur Hilfe, denn die Bewegungen von Zunge, Wangen und Lippen, die für die Bildung von Vokalen erforderlich sind, können sie nicht schon dadurch lernen, dass sie den Lehrer beobachten; dass auch wir selbst unsere Muskeln erst nach langer Übung so bewegen können, wie wir wollen, merken wir, wenn wir Tanzen, Singen oder ein Instrument zu spielen lernen.[26] Jeden Buchstaben, den der Lehrer vorspricht, muss er gleichzeitig an die Tafel schreiben, damit der Schüler seine Vorstellungen irgendwo festmachen kann. Um seine Fortschritte festzustellen, lässt man ihn manchmal geschriebene Buchstaben vorlesen oder vorgesprochene niederschreiben; er schafft aber selten mehr als zwei bis drei Buchstaben pro Tag, danach bringt er alles durcheinander.[27] Die Aussprache von Vokalen ist heikel, denn schon bei kleinsten Veränderungen an der Lage der Zunge kommt ein anderer Vokal heraus. *E* und *i*, *o* und *u*, *ö* und *ü* sind eng miteinander verwandt, und manchmal spricht ein Schüler nicht den vom Lehrer gewünschten, sondern einen anderen Laut. Dann darf man ihn nicht schelten, sondern muss ihn so loben, als hätte er den richtigen gesprochen. Am besten schreibt man den von ihm gesprochenen Vokal mit seinem richtigen Namen an die Tafel und streicht den Namen des Buchstabens durch, den er eigentlich sprechen sollte. So lernt er infolge seines Versehens ohne großen Aufwand statt eines Vokals gleich zwei.[28] Anschließend geht man zu den sogenannten Halbvokalen über; diese sind etwas schwieriger, vor allem die Nasale, denn Taube lassen die stimmhafte Atemluft von sich aus nie durch

[25] Ammann, *De Loquela* c. 3; 82–84.
[26] Ammann, *De Loquela* c. 3; 84.
[27] Ammann, *De Loquela* c. 3; 85–86.
[28] Ammann, *De Loquela* c. 3; 86–87.

die Nase entweichen. Bei dem vergleichsweise leichten M lernt der Schüler, überhaupt durch die Nase zu sprechen; wenn man ihm befiehlt, die Lippen zu schließen, die Hand an den Kehlkopf zu halten und stimmhaft durch die Nase auszuatmen, sagt er wohl oder übel »*m*« und nicht »*em*«.[29] Man darf nämlich Taube niemals *em* statt *m* sagen lassen, weil sie sonst nicht lernen, richtig zu lesen oder auszusprechen; die sprachliche Funktion von Halbvokalen und Konsonanten hängt ja nicht von dem beim Buchstabendiktieren angehängten Beivokal ab, denn man sagt »man« und nicht »emaën«.[30] Bei den beiden anderen Nasalen, dem gewöhnlichen *n* und dem *n* vor *g* oder *k*, gibt es keine besonderen Schwierigkeiten; man zeigt den Taubstummen die entsprechende Lage der Zunge im Spiegel, führt ihre Hand an die Nase des Lehrers, damit sie spüren, wie der stimmhafte Atem durch die Nase entweicht, und legt zugleich ihre andere Hand an den Kehlkopf des Lehrers, damit sie dessen Zittern wahrnehmen.[31] Beim *l* befiehlt man ihnen, die Zunge an die oberen Schneide- und Eckzähne und an den benachbarten Gaumenbereich zu legen, und bedeutet ihnen, den stimmhaften Atem durch den Mund entweichen zu lassen. Wenn ihre Zunge den Weg dorthin so versperrt, dass der Atem nur durch die Nase entweichen kann, entsteht allerdings statt des *l* ein *n*, und deshalb hält man ihnen anfangs sachte die Nase zu, um zu erreichen, dass ihr Atem durch den Mund austritt.[32] *R* ist der schwierigste Halbvokal, und man wird nur schwer mit ihm fertig. Zwei der zahlreichen Taubstummen, die Ammann unterrichtet hat, bilden das *r* bedauerlicherweise nur im Rachen, aber ihre Zunge ist so dick, dass sie gar nicht anders können. Die Stelle zeigt, dass Ammann nicht das heute in Deutschland und Frankreich übliche Rachen-*r*, sondern nur das Zungen-*r* für korrekt hält.

[29] Ammann, *De Loquela* c. 3; 87–88.
[30] Ammann, *De Loquela* c. 3; 88–89.
[31] Ammann, *De Loquela* c. 3; 90–91.
[32] Ammann, *De Loquela* c. 3; 91–92.

Bei diesem legt der Lehrer die Hand des Tauben abwechselnd an die eigene Kehle und den eigenen Mund, damit er das mehrmals unterbrochene Ausströmen dieses Lauts sozusagen mit Händen greifen kann; auch befiehlt er ihm manchmal, dabei in den Spiegel zu schauen und auf die schnelle Zitterbewegung der Zunge zu achten. Man darf von einem Tauben nicht erwarten, dass er diesen Buchstaben schon beim ersten Mal richtig ausspricht, auch darf man ihn nicht zu sehr ermüden; deswegen spart man sich die Vervollkommnung des *r* am besten für einen späteren Zeitpunkt auf, an dem die Sprechorgane schon geschmeidiger sind.[33] Wenn die Schüler Vokale und Halbvokale beherrschen, ist der weitaus größte Teil der Arbeit schon getan, denn Konsonanten lernt man leicht, weil sie aus stummer oder nur leicht stimmhafter Atemluft bestehen, die man durch kurzfristige oder anhaltende Öffnung oder Schließung der drei Mundregionen artikuliert. Stumme lernen sie schon durch bloßes Anfühlen des Mundes leicht.[34]

Wenn ein Stummer alle wichtigen Buchstaben einzeln sprechen kann, muss er noch lernen, wie man mehrere davon zusammen ausspricht und zum Beispiel »ab«, »ba«, »ef« oder »tam« sagt. Damit er die Wörter leichter behält, muss er sie aus Buchstaben zusammensetzen und in ein Heft eintragen; dadurch lernt er, wie man Wörter, die er gerade im Kopf hat, richtig schreibt.[35] Danach gibt der Lehrer dem Schüler ein Buch in die Hand; nach jeder Zeile, die er gelesen hat, muss er den Lehrer anschauen, der ihm die Wörter noch einmal vorspricht und sie ihn wiederholen lässt.[36] Sobald ein von Geburt an tauber Schüler das Gelesene richtig aussprechen kann, betrachtet Ammann dessen Verstand als *tabula rasa* und ihn selbst als einen soeben neu eingetroffenen Erdenbürger. Nun lehrt er ihn Substantive

[33] Ammann, *De loquela* c. 3; 92–93.
[34] Ammann, *De Loquela* c. 3; 93.
[35] Ammann, *De Loquela* c. 3; 97–98.
[36] Ammann, *De loquela* c. 3; 99–100.

und Adjektive für die Dinge, mit denen er am häufigsten zu tun hat, ferner die wichtigsten Verben und Adverbien und einige Konjunktionen, danach Deklination und Konjugation und schließlich die wichtigsten Satzkonstruktionen. Das erläutert er durch passende Beispiele, damit der Schüler lernt, um das zu bitten, was er braucht, aber auch, seine Achtung vor Gott und den Eltern zum Ausdruck zu bringen, gegen andere gerecht zu sein und überhaupt sich zivilisiert zu verhalten.[37]

§34

Perzeptionen bekommt man nur durch Wahrnehmung. Sie lassen sich nicht verbal definieren

21|264–265 ▷ S. 322

§34 Es konnte aber verwunderlich erscheinen, dass Wörter zwar unmittelbare Zeichen für unsere Perzeptionen sind, dass aber durch ihren Einsatz keine Perzeption im Geist eines anderen entsteht, die dieser nicht schon zuvor aus Anlass irgend eines Gegenstands bekommen hat; man kann vielmehr mit anderen nur Begriffe durch Wörter allein austauschen. Den Grund dafür können wir leicht angeben. Denn die den Nervenfäserchen eingeprägte Bewegung, die sich bis zum Gehirn fortpflanzt, reicht zur Erzeugung einer Perzeption nicht aus, weil es ganz unbegreiflich ist, wie Materie durch ihre Bewe-

[37] Ammann, *De Loquela* c. 3; 103: »Wenn mein taub geborener Schüler lesen und mich, wenn ich spreche, einigermaßen nachahmen kann, behandle ich ihn wie einen neuen Bürger dieser Welt. Zuerst lehre ich ihn die Namen der geläufigsten Dinge, Substantive wie Adjektive, aber auch die nötigsten Verben und Adverbien nebst einigen Konjunktionen; danach Deklinationen und Konjugationen und schließlich die speziellen Konstruktionen der Sprache, die er lernen muss, und erläutere das alles mit angenehmen und nützlichen Beispielen. Dann kann er Bitten um etwas, das er braucht, Respekt gegenüber Gott und den Eltern, Gerechtigkeit gegenüber dem Nächsten, seine zivile Gesittung usw. zum Ausdruck bringen.«

gung Gedanken erzeugen soll, aber auch, wie der Geist auf eigene Faust mit jenen Bewegungen Perzeptionen verbinden und wie er sie darüber hinaus nach eigenem Gutdünken verändern soll. Deshalb muss ihre Ursache der mächtige Wink der Gottheit sein. Weil Gott also wollte, dass durch genau diese Bewegungen eben diese Perzeptionen und keine anderen entstehen, und weil andererseits die Bewegungen der Nervenfäserchen, die der Laut der Wörter verursacht, sehr verschieden von denen sind, die uns die Gegenstände selbst einprägen, kann man sie auch mit diesen nicht verbinden, sondern es ist in solchen Fällen erforderlich, dass dem Auge die Gegenstände selbst oder ihre Abbilder gegenwärtig sind. Daraus darf man aber auf keinen Fall schließen, dass die Mathesis Abbilder der Einbildungskraft behandelt, das heißt, dass sie ihre Anhänger mit sinnlicher Erkenntnis abspeist, denn ohne Anwendung von Schematismen kann man sie nicht lehren. Schematismen sind nämlich nur Zeichen, mit denen man der Einbildungskraft Begriffe des reinen Verstandes darstellt, damit sie diese nicht bei ihren üblichen Abschweifungen durcheinanderwirft. Man kann der Einbildungskraft geometrische Begriffe aber deshalb durch Zeichen darstellen, weil sie Abstraktionen von materiellen Dingen sind.

Das Problem, das Wolff von Tschirnhaus her vertraut ist, erwähnt auch Locke in beiden Drafts und im »Essay«: Perzeptionen sinnlich wahrnehmbarer Gegenstände bekommt man nur durch Wahrnehmung. Locke vergegenwärtigt den Sachverhalt am Beispiel der damals in Europa noch seltenen Ananas: Nur wer schon eine Ananas gegessen hat, kann genau wissen, was »Ananasgeschmack« bedeutet;[1] mit Ausdrücken wie

[1] S. Locke, *Draft A*, § 1; Nidditch 6–7 und Draft B, § 66; Nidditch 170. – S. auch Locke, *Essay* 2.1.6; Nidditch 107, 3–7: »[...] wenn man ein Kind an einem Ort hielte, an dem es, bis es ein Mann war, nie etwas anderes

»gleicht dem Geschmack von Pfirsich und Erdbeere« lässt es sich nicht verlustfrei beschreiben. Wörter für Wahrnehmbares kann man nur ostensiv definieren: Man zeigt einer Person, die noch nicht weiß, was »rot« bedeutet, einen roten Gegenstand. Wolff hat das schon in § 4 und § 21 erwähnt und geht nun auf die Frage ein, weshalb es gar nicht anders sein kann:[2] Die betreffenden Vorstellungen lassen sich deswegen nicht verlustfrei durch Wörter übermitteln, weil die Bewegungen in den Nervenfasern, die durch sprachliche Affizierung der Sensorien entstehen und im Gehirn eine Impression verursachen oder reaktivieren, in der Seele nicht Dingperzeptionen, sondern nur Wortlautperzeptionen auslösen. Die Animalgeistbewegungen, die beispielsweise in der Seele des Hörers die akustische Perzeption 'ʃvaːn' auslösen, lösen eben nur die Vorstellung dieses Wortlauts und nicht die Vorstellung eines Schwans aus. Wenn jemand »blau« sagt, löst er zunächt im Geist seines Hörers nur die Perzeption des Wortlauts blaʊ aus, die von der Perzeption der Farbe Blau völlig verschieden ist. Doch besteht aufgrund einer erlernten Assoziation bei Hörern, die Deutsch gelernt haben, eine Verknüpfung zwischen der Lautperzeption ›blaʊ‹ und der Farbperzeption ›blau‹. Bei Hörern, die kein Deutsch verstehen, besteht diese Verknüpfung nicht, weil sie nicht auf natürlichen Vorgaben, sondern auf willkürlicher Übereinkunft einer Sprachgemeinschaft beruht und erlernt werden muss. Zu Assoziationen kann man aber nur Perzeptionen verknüpfen, die man schon gespeichert hat. Wer noch nie etwas Blaues gesehen hat, verfügt nicht über die Farbperzeption ›blau‹. Ein Blinder hat gar keinen Zugang zu ihr, auch hat ein taub Geborener keinen Zugang zu der Wortlautperzeption ›blaʊ‹, und etwas, über das man nicht verfügt, das kann

sah als Schwarz und Weiß, dann hätte es nicht mehr Ideen von Scharlach oder Grün als jemand, der von Kindheit an nie eine Auster oder Ananas schmeckte, Ideen von diesen bestimmten Geschmäcken hat.«

[2] Locke, *Essay* 3.4.11; 425, 20–26, Text in § 22, Anm. 12.

man nicht verknüpfen. Wer dagegen sowohl die Farbperzeption als auch die ihr von der Sprachgemeinschaft zugeordnete Wortautperzeption gespeichert hat, kann beide miteinander verknüpfen; nichts anderes gilt für Wortlautperzeptionen wie ›blø‹, ›blu‹ oder ›ɑθul‹.

Nachträglich fürchtet Wolff, dass diese Mitteilungen dem Ansehen einer Disziplin schaden könnten, die er sehr liebt, nämlich dem der Mathematik; deshalb versucht er, ein naheliegendes Argument im voraus zu widerlegen: Man darf aus dem Gesagten nicht schließen, dass sich die Geometrie nicht mit Begriffen beschäftigt, sondern mit gezeichneten Figuren zufrieden ist, also ihre Anhänger mit Perzeptionen abspeist. Was hier grundsätzlich zu sagen wäre, hat Wolff in § 32 mit seinen Hinweisen auf die Rolle bestimmter Perzeptionen beim Erwerb von Begriffen angedeutet. An dieser Stelle begnügt er sich mit der Erklärung, dass Schematismen Abstraktionen sind, mit denen man der Einbildungskraft geometrische Begriffe darstellt, und dass ohne sie kein Mathematikunterricht möglich ist. Dazu wird Leibniz bemerken, dass Geometrie auch ohne Figuren lehrbar ist, obwohl sie Schüler beim jetzigen Zustand der Mathematik mit Hilfe von Figuren leichter verstehen; das könne sich aber durch die Entwicklung einer Analysis der Lage statt der Größe bald ändern.[3]

Der Term »Schematismus«, den Wolff hier verwendet, spielt später in Kants Philosophie eine Rolle. Hier ist die Frage, was er beim jungen Wolff bedeutet. Stichproben in Texten, die dieser erwähnt, ergeben folgende Verwendungen von »*schema*« und »*schematismus*«:

[3] Gerhardt, Briefwechsel zwischen Leibniz und Christian Wolff, Brief 25 vom 20. August 1705; 33. – Dazu s. zum Beispiel Louis Couturat: *G. W. Leibniz. Opuscules et fragments inédits* (Paris 1903), Hildesheim (Olms) 1966, S. 548–556: De calculo situum.

(a) Geometrische beziehungsweise physikalische Figur *schema*
(b) Formale Syllogismusdarstellung *schema*
(c) Darstellung einer Zahlenreihe *schema*
(d) Verzweigte Darstellung der Grade des Seienden *schema*
(e) Disposition, Stellung, Grad *schema*
(f) Geometrische beziehungsweise physikalische Figur *schematismus*
(g) Rudimentäre Abbildung des Aussehens von Planeten *schematismus*
(h) Technische Zeichnung eines *oculus artificialis schematismus*

Solche Stichproben zeigen, dass bei Autoren, die Wolff in *De loquela* zitiert, »*schema*« ein Ausdruck mit vielen Konnotationen ist. »*Schematismus*« bezeichnet dagegen vor allem abstrakte Figuren aus dem Bereich der Geometrie und Physik. Man kann also davon ausgehen, dass »*schematismus*« in §34 für »geometrische Figur« steht.

Geometrische Figuren kann man als Zeichen verstehen, die es Schülern ermöglichen, mit Mitteln der Einbildungskraft zum Verstehen geometrischer Begriffe zu gelangen. Mit Teilen der Körperwelt können sie deshalb strukturgleich sein, weil sie von wirklichen Körpern abstrahiert sind. Man darf also Schülern Begriffe wie ›Dreieck‹, ›Rechteck‹, ›Kubus‹ und ›Kugel‹ deshalb durch Strichzeichnungen darstellen, weil diese von Körpern abstrahiert sind und dem Verstand deren Struktur zugänglich machen. Die Wahrnehmung erfasst das sinnliche Abbild, die Einbildungskraft den auf relevante Merkmale reduzierten Schematismus und der Verstand die unter beiden verborgene Struktur.

VII.
Nachweis, dass die Sprache die in § 9 aufgestellten Bedingungen erfüllt

§ 35

Nachweis einer bestimmten Analogie zwischen Sprache und Algebra unter Berücksichtigung der vernünftigen Grammatik

21–22 | 265 ▷ S. 323

§ 35 Dass es sich bei Wörtern um diejenige Art von Zeichen handelt, die man kraft § 9 zur Mitteilung unserer Gedanken braucht, lehrt schon ein bloßer Blick in die Grammatik. Dort erscheinen als Zeichen für Dinge Nomina, als Zeichen für absolut betrachtete Dinge und für Modi, durch die wir Dinge als so beschaffene begreifen, Substantive; als Zeichen für modifizierte Dinge Adjektive; als Zeichen für Modi, durch die wir Dinge als tätige begreifen, aktive Verben; als Zeichen für Modi, durch die wir sie als Tätigkeiten erleidende begreifen, passive Verben. Substantivische und adjektivische Nomina drücken die verschiedenen Beziehungen von Dingen durch Casus und die Quantität ihrer Modifikation durch Grade aus; sie drücken die wechselseitige Abhängigkeit von Dingen durch Ableitungen und Zusammensetzungen aus. Verben zeigen verschiedene Zeiten durch verschiedene Veränderungen an, die die Tempora der Verben vorschreiben; ähnlich zeigen sie durch Veränderung der Endungen die verschiedenen Personen und Anzahlen der Handelnden oder Leidenden an. Schließlich zeigen Partikel Verknüpfung und Ähnlichkeit von Dingen an; bei Grammatikern treten sie unter den Namen »Adverbien«, »Präpositionen« und »Konjunktionen« auf. Interjektionen verraten Leidenschaften des Geistes. Mehr fügen wir nicht hinzu, weil dieses Lehrstück schon vor uns der anonyme Verfasser eines französischen Büchleins mit dem Titel: *Grammaire generale et raisonnée* sowie der schon oben gelobte Lamy a.a.O., Buch. 1, Kap. 6 und 7 sowie 9, S. 21 und folgende, in lobenswerter Weise ausgearbeitet haben.«

Wolff geht es auf den ersten Blick um die Analogie zwischen Sprache und Algebra. Aber weil er sich an der Grammatik von Port-Royal und an Lamys *La rhetorique* orientiert, dringt die Tradition der vernünftigen Grammatik, das heißt, der vernünftig begründeten Grammatik, in seine Darstellung ein.[1] Die *Grammaire generale* betont, dass man die Fundamente der Grammatik nur dann versteht, wenn man weiß, was sich im Geist abspielt, denn davon hängt die Verschiedenheit der Wortarten ab.[2] Cartesisch geformte Geister pflegen die Welt als einen in der Zeit sich wandelnden unendlichen Komplex aus Substanzen mit Eigenschaften, Aktivitäten, Passivitäten und Relationen zu denken; die Ordnung, die sie in ihr erkennen, entspricht der cartesischen Substanz-Modus-Ontologie. Dieser Struktur der Welt und des Denkens muss dann, wenn richtig gesprochen wird, die Struktur der Sprache entsprechen. Eine Grammatik, die nachweist, dass es so ist, bezeichnet man als logische, spekulative oder vernünftige Grammatik; sie erscheint im Mittelalter unter Titeln wie *De modis significandi.* Logische beziehungsweise vernünftige Grammatiken gehen davon aus, dass die Bezeichnungsweisen (*modi significandi*) der Wörter unmittelbar den Denkweisen (*modi cogi-*

[1] Zu deren allgemeiner Bedeutung s. Brune Snell: Entwicklung einer wissenschaftlichen Sprache in Griechenland, in: Sprache und Wissenschaft. Vorträge gehalten auf der Tagung der Joachim-Jungius-Gesellschaft der Wissenschaften 1959/1960; 73–84, hier: 82.

[2] *Grammaire generale* p. 2, c. 1; 26: »Man muss wissen, was in unserem Geist vorgeht, wenn man die Grundlagen der Grammatik verstehen will, denn davon hängt die Verschiedenheit der Wörter ab, aus denen eine Rede besteht.«

tandi) des menschlichen Geistes und mittelbar den Seinsweisen der Dinge (*modi essendi*) entsprechen. *La rhetorique* stellt diesen Sachverhalt poetisch dar: Die Sprache ist ein Bildnis unserer Gedanken; wenn sie mit ihren Zeichen Geschehnisse im Geist abbildet, benutzt sie die Zunge als Pinsel und die Wörter als Farben.[3]

■ *Geulincx' Attacke auf die vernünftige Grammatik.* – Zu den Zielen der sprachphilosophischen Disziplin *De modis significandi*, die als vernünftig begründete Grammatik (Grammaire raisonnée) bei Wolffs Bezugsautoren weiterlebt, gehört der Nachweis, dass die Kategorien der Sprache unmittelbar den Kategorien des Denkens und mittelbar den Kategorien des Seins entsprechen. Vernünftige Grammatiken gehen davon aus, dass die innerste Struktur der Sprache bei allen Menschen gleich ist, und verstehen sich als Universalgrammatiken. Das Denken orientiert sich bei allen Menschen an den Seinsweisen der Dinge, und das Sprechen orientiert sich bei ihnen an menschlichen Denkweisen. Dinge inhärieren, modifizieren, werden modifiziert, treten in Relation und existieren in vielerlei Zuständen oder Verhältnissen, also in verschiedenen *modi essendi*. Diesen entsprechen verschiedene Weisen des Menschen, Dinge zu denken (*modi cogitandi*, *modi intelligendi*); man kann zum Beispiel ›Stein‹ als Einzelding, als Art, als Eigenschaft (steinern, aus Stein), als Ort von etwas oder als Körper, der etwas tut oder leidet, begreifen. Das alles drückt die Sprache durch ihre Bezeichnungsweisen (*modi significandi*) aus, denn für Substanz und Modus verwendet sie die *modi significandi* Substantiv und Adjektiv oder Verbum, zur Lokalisierung den *modus significandi* Lokativ und zum Ausdruck von Tun

[3] Lamy, *La rhetorique* l. 1, c. 2; 5: »Die Sprache ist ein Bild unserer Gedanken. Bevor wir sprechen, müssen wir in unserem Geist eine Skizze dieses Bildes entwerfen. Weil Wörter Zeichen für Vorgänge in unserem Geist sind, kann man fast sagen, dass sie ein Gemälde unserer Gedanken sind; die Zunge ist der Pinsel, der das Gemälde auf die Leinwand bringt, und die Wörter dienen uns dabei als Farben.«

und Leiden die *modi significandi* des verbalen Aktivs und Passivs. Die verschiedenen *modi significandi* erscheinen in existierenden Sprachen als Wortarten, Flexionsformen, Wortstellungen und Vorschriften der Syntax; sie bilden also jeweils auf ihre Weise das menschliche Denken ab. Hinter diesen Überlegungen verbirgt sich das Vertrauen darauf, dass es möglich ist, richtig zu denken und richtig zu sprechen, das viele Cartesianer teilen; sie haben zwar das Problem, dass sich die gewöhnliche Sprache an undeutlichen Erkenntnissen der Einbildungskraft orientiert, gehen aber davon aus, dass die Vernunft das alles klären und die Symbole der Sinnlichkeit sauber entschlüsseln kann. Doch gibt es bei ihnen auch die Gegenmeinung, dass nicht die *modi essendi* das Denken und die Sprache bestimmen, sondern dass falsches Denken und Sprechen unsere Vorstellung von der Welt verzerren und uns in die Irre führen.

Deutliche Ansätze zu einer solchen Position findet man bei Arnold Geulincx, dem Schützling von Abraham Heidanus in Leiden. Was die *modi essendi* betrifft, so gibt es nach seiner Meinung in der Tat Substanzen, allerdings nur drei, nämlich Gott, Materie und Geist. Bei Descartes gibt es Belege für die Neigung, das körperliche Universum für eine einzige materielle Substanz und Einzelkörper nicht für Substanzen, sondern für Modi der materiellen Gesamtsubstanz zu halten. Darüber hinaus neigt Geulincx dazu, wie Spinoza auch die Einzelgeister nicht als Substanzen, sondern als Modi der Gesamtsubstanz Geist zu begreifen.[4] Mit dieser Interpretation der Wirklichkeit stimmen aber

[4] Geulincx, *Annotationes ad Metaphysicam*, ad p. 188, sc. 2; Land II, 286: »[…] geschaffene Geister sind keine Geister, sondern irgend etwas vom Geist; ebenso sind Einzelkörper keine Körper, sondern irgend etwas vom Körper.« – Ebd., ad p. 167; Land II 273: »Wir sind nicht Geister überhaupt (sonst wären wir Gott), sondern Geist in einer bestimmten Modifikation … Ein Modus aber gehört genau so wenig zur Sache selbst wie Bewegung zum Körper. Wir sind also Modi des Geistes; nimmt man den Modus fort, bleibt Gott.« – Ebd. ad sc. 7, p. 193; Land II, 293: »Fein ist das Gleichnis von einem Acker, der durch Zäune aufgeteilt ist; mit

die Modi des gewöhnlichen Denkens nicht überein, das auch einzelne Steine, Tiere oder Einzelgeister als Substanzen interpretiert, obgleich sie nur Modi ihrer Gesamtsubstanzen sind. Folglich sind die *modi intelligendi* des gewöhnlichen Denkens falsch und verdienen kein Vertrauen; ihre gelehrte Erscheinungsform ist die falsche peripatetische Philosophie. Dasselbe gilt für die *modi significandi* der Alltagssprache; sie geht bei der Verwendung ihrer Substantive, Adjektive und Verben zu Unrecht davon aus, dass auch Einzelkörper und Einzelgeister Substanzen sind. Wer durch Verwendung des Substantivs »Stein« implizit behauptet, dass ein Einzelstein eine Substanz ist oder dass er überhaupt ist, behauptet etwas Falsches, denn in Wirklichkeit existieren nur die drei Substanzen Gott, Geist und Körper (bei Goethe: Gott, Gemüth und Welt); Modi wie Einzelgeistern und Einzelkörpern kommt dagegen kein eigenes Sein zu, denn sie erborgen ihr Sein von ihren Substanzen. Damit stellt sich die Frage, was »ist« in Sätzen wie »Der Stein ist« oder »Der Stein ist schwer« bedeutet. Es bringt nach Geulincx nicht zum Ausdruck, dass der betreffende Stein eine Substanz ist oder dass er für sich existiert, sondern nur, dass der Sprecher die Absicht hat, das Wort »Stein« als Satzsubjekt zu verwenden.[5] Unter dieser

ihm kann man leicht die Analogie zwischen unseren Geistern und Gott verstehen Wie nämlich die verschiedenen durch Zäune voneinander abgetrennten und begrenzten Grundstücke trotzdem Teile des Ackers sind, sind wir aus Gott und in Gott. Und trotz unserer Begrenzung können wir nicht sagen, Gott selber sei begrenzt, weil die Eingrenzung durch Zäune nicht den Acker, sondern nur seine Teile betrifft. Nehmen wir nun zum Beispiel an, dass der Zaun um einen Obstkamp eingerissen wird. Für den Obstkamp bedeutet das kein Unglück, er wünscht vielmehr: »Mein Zaun möge beseitigt werden«, denn dann wird der Obstkamp eins mit dem Acker. So wollen auch wir wünschen, dass unser Zaun beseitigt wird und dass wir (wie der Apostel sagt) aufgelöst werden, um in Christus zu sein; denn was auch immer mit uns geschehen mag, wir sind in Gott und bleiben in ihm.«

[5] Geulincx, *Metaphysica ad mentem peripateticam* p. 1, § 1; Land II 213.

Voraussetzung fungieren alle Substantive außer »Gott«, »Geist« und »Materie« in Urteilen nicht als Zeichen für etwas außer uns Existierendes, sondern als Zeichen für etwas, das nur in uns ist, nämlich für unsere Absicht, Wörter als Satzsubjekte einzusetzen.[6] Genauso falsch wie die Ansichten der Alltagssprache und der peripatetischen Philosophie über Substanzen sind ihre Ansichten über Modi. Was beide gewöhnlich als Modus bezeichnen, entpuppt sich der wahren Philosophie als Prädikat, nämlich als Verbum oder Adjektiv, das seinen vermeintlichen ontologischen Status dadurch bekommt, dass wir falsche *modi cogitandi* in die Sprache hineinprojizieren. Wenn man in einem Urteil ein Adjektiv oder Verb verwendet, behauptet man genau genommen nichts über die Wirklichkeit, sondern teilt lediglich mit, dass man die Absicht hat, das betreffende Adjektiv oder Verb von einem Satzsubjekt auszusagen. Folglich lässt sich die gesamte peripatetische Metaphysik auf zwei grammatische Kategorien reduzieren, nämlich auf Satzsubjekt und Satzprädikat.[7]

Schon die Sprache selbst widerlegt die falsche peripatetische Metaphysik der Substanzen und Modi, denn sie lässt zu, dass sich Substantive durch Endungen in Adjektive verwandeln (»Stein« in »steinern«) und dass sich Wörter, die von Haus aus Adjektive sind, als Substantive ausgeben – man darf zum

[6] Geulincx, *Metaphysica ad mentem peripateticam* p. 1, § 1; Land II 212: »*Sein* (oder *etwas* oder *das, was* oder überhaupt alles, dem unser flämisches *iets* entspricht), ist nichts anderes als der Subjektmodus beziehungsweise der Modus des Denkens, mit dem wir das erfassen, von dem wir etwas behaupten oder sagen möchten.« Die Terme, die Geulincx hier verwendet, stammen aus dem Bereich der *Modi significandi*, denen übrigens vor mehr als hundert Jahren die Habilitationsschrift Martin Heideggers gewidmet war.

[7] Geulincx, *Metaphysica ad mentem peripateticam* p. 2, § 1; Land II 241: »Der Modus ›sein‹ ist für die Peripatetiker nichts anderes als der Aufhänger für ein Prädikat oder Adjektiv oder derjenige Modus des Denkens, den wir für etwas verwenden, über das wir eine Behauptung vorbringen möchten.«

Beispiel das Adjektiv »süß« ohne weitere Modifikation als Satzsubjekt verwenden: »Süßes erfreut«.[8] Was wird aber nun aus den Dingen, wenn Wörter wie »seiend« und »ist« nur noch für *modi cogitandi* stehen, nämlich für Absichten von Sprechern? Die wirklichen Dinge bleiben, was sie sind, nämlich Gott, Geist oder Körper, und wenn wir über ihre Modi reden, bezeichnen wir diese insofern zu Recht als seiend, als wir die Wörter, die für sie stehen, als Satzsubjekte und Prädikate verwenden. Der übliche Einwand, dass man unter »seiend« und »ist« gewöhnlich etwas anderes versteht, entlarvt nach Geulincx nur die Schwachheit der Sprache: Sobald wir über Dinge reden, lassen wir sie nicht das sein, was sie sind, sondern verwandeln sie in Satzsubjekte.[9]

Was Wolff in §35 entwickelt und in mehreren früheren Paragraphen vorbereitet hat, gleicht einer logischen Grammatik, obgleich das durch die Hervorhebung der bestimmten Analogie zwischen Algebra und natürlicher Sprache, bei der Wolff die *Mathesis unversalis* im Blick hat, zunächst verdeckt wird. Schon in §6 deuten sich die *modi cogitandi* an, die den Adjektiven und dem Aktiv und Passiv der Grammatik zugrunde liegen; Wolff spricht dort von sprachlichen Zeichen für Modi, durch die wir sie als etwas für sich Seiendes begreifen, indem wir sie sprachlich wie Substantive behandeln, ferner von Zeichen für Modi, durch die wir sie als Eigenschaften von Dingen begreifen, und schließlich als Zeichen für Modi, durch die wir Dinge als aktive oder passive denken. Dass es dieses Zusammenspiel von Denken und Sprechen gibt, zeigt, wie es am Anfang von §35 heißt, bereits ein Blick in die Grammatik. In Wolffs Bezugsgrammatiken sind die Spuren der logischen Grammatik deutlicher; beide verwenden Terme wie »*forme d'être*« oder »*maniere d'être*«, »*forme de penser*« und »*maniere de penser*«; die Grammatik von Port-Royal hat gele-

[8] Geulincx, *Metaphysica ad mentem peripateticam* p. 1, §2; Land II 216.
[9] Geulincx, *Metaphysica ad mentem peripateticam* p. 1, §1; Land II 215.

gentlich »*mode de signifier*«, und bei Lamy, der Fachausdrücke nicht liebt, gibt es Formulierungen, die man als Paraphrasen von »*mode de signifier*« interpretieren kann. Es handelt sich um Übersetzungen älterer Terme, die schon in spekulativen Grammatiken des Mittelalters erscheinen. Nach der Grammatik von Port-Royal kann man sich einerseits mit der physischen Beschaffenheit sprachlicher Zeichen und andererseits mit ihrer Weise, ein Ding zu bezeichnen (ihrer *maniere de signifier*, ihrem *modus significandi*), befassen.[10] Die *modi significandi* entsprechen unseren *modi cogitandi* oder unseren Weisen, Dinge zu begreifen. Um über ein Ding zu sprechen, das ich als etwas für sich Existierendes begreife, wähle ich den *modus significandi* Substantiv, wenn ich es dagegen als Eigenschaft von etwas begreifen will, wähle ich den *modus significandi* Adjektiv.[11] Den Bezeichnungsmodi entsprechen *modi essendi*, nämlich Seinsweisen wie Substanzsein oder Eigenschaftsein. Auch in *La rhetorique* findet man entsprechende Stellen: Etwas als tätig oder leidend zu begreifen, ist eine Leistung des Verstandes; daher übermitteln uns Wörter nicht nur Ideen von Dingen, sondern auch unsere Weisen, sie zu begreifen.[12]

Analogien zwischen Sprache und Algebra

Wolff muss zunächst die Annahme bestätigen, dass zwischen der natürlichen Sprache und der Kunstsprache Algebra eine

[10] *Grammaire generale* p. 1, c. 1; 5. – S. auch die Überschrift ebd,. p. 2; 26.

[11] *Grammaire generale* p. 2, c. 2; 30.: »Die Gegenstände unserer Gedanken sind entweder Dinge wie die Erde, die Sonne, das Wasser und der Wald, also das, was man gewöhnlich als Substanz bezeichnet; oder Weisen von Dingen wie rund sein, rot sein, hart sein, weise sein usw., also das, was man als Akzidens bezeichnet.«

[12] Lamy, La rhetorique l. 1, c. 9; 40: »Die Wörter ziehen diese Nebenideen an sich, das heißt, nicht nur die Ideen der Dinge, sondern auch die Ideen der Weise, in der man diese Dinge begreift.«

Analogie besteht, die nicht nur vage, sondern bestimmt ist, das heißt, eine Analogie, bei der natürliche Sprache und Algebra mit ihrem *tertium comparationis* nicht nur metaphorisch, sondern im strengen Sinn übereinstimmen. Deshalb muss er zeigen, dass die natürliche Sprache den Bedingungen genügt, die er in § 9 für die Bestätigung dieser Analogie ermittelt hat: 1. Sie muss Wörter enthalten, die Dinge zur bloßen Anschauung repräsentieren, aber auch Wörter, aus denen hervorgeht, ob wir diese Dinge für erstrebenswert oder vermeidenswert halten. 2. Sie muss den Unterschied zwischen den Modi und den von ihnen modifizierten Dingen deutlich machen; von diesen Modi müssen einige den Hörer über die Beschaffenheit von Dingen informieren und andere darüber, ob diese tätig oder leidend sind. 3. Ausdrücke für Tun und Leiden müssen auch Auskunft über den Zeitpunkt des Tuns oder Leidens geben; weitere Ausdrücke müssen die wechselseitige Abhängigkeit und Ähnlichkeit von Dingen erkennen lassen. Ein Blick in die Grammatik macht klar, dass die Sprache diese Aufgaben teils durch unterschiedliche Wortarten wie Substantive, Adjektive, Verben, Konjunktionen und Präpositionen und teils durch Mittel wie Endungen und Präfixe löst. Bei den Einzelnachweisen begnügt sich Wolff mit kargen Angaben; zur genaueren Dokumentation verweist er auf die damals noch anonyme Grammatik von Port-Royal und auf *L'art de parler* (*La rhetorique*) »des bereits oben gelobten Lamy«. Nach seiner Meinung haben diese Bücher schon alles Erforderliche hervorragend erörtert. Von der Grammatik von Port-Royal gibt Wolff nur den Titel an, während er zu Lamys *La rhetorique* genauere Angaben macht. Weil er im übrigen ziemlich wortkarg bleibt, füge ich im Folgenden Stellen beider Bezugswerke ein. Wolff beginnt seinen Nachweis mit der zweiten Unterscheidung nach § 9: In der Sprache gibt es Zeichen, die Nomina heißen; mit einigen davon erfassen wir Dinge als solche (Substantive), mit anderen eben diese Dinge, sofern sie modifiziert sind. Bei den Zeichen für Modi handelt es sich erstens um Adjektive, mit denen wir Eigenschaften von Dingen bezeichnen, und zweitens um Zeichen für aktive oder passive Zustände von Dingen (aktive und passive Verben).

Wolff übergeht hier kommentarlos die in §9 als erste angesetzte Unterscheidung der Wortarten (Zeichen für Dinge und Zeichen dafür, ob wir diese begehren oder nicht). Als sprachliche Zeichen für das Begehren oder Ablehnen von Dingen gelten traditionell die Interjektionen, die die Grammatiken gewöhnlich nicht am Anfang, sondern am Ende der Lehre von den Wortarten erwähnen. Daran will Wolff sich jetzt anscheinend halten; er gibt seinen früheren Ansatz auf und passt sich der üblichen Reihenfolge an.

Wolff schreibt, dass ***Nomina*** als Zeichen für Dinge fungieren; »Ding« hat hier die Bedeutung »etwas«, denn es bezeichnet nicht nur Substanzen, sondern auch Modi. Die Grammatik von Port-Royal erklärt, der allgemeinste Unterschied zwischen Wörtern bestehe darin, dass die einen Gegenstände des Denkens und die anderen menschliche Weisen bezeichnen, diese Gegenstände zu begreifen;[13] man kann sie nämlich denken als Ding überhaupt oder als Ding, das Zustände (*modi essendi*) hat. Lamy wählt eigene Formulierungen, weicht aber in der Sache von der Grammatik von Port-Royal kaum ab. Er verweist auf den Unterschied zwischen Außendingen und Dingen in uns; zu den Dingen in uns gehören unsere *modi cogitandi* oder Weisen zu denken, die sich innerhalb des Geistes ereignen, also etwas Intramentales sind.

Wolff schreibt, dass die Grammatik mit ***Substantiven*** Dinge als solche und mit ***Adjektiven*** Dinge bezeichnet, sofern sie modifiziert sind. Die Grammatik von Port-Royal erklärt: Substanzen existieren durch sich selbst, während die Existenz der

[13] *Grammaire generale* p. 2, c. 1; 29–30: »Daraus, dass die Menschen Zeichen brauchten, um klar zu machen, was in ihrem Geist vorgeht, ergab sich das allgemeinste Unterscheidungsmerkmal der Wörter, nämlich dass die einen die Gegenstände der Gedanken und die anderen unsere Form und Weise, sie zu denken, bezeichnen«.

Akzidentien von den Substanzen abhängt, denen sie inhärieren und ohne die sie nicht existieren können. Beidem entspricht ein eigener *modus significandi*: Nomina, die Substanzen als solche bezeichnen, heißen Substantive, und Nomina, die Substanzen bezeichnen, sofern sie modifiziert sind, heißen Adjektive. Weil Substanzen durch sich selbst existieren, bezeichnet die Grammatik auch solche Nomina als Substantive, die zwar in den Augen der Sprache, aber nicht in Wirklichkeit für sich selbst existieren und eigentlich Adjektive sind; das ist zum Beispiel bei »Rundheit« und »Süße« der Fall.[14] *La rhetorique* hat eine entsprechende Stelle: Wörter, die Dinge bezeichnen, heißen Nomina, und bei Dingen beachtet die Sprache nicht nur ihr Sein, sondern auch ihre Weise zu sein (ihren *modus essendi*).[15]

Bei der Angabe der ***Relationen***, die durch mehrere Arten von *modi significandi* zum Ausdruck kommen, verfährt Wolff nicht konsequent. In §8 spricht er von a) *affinitas* (Verwandtschaft), b) *dependentia* (Abhängigkeit) und c) *respectus* (Beziehung), in §9 dagegen von a) *similitudo* (Ähnlichkeit), b) *dependentia* (Abhängigkeit) und c) Bestimmung der Zeit. In §35 nennt er a) *similitudo* (Ähnlichkeit), b) *mutua dependentia* und *nexus* (wechselseitige Abhängigkeit und Verknüpfung) sowie c) *diversi respectus* (verschiedene Beziehungen) und schließlich die Bestimmung der Zeit.

Die Lehre von den ***Casus***, von denen Wolff in §35 sagt, dass sie Beziehungen zwischen Dingen zum Ausdruck bringen, behandelt die *Grammaire generale* ausführlich; im sechsten Kapitel des zweiten Buchs gibt es eigene Darstellungen von Nominativ, Vokativ, Genitiv, Dativ, Akkusativ und Ablativ.[16] Wolff betreibt hier wie Lamy weniger Aufwand; dieser schreibt in *La rhetorique*: Weil Menschen sich gern schnell und mühelos ausdrücken,

[14] *Grammaire generale* p. 2, c. 2; 30–31.
[15] *Lamy, La rhetorique* l. 1, c. 6; 21.
[16] *Grammaire generale* p. 2, c. 7; 43–51.

haben sie viele Deklinationen und Konjugationen eingeführt.[17] Das bemerkt Lamy in einem Kapitel, dessen Überschrift auf S. 19 lautet: »*Die große Zahl von Deklinationen der Nomina und Konjugationen der* Verba *ist nicht schlechthin erforderlich. Vorschlag einer neuen Sprache, deren Grammatik man in weniger als einer Stunde lernen kann.*«

Wolff schreibt, dass Substantive und Adjektive die verschiedenen Beziehungen von Dingen durch **Casus** und die Quantität ihrer Modifikationen durch **Grade** ausdrücken. Die Intensität von Eigenschaften wie Warm oder Schnell ist grundsätzlich messbar; als allgemeine Maßeinheit für Intensitäten gelten damals noch Grade. Weil die Grade einer Qualität eine diskrete Quantität bilden, spricht Wolff von der Quantität intensivierbarer Modifikationen, die durch Angabe der Gradanzahl bestimmt wird. Die Sprache drückt die Stärke von Intensitäten durch ***Positiv***, ***Komparativ*** und ***Superlativ*** aus, die Größe von Dingen durch ***Augmentativ*** und ***Diminutiv***. Auch bei Lamy würde man unter dem Stichwort »*Gradus*« zunächst einen Hinweis auf die sprachliche Darstellung der Intensität von Eigenschaften erwarten (heiß, heißer, am heißesten), *La rhetorique* denkt aber stattdessen an Grade von Substanzen und verstößt damit gegen eine Grundregel der Schulphilosophie (»*Substantia non recipit magis et minus*«). Dazu schreibt Lamy: Ein und dasselbe Ding kann mehr oder weniger Grade haben und in seiner Art zu den kleinsten oder den größten zählen; um solche Grade auszudrücken, hat man die Diminutive erfunden und beispielsweise im Lateinischen »*homuncio*« von »*homo*« (»Menschlein« von »Mensch«) gebildet.[18]

Wolff schreibt, dass die Sprache die gegenseitige Abhängigkeit von Dingen durch ***Ableitungen*** und ***Wortzusammensetzungen*** zu erkennen gibt. Auf diese Begriffe ist er vermutlich am Ende der Grammatik von Port-Royal gestoßen, die weder

[17] *Lamy, La rhetorique* c. 8; 32.

[18] *Lamy, La rhetorique* l. 1, c. 5; 18.

den einen noch den anderen Ausdruck erklärt, jedoch ein *Avertissement* des Inhalts anhängt, dass man leider bisher noch nicht über derivierte und zusammengesetzte Wörter gesprochen habe; deswegen wird auf die inzwischen erschienene Logik von Port-Royal verwiesen.[19] Dort gibt es in der Tat im Dritten Teil einen Absatz über abgeleitete Wörter mit Beispielen wie »*homo-humanus*«, (»*mors*«)-»*mortalis*« und »*misericordia*«-»*miser*«.[20] Auch enthält der erste Teil dieser Logik einen Absatz über zusammengesetzte Wörter: Manchmal verbindet man mit einem Term noch verschiedene andere; wenn diese im Geist zu einer neuen Gesamtidee zusammenwachsen, kann man von ihnen bisweilen etwas behaupten oder bestreiten, das man von keinem der betreffenden Terme allein behaupten oder bestreiten kann. Gemeint sind Ausdrücke wie »kluger Mensch«, »durchsichtiger Körper« oder »Alexander, Philipps Sohn«.[21]

Substanzen begreifen wir nicht nur als etwas, das von Eigenschaften, sondern auch als etwas, das von Tätigkeiten und Erleidungen modifiziert wird. Wolff schreibt, dass uns ***aktive Verben*** als sprachliche Zeichen für diejenigen Modi des Denkens dienen, mit denen wir Dinge als etwas Tätiges begreifen, und ***passive Verben*** als sprachliche Zeichen für diejenigen Modi des Denkens, mit denen wir sie als etwas Leidendes begreifen. Die Grammatik von Port-Royal führt Aktiv und Passiv folgendermaßen ein: Als aktive Verben bezeichnet man die, welche eine Tätigkeit ausdrücken, als passive die, welche ein Leiden ausdrücken. In einigen Sprachen kann man beides mit demselben Verb zum Ausdruck bringen; dann heißt ein Verb mit einer Endung, die eine Tätigkeit anzeigt, aktives Verb (*amo*), und ein Verb mit einer Endung, die ein Erleiden anzeigt, passives Verb (*amor*);[22] Wolff orientiert sich auch hier an der Port-Royal-

[19] *Grammaire generale, Avertissement* am Textende; 157.

[20] *L'art de penser* p. 3, c. 17; 297: *Lieux de grammaire.*

[21] Arnauld, *L'art de penser,* p. 1, c. 7; 78.

[22] *Grammaire generale* p. 2, c. 18; 118.

Grammatik. Lamys *La rhetorique* teilt mit, dass man bei einer Tätigkeit den Urheber von demjenigen unterscheiden muss, der sie erleidet, und erinnert daran, dass die alten Sprachen nicht periphrastisch durch Verwendung von Hilfsverben, sondern mit Hilfe von Endungen anzeigen, ob ein Verb aktive oder passive Bedeutung hat (»*amat*«-»*amatur*«).[23] Wolff neigt dazu, aktive und passive Verben einer größeren Wortklasse zuzuordnen, die Verben und Adjektive umfasst; das entspricht der cartesischen Ontologie, aber auch einer Anregung der Grammatik von Port-Royal, die aktive und passive Verben zu den *verba adjectiva* rechnet:[24] Verben sind zwar keine Nomina, erfüllen aber insofern eine ähnliche Funktion wie Adjektive, als auch sie Zustände einer Substanz zu erkennen geben.

Wolff schreibt, dass Verben den Zeitpunkt des Tuns oder Leidens durch diejenigen Endungen anzeigen, die die Lehre von den ***Tempora*** vorschreibt. Er übergeht die verbalen Modi Indikativ, Konjunktiv und Optativ, die *La rhetorique* schon in der Überschrift von Buch I, Kapitel 7, berücksichtigt.[25] Verben informieren uns ferner nach Wolff durch weitere Endungen über ***Person*** und ***Anzahl*** der handelnden oder leidenden Subjekte.

Wolff schreibt, dass die Verknüpfung und Ähnlichkeit von Dingen durch ***Partikel*** zum Ausdruck kommt, die die Grammatik als **Adverbien**, **Präpositionen** und **Konjunktionen** bezeichnet. In der Grammatik von Port-Royal gibt es keine eigene

[23] *Lamy*, La rhetorique l. 1, c. 7; 29.

[24] *Grammaire generale* p. 2, c. 18; 117–121: *Des Verbes qu'on peut appeller* Adjectifs, *et de leurs differentes especes: Actifs, Passifs, Neutres*; dort 117: »Wir haben schon gesagt, dass die Menschen unzählige Male ein besonderes Attribut mit der Bejahung [ist] verbanden und dadurch eine große Zahl von Verben bildeten [ist laufend ~ läuft], die sich vom Substantiv unterschieden. Diese finden sich in allen Sprachen, und man könnte sie auch Adjektive nennen, um zu zeigen, dass bei jedem von ihnen die Einzelbedeutung zu der allen Verben gemeinsamen Bedeutung hinzugefügt wird, nämlich zur Bejahung.«

[25] Lamy, *la rhetorique* l. 1, c. 7; 24.

Darstellung der Partikel im allgemeinen, *La rhetorique* enthält allgemeine Mitteilungen: Zwischen Dingen gibt es unendlich viele Beziehungen, die Ort, Lage, Bewegung, Ruhe, Abstand, Gegensatz und Ähnlichkeit betreffen; dies drückt die Sprache oft durch Partikel aus. Man kann überhaupt nicht über Dinge sprechen, ohne irgendeine Partikel zu verwenden. Sie bringen alle Tätigkeiten des Geistes zum sprachlichen Ausdruck und haben je nach Aufgabe verschiedene Namen: Verbindende Partikel bezeichnet man zum Beispiel als konjunktive (»und«) und trennende als negative oder adversative Partikel (»nicht«, »aber«).[26]

Über ***Adverbien*** schreibt die Grammatik von Port-Royal: Menschen wünschen oft, dass Reden nur wenig Zeit erfordert, und deshalb gibt es Adverbien. Die meisten davon bezeichnen etwas mit einem einzigen Wort, das sich sonst nur mit Hilfe einer Präposition und eines Nomens ausdrücken ließe; »klug« steht zum Beispiel für »mit Klugheit« und »heute« für »an diesem Tag«. Nach *La rhetorique* dienen Adverbien beinahe demselben Zweck wie die Casus französischer Nomina, auch haben sie die gleiche Wirkung, denn das Adverb »*sagement*« leistet genauso viel wie die beiden Wörter »*avec sagesse*«.[27]

Über ***Präpositionen*** schreibt die Grammatik von Port-Royal, dass sie und die Casus zur Mitteilung von Beziehungen zwischen Dingen erfunden wurden: Präpositionen fungieren in allen Sprachen als Zeichen für fast die gleichen Relationen, zum Beispiel für Ortsbeziehungen, Beziehungen der Lage und Ordnung, zeitliche Beziehungen wie die von Anfang und Ende, Kausalbeziehungen, Beziehungen von Trennung und Vereinigung, von Ausnahme und Gegensatz, von Absonderung, Veränderung und Gleichförmigkeit. Nach *La rhetorique* bedienen sich Sprachen, die keine Casus unterscheiden, bestimmter kurzer Wörter, die Präpositionen heißen und die gleiche Funktion erfüllen wie die Casus.[28]

[26] Lamy, *La rhetorique* l. 1, c. 9; 37.
[27] *Grammaire generale* p. 2, c. 12; 90.
[28] *Grammaire generale* p. 2, c. 11; 85. – Lamy, l. 1, c. 6; 23–24.

Nach der Grammatik von Port-Royal bilden ***Konjunktionen*** wie »und«, »nicht«, »wenn« und »also« eine eigene Wortart zur Bezeichnung von *Modi cogitandi.* Sie stehen ausschließlich für Tätigkeiten des Geistes, mit denen er Dinge verbindet, trennt oder verneint und schlechthin oder bedingungsweise betrachtet. Kein Gegenstand der Außenwelt entspricht zum Beispiel einer Partikel wie »nicht«; sie drückt bloß unser inneres Urteil aus, dass ein bestimmtes Ding nicht zugleich auch ein anderes ist. Zum Ausdruck des Schlussfolgerns braucht man nur wenige kurze Konjunktionen wie »also«, »schließlich«, »denn«, »mithin«, »da« und dergleichen.[29]

Wolff bemerkt zum Schluss, dass Zustände der Seele gegebenenfalls durch ***Interjektionen*** zum Ausdruck kommen. Die *Grammatik von Port-Royal* erklärt, dass Interjektionen Wörter sind, die nichts Extramentales bezeichnen; auch fallen sie eher unter die natürlichen als unter die künstlichen Laute und bringen Bewegungen der Seele zum Ausdruck, zum Beispiel »ha«, »oh«, »ach« und »oweh«. *La rhetorique* verzichtet, soweit ich sehe, auf den Ausdruck »*interjection*«, teilt aber mit, dass einige Partikel Bewegungen der Seele wie Bewunderung, Freude, Verachtung, Zorn und Schmerz anzeigen; Abneigung drückt man zum Beispiel durch »pfui« aus, Klagen durch »ach« und Bewunderung durch »oh«.[30]

Damit hat Wolff gezeigt, dass uns Wörter darüber informieren, ob wir etwas als Substanz, als Eigenschaft oder als zeitlich bestimmte Tätigkeit beziehungsweise Erleidung begreifen und ob wir das Ding, von dem die Rede ist, als etwas denken, das von anderen Dingen abhängig oder ihnen ähnlich ist; und schließlich, ob wir es mögen oder ablehnen. Die Annahme

[29] *Grammaire generale* p. 2, c. 23; 147–148. – Lamy, L'art de parler l. 1. c. 9; 37.

[30] *Grammaire generale* p. 2, c. 23; 149–150. – Lamy, La rhetorique l. 1, c, 9; 37–38.

einer bestimmten Analogie zwischen der natürlichen Sprache und der künstlichen Sprache Algebra ist damit bestätigt.

Universalgrammatik

Modi-significandi-Grammatiken verstehen sich als Universalgrammatiken. Nach Chomsky ist es die wichtigste Überzeugung der cartesianischen Linguistik, dass die allgemeinsten Merkmale grammatischer Strukturen allen menschlichen Sprachen gemeinsam sind und dass sich in ihnen fundamentale Eigenschaften des menschlichen Geistes spiegeln. Dieser trägt die allgemeinen Bedingungen, die die Form aller Sprachen bestimmen, schon immer in sich und muss sie nicht erst lernen, denn sie sind Organisationsprinzipien, die uns das Lernen von Sprachen erst ermöglichen.

Was immer man von Chomskys Interpretationen halten mag – der Titel der Grammatik von Port-Royal macht jedenfalls klar, dass sie sich als Universalgrammatik versteht: »Allgemeine und vernünftig begründete Grammatik des folgenden Inhalts: Klare und natürliche Erklärung der Grundlagen der Sprechkunst, erklärt auf klare und natürliche Weise. Aufstellung dessen, was allen Sprachen gemeinsam ist, und ihrer grundsätzlichen Unterschiede. Und neue Bemerkungen zur französischen Sprache«.[31] Als Grund der Gemeinsamkeiten aller Sprachen, die die Grammatik von Port-Royal unterstellt, gilt die natürliche Ordnung des Sprechens, die den Spielraum der Einzelgrammatiken bestimmt.[32] Die Grammatik von Port-Royal hält sich bei der Angabe von Einzelbestimmungen der natürlichen Ordnung zurück. Lamy äußert sich in »*La rhetorique*« ausführlicher; er versteht

[31] *Grammaire generale et raisonnée, contenant les fondemens de l'art de parler, expliquez d'vne maniéré claire et naturelle. Les raisons de ce qui est commun à toutes les langues. Et des principales differences qui s'y rencontrent.*

[32] *Grammaire raisonnée* p.2, c.24; 154–155: »Was wir oben über die Syntax sagten, reicht aus, um deren natürliche Ordnung zu begreifen.«

sein Buch als Information über die natürliche Ordnung der Sprachen und nennt gelegentlich auch Einzelbestimmungen. Alle Menschen haben unabhängig von ihrer Sprache die gleiche Natur und befolgen gleichermaßen die wesentlichen Regeln der Sprechkunst.[33] Wer diese mit irgendeiner Sprache erlernt hat, dem steht die Tür zum Studium aller anderen Sprachen offen; es fällt ihm leichter, sie gewandt zu sprechen und ihren Geist und ihre Schönheit zu entdecken. Denn wenn man begriffen hat, wie man Gedanken ausdrückt, und wenn man die natürlichen Mittel dafür kennt, verfügt man über eine allgemeine Kenntnis aller Sprachen, die sich leicht auf Einzelsprachen übertragen lässt.[34] Wenn man das getan hat, kann man sich zum Richter erheben und jeden Sprachgebrauch verurteilen, der den Gesetzen von Natur und Vernunft widerstreitet; und selbst wenn man nicht die Befugnis hat, anderen ihre Regeln vorzuschreiben, hat man zumindest die Freiheit, sich selber keine schlechten Gewohnheiten zu eigen zu machen.[35] Im übrigen ist es hinzunehmen, dass sich an einer unnatürlichen Ordnung nichts mehr ändern lässt, sobald die Ohren sich an sie gewöhnt haben.[36] Um die unverfälschten allgemeinen Regeln von Sprachen zu entdecken, veranstaltet Lamy ein Gedankenexperiment, bei dem er vermutlich an eine Vorgabe Descartes' anknüpft.[37] Er stellt sich vor, dass Menschen, die in einer noch überlieferungslosen neuen Welt geboren

[33] Lamy, *La rhetorique* l. 1, c. 14; 66: So, wie wir alle von einer und derselben Natur sind, befolgen wir unabhängig davon, welche Sprache wir sprechen, die Regeln, von denen wir zeigen konnten, dass sie für die Kunst zu sprechen wesentlich sind.

[34] Lamy, *La rhetorique*, Preface; (o.P., »ã 7«).

[35] Lamy, *La rhetorique* l. 1, c. 16; 73: »Alle Sprachen haben dieselben Grundlagen, und Menschen würden sich immer an diese halten, wenn sie nach einem Abenteuer wie dem, das wir uns an einer früheren Stelle ausgedacht haben, gezwungen wären, eine neue Sprache zu erfinden.«

[36] Lamy, *La rhetorique* l. 3, c. 5; 176.

[37] S. Descartes, *Traité de la lumière* c. 6; AT XI 31, 22–25, und XI 97, 18–22.

werden, eine Sprache erfinden müssen. Weil man sich zu Beginn noch an die gemeinsamen Grundlagen aller Sprachen hält, kann man diese bei einer neu entstehenden Sprache besser ermitteln als bei einer, die schon so lange besteht, dass die Gewohnheit viel an ihr verdorben hat. Lamy glaubt an eine Verfallsgeschichte der Sprache, in deren Verlauf sie ihre ursprüngliche Einfachheit verliert und immer komplizierter wird. Wenn man die Menschen einer gedachten neuen Welt beobachtet, die sich ihre Sprache erst erarbeiten müssen, bekommt man die Chance, die Grundlagen aller Sprachen zu entdecken, noch ehe sie jemand verderben kann.[38] Die Auswahl der Wörter in den einzelnen Sprachen unterliegt keiner natürlichen Ordnung; wer wissen möchte, welche Wörter richtig sind, muss nicht die Natur, sondern den Sprachgebrauch befragen, der hier der oberste Richter ist.[39] Dagegen unterliegt die Stellung der Wörter in Sätzen der Ordnung der Natur. Diese verlangt zum Beispiel, dass das Subjekt am Anfang steht und dass gegebenenfalls das Adjektiv sogleich auf es folgt; in »ist«-Sätzen muss das Prädikatsnomen hinter dem Verbum stehen, das es mit dem Subjekt verbindet, und Partikel, die etwas über beider Verhältnis mitteilen, gehören zwischen beide.[40] Es scheint zunächst, als verstände Lamy das Gesetz der Natur als etwas Unflexibles, aber das ist nicht der Fall. Nach seiner Meinung gehört es zum Beispiel zu den Vorzügen des Französischen, dass es keinen Verstoß gegen die natürliche Ordnung zulässt; er fügt hinzu, dass ihm (wie allen Sprachen ohne Genus oder Casus) auch gar nichts anderes übrig bleibt.[41] Weil dagegen

[38] Lamy, *La rhetorique*, Preface; (s. p., 1. Seite nach ã 7).

[39] Lamy, *La rhetorique* l. 1, c. 14; 68.

[40] Lamy, *La rhetorique* l. 1, c. 11; 48. – Das Thema der Wortstellung war in der französischen Sprachwissenschaft sehr umstritten. S. Ulrich Ricken, Das Problem der Wortstellung und die Auseinandersetzung zwischen Sensualismus und Rationalismus in der Sprachdiskussion der französischen Aufklärung; Französische Ausgabe: Grammaire et philosophie au siècle des lumières.

[41] Lamy, *La rhetorique* l. 1, c. 11; 47–48.

Lateiner und Griechen Genera und Casus haben, die die Gefahr von Missverständnissen verringern, brauchen sie sich nicht so streng an die natürliche Ordnung zu halten und können sich bei der Reihenfolge der Wörter in Sätzen mehr Freiheiten erlauben. Das darf man aber nicht als Mangel solcher Sprachen verstehen, denn erstens nehmen sie sich ihre Freiheiten nach Regeln, so dass es nicht zu Unklarheiten kommt, und zweitens wird durch die genannten Übertretungen die Rede klarer und kräftiger.[42] Zumindest an dieser Stelle hält Lamy die Ordnung der Natur für etwas Flexibles; jede Sprache muss zwar das Verhältnis der Gedanken zueinander zum Ausdruck bringen, aber wie sie das erreicht, hat sie selbst zu entscheiden. Eine ähnliche Position findet man in der Grammatik von Port-Royal zum Beispiel bei der Erörterung der sprachlichen Darstellung des Verhältnisses, das bei uns der Genitiv ausdrückt. Das Hebräische kennt keine Casus, bringt aber das Verhältnis, für das bei uns der Genitiv steht, nicht weniger deutlich zum Ausdruck als wir. Dabei verändert es allerdings nicht das Wort für das besitzende, sondern das Wort für das besessene Ding. Der Verfasser spricht vom *status constructus*, der, um beim Beispiel der *Grammaire generale* (»das Wort der Lüge«) zu bleiben, דָּבָר (dabar, Wort) in die Form דְּבַר (d'bar) versetzt, wenn es zum Ausdruck eines genitivartigen Verhältnisses in Wendungen wie »das Wort der Lüge« mit »שֶׁקֶל« (scheqel, Lüge) verbunden wird: Während »שֶׁקֶל«, das Wort für den Besitzer, unverändert bleibt, wird der Ausdruck für das Besessene verändert, denn er behält nicht die Form דָּבָר (dabar), sondern nimmt die Form דְּבַר an: d'bar scheqel.[43] Wenn ein genitivähnliches Verhältnis vorliegt, muss das die Sprache klar zum Ausdruck bringen; ob sie sich aber für eine Modifikation am Ausdruck für das besitzende oder am Ausdruck für das besessene Ding entscheidet, bleibt ihr überlassen. Auf so etwas scheinen die Überlegungen über das natürliche Gesetz der Sprache am

[42] Lamy, *La rhetorique* l. 1, c. 11; 50.

[43] *Grammaire generale* p. 2, c. 6; 47.

Ende hinauszulaufen, und dadurch wird heutigen Lesern klar, wie nützlich Chomskys Unterscheidung zwischen Tiefenstruktur und Oberflächenstruktur der Sprache ist.

Zu fragen wäre, ob auch Wolffs *Disquisitio de Loquela* als Universalgrammatik konzipiert ist. Dass Wolff annimmt, eine Universalgrammatik zu skizzieren, lässt der Titel »*De loquela*« vermuten, der nicht eine bestimmte Sprache oder Gruppe von Sprachen bezeichnet, sondern Sprache überhaupt. Im Text gibt es dazu keine explizite Äußerung. Dagegen, dass Wolff tatsächlich eine Universalgrammatik skizziert hat, spricht allerdings einiges. Er interessiert sich nicht für die Berichte über anders organisierte Sprachen, die damals zugänglich waren. Er hatte zwar Deutsch, Latein, Französisch und Griechisch gelernt, aber der ihm gewogene Menke schrieb an Leibniz: »[...] der Sprachen ist er noch nicht mächtig, wiewol er sich deren auch mit der Zeit bemächtigen wird.«[44]

■ *Informationen über exotische Sprachen, die Wolff hätte berücksichtigen können.* – Lamys *La rhetorique* enthält Mitteilungen über das Georgische, für das sich Lamy interessierte, weil ihm viel an einer kurzen und unverdorbenen Sprache lag.[45] Er berichtet, dass das Georgische keinen reichen Wortschatz hat, sondern mit wenigen Ausdrücken auskommt; diese kann man durch Vor- oder Nachsilben erweitern und so ein Grundwort in ein Derivat verwandeln. Wenn Nomina Würden, Aufgaben oder Fertigkeiten ausdrücken sollen, fügt man zum Beispiel »*-me*«

[44] Gerhardt, Briefwechsel zwischen Leibniz und Christian Wolff, Brief 1, Beilage; 15.

[45] Dazu Lamy, *La rhetorique* l. 1, c. 8; 32: »Diese große Zahl von Deklinationen der Nomina und Konjugationen der Verben ist gar nicht absolut notwendig. Vorschlag einer neuen Sprache, deren Grammatik man in weniger als einer Stunde lernen könnte.« – Thevenots Angaben zur tartarischen Grammatik, die Lamy beeindruckt haben, wurden oben in § 10 wiedergegeben.

hinzu, und durch die Vorsilbe »*sa-*« entsteht ein Derivat zur Anzeige des Orts: »*thredi*« bedeutet »*Taube*«, und »*sathredi*« bedeutet »Taubenschlag«, »*chueli*« »Käse«, und »*sachueli*« »Käsekasten«. Aus einem adjektivischen Grundwort entsteht durch »*-oba*« ein substantivisches Derivat, zum Beispiel aus »*sciana*«, schwarz, »*scianoba*«, Schwärze. Durch »*mdeli*« werden aus Adverbien Adjektive, und mit »*-si*« bildet man den Komparativ; die Türken machen es fast genauso.[46] Es gibt nur eine Konjugation und nur zwei Tempora, die sich durch Partikel unterscheiden: »*Ba*« steht für die Vergangenheit und »*Mou*« für die Zukunft.[47] Wer mit dieser Vorgabe noch nicht zufrieden ist, könnte kurzerhand eine neue Sprache erfinden, die nicht so feinsinnig wie das Französische, aber viel einfacher ist. Sie wäre für den Handel nützlich und erforderte keine aufwendigere Grammatik als die tartarische, die man in weniger als einer Stunde lernen kann. Für jedes Ding gäbe es nur ein einziges Wort, durch das man mit kleinen Veränderungen alles bezeichnen könnte, was mit ihm zusammenhängt. Alle Wörter wären indeklinabel, unsere Casus würden durch Partikel und die Genera durch Endungen ausgedrückt. Auch gäbe es nur zwei Konjugationen, nämlich eine aktivische und eine passivische, und bei den Temporalformen brauchte man keine Personalendungen. Diese Sprache könnte man in kürzester Zeit erlernen. Zu bedenken wäre auch, ob man nicht die Grammatik der Chinesen zum Vorbild nehmen sollte, die noch einfacher ist und von der Walton[48] unter Berufung auf den Jesuiten Alvares Semedo berichtet hat. Diese Menschen haben nur 326 einsilbige Wörter, aber fünf verschiedene Töne, durch die jeder Einsilbler fünf verschiedene Bedeutungen bekommt; das entspräche schon 1630 französischen Wörtern, aber Walton nimmt nur 1228 an. Anstelle von Buchstabenfolgen setzt

[46] Lamy, *La rhetorique* l. 1, c. 5; 20.

[47] Lamy, *La rhetorique* l. 1, c. 8; 33–34.

[48] Lamy bezieht sich auf den Theologen und Orientalisten Brian Walton (1600–1661), Herausgeber der neunsprachigen Londoner Polyglotte.

man in dieser Schrift für jedes Ding ein eigenes Zeichen; dass es davon 120.000 gibt, macht die Sache allerdings schwierig.[49]

Lamy geht auf den Vorzug der Sprachunabhängigkeit der chinesischen Schrift nicht ein, der andere Autoren beeindruckt, und begnügt sich mit der Erwähnung einer Maßnahme zur Behebung ihrer Nachteile für Ausländer: Die Jesuitenmissionare haben den Zugang zur chinesischen Schrift erleichtert, indem sie die fünf Töne durch kleine Zusatzzeichen zu den Grundzeichen notierten. Mehr interessiert sich Lamy für die Einfachheit der chinesischen Grammatik. Ein Einsilbler wie »*ya*« hat je nach Ton fünf verschiedene Bedeutungen, aber nur Einheimische können die Töne richtig aussprechen. Es gibt weder Genera noch Casus oder Deklinationen; die Bedeutungen, die wir durch grammatische Formen ausdrücken, ergeben sich aus der Wortstellung. Nomina können je nach Stellung als Verben fungieren, denn ein Wort, das auf ein als Nomen verwendetes folgt, drückt immer eine Tätigkeit aus. Den Plural bildet man mit einer einzigen Partikel, falls nicht schon durch den Kontext klar wird, dass von mehreren Exemplaren die Rede ist. Es gibt auch keine Konjugationen; stattdessen verbindet man Wörter, die ihre Stellung als Verben ausweist, mit dem gewünschten Personalpronomen und dem Singular- oder Pluralzeichen. Chinesen können also über alles sprechen, obgleich sie nur wenige Grundausdrücke kennen.[50]

Über anders konstruierte Sprachen berichtet auch der von Wolff zitierte Zisterzienser Juan Caramuel Lobkowitz, der während seines Studiums Chinesisch gelernt hatte. 1665 berichtet er, dass es in dieser Sprache kaum so etwas wie Ordnung und Gesetzmäßigkeit gibt,[51] und versucht, zumindest Grammatik und Schrift ein wenig zu systematisieren. Nach seiner Darstellung

[49] Lamy, *La rhetorique* l. 1, c. 8; 34–35.

[50] Lamy, *La rhetorique* l. 1, c. 8; 34–36.

[51] Caramuel, *Apparatus philosophicus*, l. 3, pars posterior, CCXXIV: Characteres Sinenses; 123b: »Bei den chinesischen Schriftzeichen und Wörtern gleichermaßen finde ich keinerlei Grund oder Regel; daher teile

kennt das Chinesische acht Wortarten, nämlich Nomina, Pronomina, Verben, Partizipien, Präpositionen, Adverbien, Interjektionen und Konjunktionen; dieser Katalog gleicht auffällig dem europäischer Grammatiken. Die Nomina haben zwei Numeri und drei Casus, nämlich Nominativ, Genitiv und Dativ, aber kein Genus. Fast alle Verben regieren den Dativ, der mit Hilfe der Präposition »*foszu*« gebildet wird. Verben werden nicht konjugiert, sondern ähnlich verwendet wie in »Ich heute liebend Gott«; die übrigen Wortarten gleichen unseren.[52] In seiner Skizze einer verbesserten chinesischen Schrift sieht Caramuel für Nomina zehn Casus vor, bemerkt aber, dass man diese durch Präpositionen bilden muss. Bei Verben rechnet er mit vier Modi, nämlich Indikativ, Imperativ, Subjunktiv und Infinitiv, ferner mit sieben Tempora, nämlich Plusquamperfekt, Perfekt, Imperfekt, Präsens, Futurimperfekt, Futurperfekt und Futurplusquamperfekt, und schließlich mit sechs Personalpronomina, nämlich ich, du, er, wir, ihr, sie.[53] Auf dieser Grundlage entwirft er eine Schrift, die der chinesischen nachempfunden ist, die er aber für rationaler hält; vermutlich soll sie angehenden Sinologen das Lernen erleichtern, aber auch Laien die Chance einer leicht erlernbaren Zeichenschrift bieten, die Menschen verschiedener Muttersprachen gleichermaßen verstehen und nutzen können. Hier deutet sich das damals aktuelle Projekt an, als leicht erlernbares und von Einzelsprachen unabhängiges Kommunikationsmittel zwischen den durch neue Entdeckungen immer zahlreicher werdenden bekannten Völkern chinesische Schriftzeichen einzusetzen und so interkulturellen Austausch, diplomatische Beziehungen und Handel und Gewerbe zu erleichtern. Bei Caramuels chi-

ich weiter unten eine Kunst mit; wer diese anwendet, kann auf wenig Platz sprachunabhängige Bemerkungen schreiben und dabei die chinesischen Gelehrten nachahmen.«

52 Caramuel, *Apparatus philosophicus*, l.3, pars posterior, CCXXV: Grammatica Sinensis; 123b.

53 Caramuel, Apparatus philosophicus, l.3, pars posterior, CCXXVI: Nova ars notaria; 124b.

nesischer Schriftreform trägt man Silbenzeichen wie +, X, Φ, und Θ in kleine Quadrate ein; in diesen teilt man dem Leser durch Symbole mit, ob das betreffende Zeichen als Substantiv, Verb oder Adjektiv fungieren soll und in welchem Casus und Numerus beziehungsweise in welcher Person und welchem *Genus verbi*, Tempus und Modus es steht. Caramuel glaubt, dass Europäern auf diese Weise das Lernen des Chinesischen leichter fällt.[54] Seine Mitteilungen weichen vor allem dadurch von denen anderer Autoren ab, dass sie die Unterschiede zwischen chinesischer und lateinischer Grammatik als sehr klein erscheinen lassen. Caramuel, der nicht nur ein großer Systematiker, sondern auch ein erfahrener Praktiker und Politiker war, nahm vermutlich an, dass in Europa im Interesse der Verbesserung von Gewerbe, Handel, Wissenschaft und Religion ein großer Bedarf an Sinologen bestand und dass man dem Abschreckungseffekt, den Berichte von Reisenden über die Schwierigkeit des Chinesischen schürten, etwas entgegensetzen musste. Damals stand die Chinamission der Jesuiten noch in Blüte, und niemand rechnete damit, dass ihr Verbot durch den Papst bevorstand.

Athanasius Kircher hebt in *China illustrata* hervor, dass jedes chinesische Schriftzeichen für die Vorstellung eines Dings steht; man brauche also genauso viele Zeichen, wie es Dinge gibt, über die man schreiben möchte; daher müsse man, wenn man den chinesischen Wortschatz lexikalisch erfassen will, für jedes Wort ein eigenes Zeichen anführen.[55] Es sei ein Vorzug dieser Schrift, dass sie nicht an die chinesische Sprache gebunden ist; auch Bürger anderssprachiger Reichsteile wie Korea, Kochinchina und Tonking können sie lesen, obwohl sie andere Sprachen sprechen; im Vergleich dazu sind bei Europäern nur die Ziffern

[54] Caramuel, *Apparatus philosophicus*, l. 3, pars posterior, CCXXVI; 124a: »Können wir diese Schriftzeichen der Chinesen auf Kunst und Regeln zurückführen oder andere formulieren, die leichter und eleganter sind? Wir können!«

[55] Kircher, *China monumentis illustrata* p. 6, c. 1; 226b.

sprachunabhängig.[56] Auch ihn beeindruckte der Gedanke, die chinesische Schrift als internationales Kommunikationsmittel vorzusehen, mit dem sich alle Menschen unabhängig von ihrer Kultur und Sprache verständigen konnten.

Mit diesem Gedanken scheint der von Leibniz geschätzte Pommersche Propst Andreas Müller Ernst gemacht zu haben. Er diente dem Brandenburgischen Kurfürsten als China-Experte und publizierte 1674 die Ankündigung *Inventum Brandenburgicum sive propositio super clave sua Sinica*; diese Schrift ging davon aus, dass sich die chinesische Schrift vorzüglich als globales Kommunikationsmittel verwenden lässt. Der geplante Chinesisch-Schlüssel (*clavis Sinica*) wäre nach Müllers Meinung für ausländische Gesandte und Missionare nützlich, aber auch für Kaufleute, Ärzte und Gelehrte und überhaupt für alle Freunde einer Universalschrift. Er glaubte, seine Erfindung werde es ermöglichen, die chinesische Schrift ohne lästiges Auswendiglernen zu beherrschen, und man werde mit ihrer Hilfe chinesische Zeichen leichter lesen können als alle anderen Schriftzeichen.[57] Bisher hatte er seine Forschungen durch privaten Aufwand selbst finanziert und versprach, im Fall einer angemessenen Förderung binnen kurzer Frist einen Schlüssel vorzulegen, der es selbst Kindern und einfachen Frauen ermöglichte, geschriebene chinesische Texte zwar nicht auf Chinesisch, wohl aber auf Latein, Deutsch, Englisch, Französisch oder Niederländisch zu verstehen.[58] Es fanden sich aber keine Förderer, Orientalis-

[56] Kircher, *China monumentis illustrata* p. 6, c. 5; 235b–236a: »Chinesische Schriftzeichen kennen und Chinesisch sprechen können sind zwei verschiedene Dinge. Auch ein Ausländer mit gutem Verstand könnte, wenn er sich Mühe gäbe, durch die Lektüre chinesischer Bücher zu höchster Gelehrsamkeit gelangen, obwohl er weder Chinesisch reden noch Redende verstehen könnte.«

[57] Müller, *Inventum Brandenburgicum*; §8. Die Schrift druckt keine Seitenzahlen, zählt aber Paragraphen.

[58] Müller, *Inventum Brandenburgicum*, §14: »Ich verspreche nichts anderes, als dass ich dann, wenn die Hälfte der Fördersumme hinterlegt

ten erklärten das Projekt für unseriös, Theologen für sündhaft, und Müller verbrannte verbittert seine Vorarbeiten. Über deren Inhalt ist nichts Sicheres bekannt. Mehr als fünfzig Jahre später vermutete der Sinologe Theophil Siegfried Bayer in seinem *Museum Sinicum*, das 1730 die Sankt Petersburger Akademie der Wissenschaften verlegte, Müller habe lediglich zeigen wollen, wie man chinesische Schriftzeichen in ihre Elemente zerlegt und nach welchen Regeln man sie wieder zusammensetzt. Über die Eignung der chinesischen Schrift als Universalschrift äußerte sich Bayer vorsichtiger als Müller: Es sei zwar abwegig, Chinesisch außerhalb von China zu lernen, denn chinesische Schriftzeichen könne man auch ohne spezielle Sprachkenntnisse verstehen; doch sei es besser, wenn Europäer zumindest ein bisschen Chinesisch verständen.[59]

Müllers Gegenspieler am Brandenburgischen Hof, Christian Mentzel, Leibarzt des Großen Kurfürsten, wandte sich 1685 in seiner *Sylloge minutiarum Lexici Latino-Sinico-characteristici ex auctoribus et lexicis Chinensium characteristicis eruta* gegen die von Caramuel vorgeschlagene Reform der chinesischen Schrift; weil die Chinesen sich die Dinge durch Schriftzeichen wie durch

ist (andernfalls werde ich gar nicht mehr an dem SCHLÜSSEL arbeiten, damit er nicht nach meinem Tod in die falschen Hände gerät) und wenn es Gott gefällt, den SCHLÜSSEL innerhalb eines halben Jahres oder noch früher auf die Reihe bringe; und dass danach jedermann, und zwar auch Frauen und Knaben, die nur wenige Tage an meinem Unterricht teilgenommen haben, in der Lage sein wird, in Gegenwart von Beauftragten der Aufsichtskommission ganze Textstücke aus beliebigen Büchern und anderen ordentlich geschriebenen Papieren zwar nicht auf Chinesisch, wohl aber auf Latein oder Deutsch oder Englisch oder Französisch oder Flämisch oder in irgend einer anderen Sprache zu lesen.«

[59] Bayer, *Museum Sinicum* I, Praefatio; 46–47: »Um was es sich handelte, kann ich nicht mit Sicherheit behaupten, doch spricht mir alles dafür, dass es ihm lediglich darum ging, die chinesischen Schriftzeichen auf ihre Elemente zurückzuführen und das Verfahren und Können zu besitzen, sie selbständig wieder zusammenzusetzen.« S. auch ebd., *Grammatica Sinica* l. 1; 4 (neue Paginierung).

Bilder vergegenwärtigen, könne man ihre Texte nicht angemessen mit Kategorien wie Nomen, Pronomen und Verbum interpretieren; das Zeichen »*xuĕ*« könne zum Beispiel »Lehre«, »Lehrer«, »Gelehrter«, »gelehrt«, »Lehrender« und »lehren« bedeuten.[60] Tatsächlich erlosch die Hoffnung, die chinesische Schrift als Universalschrift zu verwenden, schon bald, wahrscheinlich nicht zuletzt infolge eindrucksvoller Darstellungen der Schwierigkeit dieses Zeichensystems zum Beispiel bei Mentzel. Auch Kircher schrieb, man brauche ein sehr gutes Gedächtnis, um Chinesisch wenigstens einigermaßen zu lernen, und schwerste Mühe und ein ganzes Leben, um es zu beherrschen. Schon wer sich nur ein wenig von der Bildung der Chinesen erarbeiten wolle, brauche ein gutes Gedächtnis, und wer unter größten Mühen in lebenslanger Befassung mit der chinesischen Schrift die höchste Stufe der Bildung erreiche, dem verleihe Chinas Reichsverwaltung mit Recht die obersten Titel und Ränge. Diese Schrift sei so unsäglich schwer, dass Ausländer sie nur mit größter Mühe, intensivem Studium und tausendfachem Nachdenken erlernen können.[61]

[60] Mentzel, *Sylloge minutiarum Lexici Latino-Sinico-characteristici* § 23; o. P.

[61] Kircher, *China monumentis illustrata*; p. 6: De Sinensium literatura, c. 1; 226a und c. 5; 235ab.

VIII.
Schlussüberlegungen

§ 36

Kann jemand, der schon eine Sprache gelernt hat, noch ohne Wörter denken? 22|265–266 ▷ S. 323

---

§ 36 Sobald wir einmal unsere Gedanken mit diesen Zeichen verbunden haben, empfinden wir keine geringe Beschwernis, wenn wir ohne Wörter nachdenken wollen; viele sind sogar davon überzeugt, dass sie an gar nichts denken, wenn sie ihre Gedanken nicht mit Wörtern verbinden. Und deshalb kommt es vor, dass wir beim Nachdenken mit geschlossenem Mund und möglichst leiser Stimme zu uns selber reden. Weil wir Wörter beim Ausatmen der Luft, die durch die Luftröhre aus den Lungenflügeln entweicht, zu bilden versuchen, scheinen uns deshalb die Gedanken aus dem Herzen zu kommen. Da sie von diesem Vorurteil befallen waren, wiesen einige Autoren der Seele als Sitz das Herz zu, obgleich man es doch für völlig gewiss halten sollte, dass unser nicht ortsgebundener Geist dem Körper im Gehirn präsidiert. Auf keinen Fall ist es aber angemessen zu sagen, die Heilige Schrift behaupte mit Rücksicht auf diesen Irrtum der Leute, dass die Gedanken aus dem Herzen kommen, und setze »Herz« an die Stelle von »Geist«. Wo sie nämlich behauptet, dass die Gedanken aus dem Herzen kommen, ist bei ihr hauptsächlich von solchen Gedanken die Rede, die Moralität einschließen. Deren Ursachen sind meist Affekte, an deren Auslösung nicht zuletzt das Herz beteiligt ist, wie wir als anderweitig bekannt unterstellen.

In § 36 geht es nicht um die im 20. Jahrhundert gern diskutierte Frage, ob vorsprachliches Denken möglich ist; sie ist für Wolff schon dadurch beantwortet, dass die Sprache erfunden wurde, um Gedanken auszudrücken. Clauberg nennt Argumente dafür, dass man auch ohne Verwendung von Wörtern denken kann: Auch taub Geborene können eine Gottesvorstellung bilden, also ohne Wörter denken.[1] Ferner haben die Sprachstifter vermutlich darüber nachgedacht, ob sie Wörter zu sprachlichen Zeichen für Gedanken ernennen sollten; zumindest dabei konnten sie aber keine Wörter verwenden, weil es noch keine gab. Außerdem kann man über Dinge nachdenken, ohne ihren Namen zu kennen oder bevor sie einen Namen haben; folglich kann man auch ohne Wörter denken.[2] Wenn schließlich Logiker über Urteile und Schlussfolgerungen reden, beziehen sie sich zunächst auf etwas im Geist, denn Regeln der Logik betreffen primär die innere Rede; dass man Gedanken, wenn man mag, auch durch äußere Wörter ausdrücken kann, ist sekundär.[3] Wolffs Frage bezieht sich vielmehr darauf, ob Menschen, die schon eine Sprache beherrschen, noch denken können, ohne dabei Wörter zu bemühen. Wolffs Antwort lautet, dass ihnen das jedenfalls schwerfällt. Beim Sprechenlernen verknüpft man sprachliche Zeichen durch Assoziation mit Gedanken; wenn beide fest miteinander verbunden sind, kann man sie kaum noch voneinander trennen. Dieser Ansicht ist auch Clauberg; er erklärt mit ihr die Neigung von Deutschen und Franzosen, ihre lateinischen Texte mit Germanizismen oder Gallizismen zu füllen.[4] Nach Wolff ist die Verknüpfung von Gedanken und Wörtern so eng, dass manche Menschen fest davon überzeugt sind, sie dächten gar nicht, wenn sie ihre Gedanken nicht mit Wörtern verbinden; deswegen redet

[1] Clauberg, *Paraphrasis in Renati des Cartes Meditationes*; med. 3, lect. 13, §275; Schalbr. 413.

[2] Clauberg, *Paraphrasis in Renati des Cartes Meditationes*; med. 3, lect. 13, §277; Schalbr. 413.

[3] Clauberg, *Dubitatio cartesiana* c. 2, §5; Schalbr. 1141.

[4] Clauberg, *Corporis et animae conjunctio* c. 36, §§1 und 4; Schalbr. 240.

man beim Nachdenken gern leise zu sich selbst. Doch gibt es schlimmere Folgen des Vorurteils, dass man nicht ohne Wörter denkt. Weil wir Wörter artikulieren, wenn die Atemluft aus der Lunge entweicht (Druckfehler in der Ausgabe von 1703: »et« statt »ex«), geraten wir leicht auf den Gedanken, dass uns die Wörter aus dem Herzen kommen; die Behandlung dieses Details ist der einzige Passus in Wolffs *De loquela*, über den sich Leibniz positiv äußert. Er schreibt, Wolff habe elegant geklärt, wie die Meinung entstanden sei, dass die Gedanken aus dem Herzen kommen.[5] Manche Autoren, fährt Wolff fort, erklären das Herz sogar zum Sitz der Seele, obgleich es seit Descartes als sicher gelten darf, dass der nicht ortsgebundene Geist dem Körper im Gehirn präsidiert.[6] Vor allem geht es Wolff um ein Argument gegen die Behauptung, die Heilige Schrift verwechsle das Herz mit dem Gehirn oder dem Geist, wenn sie erklärt, dass Gedanken aus dem Herzen kommen.[7] Wolffs Widerlegung dieser Meinung stützt sich darauf, dass die Schrift so etwas meistens im Zusammenhang mit Affekten sagt, die unter die Morallehre fallen und an deren Entstehung bekanntlich das Herz stark beteiligt ist.[8] Wolff entscheidet sich hier für ein Verfahren zur Verteidigung der Bibel, bei dem

[5] Gerhardt, Briefwechsel zwischen Leibniz und Wolff, Brief vom 20. August 1705; 33.

[6] Die Descartes-Stelle *Passions* I, §.31; oAT XI 351, 22–352, 6, zieht beide Möglichkeiten in Betracht: »Und man glaubt gemeinhin, dass dieser Teil [in dem die Seele ihren Sitz nimmt] das Gehirn oder vielleicht das Herz ist: das Gehirn, weil die Sinnesorgane in es einmünden, und das Herz, weil man in ihm die Leidenschaften verspürt.« In der Überschrift hat Descartes allerdings schon Position bezogen: »Es gibt eine kleine Drüse im Gehirn, in welcher die Seele ihre Funktionen in eigentlicherem Sinn ausübt als in den anderen Körperteilen.«

[7] In den Zusammenhang passen im Neuen Testament am ehesten Stellen mit Ausdrücken wie »im Herzen sprechen«, zum Beispiel Mt. 24, 48, Lk. 12, 45 und Rom. 10, 6.

[8] Exemplarisch Descartes, *Passions de l'Ame* p. 1, a. 36; AT XI 357, 4–11, für den Fall der Furcht. Die Meinung, dass die Seele ihre Leidenschaf-

man deren Formulierungen durch ihre Übereinstimmung mit modernen Theorien rechtfertigt. Andere Cartesianer ziehen andere Verfahren vor. Der occasionalistische Theologe Christoph Wittich aus Brieg in Schlesien verfasste zum Beispiel eine Abhandlung gegen den Missbrauch der Bibel bei der Verurteilung des Kopernikanismus und äußerte in einer weiteren Schrift mit dem Titel *Consensus veritatis* seine Ansicht darüber, was man der Bibel vernünftigerweise entnehmen kann: Man erkennt durch sie, dass alles in der Welt durch Gottes bloßen Willen aus dem Nichts erschaffen wurde; aber mit Erkenntnissen über das Wesen und die innere Konstitution der Natur muss man sich anderweitig versorgen.[9]

§37

Lässt sich Sprache maschinell erzeugen? 23|265–266 ▷ S.324

§37 Man pflegt zu fragen, ob sich eine Sprechmaschine konstruieren lässt. Wer diese Frage mit Ja beantwortet, übersieht nach Meinung des öfter zitierten Lamy, a.a.O., Buch 3, Kap. 1, S. 155, 156, dass Konsonanten modifizierter Atem sind und dass man sie nur zusammen mit modifizierten Lauten hören kann, das heißt, nur dann, wenn man sie mit Vokalen verbindet. Man mache also eine pneumatische Orgel, von der die eine Pfeife den Laut *a* und die andere den Laut *be* ertönen lässt; sobald man beider Klänge miteinander verbindet, erhält man nicht »*ba*«, sondern »*bea*«. Eine Orgel mit 24 Pfeifen kann also unmöglich »*ba*« oder »*ab*« ertönen lassen. Wenn man aber so viele Pfeifen einbauen lässt, wie es mögliche Verbindungen von Vokalen und Konsonanten gibt, versagt vor dieser

ten *im* Herzen bekommt, lehnt Descartes jedoch ab; s. Passions p. 1, a. 33; AT XI, 353, 20–352, 5.

[9] S. Christoph Wittich, *Dissertationes duae*, Diss. II: De S. Scripturae in rebus Philosophicis abusu, 135–306. – Ferner *Consensus veritatis* c. 8, §98; 56.

Aufgabe die Bemühung des Orgelbauers, weil das zu viele Orgelpfeifen wären. Dies geht aus den Gesetzen der Kombinatorik hervor, die der wieder einmal zu lobende Ehrwürdige Pater Lamy im *Traité de la grandeur*, Buch 2, Abschn. 4, Kap. 1, S. 139 und folgende, knapp dargelegt hat. Damit ist zwar die Unmöglichkeit einer pneumatischen Sprechorgel erwiesen, ob aber Sprechmaschinen überhaupt unmöglich sind, ist bislang nicht bewiesen. Es ziert jedoch einen Philosophen nicht, aus seiner eigenen und anderer Leute Unwissenheit den Schluss zu ziehen, dass etwas unmöglich ist, denn das ist ein ganz sicheres Zeichen von Arroganz oder von zu großem Vertrauen auf andere, und beide Verfehlungen sollten einem Philosophen sehr ferne liegen. Doch ist es nicht mehr als recht, hier anzumerken, dass dann, wenn jemand von der Konstruktion einer Sprechmaschine spricht, nicht etwa von einer Maschine die Rede ist, die das Prinzip ihrer Bewegung in sich selber trägt, sondern von einer, die eines äußeren Steuerungsprinzips bedarf, und zwar eines vernunftbegabten, wenn sie nicht immer dieselben Wörter wiederholen soll.

Sprechmaschinen wurden gern zusammen mit Hörmaschinen erörtert. Einen Eindruck vermitteln kleine Texte von Schott und Lana.

■ *Sprech- und Hörmaschinen.* – Schott berichtet, dass es leicht ist, eine Maschine herzustellen, die artikulierte oder unartikulierte Laute jeder Art äußern kann. Kunstfertige Handwerker in Nürnberg oder Augsburg wissen Statuen zu bauen, die die Augen bewegen, den Mund öffnen und schließen können und sehr lebendig wirken. In deren Mundhöhle muss man vom Nacken her ein schneckenförmig gedrehtes Rohr so einführen, dass es Umstehende nicht sehen können; dann äußert die Statue alle Laute, die jemand in das andere Ende des Rohrs hineinspricht oder hineinsingt. Schott erwähnt in der *Magia universalis* eine Sprechmaschine seines Lehrers Kircher, deren Konstruktion er damals noch nicht kannte.[1] Als er einige Jahre später die *Centuriae seriojocosorum* schrieb, wusste er mehr: Kirchers Kunstwerk war eine Statue der Jungfrau Maria, die nicht anders arbeitete als die anfangs skizzierte Maschine; sie stand in Kirchers Museum in Rom und erinnerte Schott an Tricks antiker Priester: Wenn ein Besucher sie ansprach und danach sein Ohr an den Mund der Jungfrau legte, flüsterte sie ihm verschiedene Antworten zu. Die ganze Kunst beruhte jedoch darauf, dass aus einem geheimen Gemach ein Rohr bis in den Mundhöhle der Statue ragte und dass Kircher oder ein Eingeweihter vom anderen Ende des Rohrs her dem Besucher passende Antworten ins Ohr sprach.[2] Als Kircher diese Sprechmaschine baute, war Lana sein Assistent; er bemerkte, es gehe im Prinzip nur darum, in einem Haus, Schloss oder Gässchen ein spiralisch gedrehtes konisches Rohr so zu verlegen, dass es bis in den Mund der betreffenden Statue reiche; dann gebe diese alle Klänge wieder, die ihr am anderen Ende jemand einspeist; wenn dort zum Beispiel ein Hund bellt, belle sie ebenfalls. Lana fügt hinzu, dass das Rohr nicht einmal spiralisch gedreht sein muss, weil sich mit einem einfachen Rohr, das am Ende konisch geformt ist, dasselbe erreichen lässt. Nur müssten die Rohre lang genug sein und zumindest an dem Ende, das in den Mund der Statue reicht, trichterförmig geweitet sein.[3]

Im Anschluss an diesen Bericht über Sprechmaschinen erwähnt Schott Maschinen, die sich bei bestimmten Kommandos oder überhaupt bei Klängen bewegen;[4] damit geht er zu

[1] Schott, *Magia naturalis* p. 2, l. 3, pragm. 1 und 3; II 159 und 160–161.

[2] Schott, *Joco-seriorum naturae et artis Centuriae tres*, cent. 1, prop. 34, annotatio; 31.

[3] Lana, *Magisterium naturae et artis* tr. 4, l. 10, c. 4, artif. 15; II 483a B–484b E

[4] Schott, Magia naturalis p. 2, l. 3, synt. 3, pragm. 4: *Eine Statue herstellen, die sich auf einen bestimmten Klang hin bewegt*; II 162, und pragm. 5: *Eine Statue herstellen, die sich auf jeden Laut oder benachbarten Klang hin bewegt*; II 162.

Hörmaschinen (*tubi otici*) über. Er erwähnt verschiedene Typen von Hörhilfen, die mit Rohren oder künstlichen Ohrmuscheln arbeiten; zum Abschluss wird ein Verfahren beschrieben, mit dem man tauben Personen Musik vorführen kann. Wenn man ihnen die Schnecke eines Zupfinstruments zwischen die Zähne klemmt und das Instrument bespielt, lauschen sie der Musik mit großem Vergnügen; auf diese Weise kann man auch taube Personen mit Monochorden oder Dichorden, ein- oder zweisaitigen Instrumenten, so fördern, dass sie musikalische Intervalle sicher erkennen.[5] – Auch Lana äußert sich über Hörhilfen: Man hat versucht, Gehörlosen durch Hörrohre Linderung zu verschaffen und ihnen das Verstehen entfernter oder leiser Stimmen zu erleichtern, das hat jedoch nicht viel gebracht. Gleichgültig, ob man elliptische, konische oder spiralisch gedrehte Rohre benutzt – die Hörleistung verbessert sich nur dann signifikant, wenn man sehr große Geräte wählt, die für die Handhabung im Alltag zu unpraktisch sind. Konische oder spiralisch gedrehte Hörrohre führen zu kleinen Verbesserungen, wenn das Ohrstück aus geeignetem Material besteht und gut gearbeitet ist. Man hat auch Horchgeräte entwickelt, die Gesunden das Verstehen von Sprache über große Entfernungen hinweg erleichtern; sie helfen aber mehr beim Hören als beim Sprechen. Lana berichtet ferner, dass man Töne über große Entfernungen hinweg versenden kann, ohne dass Personen, die zwischen Sender und Empfänger stehen, das bemerken; er fügt hinzu, dass diese Erfindung schon sehr alt ist und dass man sie dem antiken Wissenschaftler Dionysius von Syrakus verdankt. Von einem Haus, einem Innenhof oder einer Gasse aus kann man ein konisches Rohr durch die Räume des abzuhörenden Hauses hindurch in ein geheimes Gemach verlegen und alles mithören, was in dem Haus, dem Innenhof oder der Gasse gesprochen oder geflüstert wird. Dasselbe kann

[5] Schott, *Magia naturalis* p. 2, l. 3, synt. 4, pragm. 5, p. 4: *Bewirken, dass ein Tauber Töne oder Musik hört*; 166, und ebd. p. 2, l. 6, synt. 2, pragm. 2; 281, und pragm. 3; II 282–283.

man in einem Rund- oder Arkadenbau erreichen, wie Beispiele in Mantua zeigen. Dabei kann man mit einfachen Rohrleitungen aus Metall, Holz oder Ton arbeiten; falls der Sprecher dicht genug an der Endöffnung steht, werden Mitteilungen auch über große Entfernungen hinweg übertragen. Wenn beide Öffnungen des Rohrs trichterförmig geweitet sind, muss der Sprecher nicht einmal ganz in der Nähe stehen.[6] Mit Vorrichtungen wie denen, die Schott und Lana beschreiben, lässt sich etwas so Flüchtiges wie Sprache oder Musik kurzfristig konservieren und transportieren; auch können sie hörgeschädigten Personen dazu verhelfen, akustische Phänomene wahrzunehmen, zu denen sie sonst keinen Zugang hätten. Heute verlieren schon Kinder, die an langlebige Tonkonserven, bequeme Tonaufnahme- und -übertragungsverfahren und Dialoge mit sprechenden und hörenden Automaten gewöhnt sind, bei der Erwähnung von Schotts und Lanas Errungenschaften die Fassung, obwohl man einige davon noch im zwanzigsten Jahrhundert verwendete. Allerdings hatten diese alten Erfindungen die Schwäche, zur Erzeugung artikulierter Laute auf Menschen angewiesen zu sein.

Es ist bezeichnend, dass Wolff sich nicht die Mühe macht, diese verhältnismäßig anspruchslosen Erzeugnisse auch nur zu erwähnen, und stattdessen auf ein neuartiges Projekt verweist, das versprach, den Menschen bei der Erzeugung artikulierter Laute entbehrlich zu machen. Es wird in Lamys *La rethorique* und ausführlicher in dessen *Elemens des mathematiques ou traité de la grandeur* behandelt. Die Erfahrung mit Orgeln zeigt, schreibt Lamy, dass sich alle Arten von Klängen nachahmen lassen, sogar so schwierige wie Wachtelstimmen. Das hat Gelehrte zu der Ansicht verleitet, man könne mit pneumatischen Instrumenten Sprache produzieren.

[6] Lana, *Magisterium naturae et artis* l. 10, c. 4, artif. 11: »*Wie ein Sprecher von einer weit entfernten Person gehört werden kann, ohne dass ihn Leute in der Nähe hören*«; II 481b GH.

Wenn man genauso viele Pfeifen vorsehe, wie die französische Sprache Buchstaben hat, erhalte man eine Orgel, die Französisch sprechen kann. Lamy bemerkt dazu, dass man nur auf den ersten Blick nicht mehr als 5 Vokale und 17 Konsonanten erzeugen müsse, so dass man mit 22 Pfeifen auskomme. In Wirklichkeit ist es damit nicht getan. Bei Konsonanten wie »b« und »p« müsste man zum Beispiel die Luftzufuhr kurzfristig an- und abstellen, und schon das wäre nicht einfach. Vor allem aber seien einzeln ausgesprochene Buchstaben etwas anderes als Buchstaben, die man innerhalb einer Silbe ausspricht, dort müssen sie nämlich mit den übrigen Lauten verschmelzen. Wer auf entsprechende Vorkehrungen verzichtet, erhält, wenn er »a« und »b« verbinden will, weder »ab« noch »ba«, sondern »abe« oder »bea«. Was Lamy hier erwähnt, ist das Phänomen der Koartikulation, das die Forschung noch lange beschäftigen wird. Man braucht nach Meinung Lamys für die korrekte Verbindung von »a« mit 17 Konsonanten mindestens 34 zusätzliche Pfeifen und für jeden anderen Vokal genauso viele; dann hätte man aber schon 170. Darüber hinaus gibt es Silben mit drei Buchstaben, die aus zwei Konsonanten und einem Vokal oder zwei Vokalen und einem Konsonanten bestehen; in diesen müsste man »a« mit dem jeweiligen Konsonantenpaar oder »b« mit dem jeweiligen Vokalpaar auf mindestens 289 verschiedene Weisen verbinden. Multipliziert man das mit der Anzahl der zu berücksichtigenden Vokale, dann wären bei optimistischer Einschätzung 1445 Pfeifen erforderlich; in Wirklichkeit kommt man aber damit nicht aus, weil für die Verbindung aller in Frage kommenden Konsonantenpaare mit allen französischen Vokalen unzählig viele weitere Pfeifen erforderlich wären, denn es gibt im Französischen zwei verschiedene »a«, drei verschiedene »e«, zwei verschiedene »o« und zwei verschiedene Halbvokale »n«; mit jedem davon vervielfacht sich die Zahl der erforderlichen Maßnahmen. Ein Instrument mit so vielen Pfeifen kann niemand mit der zum Sprechen erforderlichen Geschwindigkeit bedienen;

schon Orgeln mit überschaubar wenigen Pfeifen spielen sich schwer genug. Wir haben also allen Grund, die wunderbare Konstruktion unserer Sprechorgane zu bewundern.[7] Leibniz hält Lamys Argument gegen die Möglichkeit pneumatischer Sprechmaschinen für abwegig und behauptet, dass einige Instrumente dieser Art bereits in Betrieb sind (er berichtet nicht, auf welche Phänomene er sich bezieht). Lamy wisse anscheinend noch nicht, dass man zur Kombination von Vokalen und Konsonanten keine besonderen Orgelpfeifen braucht, sondern nur ein paar bewegliche Teile, wie das Beispiel des menschlichen Mundes beweist.[8] Leibniz' Bemerkung weist in die Richtung, für die sich knapp siebzig Jahre später Wolfgang von Kempelen entscheidet, der diesem Traum Realität verleiht.

Obgleich sich Wolff Lamys bezweifelbarer Meinung anschließt, äußert er einen Vorbehalt, der in einer Epoche, in der sich selbst Empiristen an Wendungen wie »*We shall never be able to*« gewöhnt haben, auffällig wirkt: Bislang ist noch gar nicht bewiesen, dass jede Art von Sprechmaschinen unrealisierbar ist, und Wissenschaftler dürfen nicht so arrogant oder autoritätsgläubig sein, dass sie ein Projekt ohne triftige Beweise für unrealisierbar erklären. Am Ende des Paragraphen schließt er sich dann allerdings Descartes' Meinung an, dass es Sprechmaschinen, die sich selber steuern und lernfähig sind, nicht geben kann.

Nach Descartes ist die Sprache die einzige äußere Tätigkeit des Menschen, mit der sich überzeugend nachweisen lässt, dass unser Körper nicht bloß ein Automat ist, sondern dass er von einer denkenden Seele gesteuert wird.[9] Man kann sich zwar

[7] Lamy, *La rhetorique* l. 3, c. 1; 155–156. – Lamy, *Elemens des mathematiques ou traité de la grandeur en general,* l. 2, s. 4, c. 1; 139–142.

[8] Gerhardt, Briefwechsel zwischen Leibniz und Christian Wolff, Brief 6 vom 20. 08. 1705; 33.

[9] Descartes, Brief an den Marquis von Newcastle, 23. November 1646; AT IV 574, 5–9: »Schließlich können von unseren äußeren Tätigkeiten

eine Maschine vorstellen, die Wörter aussprechen und zweckmäßig auf Einwirkungen von außen reagieren kann; wenn man ihr beispielsweise einen Stoß gibt, könnte sie fragen, was man will, oder sich beklagen, dass man ihr weh tut. Aber sie kann nicht frei über ihre Antworten verfügen und auf alles, was ihr jemand sagt, eine passende Antwort geben, denn ihre Leistungsfähigkeit hängt von den Vorkehrungen des Konstrukteurs ab. Die Vernunft ist dagegen ein universelles Werkzeug, das auf beliebige Anforderungen reagieren kann, während eine Maschine nur angemessen auf solche Situationen reagiert, mit denen ihr Konstrukteur gerechnet hat. Es ist nicht möglich, soviel Technik in ihr unterzubringen, dass sie wie unsere Vernunft auf jede denkbare Situation angemessen reagieren kann.[10]

Wolff schließt, dass es zumindest keine Sprechmaschinen geben wird, die nicht nur einprogrammierte Antworten reproduzieren, sondern auch lernen und Situationen bewältigen können, die ihr Konstrukteur nicht vorgesehen hat. Ob diese Prognose zutrifft, wird zur Zeit getestet.

§38

Nutzen und Zweck der Sprache

23–24|267 ▷ S.325

§38 Über den Nutzen einer Sprachmaschine nachzudenken, bevor noch deren Möglichkeit erwiesen ist, ist vielleicht vertane Mühe. Eher ist es angebracht, sich für den Nutzen der Sprache selbst zu interessieren. Deshalb merken wir an, dass er ganz außerordentlich groß ist. Von fast unzähligen Fällen, in denen wir unsere Gedanken nutzbringend mit anderen teilen, erzählt die Erfahrung. Wir wollen uns also nicht damit

allein die Wörter denen, die sie untersuchen, die Gewissheit geben, dass unser Körper nicht nur eine Maschine ist, die sich selbst bewegt, sondern dass es außerdem in ihm eine Seele gibt, die Gedanken hat.«

[10] Descartes, *Discours de la methode* p. 5; AT VI 56, 23–57, 15.

aufhalten, diese aufzuzählen, sondern lieber darauf eingehen, dass die Sprache nicht nur nützlich, sondern auch überaus notwendig ist. Durch die Prinzipien der Moral steht es nämlich als Wille des Lenkers dieses Universums fest, dass der Mensch für die Erhaltung und Vervollkommnung seiner eigenen Natur dadurch sorgen soll, dass er für die Erhaltung und Vervollkommnung der Natur anderer sorgt. Dass er deshalb in der Lage sein muss, anderen seine Gedanken zum Ausdruck zu bringen, merkt jeder, auch ohne dass ich es ihm sage. In welcher Gesellschaft, frage ich, der etwas an wechselseitiger Wohlfahrt liegt, gibt es keinen sprachlichen Austausch? Daraus folgt, dass alle diejenigen schlecht handeln und dem strengen Urteil des Weltenlenkers verfallen, die die Sprache im eigenen Interesse und nicht im Interesse anderer verwenden und sich schändlicherweise einbilden, der Gebrauch der Sprache sei ihnen zur Mehrung ihres Ansehens und ihrer Verfügung über Reichtümer verliehen worden. Weil man aber nach denselben Prinzipien der Moral die Verherrlichung des göttlichen Ruhms als letztes Ziel aller unserer Handlungen anzusetzen hat, erfüllt die Zunge ihre nutzbringendste Aufgabe dadurch, dass sie das Lob der allweisen, allmächtigen, allgegenwärtigen und allgütigen Gottheit verkündet, um uns selbst nicht weniger als andere fröhlich zu machen.

ZUR GRÖSSEREN EHRE GOTTES

Dieser Schlussparagraph ist ein schönes Zeugnis altruistischer Moral und Frömmigkeit auf dem Boden einer natürlichen Theologie. Soweit ich sehe, bedarf er keines Kommentars.

Epilog

Wie Wolff aufhört, Occasionalist zu sein

Für Wolffs weitere Entwicklung war Leibniz besonders wichtig. Otto Menke, der Herausgeber der Leipziger *Acta Eruditorum*, schrieb diesem im November 1704: »Ein hübscher Mensch ist sonst alhier, L.M. Wolf, welcher in omni parte Matheseos, auch in Algebraicis, gar wol versiret ist, auch ein gut lateinisch concept machet; aber der Sprachen ist er noch nicht mächtig, wiewol er sich deren auch mit der Zeit bemächtigen wird. Vielleicht sendet er Meinem hochgeehrtesten Patron nechstens ein specimen.«[1] Das tat Wolff, denn er schickte Leibniz Ende 1704 ein Exemplar seiner Schrift *De algorithmo infinitesimali differentiali*, die dieser sorgfältig las und auf die er Ende Februar 1705 brieflich einging.[2] Danach schickte ihm Wolff ein Exemplar von *De rotis dentatis* (Über die Zahnräder) und von *De loquela*; über beide äußerte sich Leibniz in einem Schreiben vom 20. August 1705. Leibniz' Anmerkungen zu der Zahnräderschrift sind nicht unfreundlich, er macht aber Wolff darauf aufmerksam, dass sein Schwerpunktaxiom »Bei homogenen Körpern fällt das *centrum gravitatis* mit dem *centrum magnitudinis* zusammen« nicht in allen Fällen zutrifft, und moniert, dass Wolff weder mitteilt, von welchem Typ von Zahnrädern er redet, noch sagt, welchen Typ er für den besten hält.[3] Dagegen wirken seine Bemerkungen zu *De loquela* überhaupt nicht freundlich; die meisten seiner Vorbehalte wurden schon im Kommentar erwähnt. Mit seinem Bekenntnis

[1] Gerhardt, Briefwechsel zwischen Leibniz und Christian Wolff, Brief I, Beilage; 15.

[2] Gerhardt, Briefwechsel zwischen Leibniz und Christian Wolff, Brief II; 16–21.

[3] Gerhardt, Briefwechsel zwischen Leibniz und Christian Wolff, Brief VI; 31.

zum Occasionalismus hat Wolff sich unwissentlich in einer für Leibniz wichtigen Frage auf die Gegenseite gestellt, und nun bemängelt der berühmte Mann seine Meinungen über den Geistbegriff, über Kausalität, über die Kommunikation geschaffener Geister, über die Bedingungen von Sprachen, über die Geometrie und über den Versuch einer pneumatischen Sprechmaschine; das einzige, was er lobt, ist Wolffs Bemerkung über den Anlass des Irrtums, dass die Gedanken aus dem Herzen kommen. Der Brief lässt keinen Zweifel daran, dass Leibniz von dieser Arbeit nicht viel hält. Wolff ist dadurch in eine peinliche Situation geraten, versucht jedoch, sein Gesicht zu wahren. Zunächst füllt er in seiner viele Wochen späteren Antwort vom 15. Oktober 1705 mehrere Seiten mit Plaudereien über interessante Themen aus Metaphysik, Moral, Physik und Mathematik, die mit dem Anlass der Korrespondenz nicht besonders eng zusammenhängen. Danach kommt er gelegentlich zur Sache. Weil seine Zahnrad-Abhandlung Leibniz' Kritik noch am besten überstanden hat, macht er wohlweislich sie zum Gegenstand seiner obligatorischen Beschämung: Ich schäme mich, dass meine Zahnrad-Abhandlung so unvollkommen geraten ist.[4] Über *De Loquela* äußert er nichts Vergleichbares, versucht auch keine Antikritik, sondern erinnert stattdessen an seine eigenen Verdienste. Zu einer wirklichen Auseinandersetzung mit Leibniz' Einwänden kommt es nicht.

Wolff erklärt zunächst, er verstehe nicht ganz, wie man die Wechselwirkung endlicher Geister mit ihren Körpern erklären wolle, ohne sich auf Gottes Willen zu beziehen. Das System der prästabilierten Harmonie, auf das Leibniz verweise, sei ihm bislang noch unbekannt, auch habe er in den *Acta eruditorum*, im *Journal des Sçavans* und in den *Nouvelles de la republique des Lettres*, auf

[4] Gerhardt, Briefwechsel zwischen Leibniz und Christian Wolff, Brief VII; 39.

die Leibniz hinweise, trotz Suchens nichts gefunden, doch werde er für genauere Fingerzeige dankbar sein.[5] Er missversteht eine Bemerkung von Leibniz, der schreibt, er wisse Interessanteres zur logischen Grammatik zu sagen als die Grammatiken von Port-Royal und Lamy. Wolff repliziert, auch ihm sei manches dazu eingefallen, das nennenswerter sei als die Mitteilungen der beiden französischen Autoren; dabei bezieht er sich aber irrtümlich auf die Ermittlung der einfachen Begriffe, über die er im Zusammenhang mit Tschirnhaus' *Medicina mentis* nachgedacht hatte,[6] und teilt mit, er habe bereits die Fundamente zu einer philosophischen Wortanalyse gelegt, auf denen er noch einiges aufbauen könne, wenn er eines Tages die Zeit dazu bekomme; nur wisse er noch nicht, ob er diesen Stoff der logischen Grammatik zurechnen solle oder nicht. Es handle sich um eine Methode zur Erforschung der Verbindung von Begriffen mit Zeichen, die für die Textinterpretation sehr nützlich sei und mit der man Kontroversen schnell unterbinden könne; dem gegenwärtigen Schreiben habe er allerdings kein Exemplar beigelegt, weil dadurch zu viel Schreibarbeit angefallen wäre. Leibniz belehrt ihn am 9. November 1705 darüber, dass dieses Thema gar nicht zur philosophischen Grammatik gehört.[7] Wolff erwähnt auch sein Projekt einer Analyse der

[5] Das ist verwunderlich, denn Leibniz hatte deutliche Hinweise gegeben. Die Skizze seines Systems im Pariser *Journal des Sçavans* war zwar erst vor wenigen Wochen erschienen und im Oktober vermutlich in Leipzig noch nicht zugänglich. Aber in den *Acta eruditorum* hätte Wolff Leibniz' Entwurf *De primae philosophiae emendatione, et de notione substantiae* von 1694; GP 468–470, einsehen können. Dass er irrtümlich in den *Nouvelles de la republique des lettres* und nicht in der *Histoire des ouvrages des Savants* recherchierte, ist verständlich, denn beide Zeitschriften gab Bayle heraus. Im Bayleschen Wörterbuch, Art. Rorarius, auf den Leibniz ebenfalls hinwies, hat Wolff anscheinend gar nicht nachgesehen.

[6] S. den Passus aus Gottscheds Bemerkung in der »Historischen Lobschrift« oben in § 4, Anm. 10.

[7] Gerhardt, Briefwechsel zwischen Leibniz und Christian Wolff, Brief 8; 44–45: »Zur philosophischen Grammatik gehört weniger die Analyse

Schlussfolgerungen, bei der man sie auf immer einfachere zurückführt, sowie eine Analyse des Möglichen, die die Tätigkeiten von Geschöpfen aus deren Wesenheiten herleitet, und zeigt, dass diese wiederum von einem Beschluss Gottes abhängen, der freilich auch von Gottes Vollkommenheiten geprägt sei. Seine knappe Freizeit widme er dem Nachdenken über die Finde- und Beurteilungskunst, die für alle Wissenschaften unentbehrlich sei und deren Vernachlässigung sich manchmal selbst bei großen Männern räche. Weil er in Descartes' *Regulae* vieles vermisse, habe er auf der Grundlage der Arithmetik eine mehr ins Einzelne gehende Methode zur Lösung von Problemen aller Wissenschaften entwickelt. Danach kommt er kurz auf Leibniz' Beanstandungen zu *De Loquela* zurück und teilt mit, er habe zunächst daran gezweifelt, dass er wirklich geschrieben habe, man könne Geometrie nicht ohne Figuren lehren; in seinen schlaflosen Nächten versuche er nämlich oft, die Geometrie aus den Begriffen der Figuren herzuleiten, ohne dabei diese selbst zu verwenden, auch habe er vor, die vollkommene Wissenschaft ganz von den Tätigkeiten der Einbildungskraft zu trennen, weil viele Mathematikbeflissene zu viel aus der bloßen Anschauung der Figuren mit hinübernehmen und so die reine Vernunft zu kurz kommen lassen.[8] Der Text führt das Thema noch eine Weile fort und endet mit Mutmaßungen über Wolffs Berufsaussichten.

Der Brief vermittelt den Eindruck, dass Wolff versucht, seine Haut durch Ablenkung zu retten. Andererseits scheint Leibniz inzwischen seine Unfreundlichkeiten zu bedauern, denn er reagiert am 9. November 1705 unerwartet wohlwollend. Vermutlich will er den Kontakt zu diesem noch sehr jugendlichen, aber auch sehr begabten Wissenschaftler nicht verlieren. Er beginnt mit der Mitteilung: »In Ihrem letzten Brief passt alles schön zu

von Wörtern für bestimmte Gegenstände als die von allgemeinen Elementen der Sprache wie Partikeln, Flexionen und syntaktischen Regeln.«

[8] Gerhardt, Briefwechsel zwischen Leibniz und Christian Wolff, Brief VI; 39–41

meinen Vorstellungen, zumindest das Wichtigste«,[9] geht aber kaum auf Wolffs Projekte und Verdienste ein. Stattdessen wiederholt er kommentarlos seine früheren Angaben zu den Texten, aus denen man Leibnizsche Philosophie lernen kann. Weil er dabei anscheinend von der Erwartung ausgeht, dass Wolff auch diesmal nicht gut recherchiert, schickt er ihm außerdem eine kleine Skizze seines Systems. Das ist Wolffs erste authentische Information über Leibniz' Philosophie.

Descartes hat erkannt, schreibt Leibniz, dass die Seele im Körper keine neuen Kräfte erzeugen kann, weil die Menge der Kräfte im Universum konstant ist. Aber er hat die Menge der Bewegung mit der Menge der Kräfte verwechselt und geglaubt, die Seele könne Körpern zwar keine Kraft mitteilen, wohl aber die Richtung bereits in ihnen vorhandener Kräfte verändern und dadurch den Lauf der Animalgeister steuern. Aber Leibniz habe inzwischen die vorher unbekannte Tatsache bewiesen, dass die Summe der Richtungen im Universum genauso konstant ist wie die Summe der Kräfte, und deshalb unterstelle man heute nicht mehr, dass die Seele bei jeder willkürlichen Bewegung gegen beide Gesetze verstößt; man müsse vielmehr annehmen, dass der allerhöchste Uhrmacher die Seele und den Körper, die ganz verschieden sind, wie zwei Uhren ungleicher Bauart sozusagen auf die gleiche Zeit eingestellt hat. Wenn es überhaupt keine Körper gäbe, erschiene deshalb trotzdem in den Seelen alles so wie jetzt, und wenn es keine Seelen gäbe, verhielten sich die Körper dennoch genauso wie jetzt, denn Gott hat die Natur der Materie und der Seele von Anfang an aufeinander abgestimmt. Bayle habe zwar zugegeben, dass diese Annahme Gottes Weisheit stärker zur Geltung bringt als jede andere, befürchte aber, dass sie Gott Unmögliches zutraut. Aber Leibniz habe in seiner Antwort gezeigt, dass sogar Menschen Maschinen bauen können, die so funktionieren, als wären sie vernunftbegabt. Für

[9] Gerhardt, Briefwechsel zwischen Leibniz und Christian Wolff, Brief 8 vom 9.11.1705; 43.

jemanden, der es besser machen will als die Occasionalisten und auf die Annahme beständiger Wunder verzichtet, komme nur die Leibnizsche Hypothese in Betracht. Aus ihr ergebe sich ein neuer Beweis für die Existenz Gottes, denn wenn die Harmonie der Substanzen nicht darauf zurückzuführen ist, dass sie aufeinander einwirken, kann sie nur auf eine gemeinsame Ursache zurückgehen. Leibniz glaube ferner, dass die gesamte Natur von beseelten Organismen erfüllt ist; genauso, wie alle Seelen unvergänglich sind, sind alle beseelten Wesen unvergänglich, und Zeugung und Tod sind nur Metamorphosen, bei denen sie nicht vergehen, sondern sich verwandeln. Vernünftige Seelen leben unter ihrem Monarchen Gott im besten aller möglichen Gemeinwesen, im Reich der Geister. Das gilt auch für die Engel, obgleich sie leistungsfähigere und vollkommenere Geister sind als wir; vielleicht bestimmen sie sogar den Zeitpunkt ihrer Metamorphosen selbst. Alles, was in der Natur geschieht, geschieht immer und überall auf die gleiche Weise, und Unterschiede gibt es nur im Grad der Größe und Vollkommenheit. Dies ist, schreibt Leibniz, nur eine Skizze des Systems; Ausführlicheres könne Wolff an den genannten Stellen finden.[10]

Wolff macht sich diesmal die Mühe, Leibniz' Literaturangaben sorgfältig nachzugehen, und fängt anscheinend Feuer. Am 2. Dezember schreibt er: »Das System der prästabilierten Harmonie gefällt mir wunderbar, und zwar besonders deshalb, weil es eines Philosophen würdiger ist als ein direkter Rückgriff auf den Willen der Gottheit, aber auch, weil es deren Ruhm und Weisheit besonders gut zur Geltung bringt, wie Bayle richtig bemerkt, und weil es (wie ich selbst hinzufüge) sehr viel zur Förderung der Frömmigkeit beiträgt.«[11]

[10] Gerhardt, Briefwechsel zwischen Leibniz und Christian Wolff, Brief 8 vom 9. 11. 1705; 43–44.

[11] Gerhardt, Briefwechsel zwischen Leibniz und Christian Wolff, Brief 9 vom 2. Dezember 1705; 46

Wolff berichtet, da alles deshalb existiert, weil Gott das will, habe er früher geglaubt, man müsse sich bei der Betrachtung geschöpflicher Ursachen letztlich auf Gottes unmittelbaren Willen berufen; das darf man aber, wie er inzwischen einsieht, nur dann, wenn unser Wissen über die Natur der Dinge zur Erklärung ihrer Wirkungen nicht ausreicht. Er habe erkannt, dass er deshalb in den Irrtum der Cartesianer verfiel, weil er die Ursache des Wesens der Dinge nicht deutlich genug von der Ursache ihrer Existenz unterschied: Das Wesen der Dinge hängt vom Wesen Gottes ab, nur ihre Existenz von Gottes Willen. Bei der Frage nach den Gründen der Existenz gelange man am Ende zu Gottes unmittelbarem Willen, aber bei der Frage nach dem Grund ihrer Wesenheit gelange man zu Gottes Verstand, der die Vollkommenheiten seines eigenen Wesens anschaut. Bei deren Anschauung durchdenke Gott alle Möglichkeiten ihrer Darstellung nach außen und wähle vermöge seiner Weisheit die geeignetste aus; dadurch treten die Wesenheiten von Geschöpfen in die Existenz. Weil Gott wollte, dass diese Repräsentanten seiner Vollkommenheiten real wurden, gab er ihnen zu ihren Wesenheiten auch noch die Existenz hinzu, aber ihre Wesenheiten beruhen ebenso wie alles, was sich daraus ergibt, nicht auf Gottes Willkür, sondern sind notwendig, denn sie sind so, wie sie sind, weil Gott gerade diese Attribute hat und keine anderen.[12]

Damit ist Wolff für die prästabilierte Harmonie gewonnen. Im einzelnen ist die Entwicklung etwas komplizierter, aber dieser Brief an Leibniz markiert den Wendepunkt. In den folgenden Jahrzehnten wird Wolff zum Schöpfer der sogenannten Leibniz-Wolffschen Philosophie, die in Europa viele Anhänger gewann und in Deutschland bis zur Epoche Kants zu den führenden Richtungen der Philosophie gehörte. Friedrich der Große holte Wolff ostentativ nach Halle zurück; er wurde geadelt und

[12] Gerhardt, Briefwechsel zwischen Leibniz und Christian Wolff, Brief 9 vom 2. Dezember 1705; 46–47.

war Mitglied der Preußischen Akademie der Wissenschaften und der Londoner *Royal Society.* Seine Texte unterscheiden sich deutlich von Leibnizschen Texten, und manchmal ist es schwierig, Wolffs Meinungen mit Behauptungen von Leibniz in Einklang zu bringen. Aber dessen Philosophie hat viele Gesichter, und weil er die Schwierigkeiten seiner Adressaten ernst nahm und sich die Mühe machte, so zu sprechen, dass sie ihn verstanden, ging er manchmal mit entgegenkommenden Formulierungen bis an die Grenze des Möglichen. Das ist der Grund dafür, dass man hin und wieder für Behauptungen Wolffs, die zunächst so klingen, als wären sie mit Leibniz' Überzeugungen unvereinbar, Belegtexte bei Leibniz findet.

Obgleich Wolffs philosophische Bekehrung mit dem Übergang vom Occasionalismus zur prästabilierten Harmonie begonnen hatte, marginalisierte er diese im Lauf der Jahre. Am Ende hielt er sie nur noch für eine von drei Hypothesen, mit denen man die leib-seelische Wechselwirkung erklären kann, und zwar für die beste. Er schrieb, dass Systeme zur Erklärung philosophischer Hypothesen mit einer bisher noch unbewiesenen Behauptung so umgehen, als wäre sie bewiesen, und zwar in der Hoffnung, durch ihre Bestätigung oder Widerlegung der Wahrheit näher zu kommen.[13] Das erste Erklärungssystem zur leib-seelischen Wechselwirkung, das System des physischen Einflusses (*Systema influxus physici*), das Wolff als Position der Aristoteliker bezeichnet, geht von der Hypothese aus, dass Körper und Geist unmittelbar aufeinander einwirken können. Das zweite, das System der Gelegenheitsursachen oder der Occasionalismus, den Wolff in *De loquela* noch vertritt und für dessen Begründer er Descartes hält,[14] führt in seiner Grundhypothese die Wechselwirkung zwischen Körper und Geist auf die Synchronisierung der Modi von Körper und Geist

[13] Wolff, *Psychologia rationalis*, s. 3, c. 1, § 530; 451–452.

[14] Wolff, *Psychologia rationalis*, s. 3, c. 3, § 590; 514: Gelegenheitsursachen haben keine eigene Kraft zum Handeln, veranlassen aber Gott, tätig zu werden.

durch göttliche Eingriffe zurück:[15] Gott bringt beim Auftreten bestimmter Impressionen im Gehirn zeitgleich im Geist die diesen zugeordneten Perzeptionen hervor;[16] Entsprechendes gilt für willkürliche Bewegungen, und dadurch erübrigt sich die Annahme unmittelbarer körper-seelischer Kausalität. Das dritte System, das System der prästabilierten Harmonie, das Leibniz erfunden hat und das inzwischen auch Wolff befürwortet, beruht auf der Hypothese, dass die Übereinstimmung der Zustände von Körper und Geist auf göttlicher Planung beruht: Seele und Körper sind die Ursachen ihrer eigenen Zustände, aber Gott hat die Abfolge der Ereignisse in miteinander vereinigten Geistern und Körpern von Ewigkeit her so aufeinander abgestimmt, dass der Eindruck entsteht, sie übten aufeinander Kausalität aus.[17] Wolff stuft damit die prästabilierte Harmonie, die Leibniz als ein Grundprinzip des Universums betrachtete, zu einem Prinzip des menschlichen Mikrokosmos herab.

Alle drei Systeme beruhen auf Hypothesen, die man grundsätzlich durch widerstreitende Erfahrungen falsifizieren kann.[18] Ob es in diesem Fall falsifizierende Erfahrungen gibt, erörtert Wolff ausführlich, und dabei schneidet die prästabilierte Harmonie am besten ab. Philosophische Systeme können aber nicht nur aufgrund ihrer Unvereinbarkeit mit Erfahrungsbefunden inakzeptabel sein, sie können zum Beispiel Belangen der öffentlichen Ordnung oder der Religion widerstreiten. Deshalb untersucht Wolff außerdem, ob die drei Systeme mit dem moralischen Grundprinzip der Willensfreiheit vereinbar sind und ob sie geoffenbarten Wahrheiten widersprechen. Er kommt zu dem Ergebnis, dass beides zumindest grundsätzlich nicht der Fall ist. Die drei Systeme betreffen nur die Ursache des Zusammenhangs von Perzeptionen und Affekten mit körperlichen Veränderungen und haben daher keine Konsequenzen für die

[15] Wolff, *Psychologia rationalis*, s. 3, c. 3, § 589; 513.
[16] Wolff, *Psychologia rationalis*, s. 3, c. 3, § 591; 514.
[17] Wolff, *Psychologia rationalis*, s. 3, c. 4, §§ 612–616; 542–548.
[18] Wolff, *Psychologia rationalis*, s. 3, c. 1, § 532 und 453; 452–453.

Moral, sofern sie das Prinzip der Willensfreiheit akzeptieren.[19] Auch widerstreitet keins von ihnen der Bibel, denn diese hat nicht die Aufgabe, Wissenschaftler über Tatsachenfragen zu belehren. Es geht also Theologen nichts an, für welches der drei Systeme sich ein Philosoph entscheidet, denn in Deutschland herrscht Wissenschaftsfreiheit.[20] Solche Passus in Wolffischen Texten sind nicht mit Festreden zu verwechseln; ihr Verfasser hatte schwere staatliche, kirchliche und kollegiale Angriffe zu überstehen und war daran interessiert, nicht nur sich selbst, sondern jeden vor solchen Übergriffen zu schützen. Allerdings zeigt seine Argumentation, dass er sich im Lauf der Jahre von seinen früheren Meinungen weit entfernt hat. Er betont zum Beispiel bei der Auseinandersetzung mit Johann Franz Budde, dass er grundsätzlich bei der Erörterung körper-seelischer Wechselwirkungen von der prästabilierten Harmonie gar nicht hätte reden müssen; er verwende sie in seiner Philosophie kein einziges Mal als Begründungsprinzip. Zwar könne sie bei der Lehre von Gott und seinen Eigenschaften von Nutzen sein, es empfehle sich aber nicht, Theoreme über etwas so Wichtiges mit umstrittenen Argumenten zu begründen.[21] Wolff fährt fort, dass man die prästabilierte Harmonie auch für die Philosophie der Seele nicht

[19] Psychologia rationalis, s. 3, c. 1, §§ 536; 456 und 538; 459 und 460.

[20] Wolff, Psychologia rationalis, s. 3, c. 1, §§ 545 und 546; 467–468. – S. auch: Wolff, Klarer Beweiß, Vorrede; ohne Paginierung (vorletzte Seite der Vorrede): »[…] weßwegen ich es auch der auf den deutschen Universitäten heute zu Tage eingeführten Freyheit zu philosophiren nicht entgegen geachtet, sie [die prästabilierte Harmonie] mit zu erklären […]«.

[21] Wolff, Herrn D. Joh. Francisci Buddei Bedencken; Vorrede, ohne Paginierung (1. Seite nach »)(3«): »Ich habe dieselbe Erklärung des Herrn von Leibnitz / wie Leib und Seele in einander würcken können / anfangs gar weglassen wollen / wie ich auch in der Vorrede zu der ersten Aufflage erinnert / weil ich sie in meiner gantzen Philosophie nicht brauche / etwas daraus als aus einem Principio zu demonstriren. Ja wenn ich sie auch hätte brauchen können / wie in der Lehre von GOtt und seinen Eigenschafften; so habe ich doch nicht gewollt / weil ich eine so wichtige Lehre keineswegs auf einen streitigen Grund setzen wollte.«

wirklich braucht; man tue in manchen Situationen sogar besser daran, sie einfach auszulassen.[22] Aber selbst dann, wenn die Falschheit dieses Systems erwiesen wäre, bliebe es immer noch wahrscheinlicher als beide Gegensysteme. Im übrigen könne ihm selbst eine Widerlegung der Lehre von der prästablilierten Harmonie gleichgültig sein, denn nicht er, sondern der Herr von Leibnitz habe sie erfunden, und kein einziger Abschnitt der Wolffschen Philosophie setze sie voraus.[23]

Der spätere Wolff neigt also zu der Meinung, dass die Wahl des einen oder anderen Erklärungssystems keine Konsequenzen für die übrigen Wissenschaften hat, und hält die Diskussion darüber für eine interne Angelegenheit der Metaphysik. Einiges spricht dafür, dass diese Annahme falsch ist, aber darüber lässt sich streiten. Mit Sicherheit verdanken wir jedoch dem Umstand, dass Wolff im Jahr 1703, als er sozusagen noch nicht Wolff war, über die drei Erklärungssysteme noch anders dachte, seine wache und einfallsreiche kleine Abhandlung über die Sprache.

[22] Wolff, Herrn D. Joh. Francisci Buddei Bedencken; Vorrede, ohne Paginierung »)(4« : »Nun ist wohl wahr / daß / da ich die gantze Hypothesin in meiner Philosophie zu gar nichts brauche / auch alles / was ich von der Seele lehre / bey einem jeden Systemate bestehen kan / es rathsamer könnte erachtet werden dasselbe gar weg zu lassen / als den schwachen Bruder damit zu ärgern.«

[23] Wolff, Nöthige Zugabe zu den Anmerckungen über Herrn D. Buddens Bedencken, Vorrede; ohne Paginierung (1. und 2. Seite nach »a 5«): »Wenn auch jemand demonstriren kan / daß das sogenannte Systema harmoniae praestabilitae falsch ist (welches seiner Wahrscheinlichkeit für den übrigen nichts praejudiciret): so verliere ich nichts dabey / indem es nicht meine Erfindung ist / sondern des Herrn von Leibnitz / und kan mir deßwegen um so vielmehr gleich viel gelten / ob die künfftige Zeit es als wahr / oder falsch befinden wird.«

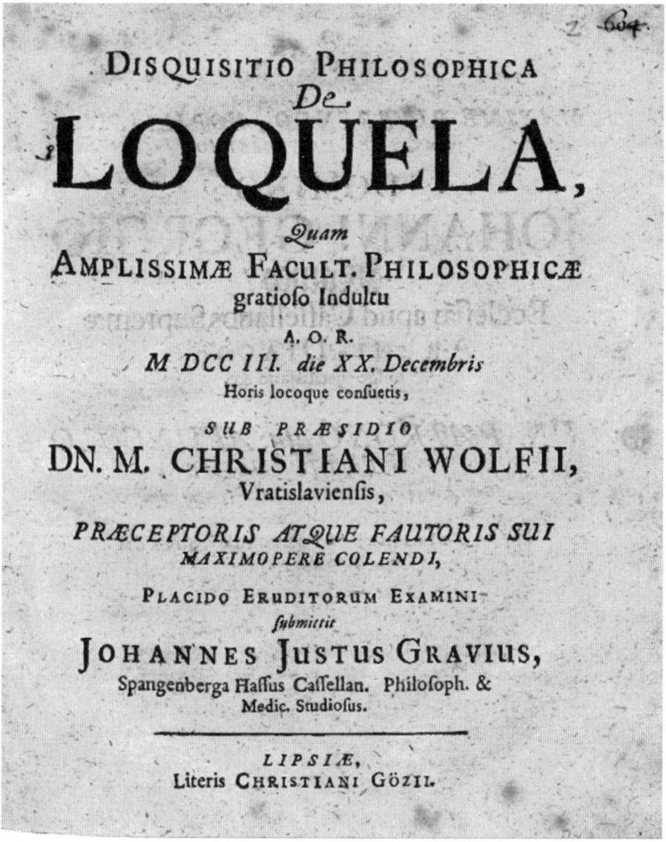

DISQUISITIO PHILOSOPHICA
De
LOQUELA,
Quam
AMPLISSIMÆ FACULT. PHILOSOPHICÆ
gratioſo Indultu
A. O. R.
M DCC III. die XX. Decembris
Horis locoque conſuetis,
SUB PRÆSIDIO
DN. M. CHRISTIANI WOLFII,
Vratislavienſis,
PRÆCEPTORIS ATQUE FAUTORIS SUI
MAXIMOPERE COLENDI,
PLACIDO ERUDITORUM EXAMINI
ſubmittit
JOHANNES JUSTUS GRAVIUS,
Spangenberga Haſſus Caſſellan. Philoſoph. &
Medic. Studioſus.

LIPSIÆ,
Literis CHRISTIANI GÖZII.

Titelsatz 1755:
Disquisitio Philosophica de Loquela, | quam amplissimae Facult. Philo-sophiae gratioso | indultu A.O.M.* MDCCIII. die 20. Decembris | Horas** locoque consuetis, sub Praesidio Dn. *M. | Christiani Wolfii*, Uratislaviensis, Praeceptoris at- | que Fautoris sui maximoque*** colendi Placido Eru- | ditorum Examini submittit *Joannes Justus* | *Gravius*, Spangenberga Hassus Casselan. | Philos. & Medic. Studiosus. | LIPSIAE Literis Christiani Gözii.

MAXIME REVERENDO, NOBILISSIMO
ATQUE DOCTISSIMO
DOMINO

JOHANN GEORG RAUSCH
Ecclesiae apud Casselanos Supremae
Archi-Diacono
longe meritissimo etc.

Dn. Patrono atque Avunculo
Parentis instar,
Omni obsequii ac reverentiae cultu prosequendo,

Has Primitias Studiorum Suorum
sacras esse jubet
Respondens

JOH. JUSTUS GRAVIUS.

VIR MAXIME REVERENDE, Domine, Patrone
Ac Avunculе Honoratissime!

Rationis usum inter insignia Dei beneficia, omnes collocant, pauci vero sunt, qui ratione uti cupiunt, quia pauci philosophantur. Quid enim est ratio, nisi illa Mentis potentia, quae veritates latentes investigare, investigatas cognoscere, cognitas examinare, examinatas ad usum quendam applicare valet? Quid autem philosophari, nisi hanc potentiam ad actum deducere? Philosophus igitur est, qui ratione recte utitur, non qui sensibus regitur. Sensuum judicium virtutis respuit exercitium: Sed nec eo acquiescit Philosophia sanior. Hinc per sensus solos sapientem Mathesis Mechanicum et ipsius notitiam Mechanicam pronunciat; ex ipsis rerum conceptibus theoremata demonstrantes, problemata resolventes Geometrarum nomine demum dignatur.

Spreverunt ideo Scholasticorum philosophandi methodum recentiores, atque aliam experimentis certis et rationibus solidis superstructam secuti sunt. Ast hic Rhodus, hic salta! Hac ratione quis philosophabitur? Qui more antiquissimorum Philosophorum a Mathesi inchoat, nec ἀγεωμέτρητος in Philosophorum Scholas intrat. Ratione posthac recte utetur: qui longo usu eadem uti didicit. Non igitur miror, Vir plurimum Reverende, quod studium Philosophiae Cartesianae, et consequenter Matheseos, mihi tantopere commendaveris. Paterni tui moniti memor utrumque studium cum Medico conjungo, nec in hoc felices experiri successus illius neglectores, mihi quam firmissime persuadeo. Ut vero tibi constet, utrum rectam in philosophando ingrediar viam, nec ne, praesentem dissertationem pro Cathedra publice ventilare, tuoque in primis Nomini dedicare volui, debui. Equidem nuper admodum Autor quidam Anonymus, qui sub litteris initialibus G.B.M.D. latere voluit, veraeque philosophandi methodi regulas sibi satis innotuisse sufficienter reipsa ostendit, in disquisitione Philosophica de Daemonum vi in corpora, Germanico idiomate conscripta, p.5. tradere non veretur, Philosophiam Cartesianam ad Spinozismum latas fores pandere, dum Deum pro immediata motus causa agnoscens eum cum natura confundat. Enimvero, quod occasione Cartesianorum principiorum minus rite intellectorum Benedictus de Spinoza naturam cum illius Autore confuderit, Beckerus praesentiam Diaboli inter homines et ejus in corpora operandi vim impugnaverit, negare nunquam ausim. Ast an ideo principia pestilentissima vocari mereantur, ex quibus per paralogismos errores pestilentes viri alias ingenio valentes deducunt, nemo prudens concedet. Utut enim omnis motus causam immediatam statuas nutum divinum, haud quaquam tamen inde consequitur, Deum velle motum pravum Davidis cum Bathseba adulterium committentis. Non singulares in Deo volitiones concipiendae, sed universales, quas Leges motus naturales nuncupamus. Voluit v.g. Deus in genere nullo respectu habito ad Davidem aut aliud individuum, ad nutum Mentis subsequi debere motum corporis, qualem concubitus requirit, cum talem propagatio generis humani a Deo decreta exigat. Davide igitur volente hunc motum, ad voluntatem ejus propter solum Numinis nutum potentem is subsequitur. Causa vero adulterii idcirco non referenda in Deum, sed in Davidem lege motus naturali ob perversitatem liberi arbitrii abutentem. Spinoza et Beckerus quos paralogismos commiserint, ex dissertatione nostra Lectori attento constabit. Autoris itaque laudati judicium nil moror: sed si tu dissertationem praesentem calculo tuo approbaveris, id mihi calcar addet ad inceptum feliciter cursum ulterius continuandum: Sin aliter philosophandum censueris, tuam meo (si quid valet) calculo sententiam approbabo, quamque monstrabis viam sine mora ingrediar, hocque novo beneficio obstrictus, quae a filio expectari possunt, obsequii ac reverentiae officia promptissimus semper deferam. [1] ⟨244⟩

(Die folgende Liste steht nur in der Ausgabe von 1755)

§. 1.2.	Loquela quid.
§. 3.	esse actum mentis.
§. 4.	Mentis operatio.
§. 5.	Mens ex natura Creatoris explicanda. Attentio.
§. 6.	Cogitationes.
§. 7.	Signa eorumque conditiones.
§. 8.	Usus similitudinum.
§. 13.	Actio spiritus in spiritum.
§. 14.15.	Leges motus.
§. 17.	Actio mentis in corpus.
§. 19.	Concursus organorum.
§. 21.	Steganographia.
§. 22.	Sonus unde.
§. 27.	Vocum propagatio.
§. 30.seqq.	Usus vocum.
§. 36.	Meditatio sine verbis.
§. 37.	Machina loquens.

§.I. – Mathematice h. e. ordine, distincte ac solide philosophaturis verba a rebus distinguenda sunt, illorumque definitiones in primo statim limine excutiendae, ne aequivocationes tum proprios, tum aliorum conceptus turbent, inanibusque *λογομαχίαις* occasionem suppeditent. De loquela igitur dissertaturi monemus nos per *Loquelam* intelligere *actionem instantaneam, qua mentis nostrae cogitata cum praesentibus aliis communicamus.* ⟨245⟩ ▷ S. 9

§.II. – Novimus equidem vulgo hanc vocem adhiberi non tam de communicatione mentis cogitatorum quacunque, quam de communicatione per certa signa, nec signa quaevis, sed praecise per vocem eamque articulatam. Enimvero quemadmodum aliis libertatem loquendi libenter concedimus, immo concedere tenemur, nisi nobis nescio quod in eos dominium ex animi non minori arrogantia, quam levitate ac temeritate tribuere libeat; ita quoque aliorum exemplis ut nostrum loquendi modum tueamur, supervacaneum esse judicamus. Quin potius notamus, quoniam loquelam dicere libuit communicationem quamcunque cogitationum nostrarum sive per certa signa, sive sine istis factam, nobis disserendum esse de variis tum cogitationum, tum signorum earundem* generibus atque ex harum rerum natura deducendum, quicquid in medium afferetur. ▷ S. 28

§.III. – Ut autem cogitationes in sua genera distinguere liceat, quidnam in eorum numerum referri debeat, indicandum prius erit. Dn. des Cartes tum in principiis Philosophiae, tum in *Meditationibus* suis ostendit, quaecunque nobis consciis in nobis fiunt, ad Mentem; quae nobis* insciis in nobis contingunt, ad corpus pertinere. Nos una cum ipso priora *Cogitationis* nomine indigitamus. Cum enim in omni corpore extensionem concipiamus, cogitatio autem omni lineae in [2] commensurabilis cum extensione nihil prorsus habeat commune, immo probe concipiatur, licet vel maxime ponamus, extensionem nullam ▷ S. 32

dari; Substantia cogitans ab extensa longe debet esse diversa et materiae omnis expers, consequenter, cum substantiam immaterialem omnes Spiritum vocemus, ad spiritum referendum, quicquid cogitationem quandam includit, h. e. nobis consciis in nobis contingit.

▷ S. 40 §.IV. – Hactenus quidem demonstravimus inter Mentis cogitationes referendum, quicquid nobis consciis in nobis contingit: haud quaquam tamen concedimus, Mentis naturam sufficienter explicari, si eam dicamus substantiam omnium, quae in ipsa fiunt, sibi consciam. Quodsi enim is genuinus fuerit mentis nostrae conceptus, ⟨246⟩ ex eo deduci poterit, quicquid de Mente cognoscibile, consequenter cogitationum genera a priori inde eruere licebit. Ipsi enim *Dn. des Cartes* discipuli cum Magistro suo pro veris habentes, quae clare ac distincte cognoscunt in rerum ideis haberi, principium hoc, *quicquid de re cognoscitur, id in conceptu ipsius continetur*, tanquam fundamentum inconcussum Philosophiae suae substernunt, hac in re secuti Mathematicos, quorum theoremata ideo sunt omni exceptione majora, quod nihil admittunt, nisi quod rerum conceptibus comprehenditur. Certe spatio trilineo tres tribuunt angulos, quia trium linearum concursum ad spatium aliquod terminandum sine tribus angulis concipere nequeunt. Tres angulos esse aequales duobus rectis affirmant, quia in spatio tribus lineis rectis comprehenso tres duobus rectis aequales, non autem majores, non minores concipiunt. Similiter in Statica atque Mechanica quietem corporum ex ejus causa aequilibrio demonstraturi, ad suspensionem centri gravitatis constanter recurrunt, quia in conceptu centri gravitatis continetur, partes undiquaque circa illud dispositas aequilibrium servare. Et quibus methodus inveniendi verum *Illustris Dn. de Tschirnhausen* innotuit; iis cognitum perspectumque erit esse ipsam nonnisi viam indagandi, quae in rei uniusque* conceptu contineantur. Jam vero utut concipiam substantiam omnium, quae in ipsa sunt fiuntque, sibi consciam: inde quidem colligitur, mentem se repraesentare sibi ipsi, non autem simul patescit, quod sibi repraesentet res alias, et quasnam res repraesentatas appetat, quasnam aversetur. Nequit igitur is esse genuinus Mentis conceptus. Est saltem perceptio mentis materiali [3] ter non differens a perceptione ignis, coloris aut alterius objecti corporei: unde et interna haec eorum, quae in nobis fiunt, conscientia, more omnium nude perceptorum, verbis describi, et alterius animo his mediantibus ingenerari nequaquam valet.

§. V. – Enimvero genuinum Mentis conceptum, ex quo omnia de ea cognoscibilia deducuntur, formaturus confugiat opus est ad conceptum Numinis: cum enim mens sit creatura, natura ejus relationem infert ad naturam creatoris, consequenter ex hac explicanda venit. A Deo certe producta est, a Deo in esse suo conserva⟨247⟩tur: involvit itaque dependentiam omnimodam a Deo; qui ergo natura ipsius sine natura Numinis concipi poterit? Quoniam vero haec naturae Mentis nostrae ex Numinis Creatoris conceptu deductio sua non caret prolixitate, quam instituti nostri ratio in praesenti minime fert, nobisque sufficere potest cogitationum in sua genera a posteriori instituta distributio; laborem istum nostrum non faciemus, tantummodo indicantes, qua ratione eodem defungi liceat. Colligendae primo sunt experientiae circa mentem nostram, quae merae quidem Perceptiones existunt, conceptibus tamen detegendis inserviunt, quales sunt e.g. nos eorum, quae in nobis fiunt, esse conscios; nos cognoscere, appetere, aversari. Mox detegenda erit ex harum perceptionum conditionibus Mentis a Deo dependentia, tandemque ex collatione modo memoratarum perceptionum cum conceptu Numinis Creatoris et Conservatoris facta Mentis natura a priori detegenda. ▷ S. 50

§. VI. – Quodsi ergo ad nosmetipsos attendentes inter se componimus, quae nobis consciis in nobis fiunt, ea in duplici differentia constitui deprehendimus. Aliae cogitationes menti ▷ S. 53

quaedam contemplanda repraesentant; aliae ipsam ad rem repraesentatam vel inclinant, vel ab ea quasi retrahunt. Cogitationes prioris generis ulterius expendentes animadvertimus, earum alias repraesentare res ipsas, alias rerum modos. Utraeque vel sunt conceptus mera possibilia continentes, qualis est genesis lineae per fluxum puncti a termino A ad terminum B: vel sunt perceptiones ope sensuum tam externorum, quam internorum, aut alia quacunque ratione productae. Id vero etiam haud difficulter assequimur, experientia duce, conceptus eodem modo sese habere in omni [4] bus, perceptiones non item. Omnes e.g. eodem modo concipiunt, si recta quaedam finita circa alterum sui extremum fixum in orbem feratur, describi circulum; Sapores vero, odores etc. diversa subjecta diversimode afficiunt. Denique perceptiones rerum extra nos positarum requirunt causam aliquam externam, quae aut de praesenti in organum sensorium agit, aut olim in illud egit, ut excitentur; conceptus non item: adeoque illae dependentiam a corpore inferunt, hi minime. Caeterum de modis notandum, quod per alios res concipiamus vel esse sim⟨248⟩pliciter, vel esse tales; per alios autem eas agere aut actionem alterius recipere, atque hos ultimos tempus in conceptu suo includere constanter animadvertamus, sive illud fuerit praesens, sive praeteritum, sive futurum. In omni etiam intellectus puri conceptu res diversae conjunguntur, et ex conjunctione plurium conceptuum novum quendam mens format; quemadmodum et perceptiones conjungere solet, quae uno eodemque tempore per organa sensoria in ipsa excitatae fuerunt: per quas operationes partim judicium suum exerit, partim ratiocinandi vim exercet. Iudicia de rebus formata cum variis passionibus pro illorum varietate conjungi solent: quanquam istae etiam saepius solarum perceptionum sociae soleant esse.

▷ S. 58 §. VII. – Varietate cogitationum, quantum quidem ad praesens negotium sufficere potest, expensa; si certis signis eas exprimere libeat, quaenam debeant esse ipsorum conditiones judicari hinc poterit. Antequam vero ex jactis antea fundamentis has deducamus, natura Signorum in genere prius explicanda erit. Vocamus scilicet *signum*, quicquid praeter ideam sui alterius adhuc rei ideam in mente nostra excitat. Quodsi vim ideam hanc secundam excitandi habuerit necessario per naturam suam, dicimus *signum naturale*: quodsi vero hominum consuetudo eandem ipsi tribuit, *artificiale* vocamus. Unde in axiomatum numerum referri debet, signa naturalia ideam rei significatae in omnibus promiscue hominibus producere, artificialia contra non nisi in iis, quibus consuetudo vim significandi signo attribuens innotuit. Hinc consequitur signa naturalia longe praeferenda esse signis artificialibus, excepto eo casu, quo arcani quiddam uni aut paucis significandum.

§. VIII. – Enimvero ut distincte cognoscamus, quaenam sint Signorum co [5] gitationum nostrarum conditiones, utamur in iis deducendis aliqua similitudine. Fallit enim Logicorum regula non recte intellecta. *Similia non probant, sed illustrant.* Disciplinae certe Mathematicae, puram inprimis Mathesin enodantes, satis superque testantur, vix quicquam majus habere robur ad demonstrandas res abstrusissimas, majusque afferre ad detegendam veritatem latentem adjumentum similitudinibus, non quidem vagis illis Rhetorum et Poe ⟨249⟩ tarum, sed determinatis et in eodem praecise tertio non analogico, verum proprio convenientibus: cum non solum plurima in Mathesi per Triangulorum similitudinem demonstrentur, verum in ipsa quoque Arithmetica proportionum regulae sint totidem methodi veritatem in numeris latentem eruendi, ac in analysi speciosa sive Geometria Nova Cartesii, quam Algebram vulgo vocant, tantum non semper Aequatio ope similitudinis obtineatur, inprimis si problema propositum istam formaliter non continuerit. Istiusmodi similitudinem suppeditat ipsa Mathesis, et quidem nobilior ejus pars Analysis speciosa. In ea enim solenne est, quanta vel data, vel investiganda per litteras alphabeticas imaginationi repraesentare tanquam per signa, ▷ S. 61

non naturalia, sed artificialia, ut facile patet. Dico itaque, quemadmodum se habent litterae alphabeticae ad quanta vel data, vel analytice investiganda; sic se habere signa cogitationum nostrarum ad ipsas has mentis nostrae cogitationes. Quin haec similitudo talis sit, qualis expetebatur, dubitari nequit, cum non modo adsint quatuor termini, litterae alphabeticae, et quanta, cogitationes mentis nostrae et earum signa; verum etiam bini et bini eadem idea concipiantur, idea nimirum repraesentationis menti factae. Sicut enim litterae alphabeticae menti repraesentant quanta; ita cogitationes nostras earum signa eidem repraesentare debent. Ex hac igitur similitudine consequitur requiri: 1. ut numerus signorum aequetur numero cogitationum; tot enim Analysis ordinarie assumit litteras alphabeticas, quot quaestio proposita continet quanta: 2. ut signa discrimen cogitationum indicent, quemadmodum in Algebra quanta cognita vocantur primis alphabeti litteris *a*, *b*, *c*, etc. incognita ultimis *x*, *y*, *z*, consequenter tot constituantur signorum classes, quot sunt classes cogitationum differentium: 3. ut signa simul indicent rerum affinitatem et dependentiam mutuam mutuumque respectum, prout in Geometria nova quantum non voco *b*, quod supponitur esse multiplum ipsius [6] *a* quin potius *ea* vel *ia*, vel *oa*, aut si fuerit ut *a* ad *b*, sic *x* ad quantum alterum incognitum, incognitum alterum non *y*, sed $\frac{bx}{a}$ dicitur. ⟨250⟩

▷ S. 68 §. IX. – Alia igitur *vi* §. *6.* et *reg.1.* §. *8.* Signa constituenda sunt pro cogitationibus, quae nobis res contemplandas repraesentant, alia pro iis, quae ad res vel appetendas, vel aversandas nos disponunt. *Vi* §. *cit.* et *reg. 2.* Signa indicent discrimen inter rei modum et rem modificatam. Vi §. *cit.* et *reg. 1.* alia sint signa modorum, per quos concipimus res ut tales, alia eorum, per quos concipimus ut agentes aut patientes. *Vi* § *ej.* et *reg. 3.* Signa indicent diversum tempus, quod in conceptu rei per actionem aut passionem modificatae includitur, nec non mutuam rerum dependentiam et similitudinem.

§.X. – Caeterum notari adhuc meretur, quod, cum sapientiae sit via brevissima ad scopum tendere, eligi debeant istiusmodi signa, quae sunt reliquis *et faciliora*, ne nimium fatigent loquentem, *et brevia*, ut cito suos communicare liceat conceptus. Ultimum inprimis requisitum in signorum electione negligi non debet, quoniam cogitationes sunt perniciosissimae, ut molestum accidat loquenti, ubi signis illarum edendis multum temporis insumendum est spatium. ▷ S. 70

§.XI. – Praemissis signorum conditionibus, nunc porro dispiciendum, quot et qualia signa suppetant, quibus cogitationes nostras aliis exprimere licet. Ubi notandum, ad hoc, ut cum aliis cogitationes nostras communicemus, requiri, ut in alterius animo geminas iis, quas nos fovemus, cogitationes excitemus. Ex quo apparet, dispiciendum hic prius esse, an et qua ratione in alterius mentem agere nobis detur. Cum igitur homo constet ex Mente et Corpore organico ita sibi mutuo junctis, ut certae illius cogitationes cum certis hujus motibus conjungantur, et contraria ratione certi hujus motus certas illius cogitationes subsequantur; num mens nostra in mentem alterius immediate an saltem mediate, mediante scilicet corpore, an utroque modo agere possit, disquirendum venit. Is enim modus communicandi animi sui sensa eligendus, qui et citissimus, et facillimus, ubi prudentiae partes explere est ani[7]mus. Quodsi jam mentem nostram consulamus, quod ipsa sibi cogitationum suarum conscia existat, clare quidem percipimus; nullus autem ap⟨251⟩paret modus, quo similes cogitationes in mente alterius excitare valet. Cave tamen dicas, ideo impossibile esse, ut mens agat in mentem aliam excitando in ea, quas voluerit, cogitationes. Nulla enim est consequentia: quorum rerum* nullum habemus conceptum, ea sunt impossibilia. Non impossibilia existunt; sed saltem incognita: cum ea demum pro impossibilibus haberi debeant, quae concipi nequeunt, h. e. ad quae disjungenda ita necessitamur, ut eadem conjungere nobis sit impossibile, prout solide demonstravit ▷ S. 75

Illustris Autor Medicinae Mentis part. 2. sect. 1. p. 42 et 56 etc. Sane haec duo quam saepissime confundunt longe plurimi, atque hinc multa crepant impossibilia, quorum tamen possibilitatem nonnunquam ipsa commonstrat experientia. Immo non datur praejudicium magis pestilens, hoc enim imbuti ad negandam animae immortalitatem et immaterialitatem, diabolorum et spectrorum, immo Numinis ipsius rerum omnium providi rebusque omnibus praesentissimi existentiam sine ulla difficultate prolabuntur. Exempla non addimus: lector ipse colligat. Hactenus igitur nobis incognitum esse confitemur, an detur modus quidam, quo mens cogitationes suis similes in alterius mente producere valet. Non tamen a nostra ignorantia ad certitudinis in hac quaestione obtinendae impossibilitatem argumentamur, quod multis solenne praejudicium rebus novis detegendis non parum obest, aliaque post se trahit incommoda hic loci non commemoranda: quin potius solliciti sumus de via certitudinis hujus possibilitatem aut impossibilitatem detegendi.

▷ S. 93 §. XII. – Recordamur itaque ex superioribus, conceptum mentis nostrae praesupponere conceptum creaturae, qui omnimodam ipsius a Deo dependentiam infert: in subsidium itaque conceptus Dei vocandus erit, ut obscuritas, qua Mentis nostrae idea involvitur, protinus omnis evanescat. Quodsi cum conceptu Dei ideam, qua Mentem percipimus, conferre placet, mentem nostram cogitare et cogitationum suarum sibi consciam esse propter nutum Mentis infinitae potentissimum advertimus, eamque ab ipsius arbitrio, non minus ac entia rationis nostrae a nutu et arbitrio mentis nostrae, prorsus dependere intelligimus. Atque [8] hinc porro concipimus modum, quo spiritus unus immediate in alterum agere possit. ⟨252⟩ Deus definiat opus est casus, in quibus ad voluntatem alicuius spiritus in spiritu altero cogitationes cogitationibus volentis similes oriri velit. Non datur, si qua datur, alia spirituum loquela: neque enim aliter spiritum agere concipimus, quam quod ad ipsius voluntatem ponatur effectus. Hanc vero voluntatem efficaciam suam non habere a se, sed a nutu creatoris, vere philosophantibus plus satis patet. Atque hac ratione angelorum loquelam cum *Thoma Aquinate* explicat CL. Gürtlerus in *Instit. Theol. c. 6. §47. et 48. p. 110. et 111.*

§. XIII. – Ex hactenus dictis claret, spiritum non posse agere in spiritum, nisi Deus velit, ut ad prioris voluntatem in posteriori cogitationes cogitationibus illius respondentes oriantur: quare nunc opera danda, ut, quid Deus velit circa Mentes humanas, detegamus. Potest voluntas divina nobis innotescere triplici modo: eam vel ex Dei rerumque creatarum natura a priori deducimus; vel ex effectibus a posteriori colligimus; vel ex revelatione supernaturali cognoscimus. Primus casus datur, quoties Deus quid vult vi perfectionum, quas in ipso concipimus, ita ut, his obstantibus, fieri nequeat, quo velit contrarium: alter obtinet semper, sive Deus necessario (h.e. ea ratione, quam modo descripsimus) aliquid velit, sive minus necessario: tertius denique locum habet, quando Deus non necessario vult, ita ut, stantibus quas in ipso concipimus perfectionibus, etiam contrarium velle possit. Quinam horum casuum detur, in singulari definire saepius difficillimum existit, quoniam frequentissime ne rerum quidem creatarum, nedum ipsam creatoris infiniti essentiam emetiri licet. Quamobrem imbecillitatis nostrae memores, quidnam in praesenti detur, non determinamus. Cum tamen nobis non simus conscii, quod ad voluntatem nostram cogitationes nostrae aliis, aut ad aliorum voluntatem aliorum cogitationes nobis unquam innotuerint; nos non habere facultatem a Numine nobis concessam immediate in animam alterius agendi, probabilissime, utut non certo, concludimus. Atque hinc apparet, propositionem, qua simile in aliud sibi natura simile operari posse affirmatur, non ab intellectu puro, sed imaginatione ⟨253⟩ formatam esse, propterea quod corpus unum alteri per contactum motum imprimere videmus. [9] ▷ S. 110

▷ S. 113 §XIV. – Non minoris autem difficultatis existit sibi concipere, qua ratione corpus in corpus, quam qua mens in mentem agat. Cum enim in materia praeter meram extensionem nil quicquam deprehendamus, nec ullum motus ex uno subjecto in aliud migrantis habeamus conceptum; eadem qua superius ratione, ideae materiae obscuritas per conceptum Numinis dispellenda, atque ex divino nutu leges motus naturales deducendae.

▷ S. 115 §.XV. – Idem prorsus judicandum de modo, quo spiritus in corpus agit. Commercii inter corpus et mentem esse nequit causa alia, nisi efficacissimus Numinis nutus, quem a posteriori clare satis colligimus. Quodsi enim mentis nutus per se foret tam efficax ut eum corporis motus subsequerentur, motum sane quemvis producere posset, nec ad certos tantum determinatus esset. Non est, quod hic dicas, per medium aliquod intercedens res dissimiles fieri posse similes, ut in se mutuo agere valeant: quia enim assertionis hujus, simile in sibi simile agere posse, nullitatem ostendimus, eo ipso quoque hanc, quae fieri poterat, objectionem removimus. Inprimis autem evidens existit, si tale medium, quod inter mentem et corpus similitudinem conciliet, spiritus animales statuamus, hoc ipso nos nihil lucrari; eadem enim remanet difficultas ostendendi, qua ratione mens in materiam substilissimam* agat. Et si vel maxime statuas, mentem ipsam esse materiam subtilissimam (quod tamen absonum *per §. 3.*), dubio te nondum liberas, unde punctula mentis motum sortiantur et quomodo per hunc motum spiritibus animalibus commovendis sufficiant, *vi* § *14*.

▷ S. 122 §.XVI. – A posteriori etiam colligimus, corpus in mentem nostram agere posse mediante organis sensoriis, speciatim quidem lucem per oculos, sonum per aures, sapida per linguam, corpora odorifera per nares et tactilia per papillas* nerveas in cute hinc inde dispersas. ⟨254⟩

§.XVII. – Quoniam itaque mens nostra in corpus nostrum agere potest, et corpora certis organis juncti cuidam menti corporis mediantibus in [10] mentem dictam; evidens quoque existit, qua ratione mens nostra in mentem alterius* agere queat. Scilicet mens nutu suo certos in corpore ipsi unito motus producere debet, ut membra mota per contactum vel immediate, vel mediante aliqua materia in alterius hominis corpore motum quendam producant, cum quo vi articulorum foederis divina autoritate inter mentem et corpus stabiliti perceptio certi generis constanter jungitur. ▷ S. 126

§.XVIII. – Cum autem vi paulo ante dictorum per organa saltem sensoria excitetur in mente perceptio; evidens est, quod cum altero cogitationes suas communicaturus talia eligere debeat signa, quibus sensus alterius ferire valet. Sensus ante commemoravimus quinque, visum, auditum, olfactum, gustum et tactum: dispiciendum itaque, cujus sensus ope facillime omnium cogitationes tuis similes in alterius mente producere liceat. Ubi patet, inprimis hic attendendum esse, num aliquis sensus ita sit comparatus, ut, quod ipsum afficit, quandocunque libuerit, producere in nostra potestate ponatur. Is enim sensus erit reliquis praeferendus. Immo ad loquelam excipiendam aptius erit illud organon, quod e longinquiori distantia afficere licet, quam reliqua, quoniam accidere potest, ut ex longinquiori intervallo cuidam loquendi necessitas nobis injungatur. Nec id prorsus negligendum, quem unica actione in pluribus simul ferire potes* sensum, potiori jure in loquelae negotio respiciendum, quam quemcunque alium tale quid minus ferentem, cum haud infrequens esse soleat casus, quo multis simul utiliter loquimur. ▷ S. 131

§.XIX. – Ex his dictis haud obscure colligitur, gustum atque olfactum nullum omnino habere usum in ordinaria loquela, quoniam in nostra potestate minime positum esse experimur, sapores et odores quosvis pro arbitrio in alterius lingua aut ▷ S. 135

naribus producere. Taceo olfactum pariter atque gustum id inprimis habere incommodi, ut longinquiorem distantiam non semper admittat. Et licet nullum ⟨255⟩ sit dubium, saporum atque odorum non minorem quam cogitationum nostrarum esse varietatem; haud exiguae tamen foret difficultatis cuivis sapori vel odori tanquam signo suam assignare cogitationem significandam, [11] et praxis hujus loquelae tantum non plane desperata ac impossibilis videtur. Utut autem in casibus loquelae ordinariis non admittantur sensus isti; in casibus tamen extraordinariis, steganologicum quodam* artificium requirentibus, locum habere possunt. Sicut enim alii sapores atque odores nos bene, alii male afficiunt; ita non minus reliqua, quae nobis obtingunt, omnia nos vel bene, vel male afficiunt. Possunt itaque ea, quae nos bene afficiunt, per odores aut sapores gratos; quae male, per ingratos significari. Hoc artificio steganologico uti poterat Jonathan Davidi odium patris sui significaturus, si amari quiddam aut saporis ingrati circa dumetum, in quo ipse latebat, deposuisset. Et sane cum diversi sint saporum pariter atque odorum, non minus gratorum, quam ingratorum gradus; possunt hac ratione diversi quoque gradus eorum, quae nos bene et male afficiunt, vel absenti indicari.

▷ S. 143 §.XX. – Tactus loquelae similiter in casu ordinario non inservit, tum quia vicinum tibi requirit, cui loqui volueris, tum quia multis simul per tactum vix loqui potueris, tum quia longe difficillimum, forte prorsus impossibile, cogitationum differentias omnes superius recensitas mediante hoc sensu alterius menti repraesentare: in casibus tamen extraordinariis nec is prorsus inutilis. Quod enim, ubi occulte alteri quicquam significandum, pacto praevio per tactum fieri possit, ipsis etiam pueris in scholis notum. Nec in congrue* forte huc retuleris steganologiam per pulsum arteriarum, quam R. P. *Zahn in Oculo artificiali fund. 3. syntagm. 3. cap. 9. f. m. 607.* a se juvene inventam describit, utut, quemadmodum reliqua steganologica artificia fere omnia, modum loquendi et scribendi quendam ordinarium praesupponat.

§.XXI. – Visus ad longissima intervalla sese extendit, quo reliquis sensibus pertingere non datur, ipsas enim fixas ultra milliarium Germanicorum 1969400 in omnium minima hypothesi Marii Bettini, Jesuitae ⟨256⟩ Bononiensis, aut 11180000 in huic proxima Tychonis, immo 5160000000 in omnium maxima Kepleri distantes assequitur. *Vide Ricciolum in Almag. Nov. part.1. lib.6. c.7.* §.*17. f.419. a.* Poterat itaque hic sensus *vi* §.*18.* reliquis omnibus praestantior judicari, cujus ministerio lo[12]quentes utamur. Enimvero cum visus organum afficere non liceat nisi mediante lumine aut puro, aut modificato (quod posterius colorum nomine venit) pro arbitrio autem lumen vel producere, vel modificare sub nostram potestatem non cadat; *vi cit.* §.*18.* ad loquelam ordinariam inutilis pronunciandus. Est tamen usus ipsius longe amplissimus in casibus minus ordinariis. Non in praesenti dicam, qua ratione absentibus longo quidem locorum pariter ac temporum intervallo a nobis sejunctis visu mediante animi nostri sensa patefacere liceat, quoniam hoc non ad loquendi, quam scribendi actum spectat: adsunt alia* certe non ignobiliora, quae commemoranda veniunt. Primum locum sibi vendicet Dactylogia, qua per digitorum ostensionem animi sensa alteri patefacimus. Eam veteribus jam cognitam esse *R.P. Zahn in Oculo Artificiali l. c. f. 608.* inde probat, quod *Plutarchus*, *Macrobius*, *Plinius*, *Apulejus*, *Quintilianus*, *Juvenalis* aliique ejus mentionem injecerint, cumque apud recentiores, *Schottum* inprimis *in Schola steganographica* et *Caramuelem* varii occurrant modi, duos ex hujus *Apparatu Philosophico lib.4, n.253. l.c.* recenset ac Abecedarium juxta ipsius mentem duplicem construit. Prioris constructio facillima est. Cum enim in utraque manu quinque sint digiti, adeoque si digitos sinistros ducas in dextros, emergat factum 25**; patet, 25 litteras prodituras***, si dextrae manus digitos omnes singulis sinistrae digitis successive tangas. Et ▷ S.146

haec dactylogia non multum abhorret a vetusta illa computandi ratione, quae vario digitorum flexu peragitur, quamque *Venerabilis Beda in Volumine de temporibus et natura rerum* ab interitu vindicatam loquelam digitorum vocat, et ex eo in compendio recensitam schematismo illustrat *Joh. Noviomagus de Numeris lib. 1. cap 13.* et *14.* Posterioris constructio, quia paucis verbis vix distincte satis proponitur, apud ipsum Auctorem aut *Zahnium l. c.* evolvenda. Porro commendandae sunt cryptologiae opticae, quales *Schottus in Magia Naturali part. 4, lib. 1.* et in *Schola steganographica class. 8. c. 16.* plures recenset. Inprimis autem cu⟨257⟩riosa est ea, quam idem ab amico quodam sibi communicatam describit in *Technica curiosa lib. 7.* c. *6.* §. *3. p. 544. 546,* quoniam est *modus certissimus* (ipsius *Schotti* verba recito) *intra duas ad summum horas ad longissimam distantiam, v. gr. e Germania Romam sensum aliquem brevem communicandi.* Gemina huic est, quam *Franciscus Ter*[13]*tius de Lanis,* cum Brixiae Philosophiam profiteretur, commentus *in Magisterio Naturae et Artis Tract. 3. lib. 5. de motu penduli c. 3. prob. II.* exposuit. Brevitati studentes ea exscribere nolumus, quae pleraque omnia ex citatis Autoribus, retentis ut plurimum ipsorum verbis excerpta in unum cumulum congessit saepe laudatus *Zahn l. c.* Quin potius indicamus clavem, qua non solum pleraque Autorum inventa reserantur, sed et iis geminae usuique magis accommodatae steganologiae tum opticae, tum acusticae, tum aliae quaecunque aperiuntur. Supponitur nimirum (1) modus loquendi per voces, quo ordinarie utimur, scribendique per litteras alphabeticas. (2) Litterae significantur per numeros, ut adeo in constructionem alicujus tabellae consentire cogantur cryptologi. (3) Locuturi debent esse constituti in locis, e quorum uno ad alterum recta duci potest, ut adeo, cum radii lucis per lineas rectas propagentur, reciprocus obtineatur prospectus, aut tanto intervallo dissitis, ut sonus in uno editus in altero clare adhuc percipiatur. (4) Numeri litteras significantes per motum alicujus corporis toties iteratum, quoties unitas continetur in numero isto, indicantur.

(5) ut constet, quando littera finiatur, ostendendum erit aliquod signum. Sic v. gr. cum amico in conclavi contiguo sedenti ope tintinnabuli, cujus pulsus sine mora repetiti eidem litterae dicantur, loqueris. Si quis e regione aedificii tui habitaverit, cum eo verba miscebis candelam accensam in tenebris, corpus aliud quodcunque in luce diurna fenestrae nunc admovendo, nunc ab eadem removendo. In iisdem regulis continetur steganologia per pulsum arteriarum superius §. 17.**** indigitata. Negari tamen non potest, dari steganologias Catoptricas et Dioptricas, quas illae non complectuntur. Talis est, quam nobis dedit *Harsdorfferus in Delitiis Mathematicis lib. 2. p. 246.* talis etiam est, quam *Kolhansius in Tract. Optic. lib. 1. part. 3. theor. 4. p. 57* recenset. Enimvero non steganologiis solum commode inservit visus; quin dantur quo⟨258⟩que cogitationes innumerae, quae nonnisi per solum visum prima vice cum altero communicantur. De perceptionibus loquor, h. e. iis ideis aut (ut cum *CL. de la Forge* commodius loquar) speciebus cor[14]poreis immediate a sensibus aut imaginatione dependentibus, quas verbis in altero excitare frustra conaris: prout inferius a priori demonstrabitur.

§. XXII. – Restat ex sensibus Auditus, quem non sine benigna Numinis providi directione gentes omnes aevo omni loquelae dicarunt. Habet enim is omnia requisita, quae §. 18. recensuimus. Organum ipsius non modo e longinquiori intervallo, sed et in plurimis undiquaque circa nos positis simul affici potest, nec potentiae vires excedit sonos excitare infinitis modis variantes, quorum varietates non solum distincte admodum perceptibiles existunt, verum etiam omnes cogitationum varietates apte exprimunt, prout ipsa loquitur experientia. ▷ S. 161

§. XXIII. – Sonis istis excitandis plurima corporis nostri organa destinantur, quae non incongrue in organa vocis et organa modificationis vocis seu soni articulati atque distincti distingvuntur, priora vero in mediata et immediata subdistingvuntur. ▷ S. 163

Certum enim est ad vocis genesin concurrere respirationem: organa itaque respirationis vocamus organa vocis mediata. Sunt autem organa vocis mediata pulmones cum bronchiis, costae cum musculis intercostalibus, diaphragma cum plerisque musculis abdominis et denique arteria aspera. Immediatum est larynx. Organa tandem modificantia sunt, praeter internam oris cavitatem nariumque in fauces aperturam, lingua cum osse hyoide, uvula, maxillae, dentes atque labia. Horum omnium descriptiones ex Anatomicorum scriptis huc transferre minus necessarium ducimus.

▷ S. 166 §.XXIV. – Agedum itaque ostendamus, qua ratione ope organorum jam enumeratorum tum vox formetur, tum formata modificetur. Primum quod attinet, ante omnia observandum, duos dari respirationis actus, alterum inspirationis, alterum exspirationis: et loquelam fieri in hoc, nequaquam in isto. Scilicet si [15] musculi intercostales ⟨259⟩ interni non minus, quam externi constringuntur, ut costae inferiores ad superiores propius accedentes una cum sterno extrorsum eleventur, et diaphragma fibris suis contractis versus abdomen tendens in eo contenta viscera deorsum trudit, consequenter thorax capacior evadit et pectoris cavitas ampliatur; elasticae aëris machinulae in vesiculis pulmonalibus expanduntur pulmonesque extendunt, donec thoracis cavitatem expleant, cumque expansae minus resistant aeri compresso externo, eidem per nares et os in tracheam et inde in pulmones irruendi occasionem suppeditant. Cessante autem musculorum intercostalium et fibrarum diaphragmatis actione, et costae in situm pristinum resiliunt, et diaphragma versus thoracis anteriora relabitur, consequenter cum thorax rursus coarctetur et pulmones comprimantur, aer ex parte rursus exprimitur. Aer sic exspiratus, quem Spiritum vocamus, minime sonorus est; ut autem sonorus fiat, conciliandus ipsi motus tremulus, cum per motum aeris tremulum sonus in esse suo constituatur. Motum istum tremulum Spiritus in vocem abiens accipit per tremorem laryngis, ipsis digitis palpabilem inter loquendum; quem potestati nostrae ita subjectum experimur, ut eum pro lubitu excitare ac cohibere valeamus, clare enim multis locuturi laryngem tremere facimus; ast submisse verba facturi, tremulum fere praecavemus. Quomodo vero larynx tremefiat, ex ipsius fabrica ita deducit *Ammannus in dissertat. de Loquela c. 1. p. 24–27*, quod musculi ejus in cartilagines ejusdem agentes ab eorum renitentia superentur, isti autem repetito impetu eandem rursus superent, ex quo motus tremulus laryngi concilietur, qui Spiritui per constrictam glottidem prorumpenti communicatur. Prout ergo glottis magis minusve constringitur, vox quoque acutior graviorve erit: unde cum in junioribus rimula laryngis sit ordinarie angustior, quam in adultioribus, in istis quoque vox debet esse acutior, gravior in hisce.

§. XXV. – Vox emissa modificatur primo per solam oris aperturam variantem, sicque modificata vocalium nomen subit: dein porro [16] mutationes patitur alias, quando conjungitur cum Spiritu linguae, palati, dentium, labiorum aliorumque superius memoratorum organorum ministerio modificato, qui consonantium nomen sortitur, ⟨260⟩ ideo per se non perceptibilium, nisi vocalibus associentur, quia eorum materia non est sonora. Singularum vocalium et consonantium genesin ut hic exponamus, non consultum judicamus: Sed talium cupidos ad *Ammannum loc. cit. c. 2. p. 52–79.* et *R. P. Lamy in libello elegantissimo, cui titulus: L' Art de parler, lib. 2. c. 2. p. m. 160. 161.* et *c. 4. p. 169–174.* relegamus. ▷ S. 172

§. XXVI. – Facile autem concipimus, quod organorum quorundam defectus aut vitiatio necessario vitium pariat sermonis: quodsi enim vitietur organum vocis aliquod, ea non perfecte poterit formari; si vitietur organum modificationis, ea non rite modificabitur; si vitietur organum respirationis, ut ea non rite procedat, vox, quae emittitur, interrumpatur nonnunquam necesse est. Inter organa modificantia retulimus quoque ▷ S. 180

linguam, quam utut vulgus pro unico loquelae instrumento habeat, eo quod ipsius motum inter loquendum praecipue advertit, minime tamen necessariam* esse suadere videtur experientia. Sub initium enim superioris seculi hominem aluit Gallia, qui lingua carens omnes nihilominus alphabeti litteras pronunciavit. Veritatem facti ab oculatis testibus sibi confirmatam profitetur *Johannes Claubergius in Theoria corporum viventium c. 35. §. 882. p. m. 341.* At vero quamdiu nobis non constat, an reliquorum organorum constructio a nostris fuerit diversa (quod tamen probabile videtur, cum ordinarie multum linguae experiamur usum in vocalibus modificandis, quo in consonantes abeant) nihil inde certi concluditur.

▷ S. 187 §. XXVII. – Hactenus de formatione vocum: agendum nunc quoque de earum propagatione. Cum vero sermo sit sonus modificatus vi eorum, quae hactenus dicta sunt; ejus propagatio ex propagatione soni cujuscunque manifesta erit. Facillime concipitur in [17] hypothesi eorum, qui sonum pro vorticibus aeris tremuli habent. Quodsi enim collisio corporum sonororum producit vortices aethaereos iis simillimos, quos lapillus aquae injectus excitat in unda; evidens est, vocem loquentis versus plagas omnes exporrigi debere, nec sine aliqua mora ad spatia distantia pervenire, immo quo ulterius pergat, eo fieri remissiorem, donec sensim sensimque prorsus cesset. Enim⟨261⟩vero istiusmodi sermonis propagatio non tuto asseritur, nisi prius constiterit, an tales vortices aeris natura ferat. Haud sane immerito dubitant *Perrault* et *Franciscus Tertius de Lanis*, cum vortices in superficie aquae propter incumbentem aerem leviorem contingant, haud vero in profunditate aquarum. Tutius statuimus, postquam larynx aeri ex pulmonibus per tracheam expirato et per glottidem constrictam prorumpenti motum tremulum communicavit, eundem quoque ex ore egressum per mutuum contactum particulis aeris sibi vicinis similem communicare, et has denuo aliis sibi contiguis, donec ad insigne spatium radii phonici hac ratione quaquaversum fuerint diffusi. Cum igitur particula unaquaeque tremens tremere faciat tum a latere, tum ante, tum supra, tum infra se positam; Sermonis in omnes plagas delatio manifesta erit. Quoniam vero tremor unius particulae non differt a tremore alterius nisi gradu, cum per leges motus naturales corpus in alterum impingens partem motus sui amittat, adeoque, quo longius machinulae aereae ab ore loquentis distant, eo minus tremant, donec tandem prorsus tremere desinant: ad omnium aures verba integra perveniant necesse est, sensim tamen sensimque languescentia. Quodsi contingat, concionatorem inaequali* velocitate ac claritate verba proferre; tunc in priori casu ultimae syllabae vocesque prius ad longinquum penetrabunt intervallum primis, in posteriori minus clara ad majorem distantiam non pertingent, consequenter distincte haudquaquam percipietur sermo loquentis. Et quoniam aer pondere suo nititur deorsum, machinulae ipsius tremulae sursum nitentes superiorum renitentiam experiuntur, ut earum impetus per impetum contrarium deorsum nitentium cito elida [18] tur: unde vox loquentis difficilius elevatur sursum, quam defertur deorsum.

§. XXVIII. – Aer tremulus in aurem incidens et per iteratas in meatu auditorio reflexiones similes propemodum iis, quos *CL. Sturmius Colleg. Curios. part. 2. Tent. 8. concl. 3. pag. 160 et seqq.* in tubis stentoreophonicis fieri demonstrat, invalescens, tympani membranam concutit, aerique in isto contento, mediantibus insuper mallei, incudis atque stapedis vibrationibus, tremorem imprimit, qui eundem, quem habebat exterior, motum tremulum nactus versus fe ⟨262⟩ nestellas, rotundam atque ovalem, tendit, ac u⟨t⟩rique* praefixam membranulam feriens aerem in labyrinthi cavitatibus contentum tremulum reddit, nervique auditorii ramulis, quorum bini in vestibuli ac canalis semicircularis gyros explicantur, tertius in cochleae apicem terminatur (ut habet Magn. DN. D. Bohn in Circulo pag. 407) tremorem tandem communicantem. Hunc a spirit⟨ib⟩us** animalibus ad cerebrum delatum, juxta articulos foederis nutu ▷ S. 195

divino inter mentem et corpus stabiliti, pro illius diversitate diversae subsequuntur in mente perceptiones, quas verba vocare solemus et per praejudicium vulgus ex ore*** loquentis emanare putat.

▷ S. 199 §. XXIX. – Jam eam experimur mentis nostrae rationem, ut, si quae aliquoties conjunctim excitatae fuerint perceptiones et earum postea una producatur, simul oriatur et altera. Rationem a priori reddere non juvat; legat, qui vult, CL. *Malebranche in Tract. Gallico cui tit. La Recherche de la verité Tom. I. lib. 2. part. 2, cap. 3. pag. 191* et *seqq.* Inde autem claret, qua ratione linguam vernaculam addiscamus aliasque exoticas. Quodsi scilicet ad conspectum rei, v. gr. navis, audimus vocem, per quam ista significatur, perceptiones rei atque vocis simul in mente producuntur. Iterata itaque aliquoties simultanea perceptionum harum productione, ad auditum vocis perceptio rei, ad conspectum rei perceptio vocis renovari debet. Sic omnino linguae vernaculae sensum assequi nobis datum. In linguis exoticis ad [19] discendis paulo aliter procedere vulgo solemus, perceptiones vocum non immediate cum perceptionibus rerum, sed cum perceptionibus vocum vernaculae easdem cum istis res significantium ligantes. Atque hinc in addiscendis juxta communem methodum linguis exoticis difficultatem nobis suboriri sentimus, quia tres perceptiones una producendae, si earum una excitetur: ut causas alias silendo praeteream.

▷ S. 205 §. XXX. – Hactenus dicta ulterius meditantes deprehendimus, quod vocum genuinum valorem, quem usus ipsis tribuit, indagaturis considerandum sit, quasnam mens persentiscat perceptiones, quoties vox aliqua adhibetur. Conflatae autem ex perceptionum harum conjunctione definitiones erunt saltem nominales, non reales, ad ⟨263⟩ evitandam vocum et sub iis comprehensarum rerum confusionem conducentes, minime animum ad ipsarum rerum naturam intimius cognoscendam deducentes.

§.XXXI. – Hoc qui non attendunt male sibi persuadent, se rerum naturas pervestigasse, ubi edisserere noverint, quibusnam pereptionibus vox aliqua tribui soleat. Quo minus autem errorem suum advertant, in causa potissimum est, quod multa, quae percipiuntur, optime simul concipiantur, ut adeo sensuum ope naturam eorum perscrutari liceat. Vel unicum exemplum lucem affundet clarissimam. Natura horologii, tanquam machinae, in rotularum rite fabricatarum reliquarumque partium dispositione consistit. Eam vero sensibus patere liquet, ut adeo non percipiatur solum, verum etiam concipiatur. Simili prorsus ratione sensus ad fabricam corporis nostri concipiendam nos deducunt. Ex eodem fonte promanat perniciosissimus error, quod, ad conspectum quarundam actionum hujus vel illius nomen audientes, opinentur, memoratas actiones dictae virtutis naturam absolvere. ▷ S. 209

§.XXXII. – Disseruimus huc usque de modo, quo vocabula rerum materialium addiscimus; nunc porro addendum, qua ratione signi[20]ficationem res immateriales significantium doceamur. Notandum itaque res immateriales esse duplicis generis, aut enim conjunguntur cum rebus sensibilibus, aut non. Prioris generis sunt passiones eaeque affectiones mentis nostrae, quae per motus corporis sese exerunt. Posterioris generis sunt conceptus intellectus et desideria voluntatis, verbo omnes actus immanentes. Signa priorum nobis familiaria fiunt, quando istorum perceptio cum perceptionibus eorum, quae in corpore fiunt, conjungitur, e. gr. vox amoris nobis innotuit actus, quibus amantes affectum produnt, videntibus. Vocabulum boni cognovimus actus hominis boni observantes. Quod autem signa rerum immaterialium posterioris generis concernit, ea nobis nota fieri nequeunt, nisi notitiam vocum res materiales et immateriales prioris generis denotantium, adeoque sermonis quendam usum praesupponamus: postquam enim iis, quorum sumus conscii, nomina certa imposuimus, ope vocabulorum jam ante co⟨264⟩gnitorum ▷ S. 218

illa cum aliis communicare possumus. Ita e. gr. notis jamdum existentibus vocabulis *omne* et *facere*, vocis *Dei* significatum alteri exponere licet.

▷ S. 224 §. XXXIII. – Cum igitur hac ratione loqui discamus, ratio in promptu est, cur a nativitate surdi sint quoque muti. Iis tamen non denegari omnem sermonis usum, modo sit, qui molestias institutionis non subterfugiat, non est quod dubitemus. Ut enim quis loquatur, duo inprimis *per superiora* requiruntur. Spiritus reddendus est sonorus, sonorus vero redditus diversimode modificandus. Cum Spiritum sonorum reddat motus tremulus laryngis, ipsis digitis palpandus; vocem edituri surdi digitus primo applicandus laryngi trementi loquentis et dein laryngi muti, ut vocem edere conatus edat tandem ex voto. Et quoniam litterae sunt vox modificata per diversorum organorum diversos motus oculis observabiles, ad has surdus respiciens observatas non sine successu imitari potest. Rem feliciter succedere, praxis celeberrimi *Wallisii* et supra laudati *Ammanni* docet, quorum ille me[21]thodum pro mutis surdisque informandis in *Tractatu Grammatico-Physico de Loquela*; hic *loc. cit. c. 3.* exponit, uterque surdos natos loqui felici successu docuit.

▷ S. 238 §. XXXIV. – Mirum autem videri poterat, quod, cum vocabula sint signa immediata perceptionum nostrarum, eorum tamen ministerio nulla alterius animo ingeneretur perceptio, qualem occasione alicujus objecti nondum habuit, sed soli conceptus solis verbis cum aliis communicentur. Enimvero rationem haud difficulter reddemus. Cum scilicet nec motus fibrillis nerveis impressus et ad cerebrum usque continuatus perceptionibus producendis sufficiat, quoniam nullo modo concipi potest, qua ratione materia motu suo cogitationes gignat, nec mens illis* motibus nutu suo perceptiones jungat, caeteroquin pro ipsius arbitrio mutandas; causa earum potens Numinis nutus erit. Quoniam itaque Deus cum his praecise motibus has et non alias oriri voluit perceptiones; motus autem fibrillarum nervearum, quos verborum sonus efficit, longe sint diversi ab iis, quos objecta ipsa imprimunt, cum istis quoque conjungi nequeunt, sed requiritur hoc in casu, ut aut objecta ipsa, aut eo⟨265⟩rum simulachra oculo sistantur praesentia. Nequaquam vero inde colligere licet, Mathesin colere idola imaginationis, h. e. cultores suos lactare cognitione sensuali, quia sine schematismorum exhibitione doceri nequit; schematismi namque sunt tantum signa, sub quibus conceptus intellectus puri imaginationi repraesentamus, ne extravagationibus ipsi solennibus eos turbet. Possunt autem conceptus Geometrici per signa imaginationi exhiberi, quia a rebus materialibus sunt abstracti.

§.XXXV. – Quod voces sint talia signa, qualia ad significandas cogitationes nostras requiruntur *vi* §.*9*; vel nuda Grammatices inspectio sufficienter docet. Apparent ibi signa rerum, *Nomina*; signa rerum absolute spectatarum et modorum, per quos res concipimus, ut tales, *Substantiva*; signa rerum modificatarum, *Adjecti*[22]*va*; signa modorum, per quos res concipimus ut agentes, *Verba activa*; signa modorum, per quos eas concipimus ut actionem recipientes, *Verba passiva*. Nomina Substantiva et Adjectiva exprimunt rerum diversos respectus per *Casus* et modificationis quantitatem per *Gradus*: exprimunt rerum mutuam dependentiam per vocabulorum *Derivationes* et *Compositiones*. Verba diversum tempus indigitant per diversam mutationem, quam verborum *Tempora* praecipiunt; similiter per terminationis mutationem diversas *Personas Numerosque* agentium aut patientium indicant. Nexum denique et similitudinem rerum indicant particulae, quae *Adverbiorum*, *Praepositionum* et *Conjunctionum* nomine Grammaticis veniunt: passiones animi *Interjectiones* produnt. Plura non addemus, cum hanc doctrinam jam ante nos exantlaverint cum laude *Anonymus Autor* libelli Gallici, cui titulus: *Grammaire generale et raisonnée*, et supra laudatus *Lamy loc. cit. lib. 1. c. 6. 7.* et *9. p. 21. et seqq.* ▷ S. 243

▷ S. 271 XXXVI. – Postquam cogitationes nostras signis istis semel alligavimus, non exiguam experimur difficultatem sine verbis meditaturi: ut multi sibi persuadeant, se plane nil cogitasse, quando cogitationes suas nullis verbis alligarunt. Atque inde contingit, ut inter meditandum clauso ore submissa quam maxime voce nobismet ipsis loquamur. Quoniam itaque per expirationem aeris et* pulmonibus per ⟨266⟩ tracheam prorumpentis voces formare conamur; cogitationes nobis ex corde procedere videntur. Hoc ipso praejudicio occupati nonnulli animae sedem cor assignarunt, cum tamen pro certissimo haberi debeat, mentem nostram illocalem corpori in cerebro praesidere. Nequaquam autem dicere convenit, Scripturam sacram ad hunc errorem vulgi respicere, quando cogitationes ex corde procedere asserit et cor pro mente ponit. Ubi enim cogitationes ex corde procedere asserit, sermo ipsi potissimum est de cogitationibus moralitatem involventibus: quarum causae utplurimum sunt affectus, in quibus excitandis cordis non postremas esse partes aliunde notum esse supponimus.

▷ S. 274 §. XXXVII. – Quaeri solet, an construi queat Machina loquens. Qui quaestionem affirmant, ex mente saepius citati *Lamy loc. cit. lib. 3. c. 1. p. 155. 156.** non perpendunt, consonantes esse Spiritum modificatum, nec adeo audiri nisi cum voce modificata h. e. vocalibus conjungantur. Fac itaque organum quoddam pnevmaticum, cujus unus canalis sonet *a* alter *be*; jam sonus horum si conjungatur, non erit *ba*, sed *bea*. Ergo impossibile est, ut organum hoc ex 24 canalibus compositum sonet *ba* vel *ab*. Quodsi tot constitui jubeas canales, quot dantur vocalium et consonantium possibiles conjunctiones; nimia canalium compositio artificis operam eludet, ceu patet *per leges combinatorias* ap. *R.P. Lamy*, denuo cum laude commemorandum, *en Traité de la grandeur lib. 2. sect. 4. c. 1. pag. 139 et seqq.* in compendio expositas. Ita quidem organi pnevmatici loquentis impossibilitas demonstrata fuit: an vero omnis machina loquens sit impossibilis, hactenus demonstratum non est. Dedecet autem Philosophum a propria et aliorum ignorantia ad impossibilitatem rei concludere, cum aut arrogantiae, aut nimiae in alios confidentiae certissimum signum existat, quod utrumque a Philosopho procul absit vi[23]tium. Probe autem notari meretur, de constructione machinae loquentis loquentibus sermonem esse non de machina, quae habet principium motus in se; sed quae requirit principium quoddam dirigens externum, idque rationale, nisi semper eadem verba repetere debeat.

§.XXXVIII. – ⟨267⟩ Quinam possit machinae loquentis dari usus, frustra fortassis disquiritur, ipsius possibilitate nondum ostensa. De Loquelae autem usu rectius solliciti annotamus, eum esse longe amplissimum. Innumeros fere casus, quibus cogitationes nostras cum aliis utiliter communicamus, experientia loquitur. Talibus igitur recensendis non commorabimur, observantes potius, loquelam non solum utilem, sed et maxime necessariam esse. Cum enim per principia moralia constet, Rectorem hujus universi [24] voluisse, ut homo aliorum conservationi et perfectioni consulendo naturae propriae conservationem et perfectionem quaerat; necessarium utique esse, ut suas cogitationes aliis significare valeat, nemo non, me tacente, intelligit. Qualis, quaeso, dabitur societas mutuae saluti prospiciens sine sermonis commercio? Hinc male agere consequitur omnes ac censuram Rectoris incurrere, qui sibi, non aliis loquuntur, sermonis usum ad amplificandam famam opumque vim sibi concessam turpiter somniantes. Quoniam autem per eadem principia moralia finis omnium nostrarum actionum ultimus illustratio gloriae divinae constituendus; in enarrandis Numinis sapientisimi, potentissimi, omnipraesentis et benignissimi laudibus lingua utilissimam collocat operam, nos non minus, quam alios exhilaratura. ▷ S. 281

A. M. D. G.

Zum Text der beiden Auflagen von *De loquela*

Die akademische Disputation zu Wolffs Abhandlung *De loquela* fand am 20. Dezember 1703 in Leipzig statt. Der Text kann nicht vor 1704 bei Christian Göze in Leipzig erschienen sein, denn der Disputant Gravius erwähnt im Brief an seinen Onkel, den er dem Wolffschen Text vorausschickt, Georg Büchings anonyme deutsche Untersuchung zur Gewalt des Teufels über natürliche Körper, die erst 1704 erschien.[1] Mehr als fünfzig Jahre später, kurz nach Wolffs Tod, veranstaltete der Verleger Renger in Halle im Rahmen des Sammelbandes *Meletemata mathematico-philosophica*, der verstreute kleine Arbeiten Wolffs wieder zugänglich machen sollte, einen Nachdruck der Schrift, von dem Princeton eine Fotokopie bewahrt, die aus dem Nachlass Giorgio Tonellis stammt;[2] in der zweiten Hälfte des 20. Jahrhunderts erschienen auch mehrere fotomechanische Nachdrucke. Die Olmssche Werkausgabe enthält eine editorisch unbegleitete Reproduktion des Exemplars der Universitätsbibliothek Kiel (II. Abteilung: Lateinische Schriften Band 35, zweiter Nachdruck 2003), auch gibt es fotomechanische Nachdrucke bei Kessenger Publishing, Whitefish, Louisiana, von 2009 und 2010.

Der Text weist in beiden Auflagen auffällige Unvollkommenheiten auf. Ob für die Fehler der Erstauflage, deren Kosten vermutlich der Kandidat Gravius getragen hat, auch Wolff verantwortlich ist, lässt sich nicht entscheiden, weil nicht bekannt ist, ob und inwieweit er sich an der Überwachung

[1] S. die Anmerkung auf S. 4.

[2] Nachweis: Institute for Advanced Studies (IAS), *Enlightenment materials in microfilm.* gift of Grazia Tonelli (⟨https://library.ias.edu/enlmicrofilm⟩). Dort sind Kopien von »handwritten index cards Tonelli used to document his microfilm collection« zugänglich.

des Drucks beteiligte. Die Mängel der Zweitauflage sind Renger und dessen Mitarbeitern zuzurechnen, die oft von der Druckgestalt von 1703 abwichen, deren Kursivierungen ohne erkennbare Regeln nur zum Teil übernahmen und stattdessen neue einführten; sie gingen auch bei der Orthographie, der Groß- und Kleinschreibung, der Zeichensetzung und der Ziffernwahl ihre eigenen Wege. In einer Studienausgabe braucht man auf solche Einzelheiten nicht einzugehen, doch sind für beide Auflagen deutliche Varianten und Fehler zu notieren, von denen einige den Sinn des Textes entstellen.

	1703	1755
Titel*	A. O. R.	A. O. M. (Amplissimi Ordinis Magistrorum)
Titel**	horis locoque consuetis	horas locoque consuetis
Titel***	maximopere colendi	maximoque colendi
§2*	earunden	eorundem
§3*	uniusque (statt: uniuscuiusque)	uniusque
11*	quorum rerum	quarum rerum
§15*	substilissimam	subtilissimam
§16*	papillas	pupillas
§17*	in mentem alterius	in mentem alterius hominis
§18*	ferire potes sensum	ferire potest sensum
§19*	quodam	quoddam
§20*	in congrue	incongrue
§21*	alia	talia
§21**	factum 25	factum in 25
§21***	litteras prodituras	litteras potituras
§21****	§17 statt §20	§17 statt §20
§26*	necessariam	necessarium
§27*	inaequali	in aequali
§28*	urique statt utrique	utique statt utrique
§28**	spiritus statt spiritibus	spiritus statt spiritibus
§28***	ex ore	ex ore
§34*	istis	illis
§36*	&	ex
§37*	155.156. – Diese Angabe ist korrekt.	155.157. — Diese Angabe ist ebenfalls korrekt, wenn man auch Zusatzbemerkungen berücksichtigt.

KURZBIOGRAPHIEN

A

Ammann, Johann Konrad, 1669–1724, studierte in Basel Medizin, promovierte dort 1687, lernte auf seiner Bildungsreise die Niederlande kennen und beschloss, dort zu bleiben. Er praktizierte in Amsterdam und Haarlem und beschäftigte sich seit 1690 mit der Unterweisung Taubstummer. 1692 veröffentlichte er das Werk *Surdus loquens*, in dem er seine Unterrichtsmethode und seine Erfahrungen beschrieb, und 1700 die ausführlichere Darstellung *Dissertatio de loquela*; das Werk wurde in mehrere Sprachen übersetzt. Einen Ruf auf den Physiklehrstuhl am Schaffhausener *Collegium humanitatis* nahm Amman nicht an. Er betrieb auch botanische Studien und gab Schriften des römischen Mediziners Caelius Aurelianus heraus. Seine letzen Jahre verbrachte er auf seinem Landgut in Warmond bei Leiden, wo er 1724 starb. Sein Porträt von dem Basler Maler Johann Friedrich Wettstein wurde 1944 durch Bomben zerstört.

Arnauld, Antoine, 1612–1694, Philosoph, Mathematiker, Theologe, Kritiker Descartes' und Malebranches, musste 1656 nach dreizehnjähriger Lehrtätigkeit die Sorbonne verlassen, weil er sich zum Jansenismus bekannte. Er gehörte zu dessen führenden Vertretern, arbeitete zeitweise eng mit Pascal zusammen und floh 1674 in die Niederlande, um antijansenistischen Maßnahmen von Staat und Kirche zu entgehen. Seine Korrespondenz mit Descartes, Leibniz, Malebranche und anderen Gelehrten der Epoche ist umfangreich; die Werkausgabe von 1775–1781 umfasst 42 Bände. Als Lehrbücher für die *Petites écoles* der Jansenisten verfasste Arnauld zusammen mit Claude Lancelot die von Wolff in *De loquela* zitierte Grammatik von Port-Royal und mit Pierre Nicole die sogenannte Logik von Port-Royal.

Averroes (Ibn Ruschd), geboren 1126 in Córdoba, gestorben 1198 in Marrakesch, war Jurist, Philosoph und Mediziner und wurde Leibarzt des Kalifen und Richter in Córdoba und Sevilla. Er verfasste Aristoteleskommentare und kritisierte antiaristotelische Tendenzen in der Theologie. Wegen seiner Meinungen über Philosophie und Theologie (Aristoteles ist der wahre Philosoph und der Koran die Philosophie für einfache Leute) und seiner Vergleiche zwischen Aristoteles und Mohammed verbannte ihn der Kalif und ließ seine Werke verbrennen. Viele seiner Schriften wurden ins Lateinische übersetzt und prägten die europäische Aristoteles-Tradition; man zitierte ihn schlicht als »*Commentator*«. Im 13. Jahrhunderts entstand in Paris ein Zirkel, der Averroes' Meinungen über den tätigen Intellekt als kosmische Intelligenz und über die Teilhabe menschlicher Individuen an ihm vertrat und sofort unterdrückt wurde. Auch Bologneser und Paduaner Autoren, die den Umbruch der Wissenschaft im 17. Jahrhundert vorbereiteten, bezeichnete man als Averroisten.

B

Baumeister, Friedrich Christian, 1709–1785, studierte nach seiner Gothaer Gymnasialausbildung in Jena und Wittenberg, promovierte zum *Magister legens* und wurde 1736 Direktor des Gymnasiums in Görlitz. Einen Ruf auf eine Philosophieprofessur in Wittenberg lehnte er ab. Er galt als begabter Lehrer und verfasste Handbücher zur Wolffischen Philosophie, darunter *Philosophia definitiva*, eine Sammlung von Definitionen der Terme damaliger philosophischer Disziplinen. Seine Biographie *Vita, fata et scripta Christiani Wolffii Philosophi* erschien 1739.

Bayle, Pierre, 1647–1706, Sohn eines calvinischen Predigers, studierte an der reformierten Akademie von Montauban, konvertierte zum Katholizismus, wechselte an das Jesuitenkolleg in Toulouse, revertierte zum Calvinismus, floh nach Genf, wurde dort Hauslehrer und lernte den Cartesianismus kennen. 1675 wurde er Professor an der reformierten Akademie zu Sedan. Nach deren Schließung emigrierte er nach Rotterdam, wurde Geschichtslehrer am dortigen Gymnasium und gab mehrere Wissenschaftszeitschriften heraus. Wegen seines Eintretens für allgemeine Toleranz geriet er ins Visier seiner Glaubensgenossen, verlor seine Professur und konzentrierte sich auf die Abfassung des einflussreichen *Dictionnaire historique et critique*, das nicht nur referierte und kommentierte, sondern auch polemisch Stellung bezog. Die deutsche Übersetzung besorgte Gottsched.

Bernd, Adam, 1676–1748, wirkte als Prediger an der Peterskirche in Leipzig. 1728 veröffentlichte er unter Pseudonym die Schrift »Einfluss der göttlichen Wahrheiten in den Willen und das ganze Leben des Menschen«. Nach ihr determiniert der Wille den Verstand zu guten Werken, auf denen unsere Rechtfertigung vor Gott beruht, und der christliche Glaube besteht im Beifall des Verstandes zur Lehre Jesu. Weil diese Ansichten mit der lutherischen Rechtfertigungslehre unvereinbar waren, wurde Bernd von seinen Kirchenämtern suspendiert und lebte seitdem als freier Schriftsteller.

Bettini, Mario S.J., 1582–1657, Mathematiker, Naturwissenschaftler, Musiktheoretiker und Dichter, lehrte in Padua und Bologna Moraltheologie, Mathematik und Philosophie. Seine Interessen waren ähnlich weit gefächert wie die seines Ordensgenossen Kircher. Er veröffentlichte reich illustrierte wissenschaftliche Handbücher; in Anerkennung seiner Verdienste um die Astronomie wurde der Mondkrater Bettinus nach ihm benannt.

Bilfinger, Georg Bernhard, 1693–1750, Verfasser eines berühmten Lehrbuchs der Wolffschen Philosophie, besuchte die Schulen in Blaubeuren und Bebenhausen und studierte in Tübingen Philosophie, Mathematik und Festungsarchitektur, danach Theologie. Nach seelsorglicher Tätigkeit wurde er Professor für Philosophie in Tübingen und lehrte wolffianisch. Weil er deshalb zumal nach Wolffs Vertreibung aus Halle verdächtig war, wurde seine Lehrtätigkeit auf Drängen der theologischen Fakultät beendet, aber Wolff vermittelte ihm eine Mathematikprofessur an der Sankt Petersburger Akademie. Aufgrund seiner Untersuchung über die Schwerkraft wurde er Mitglied der *Académie des sciences*, und der Herzog von Württemberg ließ ihn erneut nach Tübingen berufen, wo er auch politischen Einfluss gewann. Seinem Wirken im Geheimen Rat ist es zu danken, dass Württemberg sich nicht am

Österreichischen Erbfolgekrieg beteiligte und dass die schwäbischen Pietisten in der Landeskirche verblieben.

Borelli, Giovanni Alfonso, 1608–1679, Sohn eines in Sizilien stationierten spanischen Soldaten und einer lukanischen Mutter, bewunderte Galilei und Campanella, wurde mit Torricelli bekannt, studierte in Rom Astronomie und Mechanik und wurde 1635 Professor der Mathematik in Messina. Er betrieb mathematische, astronomische und mechanische Forschungen; zur Klärung vulkanologischer Streitfragen bestieg er den Ätna. 1656 wurde er Professor der Mathematik in Pisa, wo er mit Malpighi zusammenarbeitete. 1667 kehrte er nach Messina zurück, musste aber wegen Widerstands gegen die spanische Herrschaft über Sizilien nach Rom fliehen. Dort schrieb er sein Hauptwerk *De motu animalium*, das postum erschien und eine mechanistische Physiologie der Bewegungen von Organismen entwickelte.

Boyle, Robert, 1627–1691, erhielt seine Schulbildung in Eton, besuchte Genf und Florenz, beschäftigte sich mit Philosophie, Theologie, klassischer Philologie und Mathematik und studierte Werke Galileis, Jean-Baptistes van Helmont, Francis Bacons und Descartes'. An seine Überzeugung, dass Wissenschaft und Religion miteinander vereinbar sind, erinnern noch heute die von ihm gestifteten Boyle-Lectures. Er vertrat die neue *experimental philosophy*, die sorgfältig überprüfte und dokumentiere Naturgeschichten als Voraussetzung für gute Naturwissenschaft ansah und von dieser Verbesserungen der Lebensverhältnisse verlangte. Boyle betrieb chemische, mechanische, agrarische, biologische, physiologische und medizinische Forschungen und gehörte zu den Gründern der Royal Society. Er stand mit Gelehrten vieler europäischer Länder in Verbindung und wurde in Deutschland besonders geschätzt. Für die Philosophiehistorie ist seine Zusammenarbeit mit John Locke bemerkenswert.

Budde, Johann Franz, 1667 bis 1729, studierte in Wittenberg, wurde Professor für Latein und Griechisch am Coburger Gymnasium, lehrte Moralphilosophie in Halle und danach Theologie in Jena. Zu seinen Stärken gehörte die historische Betrachtung der Schrift und der Dogmen. Seine Feindschaft gegen Wolff beruhte auf der Überzeugung, dass die geometrisierende Vernunft den Glauben gefährdet. Doch wandte er sich nicht grundsätzlich gegen Neuerungen, sondern optierte für den Flügel der Reformwilligen, den in der Philosophie Christian Thomasius und in der Religion der Pietismus repräsentierte.

Burman, Frans, 1628–1679, besuchte das Gymnasium in Emmerich und studierte am Leidener Staaten-Collegium, dem Seminar der belgischen Reformierten. Sein Vater stammte wie Heidanus aus der Siedlung belgischer Reformierter bei Frankenthal in der Pfalz, floh aber vor den spanischen Truppen in die Niederlande. Als Student interviewte Burman Descartes über schwierige Stellen seiner Schriften; Clauberg redigierte die Niederschrift. Burman war zunächst Prediger in Hanau, wurde 1651 Subrektor des Staaten-Collegiums und 1661 Professor für Philosophie und Kirchengeschichte in Utrecht; er heiratete eine Tochter von Heidanus. Wegen seines Eintretens für Descartes und die Bündnistheologie geriet er ins Visier des streitbaren Theologen Maresius (Des Marets). Als zwanzig Jahre nach seinem Tod die Polemiken noch immer nicht beendet waren, verfasste sein Sohn die Schutzschrift *Burmannorum Pietas.*

C

Caramuel y Lobkowitz, Juan, O. Cist., 1606–1682, Sohn eines spanischen Ingenieurs und einer Dame aus böhmischem Hochadel, publizierte schon als Kind astronomische Tafeln. Er studierte in Alcalá und Salamanca, trat in den Zisterzienserorden ein, promovierte in Löwen und wurde Gesandter am kaiserlichen Hof und Abt in Wien und Prag. Während der Belagerung Prags durch die Schweden organisierte er eine Klerikertruppe und wurde wegen persönlicher Tapferkeit vom Kaiser dekoriert. 1654 reiste er in diplomatischer Mission nach Rom, geriet aber in eine Pestepidemie und pflegte und begrub fürs erste Pestkranke. Er galt als freimütig und liebte neue Theorien, forschte über Sprachwissenschaft und Theologie, Astronomie und Mathematik, publizierte die erste Darstellung eines binären Zahlensystems, entwarf eine formale

Sprache zur Entscheidung theologischer Streitfragen und wurde von Leibniz geschätzt. Seine Moralphilosophie galt als permissiv. Weil er als unruhiger Geist gefürchtet war, schob man ihn auf unbedeutende Bischofssitze ab. Auf ein kirchliches Druckverbot reagierte er mit dem Kauf einer Druckerpresse und produzierte nicht nur selbst sein Buch, sondern verfasste außerdem einen Traktat über die Kunst des Druckens.

Carbone, Ludovico, 1532–1597, studierte im Franziskanerkolleg seiner Heimatstadt Costacciaro und hörte danach bei dem späteren Jesuitengeneral Acquaviva. Er lehrte in Perugia und starb in Venedig. Ob er Jesuit oder Dominikaner war, ist umstritten. Überliefert sind von ihm Arbeiten über Rhetorik, Logik, Rechtsphilosophie und Theologie. Sein *Compendium absolutissimum totius summae theologiae D. Thomae Aquinatis* (1589), das Wolff als Gymnasiast studierte, und seine *Introductio in universam philosophiam* (1599) waren weit verbreitet.

Clauberg, Johannes, 1622–1665, reformierter Philosoph und Theologe aus Solingen, studierte in Bremen und Groningen Philosophie, Theologie und Hebräisch, bereiste Frankreich und England und begegnete in Leiden der Philosophie Descartes'; 1649 redigierte er den Text von Burmans Descartes-Interview. Er wurde Professor der Theologie und Philosophie in Herborn, geriet wegen seines Cartesianismus in Schwierigkeiten und wechselte 1651 auf einen Lehrstuhl für Theologie und Philosophie an der neuen Universität im nunmehr brandenburgischen Duisburg, an deren Ausbau er beteiligt war; sein Freund Wittich begleitete ihn. Clauberg hinterließ zahlreiche Publikationen, einige davon in deutscher Sprache, ferner eine Schrift über deutsche Etymologie; in seinen Lehrbüchern versah er gern lateinische Terme mit deutschen Übersetzungen.

Comenius (Komenský), Johann Amos, (1592–1670) stammte aus Südmähren, studierte in Herborn und Heidelberg, wurde Priester der Böhmischen Brüder und wirkte in mehreren Sprengeln als Bischof. Als Protestant musste er 1620 untertauchen; seine Familie verlor er durch die Pest. Im toleranten polnischen Lissa (Leszno) wurde er Rektor des Gymnasiums, übernahm aber auch den Auftrag, die Lateinschule im ungarischen Sárospatak zu einer für alle offenen *Schola Pansophica* zu reformieren. Nach der Zerstörung von Lissa verbrachte er den Rest seines Lebens in Amsterdam. Er verfasste eins der ersten illustrierten Schulbücher für Kinder und einflussreiche Schriften in Latein und Böhmisch, die man sogleich ins Deutsche übersetzte. Lernen hielt er für eine Aufgabe aller Altersstufen und Geschlechter, betonte die Wichtigkeit des Realienunterrichts und setzte sich für die Verbesserung der Unterrichtsmethoden ein: Zwang und Überredung schaden, Selbersehen und Selbertun bringt Kinder weiter als Lehrvorträge – sie lernen lieber und mehr, wenn sie selbst mehr tun und die Lehrer weniger lehren. Die Pädagogik Weigels ist stark von Anregungen Comenius' geprägt.

Cordemoy, Gerauld de, 1626–1684, war Jurist, bekleidete hohe Staatsämter und verkehrte in cartesianischen Zirkeln. 1668 veröffentlichte er die sprachphilosophische Abhandlung *Discours physique de la parole*, die Wolff wahrscheinlich kannte, aber in *De loquela* nicht zitiert; schon 1666 waren seine *Six discours sur la distinction et l'union du corps et de* l'ame erschienen, in denen er die cartesische Leib-Seele-Lehre erörterte. Er war Erzieher des Dauphins und wurde 1683 Direktor der *Académie française*. Leibniz schätzte ihn als unabhängigen Geist, weil er trotz seines Cartesianismus den Atomismus vertrat und im Widerstreit mit cartesianischen Gepflogenheiten historische Abhandlungen verfasste.

D

Descartes, René, 1596–1650, besuchte die Jesuitenschule von La Flèche, erwarb 1616 in Poitiers das Lizentiat der Rechte, diente in mehreren Armeen und bereiste Europa; seit 1628 forschte er, um der Aufmerksamkeit von Theologen zu entgehen, in den nördlichen Niederlanden. Unter dem Eindruck der Verurteilung Galileis verzichtete er auf die Publikation der frühen Abhandlung *Le Monde*, die eine mechanistische Kosmologie und Organismenlehre enthielt, veröffentlichte aber 1637 den *Discours de la Méthode* mit drei Essays über analytische Geometrie, geometrische Optik und atmosphärische Phänomene. In den *Meditationes de prima philosophia* entwickelte er 1641 die Grundlagen einer unbezweifelbaren Metaphysik und stellte 1644 in den *Principia philosophiae* seine Erkenntnislehre, Physik, Kosmologie und Lehre von der Erde schulmäßig dar. *Les Passions de l'ame* von 1649 behandelte Natur, Entstehung und Rolle der Leidenschaften und den vernünftigen Umgang mit ihnen. 1649 wurde er von Königin Christina nach Stockholm berufen, starb aber schon nach wenigen Wintermonaten. Sein wichtigster Beitrag zur Mathematik war die analytische Geometrie; in der Mechanik formulierte er das Trägheitsgesetz und in der Optik das Gesetz von der Gleichheit von Reflexions- und Einfallswinkel. Seine mechanistische Organismenlehre regte Mediziner an. Bei Reformierten und Lutheranern war seine Philosophie umstritten; schon 1663 kamen seine Werke auf den römischen Index der verbotenen Schriften.

Du Verney, Guichard Joseph, 1648–1730, studierte Medizin in Avignon, wurde Mitglied der Pariser *Académie des Sciences*, schloss sich Claude Perrault an, veranstaltete vor großem Publikum anatomische Vorführungen im *Jardin du Roi*, sezierte vor Ludwig XIV. einen Elefanten und unterrichtete den Dauphin in Anatomie. Im Auftrag des Königs erkundete er den Fischbestand vor der bretonischen Küste. Mit Mariotte erarbeitete er eine viel beachtete Theorie des Hörens und verfasste als erstes Handbuch der Otologie den *Traité de l'organe de l'ouie*, auf den sich der Leipziger Anatom Bohn bei seiner Behandlung des Gehörorgans stützte. Du Vernay forschte auch über die Anatomie der Amphibien und über Erkrankungen des Knochensystems.

G

Gassendi, Petrus (Pierre), 1592–1655, studierte in Digne und Aix-en-Provence, promovierte in Avignon und lehrte Philosophie und Theologie in Digne und Aix. Als Kenner der Mathematik und Astronomie, aber auch der klassischen und neuzeitlichen Wissenschaftsliteratur kritisierte er die aristotelische Philosophie und setzte sich für die Rehabilitierung Epikurs ein. Auf Bitten

Mersennes verfasste er die Fünften Einwände gegen Descartes' *Meditationes.* Er glaubte, dass wir das innerste Wesen der Dinge nicht erkennen können und dass es in der Wissenschaft keine von Gott garantierten Erkenntnisse gibt – der Mensch hat sein Wissen auf eigene Faust und auf eigenes Risiko zu erarbeiten. In seiner Physik nahm er wie Epikur Atome und leere Räume an, bestand aber auf der Immaterialität Gottes und der Seele. 1645 wurde er Mathematikprofessor am *Collège royal,* dem späteren *Collège de France*, musste sich aber wegen eines Lungenleidens bald zurückziehen und verbrachte die letzten Jahre mit seinem Schüler François Bernier, dem späteren Leibarzt des Großmoguls, in Südfrankreich.

Gemma, Reinersz, Frisius (aus Friesland), 1508–1555, war Mathematiker, Arzt und Apparatebauer. Er verbesserte wissenschaftliche Instrumente und erfand neuartige Messmethoden. 1536 wurde er Professor der Medizin und Mathematik in Löwen und war unter anderem Leibarzt von Karl V. Seine vom Kind Christian Wolff benutzte *Arithmeticae practicae methodus facilis* erschien 1540 und wurde mehrmals gedruckt, zum Beispiel in Antwerpen und Wittenberg.

Gottsched, Johann Christoph, 1700–1766, studierte Theologie, Philosophie, klassische Philologie, Poesie und Rhetorik in Königsberg, floh aber 1724 nach Sachsen, um der Rekrutierung als »langer Kerl« zu entgehen. Er wurde Mitarbeiter an Menkes *Acta eruditorum*, erhielt 1730 den Leipziger Lehrstuhl für Poesie und 1734 den für Logik und Metaphysik. Er war Wolffianer, redigierte moralische Zeitschriften und bemühte sich um die Verbesserung der deutschen Sprache. Mit Caroline Neuber setzte er sich für die Verwandlung des Theaters in eine moralische Lehranstalt ein und verfasste Abhandlungen über die deutsche Sprache, Rhetorik, Philosophie und Dichtung. An seinem Verständnis von Dichtung als Erziehung zu Vernunft und Moral entzündete sich der frühe Zürcher Literaturstreit. In seinen letzten Lebensjahren konzentrierte er sich auf Übersetzungen, vor allem auf die des Bayleschen Historisch-critischen Wörterbuchs.

Grotius, Hugo (Huigh de Groot), 1583–1645, studierte mit 11 Jahren *Artes* in Leiden, empfing mit 16 Jahren in Gegenwart Heinrichs IV. den Doktorgrad der Universität Orléans und wurde Stadtsyndikus von Rotterdam. Aus Anlass von Streitigkeiten über niederländische Vorstöße in portugiesische und spanische Interessengebiete verfasste er eine Abhandlung zum Seerecht, von der zunächst nur das Kapitel *Mare liberum* erschien. Bei den Auseinandersetzungen zwischen Remonstranten und strengen Reformierten schlug er sich auf die Seite der Remonstranten und wurde deshalb zu lebenslänglicher Haft verurteilt, konnte aber mit Hilfe seiner Frau in einer Bücherkiste aus dem Gefängnis entkommen und floh nach Paris. 1625 veröffentlichte er *De Jure belli et pacis*, eine Darstellung des Naturrechts, des *Jus gentium*, der natürlichen Religion, der zulässigen Kriegsgründe und des Kriegsrechts. Nach erneuter Flucht aus den Niederlanden wurde er Botschafter Schwedens in Paris, erlitt auf der Rückreise von einem Rapport in Stockholm Schiffbruch und verstarb an dessen Folgen in Rostock.

Gürtler, Nicolaus, 1654–1711, reformierter Theologe aus Basel, studierte in Basel, Genf und Saumur, wurde 1685 Professor der Rhetorik in Herborn, promovierte in Heidelberg zum Doktor der Theologie und erhielt Rufe an zahlreiche Universitäten. Er lehrte in Bremen, Deventer und Franeker.

H

Hamberger, Georg Albrecht, 1662–1716, studierte bei Johann Christoph Sturm in Altdorf Mathematik und Physik und war seit 1694 Professor der Mathematik und später auch der Physik in Jena. Er heiratete Weigels Enkelin, erbte das berühmte Weigelsche Haus und wurde Nachfolger Weigels. Er setze sich für die bereits von diesem geforderte protestantische Kalenderreform ein, baute ein Observatorium für seine Studenten, bemühte sich um die flächendeckende Einführung meteorologischer Stationen und verfasste mathematische, physikalische, historische und religiöse Schriften.

Harsdörffer (Harsdorffer), Georg Philipp, 1607–1658, stammte aus einer Nürnberger Patrizierfamilie, studierte in Altdorf und Straßburg und bereiste Frankreich, England, Italien, die Niederlande und die Schweiz. Nach seiner Rückkehr wurde er Assessor am Nürnberger Untergericht und später Richter am Stadtgericht; seit 1655 war er Mitglied des Nürnberger Kleinen Rats. Zu seinen Interessengebieten gehörten Naturwissenschaft und Mathematik, vor allem aber Kombinatorik. 1644 gründete er den Pegnesischen Blumenorden, eine berühmte Dichtergesellschaft des deutschen Barocks; seine Gedichte galten als Meisterwerke der Lautmalerei. Er verfasste den Text der ersten deutschen Oper und hinterließ Dichtungen, Übersetzungen, linguistische, mathematische und physikalische Arbeiten.

Heidanus (van der Heyden), Abraham, 1597–1678, stammte aus einer Familie belgischer Reformierter, die bei Frankenthal in der Pfalz Asyl gefunden hatte; als er elf Jahre alt war, übernahm sein Vater eine Pfarrei in Amsterdam. In Endegeest lernte er Descartes kennen und schätze ihn und seine Philosophie, die er als Mittel zur Erleichterung des erbsündlichen Jochs der Sinnlichkeit begrüßte. Einen Ruf nach Heidelberg lehnte er ab, wurde aber 1648 Professor in Leiden; dort unterstützte er Arnold Geulincx nach dessen Flucht aus Löwen. 1676 verlor er seinen Lehrstuhl, weil er zusammen mit Wittich gegen anticartesische Verfügungen der Universitätsleitung protestierte.

Hoffmann, Friedrich (1660–1742), studierte Medizin, Mathematik und Physik in Jena, wo er Weigel hörte, und in Erfurt. Er interessierte sich für Chemie und Pharmakologie, bereiste die Niederlande und England und praktizierte nach seiner Jenenser Habilitation in Minden und Halberstadt. 1693 übernahm er den Lehrstuhl für Medizin und Physik an der neugegründeten Universität Halle, an deren Ausbau er sich beteiligte. Er wurde Mitglied der Leopoldina, der Berliner und Sankt Petersburger Akademie der Wissenschaften und der Royal Society. In der Hexenlehre bestand er auf der grundsätzlichen Berechtigung von Hexenprozessen. Zu seinen praktischen Leistungen gehörte die Erfindung der Hoffmannstropfen.

Hogeland (Hogheland), Cornelius van, geboren 1590, Todesjahr unbekannt, studierte und praktizierte Medizin in Leiden; wenn bei seinen Patienten galenische Therapien versagten, arbeitete er mit chemischen Präparaten. In seiner Armenpraxis versorgte er Bedürftige umsonst mit Beistand und Arznei. Er war Katholik und Rosenkreuzer, schloss Freundschaft mit Descartes und widmete ihm sein Werk *Cogitationes*, an dem laut Bouillier außer der Widmung nichts cartesisch ist. Sein Verhältnis zu Descartes war eng, zum Beispiel wachten beide mehrere Nächte lang am Bett der kranken Tochter eines gemeinsamen Freundes. Vor seiner letzten Reise nach Schweden hinterlegte Descartes bei Hogeland eine Truhe mit Briefschaften zur Verfügung nach bestem Wissen.

Horch (auch: Horche), Heinrich, 1652–1729, studierte in Marburg und Bremen Theologie und Medizin und schloss sich pietistischen Zirkeln an. Er promovierte in Heidelberg in Theologie und wirkte dort und in Frankfurt als Pfarrer. 1690–1698 war er Pfarrer und Professor der Theologie in Herborn, verlor aber wegen chiliastischer Neigungen beide Ämter. Danach wirkte er als chiliastischer Wanderprediger und bekehrte die Wittgensteinische Fürstenfamilie. 1700 wurde er in Herborn wegen ketzerischer Lehren verhaftet, erkrankte im Gefängnis an Tobsucht und wurde in seine Heimatstadt Eschwege entlassen. Dort bereute er seine Irrtümer öffentlich und kehrte zur reformierten Kirche zurück. Er gab die Marburger Bibel heraus, die Vorläuferin der Berleburger Bibel. Wolff studierte als Gymnasiast sein Mathematiklehrbuch »Anfangs-Gründe einer Vernunfft- und Schrifft-übenden Zahl- und Buchstab-Rechen-Kunst / Deren diese sonst Algebra heisset«.

K

Kircher, Athanasius S.J., 1602–1680), war einer der berühmtesten Wissenschaftler seiner Zeit. Durch Publikationen, in denen sich Empirie mit Freude an Spekulation verband, trug er zur Verbreitung des Interesses an Wissenschaft und Technik unter Gebildeten bei. Er stammte aus der Rhön, trat 1618 in den Jesuitenorden ein, studierte am Paderborner Jesuitenkolleg, floh vor braunschweigischen Truppen nach Köln und wurde 1628 Professor für Mathematik, Moral, Hebräisch und Syrisch in Würzburg. Von dort floh er vor schwedischen Truppen nach Avignon. Er war als Nachfolger Keplers vorgesehen, wurde aber als Ägyptologe ans Collegium Romanum beordert und schon nach wenigen Jahren für Forschungen *ad libitum* freigestellt. Seine orientalistischen Arbeiten waren schon zu seiner Zeit umstritten. Er arbeitete auch über Mechanik, Archäologie, Medizin und Musiktheorie; als Vulkanwissenschaftler ließ er sich in den Krater des Vesuvs abseilen. Umfangreiche Publikationen und Korrespondenzen sind erhalten.

Kolhans, Johann Christoph (1604–1677), Mathematiker und Hebraist, studierte seit 1620 in Jena und wurde 1633 Professor für Mathematik, später auch für Hebräisch, am Coburger Casimirianum. 1642 verließ er wegen der Kriegswirren Coburg und wurde Professor für Griechisch am Göttinger Gymnasium, kehrte aber 1653 als Schulleiter nach Coburg zurück. Er verfasste mathematische und physikalische Schriften, darunter den von Wolff zitierten *Tractatus opticus*, ein Lateinisch-Deutsch-Griechisch-Hebräisches Wörterbuch, mehrere hebräische Grammatiken und eine französische Grammatik, aber auch Kirchenlieder.

L

La Forge, Louis de, 1632–1666, wirkte als Arzt in Saumur, dem Sitz einer reformierten Akademie, die Studenten und Gelehrte aus ganz Europa besuchten. Als Clerselier seine Ausgabe von Descartes' *Traité de l'Homme* vorbereitete, lieferten ihm La Forge und Gutschoven die Illustrationen, auch versah La Forge das Werk mit Erläuterungen. Diese Arbeiten regten ihn dazu an, Descartes' Entwurf einer Theorie des menschlichen Körpers durch eine Abhandlung über den menschlichen Geist zu ergänzen. So entstand der *Traitté de l'Esprit de l'Homme*, der Ende 1665 mit der Jahreszahl 1666 erschien und große Wirkung ausübte. La Forge überlebte das Erscheinen dieses Werks nur um wenige Monate.

Lamy, Bernard, Oratorianer, 1640–1715, studierte in Le Mans und am *Collège catholique* von Saumur, an dem er seinen Kommilitonen und Freund Malebranche kennen lernte. Er wurde Professor für Altertumswissenschaft in Vendôme und Professor für

Philosophie in Angers. Dort erhielt er 1675 wegen seiner Neigung zu cartesianischen und jansenistischen Positionen Lehrverbot, konnte aber seine Lehrtätigkeit durch Protektion an wechselnden Orten fortsetzen. Er veröffentlichte theologische, philologische, mathematische und physikalische Schriften; Wolff erwähnt in *De Loquela* die *Elemens des mathematiques* und beruft sich mehrmals auf Lamys oft aufgelegtes Werk *La rhetorique ou l'art de parler* von 1675.

Lana de Terzi (Tertius de Lanis), Francesco S.J., 1631–1687, trat 1647 in den Jesuitenorden ein, studierte in Rom und wurde zunächst Athanasius Kircher als Museumsgehilfe zugewiesen. Er lehrte Logik, Mathematik und Physik in Terni, Brescia und Ferrara und trat mit zahlreichen Erfindungen hervor, forschte über Pendel, Barometer und hydraulische Phänomene und wurde durch den Entwurf einer Flugmaschine berühmt, die von ballonähnlichen Behältern getragen werden sollte; die Unrealisierbarkeit des Projekts wurde von Leibniz und anderen Autoren nachgewiesen. Lana entwickelte eine Blindenschrift, die schon mit in Papier geprägten Punkten und Strichen arbeitete.

Lancelot, Claude, ca. 1615–1695, wurde 1637 vom Abbé de Saint-Cyran für den Jansenismus gewonnen und unterrichtete Fremdsprachen an jansenistischen Schulen. Nach Saint-Cyrans Verhaftung 1638 lebte er meist auf der Flucht oder in der Verbannung. Zu seinen Schülern gehörte Jean Racine, auch war er Erzieher des Herzogs von Chevreuse und der jungen Fürsten Conti. Ab 1646 arbeitete er in Paris als Sprachlehrer und Sakristan an den *Petites écoles* der Jansenisten und verfasste mit Arnauld die Grammatik von Port-Royal. Er interessierte sich für neue Unterrichtsmethoden und verfasste Grammatiken in französischer Sprache für Griechisch, Latein, Spanisch und Italienisch. 1673 trat er in den Zisterzienserorden ein, wurde aber 1679 nach dem Tod seiner Beschützerin, der Herzogin von Longueville, für den Rest seines Lebens in das Benediktinerkloster zu Qimperlé verbannt.

M

Malebranche, Nicolas, 1638–1715, studierte in Paris scholastische Philosophie und Theologie und schloss sich der Klerikergemeinschaft der Oratorianer an. Die scholastische Methode hielt er für unfruchtbar; Platon, Augustinus und Descartes prägten seine eigene Philosophie. Ab 1674 erschien sein Hauptwerk *De la recherche de la vérité*, das man in Deutschland vor allem als methodologisches Handbuch schätzte; seine Darstellung der Assoziation und seine Theorie der Distanzwahrnehmung wurden berühmt. Im Augustinus-Buch von Ambrosius Victor war er der sogenannten Christlichen Philosophie begegnet, die Gott zur einzigen wirklichen Ursache erklärte. Als Hauptvertreter der Gegenmeinung galt ihm Aristoteles, der Geschöpfen Kausalität zugestand und sie dadurch in kleine Gottheiten verwandelte. Dass Malebranche, ein Kenner der Mathematik und Naturwissenschaft und Mitglied der *Académie des sciences*, Descartes im Sinne dieser Tradition interpretierte, bedauerten Autoren wie Arnauld und Leibniz. In Wolffs *De loquela* spielt Malebranches Version des Occasionalismus keine erkennbare Rolle.

Mendoza, Pedro Hurtado de S.J., 1578–1641, trat 1595 in den Jesuitenorden ein und studierte am Jesuitenkolleg in Salamanca. Er lehrte Philosophie und Theologie in Valladolid und Salamanca. Seine Neigung zum Konzeptualismus wirkte sich auf seine Interpretation von Thomas von Aquin aus und prägte jüngere Autoren. Die häufig gedruckten *Disputationes a summulis ad metaphysicam* (1615), die Wolff als Gymnasiast in Breslau studierte, waren auch in protestantischen Ländern verbreitet und wurden oft zitiert.

Menke (auch: Mencke), Otto, 1644–1707, stammte aus einer alten Oldenburger Familie und studierte in Leipzig Philosophie, in Jena Theologie und Philosophie, danach in Leipzig Theologie und Jurisprudenz. 1669 erhielt er dort die Professur für Moralphilosophie und Politik und legte seinem Kolleg Grotius' *De jure belli et* pacis zugrunde. 1682 begründete er nach französischen und englischen Vorbildern die *Acta eruditorum*, in denen Leibniz und Wolff zahlreiche Beiträge veröffentlichten; diese erste deutsche Wissenschaftszeitschrift erschien bis 1782. Um sich hochrangige

Beiträge zu sichern, reiste Menke nach Holland und England und gewann u. a. John Wallis als Mitarbeiter. Bis zu seinem Tod gab er dreißig Bände der Zeitschrift heraus.

N

Noviomagus (der aus Nimwegen), Johannes, eigentlich Jan van Bronckhorst (Bronkhorst), 1494–1570, studierte Mathematik und Jurisprudenz, lehrte in Rostock und Köln Mathematik und wurde Rektor der Lateinschule in Deventer. Weil er sich dem reformierten Bekenntnis anschloss, musste er Deventer verlassen, lebte bis zu seinem Tod als geduldeter Häretiker in Köln und wurde als solcher bestattet. Noviomagus publizierte mathematische Arbeiten und veranstaltete Editionen antiker und mittelalterlicher Texte, darunter einiger Werke von Beda Venerabilis.

O

Oldenburg (Oldenbourg), Heinrich (Henry), ca. 1618–1677, dessen Vater in Bremen und Dorpat lehrte, studierte Theologie in Bremen und Utrecht und wurde Hauslehrer adliger Familien. 1649 sandte ihn der Bremer Senat zu Verhandlungen mit Cromwell nach England; dort schloss er Bekanntschaft mit führenden Wissenschaftlern. Boyle stellte ihn als Begleiter seines Neffen auf einer Europareise ein. 1661 wurde er Sekretär der Royal Society. Zu seinen Stärken gehörte die Fähigkeit, Kontakte herzustellen, sein Blick für zukunftsträchtige Entwicklungen und die Gabe, andere mit seinen Einschätzungen von Personen und Projekten zu überzeugen. Die Ausgabe seiner Korrespondenz umfasst 13 Bände und enthält Briefwechsel mit Gelehrten wie Spinoza, Leibniz, Tschirnhaus, Thevenot, Boyle, Wallis und Malpighi.

P

Perrault, Claude (1613–1688), eins der ersten Mitglieder der *Académie des sciences*, studierte Medizin an der Sorbonne, praktizierte in Paris und beteiligte sich an anatomischen und physiologischen Untersuchungen privater Forscher. Auf Betreiben seines Bruders, des Dichters Charles Perrault, der hoher Beamter unter Colbert und später Sekretär der *Académie française* war, wurde er Ende der sechziger Jahre Mitglied der Kommission zur Neugestaltung der Ostfassade des Louvre, an deren kunsthistorisch und technisch interessanter Ausführung er maßgeblich beteiligt war; auch entwarf und baute er das königliche Observatorium. Auf Anregung Colberts veröffentlichte und kommentierte er die erste französische Vitruv-Übersetzung. Seine Forschungen zur Akustik und zur antiken Musik wurden in ganz Europa beachtet.

Petrus Hispanus ist laut Überlieferung der Verfasser von zwölf *Summulae logicales* aus der ersten Hälfte des 13. Jahrhunderts, die zu einem der erfolgreichsten Logiklehrbücher aller Zeiten wurden. Eine allgemein akzeptierte Zuschreibung des Werks ist bisher nicht gelungen; gewöhnlich wird der Autor mit einem portugiesischen Arzt identifiziert, dem späteren Papst Johannes XXI, dem man auch andere Texte zuschreibt, zum Beispiel eine *Scientia libri de anima.* Besonders einflussreich war Petrus' Lehre von den Syllogismen, die eine modifizierte aristotelische Syllogistik beschrieb und sie mit noch heute verwendeten mnemotechnischen Versen versah.

Poiret, Pierre, 1646–1719, studierte reformierte Theologie in Basel, Hanau und Heidelberg und wirkte u.a. in Annweiler und Mannheim als Prediger französischer Gemeinden. Die Lektüre von Tauler und Thomas von Kempen, aber auch von Autoren wie Böhme gewann ihn für die Mystik; er verzichtete auf sein Amt und wurde Wanderprediger. Wie einflussreich seine Predigten und Schriften waren, zeigt noch Karl Philipp Moritz' Roman »Anton Reiser«. In Hamburg lernte Poiret die Mystikerin Antoinette Bourignon kennen und begleitete sie bis zu ihrem Tod im Jahr 1680; wegen der Ausgabe ihrer Werke geriet er in Streitigkeiten mit Pierre Bayle (s. Bd. 1 der Gottschedschen Ausgabe von Bayles Wörterbuch; 662–667). Die letzten Lebensjahre verlebte er zurückgezogen in Holland.

Pufendorf, Samuel, 1632–1694, studierte Theologie in Leipzig und wechselte zur Jurisprudenz, belegte aber auch Naturphilosophie und Kameralistik. In Jena, wo er Schüler Weigels war, beschäftigte er sich mit Descartes, Grotius und Hobbes. Er übernahm 1661 an der Heidelberger Philosophischen Fakultät den ersten deutschen Lehrstuhl für Natur- und Völkerrecht. Weil seine Hoffnung auf eine juristische Professur sich unter anderem wegen seiner Kritik an der Reichsverfassung zerschlug, wechselte er 1668 als Professor für praktische Philosophie an die neue Universität Lund und wurde deren erster Rektor. Karl XI. ernannte ihn zum Hofhistoriographen. In seinem Hauptwerk *De jure naturae et gentium* führte er das Naturrecht unmittelbar auf die Vernunft zurück, betonte aber dessen Übereinstimmung mit der Offenbarung. 1688 wechselte er als Hofhistoriograph nach Berlin, der König von Schweden erhob ihn aber noch 1694 in den Adelsstand. Sein Einfluss auf die europäische Rechtsphilosophie war groß; in Nordamerika schätzte ihn Jefferson.

R

Karl Rayger, 1641–1707, Mediziner, Botaniker und Entomologe, studierte Philosophie in Altdorf, Theologie in Wittenberg und Medizin in Leiden, Paris und Montpellier. Er promovierte in Straßburg und wirkte in seiner Heimatstadt Pressburg. Aufgrund seiner Forschungen wurde er zum Mitglied der *Academia Leopoldina* ernannt.

Regius, Henricus (Hendrik de Roy), 1598–1679, studierte Jurisprudenz in Franeker, wechselte zur Medizin, bereiste Frankreich, Italien und Spanien und promovierte in Padua. Nach seiner Rückkehr praktizierte er an mehreren Orten, leitete eine Lateinschule und wurde Stadtarzt in Utrecht; an der neuen Utrechter Universität übernahm er den Lehrstuhl für Medizin. Descartes begegnete er in den dreißiger Jahren, übernahm dessen Physik, aber nicht dessen Metaphysik, vertrat aggressiv cartesianische Theorien und geriet dadurch in akademische Schwierigkeiten. Als er Thesen veröffentlichte, die mit Descartes' Metaphysik unvereinbar waren, distanzierte sich dieser von ihm in aller Schärfe; s. dazu Theo Verbeeks Schilderung der Utrechter Cartesianismus-Streitigkeiten.

Riccioli, Giovanni Battista S.J., 1598–1671, trat 1614 in den Jesuitenorden ein und studierte in Ferrara, Piacenza und Parma;

dort wurde er mit der Astronomie vertraut. Ab 1629 lehrte er an Jesuitenkollegs in Parma, Bologna und Mantua Logik, Physik und Metaphysik. In Bologna richtete er ein Observatorium ein, forschte über den freien Fall und die Pendelbewegung, beschäftigte sich aber vor allem mit Geographie und Astronomie. Das kopernikanische Weltbild und Keplers Ellipsentheorie lehnte er ab. Seine einflussreichen astronomischen Werke vermittelten Material aus Antike, Mittelalter und Neuzeit. Vor allem interessierte er sich für den Mond, benannte Mondformationen mit Namen wie Copernicus, Kepler, Galilei und Kircher und wurde dadurch zum Mitgestalter der modernen Nomenklatur der Wissenschaft vom Mond.

S

Schelhammer, Günther Christoph, 1649–1716, Sohn eines Jenenser Professors für Anatomie und Chirurgie, studierte in Jena und Leipzig, bereiste Holland, England, Frankreich und Italien und wurde 1677 Professor der Botanik in Helmstedt, 1689 Professor der Botanik, Chemie und Anatomie in Jena und 1695 Professor der Medizin in Kiel und Leibarzt des Herzogs von Gottorf. Er schrieb brillant, war ein Kenner der antiken Literatur und ein Botaniker von europäischem Ansehen, vertrat in der Medizin iatrochemische Positionen und entwarf eine Einteilung der Krankheiten nach den Lebensaltern. Seine literarisch erfolgreiche Frau Henrica Maria war eine Tochter Hermann Conrings. Mit Johann Christoph Sturm trug Schelhammer den sogenannten Naturstreit aus. Weil er sich mit der Herzogsfamilie überwarf, verlebte er seine letzten Jahre in dürftigen Verhältnissen. Leibniz, mit dem er regelmäßig korrespondierte, schätzte ihn sehr.

Schott, Caspar S.J., 1608–1666, trat 1627 in den Jesuitenorden ein und studierte in Würzburg, wo er Kircher kennen lernte, und später nach der Besetzung Würzburgs durch schwedische Truppen in Tournai und Palermo. In Palermo lehrte er zwanzig Jahre lang Philosophie und Moraltheologie, wurde aber 1652 nach Rom versetzt, um Athanasius Kircher bei Forschungen und Publikationen zu assistieren. 1655 wurde er Professor für Mathematik und Physik am Würzburger Gymnasium. Er forschte im Kontakt mit Otto von Guericke über Phänomene der Hydraulik, verfasste reich illustrierte Handbücher für Gebildete über technische und naturwissenschaftliche Themen und führte umfangreiche Korrespondenzen.

Sturm, Johann Christoph, 1635–1703, studierte Mathematik, Physik und Theologie in Jena und wurde 1692 Professor der Mathematik und Physik in Altdorf. Er war Mitglied der Royal Society, galt als begabter Lehrer und ergänzte den universitären Physikunterricht durch *collegia experimentalia*. Obwohl er der Physik der Cartesianer nahestand, verwarf er nicht die Schulphysik und versuchte, zwischen widerstreitenden Richtungen auszugleichen. Zu diesem Zweck entwickelte er eine eklektische Physik und Philosophie, die es erlauben sollte, unabhängig von Urheberschaften und Schulrichtungen gute und vielversprechende Ansätze zu akzeptieren. Seit seinem Studium bei Weigel waren ihm occasionalistische Thesen nicht fremd. In Altdorf entwickelte er aus Anlass einer Anregung Boyles eine occasionalistische Philosophie, gegen die sich vor allem Schelhammer wandte.

Suárez, Francisco, S.J., 1548–1617, trat 1564 in den Jesuitenorden ein und lehrte in Valladolid, Alcalá. Salamanca, Rom und Coimbra. Er galt im 17. Jahrhundert als führender Wissenschaftler seines Ordens. Seine Philosophie und Theologie wurde in allen Konfessionen vertreten oder beachtet. Die neuartige Schrift *Disputationes metaphysicae* war kein Aristoteles-Kommentar, sondern eins der ersten Handbücher der Metaphysik. Seine Rechtsphilosophie *De Legibus* gehörte zu den internationalen Standardwerken, und mit der auf Wunsch des Papstes verfassten und gegen Jakob I. von England gerichteten *Defensio fidei* griff er publizistisch in die europäische Politik ein. In der Theologie entwickelte er mit Bellarmin aus Vorarbeiten von Luis de Molina eine Alternative zur Rechtfertigungslehre der Dominikaner, den sogenannten Kongruismus, der zur erbittert diskutierten Doktrin des Ordens wurde.

T

Thevenot, Melchisedech, ca. 1620–1692, beherrschte viele Sprachen. Er wirkte als Gesandter in Genua und Rom, war an der Gründung der Pariser *Académie des sciences* beteiligt, führte eine umfangreiche Korrespondenz, förderte Wissenschaftler wie Swammerdam und Stensen und arbeitete über Astronomie, Magnetismus, Hydrodynamik, Tierentstehung und Medizin. Die heute noch gebräuchliche Röhrenlibelle ist seine Erfindung, und sein Buch über die Kunst des Schwimmens war berühmt. Thevenot war Mitherausgeber einer Sammlung von Konfuziustexten und publizierte Berichte über Entdeckungsreisen in Osteuropa, Afrika und Vorder-, Mittel- und fernöstlichem Asien in vier illustrierten Bänden. 1684 wurde er Leiter der königlichen Bibliothek.

Trithemius (aus Trittenheim), Johannes Heidenberg O.S.B. (1462–1516), stammte aus einer Winzerfamilie und entlief aus dem Elternhaus, weil ihm sein Stiefvater das Lernen verbieten wollte. Er studierte in Heidelberg, trat in Sponheim in den Benediktinerorden ein, wurde schon nach einem Jahr zum Abt gewählt und reformierte den Konvent mit großer Härte. Er war ein gesuchter, aber strenger Prediger und schuf eine Bibliothek, die von Kaiser Maximilian und von Humanisten wie Reuchlin und Celtis bewundert wurde. Als die Mönche sich wegen seiner Strenge gegen ihn auflehnten, zog er sich in das Schottenkloster in Würzburg zurück, wurde aber bald auch dessen Abt. Er beschäftigte sich mit Geheimschriften und geriet wegen seiner Liebe zu geheimen Wissenschaften in den Verdacht der schwarzen Magie. Einige seiner Schriften wurden verboten; zum Beispiel kam seine *Steganographia* als gefährliches Buch auf den römischen Index.

W

Walch, Johann Georg, 1693–1755, studierte in Leipzig und wurde Professor in Jena, wo er Philosophie, Altertumswissenschaften, Rhetorik und Dichtkunst lehrte. 1728 wurde er Professor für Theologie. Er heiratete eine Tochter Buddes und publizierte antiwolffianische Schriften. In der Kirchenverwaltung bemühte er sich um die Versöhnung von Pietismus und Orthodoxie. Er war Herausgeber der umstrittenen Halleschen Luther-Ausgabe, arbeitete über lateinische Sprachgeschichte und publizierte Arbeiten zur älteren und neueren theologischen Dogmengeschichte sowie ein vielbenutztes *Philosophisches Lexicon.*

Wallis, John, 1616–1703, lernte als Junge alte Sprachen und studierte in Cambridge Medizin, Philosophie und Theologie. Im Bürgerkrieg stand er auf der Seite der Parlamentspartei, für die er Geheimbotschaften der Royalisten entzifferte; später bildete er Kryptologen aus und hinterließ *An essay on the art of decyphering.* Erst verhältnismäßig spät beschäftigte er sich mit Mathematik, wurde 1649 auf den *Savilian Chair of Geometry* in Oxford berufen, übernahm 1657 die Verwaltung der Universitätsarchive und wurde Mitglied des Zirkels, aus dem die *Royal Society* hervorging. Mit Leibniz stand er in freundlicher Verbindung, während er mit Hobbes langjährige Kontroversen führte. Er leistete Pionierarbeit in den damals neuen Disziplinen der Mathematik, edierte Schriften antiker Mathematiker und schrieb über Themen der Mechanik, Theologie und Linguistik. Seine Methode zur Unterrichtung von Taubstummen wurde auch auf dem Kontinent berühmt.

Wittich, Christoph, 1625–1687, stammte aus Brieg (heute: Brzeg); sein Vater war Hofprediger des Herzogs von Liegnitz und Brieg. In Bremen, Groningen und Leiden studierte er Jurisprudenz und später Theologie, und in Groningen gewann ihn Jan de Raei für den Cartesianismus. 1651 wurde er Mathematikprofessor in Herborn; als dort der Cartesianismus verboten wurde, wechselte er mit Clauberg an die neugegründete Universität in Duisburg. Weil er sich gegen den Missbrauch der Bibel bei der Verurteilung des Kopernikanismus wandte, erregte er auch dort Anstoß. 1655 übernahm er einen Theologielehrstuhl in Nimwegen und veröffentlichte das Werk *Consensus veritatis*, das die Verträglichkeit von cartesischer Physik, Heiliger Schrift und reformiertem Glauben nachweisen sollte. In Leiden stand er Heidanus nahe, geriet aber wegen seiner cartesianischen und bündnistheologischen Neigungen in Schwierigkeiten. 1672 veröffentlichte er gegen heftige Angriffe seines früheren Lehrers Desmarets (Maresius) die *Theologia pacifica*; diese beschwerliche Kontroverse zog sich über mehrere Fortsetzungsbände hin.

Z

Zahn, Johannes O. Praem., 1641–1707, stammte aus Karlstadt am Main, studierte in Würzburg, wahrscheinlich bei Schott, wurde Chorherr im Kloster Oberzell und 1685 Propst des Frauenklosters Unterzell. Er lehrte Mathematik in Würzburg. Unter anderem verbesserte er Sturms *Camera obscura* durch den Einbau einer Spiegelreflex-Vorrichtung, konstruierte einen tragbaren Projektor und entwarf leicht bedienbare optische Instrumente. Sein Werk *Specula physico-mathematico-historica notabilium* galt als eins der besten Kompendien der damaligen Naturwissenschaft, und sein schön illustriertes Handbuch *Oculus artificialis* gehörte zu den Standarddarstellungen der geometrischen Optik.

BIBLIOGRAPHIE

(Bei Titeln mit ◊ handelt es sich um Digitalisate. Die zugehörigen Internetadressen werden in der elektronischen Ausgabe dieses Kommentars angegeben.)

Albrecht, Michael: Eklektik. Eine Begriffsgeschichte mit Hinweisen auf die Philosophie- und Wissenschaftsgeschichte (Quaestiones; 5), Stuttgart-Bad Cannstatt (Frommann-Holzboog) 1994

(Ammann) Van Helmont, Franciscus Mercurius: Een zeer korte afbeelding van het ware natuurlijke Hebreuwse A.B.C. – Conrad Ammann: Surdus loquens, of de Doove sprekende, Amsterdam (Rotterdam) 1697

Ammann, Johann Conrad: Dissertatio de loquela qua non solum vox humana, et loquendi artificium ex originibus suis eruuntur: sed et traduntur media, quibus ii, qui ab incunabulis surdi et muti fuerunt, loquelam adipisci, quique difficulter loquuntur, vitia sua emendare possint, Amsterdam (Wolters) 1700 ◊

(Arnauld, Antoine, und Claude Lancelot:) Grammaire generale et raisonnée, contenant les fondemens de l'art de parler, Paris (Petit) ²1664 ◊

(Arnauld, Antoine, und Pierre Nicole:) La logique ou l'art de penser, contenant, outre les regles communes, plusieurs observations nouuelles, Paris (Savreux) 1662 ◊

AT: Descartes, René, Oeuvres, hrsg. von Charles Adam und Paul Tannery

Baumeister, Friedrich Christian: Vita, fata et scripta Christiani Wolffii philosophi, Leipzig (Richter) 1739. ND in: Christian Wolff, Gesammelte Werke I/10, hrsg. von Hans Werner Arndt, Hildesheim (Olms) 1980

Bayer, Theophil Siegfried: Museum Sinicum in quo Sinicae linguae et litteraturae ratio explicatur, tomus primus, Sankt Petersburg (Typographia Academiae Imperatoriae) 1730 ◊

Bayle, Pierre: Dictionnaire historique et critique. Nouvelle édition, Bd. XII, Paris (Desour) 1820. ◊

Bayle: Herrn Peter Baylens Historisches und Critisches Wörterbuch, nach der neuesten Auflage von 1740 ins Deutsche übersetzt, Zweyter Theil. C bis J, Leipzig (Breitkopf) 1742 ◊

Bekker, Balthasar: Die bezauberte Welt: Oder eine gründliche Untersuchung des allgemeinen Aberglaubens, Amsterdam (von Dahlen) 1693 ◊

Bergh, Simon van den (Hrsg.): Averroes' Tahafut al-tahafut. The incoherence of the incoherence, Bd. I, London (Luzac) 1954

Bernd, Adam: Adam Bernds, Evang. Pred. Eigene Lebens-Beschreibung, Leipzig (Heinsius) 1738 ◊

Bilfinger, Georg Bernhard: Dilucidationes philosophicae de Deo, anima humana, mundo et generalibus rerum affectionibus, Tübingen (Cotta) ^{2}1740 ◊

Bohn, Johannes: Circulus anatomico-physiologicus, seu oeconomia corporis animalis, Leipzig (Fritsch) 1697 ◊

Borelli, Johannes Alphonsus; De motu animalium, Pars secunda, Leiden (Boutestijn u.a.) ^{2}1685. ◊

Boyle, Robert: The works of the honourable Robert Boyle, in six volumes, hrsg. von Thomas Birch, London (Rivington u.a.) 1772. ND Hildesheim (Olms) 1965–1966
Darin:
New experiments physico-mechanical, touching the spring of the air; I, 1–117. A defence of the doctrine touching the spring and weight of the air; I, 118–185. ◊ – Lateinische Fassung: Nova experimenta physico-mechanica de vi aëris elastica et ejusdem effectibus […], Rotterdam (Leers) 1669 ◊
A free Enquiry into the vulgarly received notion of nature (London, Clarke, 1686), Bd. 5;158–254 ◊ – Lateinische Fassung: Tractatus de ipsa natura sive libera in receptam naturae notionem disquisitio ad amicum, Genf (de Tournes) 1688. ◊ – The Christian Virtuoso, Opera omnia (Birch) Bd. 5, 508–540

Brucker, Iacobus: Historia critica philosophiae a tempore resvscitarum in occidente litterarum ad nostra tempora, Bd. IV/2, Leipzig (Breitkopf) 1744 ◊

Büching, Gottfried: *Disputatio inauguralis medico-philosophica de potentia Diaboli in corpora*, Halle (Gruner) 1703. – Deutsche Fassung: G.B.M.D. (= Gottfried Büching *Medicinae Doctor*): Philosophische Untersuchung/Von Gewalt und Wirckung des Teuffels in Natürlichen Cörpern, Frankfurt und Leipzig (o. V.) 1704 ◊

Burman, Frans: Synopsis theologiae et speciatim oeconomiae foederum Dei, Bd. I und II, Genf (Pictet) 1678 ◊

Burman, Frans d. J.: Burmannorum pietas gratissimae beati parentis communi nomine memoriae exhibita, Utrecht (van de Water) 1700 ◊

Caramuel Lobkowitz, Johannes S.J.: Apparatus philosophicus, quatvor libris distinctvs, Köln (Cholini) 1665 ◊

Carbone a Costacciaro, Ludovicus: Compendivm absolvtissimvm totivs svmmae theologiae D. Thomae Aqvinatis, Köln (Butgen u.a.) 1620 ◊

Chomsky, Noam: Cartesian Linguistics. A Chapter in the History of Rationalist Thought, Cambridge (University Press) ³2009

Clauberg, Opera omnia philosophica, cura Joh. Theod. Schalbruchii, I und II, Amsterdam (Wolfgang u.a.) 1691 ◊

(Cordemoy, Gerauld de): Le discernement dv corps et de l'ame en six discours, Paris (Lambert) 1666 ◊

Cordemoy, Gerauld de: Discours physique de la parole, Paris (Lambert) 1668 ◊

Cordemoy, Gerauld (1626–1684): Oeuvres philosophiques, hrsg, von Pierre Clair und François Girbal, Paris (Presses universitaires) 1968

Dalgarno, George: The works of George Dalgarno of Aberdeen, reprinted at Edinbourgh, hrsg. von H. Cockburn und Th. Maitland, Edinburgh (The Maitland Club) 1834 ◊

Descartes, René, Oeuvres, hrsg. von Charles Adam und Paul Tannery (AT), Paris (Vrin) 1996
Darin:
AT V: Brief von Prinzessin Elisabeth an Descartes, Mai 1647; S. 48, 4–17. – Descartes et Burman; 144–179 (s. auch die zwei-

sprachige Ausgabe von Hans-Werner Arndt: René Descartes. Gespräch mit Burman, Lateinisch-Deutsch, Hamburg, Meiner, 1982)
AT VI: Discours de la methode pour bien conduire sa raison et chercher la verité dans les sciences; AT VI, 1–485
AT VII: Meditationes de prima philosophia
AT VIII/1: Principia philosophiae
AT IX: Les Principes de la philosophie
AT X: Regulae ad directionem ingenii (349–469)
AT XI: Le Monde ou Traité de la lumiere (1–202). – Les passions de l'ame (301–488)

Ducheyne, Steffen: Newton's training in the Aristotelian textbook tradition. From effects to causes and back. In: History of Science 43 (2005); 217–237 ◊

Du Verney, Joseph Guichard: Traité de l'organe de l'Ouie, Paris (Michallet) 1683 ◊

Dyck, Corey W.: Before and Beyond Leibniz: Tschirnhaus and Wolff on Experience and Method. Phil.Papers Archive ID: DYCBAB ◊

Friedrich, Leonhard: Pädagogische Perspektiven zwischen Barock und Aufklärung. Die Pädagogik Erhard Weigels, in: Schielicke, Reinhard E., (Hrsg.): Erhard Weigel, barocker Erzvater der deutschen Frühaufklärung, Frankfurt a.M. (Deutsch) 1999; 38–86

Gassendi, Opera omnia. Faksimile-Nachdruck der Ausgabe Lyon 1658 in sechs Bänden. Stuttgart-Bad Cannstatt (Frommann-Holzboog) 1964
Darin:
Physicae Sectio I und II; I 125–752
Physicae Sectio III; II 1–638

Geulincx, Arnold; Opera Philosophica II, recognovit J.P.N. Land, Den Haag (Nijhoff) 1892 ◊

Goldschmidt, Peter: Verworffener Hexen- und Zauberer-*ADVOCAT*, Das ist: Wolgegründete Vernichtung des thörichten Vorhabens Hn. Christiani Thomasii J.U.D. et Professoris Hallensis, Hamburg (Liebernickel) 1705 ◊

Gottsched, Johann Christoph: Historische Lobschrift des weiland hoch- und wohlgeborenen Herrn Christians, des H.R.R. Freiherrn von Wolff, Halle (Renger) 1755. ND in: Christian Wolff, Gesammelte Werke I 10, hrsg. von Hans Werner Arndt, Hildesheim (Olms) 1980.

GP: Die philosophischen Schriften von Gottfried Wilhelm Leibniz, herausgegeben von C.I. Gerhardt

Gürtler, Nicolaus: Institutiones Theologicae, quibus fundamenta reformatae religionis ordine maxime naturali succinctis positionibus traduntur, Halle (Novum Bibliopolium) ²1721, und Marburg (Müller) ³1732 ◊

Hamberger, Georg Albrecht: Q.D.B.V. Methodum acquirendi virtutem, Jena (Nisius) 1690 ◊

Hamberger, Georg Albrecht: De usu matheseos in theologia, Jena (Gollner) 1694 ◊

Hamberger, Georg Albrecht: Fasciculus dissertationum academicarum physico-mathematicarum, Jena (Gollner) 1708. Darin S. 1–36: De Deo ex inspectione cordis demonstrato ◊

Harsdoerffer, Georg Philip: *Delitiae philosophicae et mathematicae.* Der philosophischen und mathematischen Erquickstunden Dritter Theil, Nürnberg (Wolffgang u.a.) 1653 ◊

Hebenstreit, Johann Paul: Theologia naturalis, Jena (Bielke) ³1696 ◊

Hebenstreit, Johann Paul: Systema theologicum. Revidit [...] Ioannes Ernestus Schubert, Jena (Croecker) 1767. ◊

Heidanus, Abraham: De origine erroris libri octo, Amsterdam (van Someren) 1678 ◊

Hinske, Norbert (Hrsg.): Zentren der Aufklärung I – Halle. Aufklärung und Pietismus (Wolffenbütteler Studien zur Aufklärung Bd. 15), Heidelberg (Schneider) 1989

Hoogeland, Cornelius van: Cogitationes, quibus Dei existentia; item Animae spiritualitas, et possibilis cum corpore unio, demonstrantur; Amsterdam (Elzevier) 1646 ◊

Holder, William: Elements of Speech: An essay of inquiry into the natural production of letters: with an appendix concerning persons deaf and dumb, London (Martyn) 1669 ◊

Holder, William: Supplement to the Philosophical Transactions of Jvly, 1670, with some Reflections on Dr. John Wallis, his Letter there Inserted, London (Brome) 1678 ◊

Hume, David, A treatise of human nature, in: The Clarendon edition of the works of David Hume Bd. II, Oxford (Clarendon Press) 2011

Hurtado de Mendoza, Pedro S.J.: Disputationes in vniversam philosophiam a summulis ad metaphysicam, pars prior et posterior, Mainz (Albinus) 1619 ◊

Jean Paul: Exzerpte und Register. Digitale Edition, hrsg. von Sabine Straub u.a., Universität Würzburg ◊

Kant, Immanuel: Kritik der Urtheilskraft, Akademie-Textausgabe Bd. V, Berlin (De Gruyter) 1968.

Kircher, Athanasius S.J.: Polygraphia nova et universalis ex combinatoria arte detecta, Rom (Varesius) 1663 ◊

Kircher, Athanasius S.J.: China monumentis sacris qua profanis nec non variis naturae et artis spectaculis aliarumque rerum memorabilium argumentis illustrata [...], Amsterdam (van Meurs) 1667 ◊

Kobusch, Theo, Art. Sein, moralisches, in: Historisches Wörterbuch der Philosophie (HWPh) Bd. 9; 237–247

Kolhans, Johann Christoph: Tractatus opticus, qvi res qvam plurimas, utiles, jucundas, ludicras, et admirandas, naturaliter sistere docet, Leipzig (Lanckisch) 1663 ◊

Krug, Wilhelm Traugott: Allgemeines Handwörterbuch der philosophischen Wissenschaften Bd. 3, Leipzig (Brockhaus) ²1833 ◊

La Forge, Louis de: Traitté de l'esprit de l'homme, de ses facvltés et fonctions, et de son vnion avec le corps, suivant les principes de René Descartes, Paris (Bobin u.a.) 1666 ◊

La Forge, Louis de: Oeuvres philosophiques, hrsg. von Pierre Clair, Paris (Presses universitaires) 1968

Lamy, Bernard: La rhetorique, ou l'art de parler, Amsterdam (Marret) ⁴1699 ◊

Lana (Tertius de Lanis), Franciscus S.J.: Prodromo ouero saggio di alcune inuentioni nuove premesso all'arte maestra, Brescia (Rizzardi) 1670 ◊

Lana (Tertius de Lanis), Franciscus S.J.: Magisterium naturae et artis. Opus physico-mathematicum, Brescia (Ricciardi) 1686 ◊

Leibniz, Gottfried Wilhelm: De ipsa Natura sive de Vi insita Actionibusque Creaturarum, pro Dynamicis suis confirmandis illustrandisque, in: Die philosophischen Schriften von Gottfried Wilhelm Leibniz, Bd. 4, hrsg. von C.I. Gerhardt (GP), Berlin 1880. ND Hildesheim (Olms) 1965; 504–516

Leibniz, Gottfried Wilhelm: Briefwechsel zwischen Leibniz und Christian Wolff, hrsg. von C.I. Gerhardt, Halle (Schmidt) 1860. ND Hildesheim (Olms) 1963

Leibniz, Gottfried Wilhelm: De calculo situum, in: G.W. Leibniz, Opuscules et fragments inédits, hrsg. von Louis Couturat, Paris 1903; 548–556. ND Hildesheim (Olms) 1966

Leibniz, Gottfried Wilhelm: Werke. Allgemeiner und gelehrter Briefwechsel 1696–1697, Bd. 13, Berlin (Akademie-Verlag) ²2010

Locke, John: An Essay concerning human understanding, hrsg, von Peter H. Nidditch, Oxford (Clarendon Press) 1975

Maat, Jaap, Teaching language to a boy born deaf in the seventeenth century. Internetbeitr. ◊ Inzwischen erschienen in: Cram, D., und J. Maat: John Wallis. Teaching language to a boy born Deaf: the Popham notebook and associated Texts, Oxford (Clarendon Press) 2017

Magirus, Johannes: Physiologiae libri sex cum commentariis, Cambridge (Daniel) 1642 ◊

Malebranche, Nicolas: Recherche de la vérité, in: Malebranche, Oeuvres complètes Bd. I, hrsg. von Geneviève Rodis-Lewis, Paris (Vrin) 1972

Mentzel, Christian: Sylloge minutiarum lexici Latino-Sinico-Characteristici, Nürnberg (o. V.) 1685 ◊

Methodologische Anweisungen in allen vier Facultäten auf allerhöchsten Königlichen Befehl zum Druck übergeben.

Darin: Wie die *Philosophie*, *Philologie* und diejenigen Wissenschaften worinn die Philosophische Fakultät den Unterricht giebt, und in welcher Ordnung und Verbindung sie auf der Universität zu betreiben, II. Die *Mathematic*, S. 4–5, Duisburg (Benthon) 1770 ◊

Meyfart, Johann Matthäus: Christliche Erinnerung von der auß den evangelischen Hochen Schulen in Teutschlandt an manchem ort entwichenen ordnungen und Erbaren Sitten vnd bey dißen Elenden Zeiten eingeschlichenen Barbareyen vor etzlichen Jahren aufgesetzt. Durch Johannem Matthaeum Meyfartum, Schleißingen (Birck) o. J. (1636) ◊

Micraelius, Joh.: Lexicon philosophicum terminorum philosophis usitatorum, Jena (Mamphrasius) 1653 ◊

Müller, Andreas: Inventum Brandenburgicum sive Andreae Mulleri, Greiffenhagii, Praepositi Berlinensis, Propositio super Clave sua Sinica, o. O. (o. V.) o. J. (1674) ◊

Noviomagus, Johannes: De numeris libri duo, Köln (Roermond) 1539 ◊

Perler, Dominik, und Ulrich Rudolph: Occasionalismus. Theorien der Kausalität im arabisch-islamischen und im europäischen Denken, Göttingen (Vandenhoeck und Ruprecht) 2000.

Perrault, (Claude): Essais de physique ou recueil de plusieurs traitez touchant les choses naturelles, tome II: Du bruit, Paris (Coignard) 1680 ◊

Petrus Hispanus, *Tractatus* called afterwards *Summulae logicales*, hrsg. von L. M. de Rijk, Assen (Van Gorcum) 1972

Philosophical transactions [of the Royal Society], vol. XX. for the year 1698, London (Smith u. a.) 1699 ◊

Praetorius, Antonius: Von Zauberey vnd Zauberern gründlicher Bericht […] durch Antonium Praetorium Lippo-Westphalum, Pfarrherrn zu Lautenbach in der Bergstraß, Heidelberg (Cambier) 1613 ◊

Pufendorf, Samuel: De jure naturae et gentium libri octo […], Frankfurt a. M. (Knoch) ^{2}1684. ◊

Puster, Rolf: Britische Gassendi-Rezeption am Beispiel John Lockes, Stuttgart-Bad Cannstatt (Frommann-Holzboog) 1991

Rasche, Ulrich: Wissenschaft, Praxis und Prestige, Forschung und Lehre 4/18; 294–296.

Rayger, Karl: Jacobi Rolandi, de Belebad Chirurgi Salamuriensis, Aglossostomographia sive descriptio oris sine lingua, nunc e gallica in latinam versa, additis annotationibus a Carolo Raygero, M.D.,in: Miscellanea curiosa medico-physica Academiae naturae curiosorum III (1672), Leipzig und Frankfurt (Schurer-Göze u.a.) 1673, S. 559–595 ◊

Ricciolus, Johannes Baptista S.J.: Almagestum novum astronomiam veterem novamque complectens, Bologna (Haeres Victorij Benatij) 1651 ◊

Ricken, Ulrich: Das Problem der Wortstellung und die Auseinandersetzung zwischen Sensualismus und Rationalismus in der Sprachdiskussion der französischen Aufklärung, Hochschullschrift Leipzig 1961. – Französische Ausgabe: Grammaire et philosophie au siècle des lumières. Controverses sur l'ordre naturel et la clarté du français, Lille (Université de Lille III) 1978.

Ricken, Ulrich, Sprachtheorie und Weltanschauung in der europäischen Aufklärung. Sprache und Gesellschaft, Band 21. Berlin (Akademie-Verlag) 1990

Röd, Wolfgang: Erhard Weigels Lehre von den entia moralia. In: Archiv für Geschichte der Philosophie 51/1 (1969); 58–84

Rothschuh, Karl E.: René Descartes über den Menschen (1632) sowie Beschreibung des menschlichen Körpers, Heidelberg (Schneider) 1969

Scheffel, Christian Stephan: Fasciculus epistolarum selectiorum a Viris Clarissimis ad Guntherum Christophorum Schelhammerum, Leipzig (Löffler) 1740 ◊

Schelhammer, Günther Christoph: Natura sibi et medicis vindicata, Kiel (Riechel) 1697 ◊

Schelhammer, Günther Christoph: Naturae vindicatae vindicatio, Kiel (Reuther) 1702 ◊

Schott, Kaspar S.J.: Schola steganographica, in classes octo distributa, Nürnberg (Endter u.a.) 1665 ◊

Schott, Kaspar S.J.: Joco-seriorum naturae et artis, sive magiae naturalis miscellaneae centuriae tres, o.O. (o. V.) o.J. (1666) ◊

Schott, Kaspar S.J.: Magia universalis, naturae et artis, sive recondita naturalium et artificialium rerum scientia
Darin:
Pars 1, Optica: Bamberg (Schönwetter) 1677 ◊
Pars 2, Acustica: Bamberg (Cholinus) 1674 ◊
Pars 3, Mathematica: Bamberg (Schönwetter) 1677 ◊
Pars 4, Thaumaturgus physicus, sive Magiae universalis, naturae et artis pars quarta, Bamberg (Schönwetter) 1677 ◊

Snell, Bruno: Entwicklung einer wissenschaftlichen Sprache in Griechenland, in: Sprache und Wissenschaft. Vorträge, gehalten auf der Tagung der Joachim-Jungius-Gesellschaft der Wissenschaften 1959/1960, Göttingen (Vandenhoeck und Ruprecht) 1960; 73–84; hier: 82

Specht, Rainer: Über »occasio« und verwandte Begriffe vor Descartes, in: Archiv für Begriffsgeschichte XV (1971); 215–255. – Über »occasio« und verwandte Begriffe bei Zabarella und Descartes, in: Archiv für Begriffsgeschichte XVI (1972); 1–27. – Über »occasio« und verwandte Begriffe im Cartesianismus, in: Archiv für Begriffsgeschichte XVI (1972); 198–226

Specht, Rainer: Innovation und Folgelast, Stuttgart-Bad Cannstatt (Frommann-Holzboog) 1966

Specht, Rainer: Commercium mentis et corporis. Über Kausalvorstellungen im Cartesianismus, Stuttgart-Bad Cannstadt (Frommann/Holzboog) 1966

Specht, Rainer: Anmerkungen zu Wolffs Disquisitio de Loquela. In: Von Christian Wolff bis Louis Lavelle. Festschrift für Jean Ecole, hrsg. von Robert Theis und Claude Weber. Hildesheim (Olms) 1995, S. 47–60

Specht, Rainer: Schulphilosophische Meinungen über angenommene Engelleiber, in: Hans-Jürgen Horn (Hrsg.): Jakobs Traum. Zur Bedeutung der Zwischenwelt in der Tradition des Platonismus (Itineraria classica I), Sankt Katharinen (Scripta Mercaturae) 2002

(Spee, Friedrich): Cautio criminalis, seu de processibus contra sagas liber auctore incerto theologo orthod., Rinteln (Lucius) 1631 ◊

Spinoza, Benedictus de: Tractatus de intellectus emendatione. In: Opera (Gebhardt) II, Heidelberg (Winter) (1925); 1–40 (s. auch die Übersetzung von Wolfgang Bartuschat, Hamburg, Meiner, 1993)

Sturm, Johann Christoph: De Cartesianis et Cartesianismo brevis dissertatio, Altdorf (Schönnerstaedt) 1677 ◊

Sturm, Johann Christoph: Physicae conciliatricis per generalem pariter ac specialem partem conamina, Nürnberg (Endter) 1687 ◊

Sturm, Johann Christoph: Theosophiae, h. e. cognitionis de Deo naturalis specimen methodo mathematica conceptum, Altdorf (Meyer) 1689 ◊

Sturm, Johann Christoph: Idolum naturae, similiumque nominum vanorum, Altdorf (Meyer) 1692 ◊

Sturm, Johann Christoph: Mathesis enucleata, Nürnberg (Endter) 1695 ◊

Sturm, Johann Christoph: Physica electiva sive hypothetica, Nürnberg (Endter) 1697 ◊

Sturm, Johann Christoph: Mathesis compendiaria sive tyrocinia mathematica, Altdorf (Meyer) 1698 ◊

Sturm, Johann Christoph: Exercitatio de natura sibi incassum vindicata, Altdorf (Meyer) 1698 ◊

Sturm, Johann Christoph: De brutorum actionibus, Altdorf (Meyer) 1700 ◊

Sturm, Johann Christoph: Kurtzgefasste *Mathesis* oder Erste Anleitung zu mathematischen Wissenschafften / in Tabellen verfasset, von seinem Sohn / Herrn Leonhard Christoph Sturm Auff Begehren verteutscht, vermehret von M. Bonifacio Henrico Ehrenbergern, Coburg (Pfotenhauer) 1717 (Übersetzung von Sturms Mathesis compendiaria) ◊

Suárez, Franciscus, De Anima, in: Opera Omnia Bd. 3, Paris 1856; 461–801 ◊

The Philosophical transactions of the Royal Society from their commencement [...], abridged, vol. I from 1665 to 1672, London (Baldwin) 1809 ◊

Thevenot, Melchisedec: Relations de divers voyages curieux, 3e Partie, Paris (Cramoisy) 1672. ◊

Thomas von Aquin, Summa theologiae, Pars prima et prima secundae, hrsg. von Pietro Caramello, Turin (Marietti) 1952

Thomasius, Christian: Theses inaugurales de crimine magiae, Halle (Salfeld) 1701. ◊

Thomasius, Christian: Kurtze Lehr-Sätze von dem Laster der Zauberey, ins Deutsche übersetzet von Johann Reichen, Halle (Renger) 1704

Tschirnhaus, Ehrenfried Walther von, Medicina mentis sive artis inveniendi praecepta generalia, Leipzig (Fritsch) 1695 ◊

Tschirnhaus, Ehrenfried Walther von, Medicina mentis sive artis inveniendi praecepta generalia (Leipzig 1695), erstmals vollständig ins Deutsche übersetzt und kommentiert von Johannes Hausleiter, Halle / Saale, mit mathematikgeschichtlichen Zusätzen von Herbert Oettel, Oberhausen / Rheinland, und einer biographischen Einführung sowie mehreren Anhängen von Rudolph Zaunick, Halle / Saale. In: Acta historica Leopoldina, Leipzig (Barth) 1963

Unzer, Johann August: Der Arzt. Eine medicinische Wochenschrift. Vierter Band, Wien und Leipzig (Graffer) 1778 ◊

Van Helmont, Franciscus Mercurius: Een zeer korte Afbeelding van het ware natuurlijke Hebreuwse A. B. C. Amsterdam (Roterdam) 1697

Verbeek, Theo: La querelle d'Utrecht, Paris (Les impressions nouvelles) 1988

Walch, Johann Georg: Philosophisches Lexicon, Leipzig (Gleditsch) ²1726 ◊

Wallis, John: A defence of the Royal Society, and the Philosophical Transactions, particularly of July, 1670, in answer to the cavils of Dr. William Holder, in a letter to William Lord Viscount Brouncker, London (Moore) 1678 ◊

Wallis, John: Tractatus Grammatico-Physicus de Loquela sive Sonorum Formatione. In: Grammatica Linguae Anglicanae, Hamburg (Schultz) 1688 ◊

Weigel, Erhard: De corpore divini numinis, Jena (Bauhofer) 1675 ◊ – Neuausgabe in: Erhard Weigel, Werke, hrsg. und eingeleitet von Thomas Behme (Clavis Pansophiae III). Dort Bd. VI, Stuttgart-Bad Cannstatt (Frommann-Holzboog) 2018, De corpore divini numinis

Weigel, Erhard: Philosophia mathematica, theologia naturalis solida, per singulas scientias continuata, universae artis inveniendi stamina complectens, Jena (Birckner) 1693 ◊ – Neuausgabe in: Erhard Weigel, Werke IV/1, Stuttgart-Bad Cannstatt (Frommann-Holzboog) 2013; 1–140

Weigel, Erhard: Specimina novarum inventionum, mitgedruckt in: Philosophia mathematica, Jena (Birckner) 1693 ◊ – Neuausgabe in: Erhard Weigel, Werke IV/1, Stuttgart-Bad Canstatt (Frommann-Holzboog) 2013; 141–226

Wittich, Christoph: Dissertationes duae, quarum prior de S. Scripturae in rebus philosophicis abusu, altera dispositionem et ordinem totius universi tradit, Amsterdam (Elzevier) 1653 ◊

Wittich, Christoph: Theologia pacifica, in qua varia problemata theologica inter reformatos theologos agitari solita ventilantur, simul usus philosophiae cartesianae in diversis theologiae partibus demonstratur, et ad dissertationem celeberrimi viri, Samuelis Maresii, de abusu philosophiae cartesianae in rebus theologicis et fidei, modeste respondetur, Leiden (Doude) ²1675 ◊

Wittich, Christoph: Exercitationes theologicae, Leiden (Boutesteyn) 1682 ◊

Wittich, Christoph: Consensus veritatis in scriptura divina et infallibili revelata cum veritate philosophioca a Renato des Cartes detecta, Leiden (Boutestijn und Lever) 1682 ◊

Wolff, Christian: Disquisitio philosophica de loquela, Leipzig (Göz) ¹1703 ◊

Wolff, Christian: Disquisitio philosophica de loquela ²1755, in: Meletemata mathematico-philosophica, Halle (Renger) 1755, sectio II: Dissertationes; 244–267 ◊ – ND: Meletemata mathematico-metaphysica, Christian Wolff, Gesammelte Werke Abt. II, Bd. 35, S. 244–267, Hildesheim (Olms) 1974 (2003)

Wolff, Christian: Philosophia practica universalis, mathematica methodo conscripta, Leipzig (Goez) 1703, in: Meletemata mathematico-philosophica, Halle (Renger) 1755, sectio II: Dissertationes; 189–223 ◊ – ND: Meletemata mathematico-metaphysica, Christian Wolff, Gesammelte Werke Abt. II, Bd. 35, S. 189–223, Hildesheim (Olms) 1974 (2003)

Wolff, Christian: Vernünfftige Gedancken von der Menschen Thun und Lassen, zu Beförderung ihrer Glückseligkeit, Halle (Renger) ¹1720 ◊ – Neuausgabe in: Christian Wolff, Gesammelte Werke Abt. I, Bd. 4, Hildesheim (Olms) 1976 (2016).

Wolff, Christian: Herrn D. Joh. Francisci Buddei S. S. Theol. P. P. O. zu Jena Bedencken über die Wolffianische Philosophie mit Anmerkungen erläutert, Frankfurt (Andreä) 1724 ◊ – ND: Kleine Kontroversschriften mit Joachim Lange und Johann Franz Budde, hrsg. von Jean École, Christian Wolff, Gesammelte Werke Abt. I, Bd. 17; Hildesheim (Olms) 1980.

Wolff, Christian: Nöthige Zugabe zu den Anmerckungen über Herrn D. Buddens Bedencken von der Wolffischen Philosophie, Frankfurt a. M. (Andreä) 1724 ◊ – ND: Christian Wolff, Schutzschriften gegen Johann Franz Budde, Gesammelte Werke Abt. I, Bd. 18: Hildesheim (Olms) 1980 (2006).

Wolff, Christian: Klarer Beweiß, daß Herr D. Budde die ihm gemachten Vorwürffe einräumen und gestehen muss, Frankfurt a. M. (Andreä u. a.) 1725 ◊ – ND in: Schutzschriften gegen Johann Franz Budde, Christian Wolff, Gesammelte Werke Abt. I, Bd. 18: Hildesheim (Olms) 1980 (2006)

Wolff, Christian: Horae subsecivae marburgenses I, Christian Wolff, Gesammelte Werke Abt. II, Bd. 34.1, Hildesheim (Olms) 1983

Wolff, Christian: Psychologia empirica, methodo scientifica pertractata, Frankfurt und Leipzig (Renger) 1740 ◊ – Neuausgabe in: Christian Wolff, Gesammelte Werke Abt. II, Bd. 5, Hildesheim (Olms) 1968 (2009).

Wolff, Christian: Psychologia rationalis, methodo scientifica pertractata, Frankfurt und Leipzig (o. V.) 1740 ◊ – Neuausgabe in: Christian Wolff, Gesammelte Werke Abt. II, Bd. 6, Hildesheim (Olms) 1972 (1994)

Wolff, Christian: Vernünftige Gedancken von den Kräften des Verstandes, Halle (Renger) 1742. ◊ – Neuausgabe von Hans-Werner Arndt in: Christian Wolff, Gesammelte Werke Abt. I, Bd. 1, Hildesheim (Olms) 1965 (2006)

Wolff, Christian: Christian Wolffs eigene Lebensbeschreibung, hrsg. von Heinrich Wuttke, in: Wuttke, Heinrich: Über Christian Wolff den Philosophen, Leipzig (Weidmann) 1841; 107–208. – Neuausgabe in: Christian Wolff, Gesammelte Werke Abt. I, Bd. 10

Zahn, Johannes O. Praem., Oculus artificialis teledioptricus sive Telescopium, Nürnberg (Lochner) ^{2}1702 ◊

PERSONENREGISTER

Albrecht, Michael 105
Al-Ghazali 81, 82
Ammann, Johann Conrad 164, 165, 167–170, 172–175, 177, 182, 190, 219, 225, 233–238
Aristoteles XL, XLI, 112, 140–142, 201
Arnauld, Antoine 29, 35, 36, 255
Averroes XIX, 81, 82

Bacon, Francis XL
Báñez, Domingo de 86
Barrow, Isaac 45
Baumeister, Friedrich Christian XIX, XXIV, XXXV, XXXVI, XLIII
Bayer, Theophil Siegfried 269
Bayle, Pierre 184, 185, 285, 287, 288
Beda Venerabilis 147, 151
Bellarmin, Robert 86
Bergh, Simon van den 81, 82
Bernd, Adam XXXVI
Bettini, Mario 146
Bilfinger, Georg Bernhard 77
Bocheński, J. M. XXXII
Bohn, Johannes XXXVII, 136, 167–169, 172, 195–198
Borelli, Giovanni Alfonso XXXVIII, 167–169, 172, 211
Boyle, Robert XXVII, XXXVIII, XXXIX, XL, XLI, 22, 125, 168, 212, 214, 228, 229
Brucker, Jacob 92
Büching, Gottfried 4, 5, 93
Budde, Johann Franz XLII, 292, 293
Burman, Frans XX, 11, 12
Buschmann, Cornelia 25

Caramuel Lobkowitz, Johannes 142, 147, 150, 179, 180, 181, 227, 228, 265–267, 269
Carbone da Costacciaro, Luigi XX, 31
Clauberg, Johannes 12, 23, 32, 39, 52, 59, 60, 79, 81, 83, 94, 98–102, 113, 117, 122, 129, 130, 170–172, 181–184, 189, 203, 208, 223, 224, 272
Clavius, Christoph XIX, XXI
Colbert, Charles XXVIII
Comenius, Amos XXIII
Cordemoy, Gerauld de 27, 28, 30, 32, 60, 81, 97, 105, 113, 127–129, 171, 172, 203, 204
Couturat, Louis 20, 241

Dalgarno, George 225
David 80, 88, 136, 138
Descartes, René XIV, XV, XX, XXVII, XXIX, XXX, XXXI, 10–12, 15–18, 20, 24, 26, 27–29, 32, 34–40, 42, 45, 46, 56, 57, 61, 64, 69, 82, 83, 85, 90, 97, 98, 114, 116–124, 126, 128, 139, 149, 170, 210, 215, 219–221, 246, 260, 273, 274, 280, 281, 286, 287, 290
Dijksterhuis, Eduard Jan 10
Ducheyne, Steffen 141
Du Verney, Joseph 198
Dyck, Corey XVIII

Epikur XVIII, 36, 37, 121, 138, 139, 216
Euklid XIX, 12, 13

Friedrich, Leonhard XXII

Gassendi, Pierre 37, 139–142
Gemma, Reinersz, Frisius XIX
Gerhardt, Carl Immanuel 33, 70, 102, 127, 159, 191, 241, 263, 273, 280, 283–289
Geulincx, Arnold 219, 245–249
Gottsched, Johann Christoph XX, XXIV, XXX, XXXI, XXXV, XXXVI, 45, 184, 185, 285
Gravius, Johannes Justus XXXV, 3–5, 80, 88, 93
Grotius, Hugo XXX
Gryphius, Christian XXV
Gürtler, Nicolaus XX, 31, 94, 95

Hamberger, Georg Albrecht XXIV, XXV, XXX, XLII, 52, 102, 104, 105, 189, 205
Harsdörffer, Georg Philipp 148, 159
Hinske, Norbert XXV
Hoffmann, Friedrich XXV, 5, 93
Hogeland, Cornelius van 121, 222
Holder, William 225, 231
Horch, Heinrich XIX, XX
Hume, David 25, 201
Hurtado de Mendoza, Pedro XIX
Huyghens, Christian XXVIII

Jean Paul XX, 183
Jonathan, Sohn Sauls 135, 138

Kant, Immanuel 78, 241
Kempelen, Wolfgang von 280
Kircher, Athanasius XXVIII, XXXVIII, 23, 155, 156, 267, 268, 270, 276
Kobusch, Theo 207
Kolhans, Johann Christoph 148, 159, 160
Krug, Wilhelm Traugott 78

La Forge, Louis de 27–30, 39, 60, 78, 81, 82, 97, 98, 116, 127–130, 132, 133, 149
Lamy, Bernard 30, 39, 40, 60, 61, 71, 72, 133, 171, 172, 177, 203–245, 250–254, 256–265, 274, 275, 278–280, 285
Lana dei Terzi, Francesco XXXVIII, 120, 153, 154, 187, 189, 190, 192, 195, 228, 275–278
Lancelot, Claude 29
Leibniz, Gottfried Wilhelm XIV, XVIII, XXI, XXVII, XXXV, XXXIX, XLII, XLIII, 18–21, 33, 69, 70, 72, 101, 109, 120, 127, 159, 190, 191, 241, 263, 268, 273, 280–291
Locke, John 12, 37, 125, 140, 161, 171, 201, 202, 214–216, 221, 234, 239, 240

Maat, Jaap 231, 232
Magirus, Johannes 141
Malebranche, Nicolas de XLI, 78, 92, 93, 97, 105, 109–202, 219
Menke, Otto XXXIV, XXXV, 69, 72, 263, 283
Menne, Albert XXXII
Mentzel, Christian 269, 270
Meyfart, Johann Matthäus 91
Micraelius, Johannes 57
Molina, Luis de 86

Noviomagus, Johannes 147, 151, 226

Oettel, Herbert 48

Perler, Dominik 79, 81, 83, 86
Perrault, Claude 187, 189, 190
Petrus Hispanus XXXII, XXXIII
Poiret, Pierre 105
Pufendorf, Samuel XXI, XXX, 206, 207
Puster, Rolf 77

Rasche, Ulrich XXXV
Rayger, Karl 182, 183
Regius, Henricus 42
Riccioli, Giambattista 146, 149
Ricken, Ulrich XVIII, 261
Rieuwertsz, Jan XXVIII
Röd, Wolfgang 206
Rothschuh, Karl E. 117
Rudolph, Ulrich 79, 81, 83, 86

Scheffel, Christian Stephan XLI
Schelhammer, Günther Christoph XXXIX–XLIII, 191
Schimpfer, Bartholomäus XXI
Schooten, Frans van XXVII
Schott, Caspar XXXVIII, 147, 150, 152–156, 191, 192, 226, 227, 275–278
Spee von Langenfeld, Friedrich 92
Spinoza, Benedikt XXVI–XXIX, XXXVI, 5, 6, 246
Sturm, Johann Christoph XXI, XXIV, XXV, XXXI, XXXIX–XLIII, 45, 52, 64, 65, 79–81, 83, 89, 104, 105–109, 116, 117, 121, 122, 127, 128, 136, 137, 140–142, 149, 167, 189, 191, 192, 195, 196
Suárez, Francisco XVII, XIX, 86, 140

Theophrast 141
Thevenot, Melchisedec 72, 263
Thomas von Aquin XX, 31, 84, 86, 94, 95
Thomasius, Christian 91, 93, 116
Trithemius, Johannes Heidenberg 154, 155
Tschirnhaus, Ehrenfried Walther von XIV, XV, XVIII, XX, XXVI, XXVII, XXVIII, XXIX–XXXI, XXXIV, XXXVI, 13, 22, 36, 41–51, 57–59, 211, 222, 239, 285

Unzer, Johann August 185

Walch, Johann Georg XLII
Wallis, John XXVII, 164, 175, 176, 225, 226, 228–233
Weigel, Erhard XX–XXIV, XXX, 52, 83, 89, 102–106, 205, 206, 208, 220
Wittich, Christoph 274
Wren, Christopher XXVII
Wuttke, Heinrich XX, XXXVI, XXXVI

Zahn, Johannes XXXVIII, 143–148, 150, 151,154
Zaunick, Rudolph 48

SACHREGISTER

Abhängigkeit, abhängig 13, 51, 53, 55, 62, 67, 68, 69, 93, 94, 98, 211, 243, 251, 254
Abbild 239, 242
Abstraktion, abstrahieren, abstrakt 19, 45, 239, 241, 242
Acta eruditorum XXXIV, 72, 283, 284, 285
ad hoc 82, 94, 95
Adjektiv 58, 67, 69, 233, 243, 247–254, 256, 261, 267
Adverb 243, 256, 257, 264
Affekt (s. auch Leidenschaft) 30, 218, 271, 273, 291
Affizierung, affizieren 27, 53, 55, 77, 82, 99, 122, 123, 128, 130, 131, 132, 133, 135–137, 141, 146, 161, 162, 193, 197, 240
Ähnlichkeit, ähnlich XXIX, 40, 60, 66, 68, 69, 75, 101, 102, 111, 112, 115, 120, 124, 243, 251, 256, 257
Akademie XXVIII, 213, 269, 290
Aktivität, aktiv XXIII, 86, 106, 169, 249
Aktiv, verbales 58, 69, 243, 244, 246, 249, 252, 255, 256, 264
Akustik, akustisch XXXVII, 23, 27, 30, 95, 101, 117, 127, 130, 148, 159, 162, 191, 196, 199, 200, 204, 225, 240, 278
Akzidens, akzidentell 55, 56, 250, 253
Algebra XX, XXVI–XXVIII, 16, 17, 19, 20, 61–67, 69, 244, 249–252, 283
Alphabet, alphabetisch 16, 18, 62, 67, 159, 173
Analogie (similitudo) 63, 64, 66, 192, 221, 244, 247, 251
Analysis, analytisch 14, 15, 65
Animalgeist 39, 100, 115, 117–122, 126, 130, 195, 199, 204, 240, 287
Anlass, veranlassen 26, 27, 77, 85, 99, 100, 103, 120, 121, 124, 127, 128, 139, 221, 290
Anordnung (s. auch *dispositio partium*) 209, 210
A posteriori 51, 110, 111, 115, 117, 122
A priori 40, 47, 49, 51, 52, 110, 111, 149, 200
Arbeit 10, 207, 212, 213, 216
Aristotelismus, aristotelisch, Aristoteliker XXXI, XL, XLI, 112, 124, 140, 290
Arithmetik XIX, 16, 17, 20, 61, 63, 64, 286
Ars inveniendi (s. auch Erfindungskunst) XXVI, XXVII, 44
Ars memoriae 24
Artikulation, artikulieren 23, 24, 28, 40, 163–165, 171, 188, 228, 237, 273, 275, 278
Assoziation 201–203, 240, 272
Atem 166–168, 169–172, 179, 181, 191, 224, 225, 233, 235–237, 273, 274
Atmung, atmen 169, 181
– Einatmen, ausatmen 166–168, 170

Atheismus 25, 90
Atomismus, atomistisch 37, 138, 216
Auge XXXVIII, 30, 89, 122, 132, 133, 149, 214, 215, 225, 226, 234, 239, 275
Augmentativ 69, 254
Ausdehnung, ausgedehnt 33, 34, 37, 44, 45, 82, 114, 121, 166
Auslösung, auslösen 27, 59, 60, 75, 76, 80, 85, 95, 103, 131, 132, 188, 190, 221, 222, 240, 271
Automat 39, 117, 168, 210, 280
Autopsie, Authorität 213
Autorität XL, 136, 212, 213, 215
Axiom 13, 14, 46, 59, 283

Bañezisten 86–88
Bedeutung, bedeuten 13, 14, 22, 35, 39, 40, 60, 204, 221, 232, 256, 265
Bedingung 51, 52, 58, 63, 75, 78, 80, 82, 85, 95–97, 103, 108, 111, 112, 117, 123, 126, 127, 133, 162
Begriff XXX, XXXII, 9, 17, 18–21, 33, 41–46, 50, 51, 53–55, 57, 58, 68, 70, 76, 208, 212, 217, 219, 230, 238, 239, 285
– genetischer Begriff 51
Bewegung, bewegen XL, 17, 27, 34, 40, 44, 45, 56, 75, 78, 80, 82, 86, 88, 97, 99–101, 106–109, 111–120, 187
– willkürliche Bewegung 80, 99, 101, 108, 109, 116–120, 223, 287, 291
– unwillkürliche Bewegung 108, 116, 119, 133
– Gesetze der Bewegung 108, 114
Beweis XXV, XXXI, XXXIII, 13–15, 39, 61, 63
Bewusstsein, bewusst 33, 35, 36, 40, 41, 50, 51, 53, 75, 89
Beziehung 46, 51, 60, 62, 67, 68, 199, 200, 222, 243, 253, 254, 257, 258
Bibel (s. auch Heilige Schrift, Testament) 229, 273, 274, 292
Blinder, blind 43, 161, 234, 240
Brennlinse, Brennspiegel XXVIII
Breslau XIX, XX, XXV, XXXVI, 31
Brust 169
– Brustbein 166
– Brustkorb, Brusthöhle 166, 170
Buchstabe (s. auch Laut) 18, 20, 29, 62, 66, 147, 148, 150, 159, 172, 173, 225, 227, 236, 279

Calvinismus, calvini(sti)sch (s. auch reformiert) 86, 88, 97, 98
Cartesianer, cartesianisch 24, 26, 27, 29, 33, 37, 50, 54, 66, 77, 95, 97, 98, 102, 106, 120, 138, 216, 222, 244, 246
Casus 69, 243, 253, 254, 257, 261, 262, 264–267
Causa (s. auch Ursache)
– *media* 103
– *moralis* 85, 99, 101
– *occasionalis* (s. auch Gelegenheitsursache) 100
– *per accidens* 85, 100
– *per se* 85, 100
– *procatarctica* 100
China, chinesisch 71, 73, 156, 159, 230, 264–270
Concursus divinus (s. auch Mitwirkung) 84, 97, 107

Creatio continua (s. auch Neuerschaffung) 83, 87, 102
Cursus ordinarius naturae 89

Daktylologie 151
Definition XXX, XL, 9, 13–16, 18, 22, 41, 46, 47, 49, 50, 81, 161, 205
– Genetische Definition 46
– Nominaldefinition 22, 205, 208
– Ostensive Definition 160, 161, 221, 240
– Realdefinition XXXI, 22, 23, 47, 205, 208
Deklination, deklinieren 69, 74, 233, 238, 254, 263–265
Denken XXVI, 23, 30, 32–39, 43–45, 58, 79, 80, 89, 94–96, 101, 104, 133, 200, 205, 206, 220, 223, 244–249, 252, 255, 271–273, 280
Denkbarkeit, Undenkbarkeit, denkbar, undenkbar 43, 44
Determinieren 31, 87, 102, 120
Deutschland, deutsch XX, XXI, XXVIII, XXXIV, XXXVI, XXXVII, 10, 19, 22, 25, 48, 81, 83, 96–98, 141, 147, 149, 173–176, 178–180, 182, 185, 196, 211, 217, 223, 236, 272, 289, 292
Differenz, spezifische 22
Differentialrechnung XXX, XXXVI
Diminutiv 69, 74, 254
Ding 9, 22, 41, 43, 50, 53, 54, 55, 57, 59, 68, 76, 83, 94, 95, 101, 110, 112, 115, 124, 125, 131, 139, 200, 202–208, 210, 218, 223, 224, 230, 243–245, 249–259, 262, 264, 265, 272, 289
Dioptrik, dioptrisch 148, 159
Diphtong 173, 178
Dispositio partium 209, 210
Dominikaner 86
Dreieck 61, 124, 242

Einbildungskraft 42, 45, 62, 93, 111, 112, 149, 209, 239, 242, 246, 286
Eindruck (s. auch Impression) 27, 122, 123, 126, 127, 137, 143
Einfachheit, einfach XXXI, XXXIII, 11, 18, 19, 44–46, 57, 71–73, 124, 125, 161, 174, 261, 264, 268, 286
Einwirkung, einwirken 26, 53, 75, 76, 78, 87, 93, 94, 96, 110–115, 120, 122, 123, 126, 129, 139, 167, 169, 199, 281, 288, 290
Element XXXI, 21, 45, 63, 138, 189, 269
Empirie, Empirismus, empirisch 47, 125, 211, 214–216, 280
Endung 69, 233, 243, 248, 251, 255, 256, 264
Engel XLI, 31, 32, 38, 94–96, 102, 111, 112, 115, 116, 127, 152, 288
Englisch XL, 168, 173, 229, 230, 233, 268
Entfernung, entfernt 23, 24, 131–133, 135, 136, 137, 144–147, 149, 150, 152, 154, 162, 168, 187–189, 191, 192, 194, 277, 278
Entität 38, 118, 206, 207, 217
Entstehung XXIII, 46, 47, 51, 53, 120, 124, 125, 152, 163, 170–172, 181, 200, 273
Epikureer, epikureisch 36, 37, 121, 216
Erfahrung, erfahren 47, 49, 51–54, 76, 100, 111, 112, 130, 182, 199, 212–216, 291

Erfindungskunst (s. auch *Ars inveniendi*) XXVI, 20, 46
Erhalter, Erhaltung, erhalten 51, 52, 84, 97, 98, 102, 105, 106, 120
Erkenntnis, erkennen XXIII, XXIV, 3, 16, 17, 26, 34, 40–44, 46, 49, 50, 60, 87, 125, 205, 211, 214–217, 239, 274
Erleidung, erleiden 54, 55, 101, 103, 106, 255, 258
Europa, europäisch XXXI, 11, 12, 84, 89, 138, 156, 172, 211, 213, 239, 267, 269
Existenz, exístieren XL, XLI, 15, 23, 35, 42, 76, 90, 101, 104, 105, 205, 206, 245, 247, 248, 250, 253, 288, 289

Falschheit, falsch 43, 44, 246, 247, 248
Figur (s. auch Gestalt) 17, 117, 119, 241, 242, 286
Finger 30, 133, 232
– Fingeralphabet 226
– Fingerrechnen 151
– Fingersprache 147, 150, 151
Flämisch 248, 269
Flexion, Flexionsform 67, 69, 232, 246, 286
Französisch, Franzose 71, 105, 109, 114, 125, 156, 173, 174, 176, 178, 179, 196, 257, 261, 263, 264, 268, 279, 285
Freiheit, frei 30, 86–88, 94, 100, 101, 103, 125, 202, 260, 262, 291
– Willensfreiheit 291, 292

Gattung 22, 28, 32, 41, 47, 51, 54
Gaumen 172, 173, 175, 176, 179, 182, 183, 230, 236
Gedächtnis 42, 201, 270
Gedanke (s. auch Idee) XXXIX, 9, 23, 28–33, 36, 39, 40, 46, 51, 53, 55, 57, 59, 62, 63, 68–70, 75, 90, 93, 94, 100, 127, 130–132, 149, 160, 205, 206, 271, 272, 284
Geheimschrift (s. auch Kryptographie, Steganographie) XXXVIII, 152
Geheimsprache (s. auch Kryptologie, Steganologie) XXXVIII, 144, 150, 152, 154, 160
Gehirn 27, 28, 36, 77, 95, 96, 118, 119, 121–123, 127, 128, 130, 131, 169, 195, 199, 200, 204, 238, 240, 273, 291
Geist, geistig (s. auch Seele) 24, 26, 27, 29, 33, 36–41, 50–53, 55, 57, 62, 75–83, 92–99, 101, 110, 113–115, 117–124, 126–131, 133, 139, 146, 195, 199, 221–224, 238, 239, 244–248, 255, 259, 260, 271, 288, 290, 291
Geometrie 12, 34, 37, 139, 241, 242, 286
– analytische Geometrie 34, 64
– geometrische Methode (s. auch *mos geometricus*) 13, 22
Georgisch 263
Geruch 123, 135–142, 144
Geschmack 53, 122–124, 131, 135–142, 144, 239, 240
Geschöpf, geschöpflich XLII, 50, 77, 80, 83–89, 93–97, 102, 103, 105–107, 109, 111, 114, 206, 224, 286, 289
Geschwindigkeit 17, 192–194
Gesichtssinn 146, 149, 160
Gestalt (s. auch Figur) 17, 34, 45,

56, 57, 115, 117, 121, 124, 139, 140, 168
Gewissheit XXIV, 16, 41, 64, 76, 216, 281
Gleichung 19, 61, 64–67
Gott, göttlich XXIII, XXIV, XXIX, 25, 27, 28, 32, 36–38, 49, 51–53, 60, 77–98, 100–115, 117, 120, 121, 123, 125, 126, 128–130, 161, 162, 195, 199–202, 204–206, 210, 215, 216, 219–221, 224, 238, 239, 246–249, 266, 272, 274, 282, 284, 286–289, 291
Gottheit (*numen*) 50, 51, 76, 90, 111, 114, 115, 159, 161, 259, 282
Götzendienst, Götzendienerei XXXIX, XL, XLI
Grad 17, 192, 206, 243, 254, 288
Grammatik, grammatisch 29, 68, 69, 72, 243, 248, 249, 252, 253, 256, 259
– Universalgrammatik 58, 245, 259, 263
Grammatik, logische, philosophische, spekulative oder vernünftige 58, 244, 245, 250, 259, 285
Griechisch 71, 155, 176, 178, 223, 229, 263
Gutdünken 60, 83, 100–102, 114, 146, 202, 239
Guttural 173, 175, 180, 226

Handlung, handeln XXIII, 25, 79, 85–88, 107, 111, 116, 129, 206, 207, 209, 217, 218, 230, 243, 256, 284, 290
Halle XXI, XXVII, XXXVI, 91, 93, 289
Harmonie, prästabilierte 109, 284, 288–293
Hebräisch 71, 173, 262
Herz 105, 121, 130, 169, 199, 271, 273, 284
Hexen, Hexerei 90–92, 116
Hören 24, 43, 170, 172, 190, 194, 200, 204, 225, 227–230, 232, 274, 277, 278
Hörer 28, 70, 71, 77, 96, 103, 127, 131, 143, 192, 194, 197, 199–201, 240, 251
Hörmaschine 275, 277
Hypothese 27, 101, 129, 146, 187, 191, 216, 288, 290, 291

Idee (s. auch Gedanke) XXXI, XLII, 30, 35, 40, 41, 59, 60, 62, 66, 93, 114, 124, 149, 161, 203, 204, 215, 216, 240, 250, 255
Immanent XXXIX, 55, 79, 80, 82, 97, 108, 218
Immaterialität, immateriell 30, 33, 39, 76, 90, 118, 217–219, 221, 224
Impression 27, 28, 36, 95, 96, 101, 123, 127, 128, 130, 131, 199–201, 204, 240, 291
Information 51, 55, 69, 87, 96, 142, 144, 173, 182, 193, 199, 214, 215, 260, 263, 287
Innenohr 196
Interjektion 58, 69, 243, 252, 258, 266
Introspektion 52, 54, 68

Jena, Jenenser XIX–XXII, XXIV–XXVI, XXX, XXXVI, XXXIX, XLI, 18, 64, 88, 98, 105, 109, 189, 208, 220

Jesuit XIX, 86–88, 92, 146, 226, 265, 267

Kalkül, Kalkülsprache XXXII, 18–20, 22, 66
Kategorien 17, 51, 54, 245, 248, 270
Katoptrisch 148, 159
Kausalität, kausal 60, 77, 79, 80, 82, 86, 95, 97, 101, 103, 112, 257, 291
Kehlkopf 163, 166, 167, 169, 171, 177, 178, 187, 191, 224, 225, 234, 236
Kieslingswalde XXVII, XXVIII
Kind, Kindheit XXII, XXIII, 36, 85, 101, 170, 174, 202–204, 220, 230, 232, 234, 239, 240, 268
Kommunikation, kommunizieren (s. auch Mitteilung, Verständigung) XXII, XXXVI, 23, 24, 27, 29, 30, 32, 71, 73, 74, 76, 77, 95, 96, 111, 112, 123, 126, 128, 138, 144, 200, 213, 266, 268, 284
Komparativ 74, 254, 264
Konjugation, konjugieren 69, 71, 73, 233, 238, 254, 263–266
Konjunktion 69, 238, 243, 251, 256, 258, 266
Konsonant 71, 172, 177, 178–181, 236, 237, 274, 278, 279
Konstruktion, Konstrukteur 108, 169, 209–211, 275, 276, 280, 281
Konzeptualist 56
Kopernikanismus 274
Korollar XXIV, XXV, 14
Körper (s. auch Materie) XXXI, 15, 24–27, 30, 31, 33–43, 47, 54–57, 64, 75, 77–80, 82, 83, 90–93, 95, 97–100, 106–109, 111–133, 137–139, 148, 149, 163, 187, 188, 192, 195, 199, 203, 209, 210, 217, 218–223, 242, 245–247, 249, 255, 271, 273, 280, 281, 283, 284, 287, 290–202
Korpuskel, korpuskular (s. auch Teilchen) 17, 33, 37, 45, 46, 56, 82, 123–125, 139, 168, 190, 191
Korpuskularismus, korpuskularistisch 34, 56, 138, 140
Kraft XXXVIII, XXXIX, 64, 79, 80, 82, 84, 89, 97, 99, 103, 104, 106, 108, 115–117, 169, 287, 290
Kryptographie (s. auch Geheimschrift, Steganographie) 152, 154
Kryptologie (s. auch Geheimsprache, Steganologie) 144, 147, 150, 152
Kunstmittel, steganologisches 135, 143
Künstlich XXXVIII, 59, 60, 62, 66, 145, 258, 277
Kürze, kurz 70–72, 74, 177, 257, 258, 263, 264, 278

Labial 133, 173, 174, 175, 176, 180
Labyrinth 195, 197, 198
Latein, lateinisch XIX, XXXVII, XXXIX, 19, 71, 155, 168, 175, 178–180, 223, 227, 254, 262, 263, 267–269, 272
Laut 23, 24, 29, 39, 40, 123, 132, 133, 161, 163, 164, 166, 170–180, 187, 229, 230, 234, 235, 237, 239, 274–276, 278, 279

– Lautstärke 170, 171, 188, 192–194
Lebensgeister 118
Lehrer 14, 101, 113, 144, 212
Leib (s. auch Körper) XXII, 26, 27, 85, 92, 99, 109, 115, 122, 125, 204
– Trennung von Leib und Seele 24, 26, 90, 219
Lehrsatz (s. auch Theorem) XX, XXV, 10, 14, 91
Leiden, leiden, erleiden 68, 69, 246, 251, 255, 258
Leidenschaft (s. auch Affekt) XXIX, 26, 49, 54, 55, 57, 128, 218, 221, 222, 243, 273
Leipzig XXIX, XXXI, XXXIV–XXXVII, XLII, 109, 220, 285
Licht 34, 43, 122, 123, 132, 146, 149,160, 161
– Lichtstrahlen 148, 191
– modifiziertes Licht (Farbe) 146, 149
Lippen 163, 170, 172, 174–178, 226–228, 230, 231, 235, 236
Logik, logisch XXVII, XXIX, XXXI, XXXVII, 21
Luft 26, 126, 166, 168, 169, 171, 175–178, 187, 188, 191, 192, 196, 197, 223, 273
– Luftdruck 190
– Luftkorpuskel, Luftteilchen 45, 166, 187, 188, 191, 192, 197
– Luftmaschine 166, 168, 188, 192, 194
– Luftröhre 163, 165, 166, 168, 187
– Luftzittern, zitternde Luft 171, 189, 195–197
Lunge, Lungenflügel 163, 166, 168, 169, 171, 178, 273
Lungenbläschen 166
Lutheraner, lutherisch XIX, XX, 32, 88, 91, 97, 98, 102, 220

Maschine XXVIII, 27, 39, 105, 108, 169, 209–211, 276, 281, 287
Materie, materiell (s. auch Körper) 26–28, 34, 37–40, 45, 50, 77, 79, 82, 97, 102, 108, 113–115, 118, 120, 121, 123, 125, 126, 136, 203, 218, 238, 239, 246, 248, 287
Mathematik, mathematisch XIX–XXII, XXIV, XXVI, XXXVII, 9, 41, 45, 48, 49, 61, 63, 64, 102, 104, 114, 124, 205–207, 241
Medium 126, 127, 191, 192
Mathesis XXIV, 9, 16–19, 61, 63, 64, 66, 239, 249
Medizin XLI, 10, 26, 113, 124, 210
Mensch, menschlich XXII–XXIV, XXVI, 10, 16, 26, 27, 30, 37–40, 43, 50, 53, 58, 60, 73–75, 77, 79–88, 90–92, 94–99, 104, 110–112, 115–118, 123, 124 126–130, 132, 133, 137, 143, 152, 161, 182, 199, 201, 203–206, 209–211, 215, 216, 219–221, 223, 226, 244–246, 252–254, 256, 257, 259–261, 266, 268, 272, 278, 280, 282, 287, 291
Methode XX, XXII, XXVI, XXIX, XXXI, 10, 11, 13, 15–17, 19, 26, 34, 41, 47–49, 61, 64, 76, 147, 200, 205, 285, 286
Metaphysik, metaphysisch 16, 248, 293

Mittel XIX, XXIV, XXXI, 29, 68, 103, 242, 251, 260
Mitteilung, mitteilen (s. auch Kommunikation, Verständigung) 9, 23, 28–32, 70, 71, 75, 95, 101, 111, 113, 124, 133, 138, 143, 145, 149, 150, 152, 160, 164, 181, 219, 227, 234, 243, 257, 278, 287
Mittelohr 197, 227
Mitwirkung (s. auch Concursus divinus) 83, 84, 88, 97
Modifikation, modifizieren 68, 69, 86, 133, 146, 149, 150, 163, 166, 167, 172, 180, 187, 224, 225, 243, 245, 246, 249, 251–255, 262, 274
Modus XXXIII, XXXIV, 54–57, 68, 244, 246, 259
Modus significandi 55, 244–248, 250, 253, 255, 258, 259
Möglich 77, 90, 93, 116, 241, 246, 271, 281
Molinismus 86–88
Moral, moralisch XXIII, 18, 80, 99–101, 206–208, 282, 291, 292
Mos geometricus 9, 12, 14
Mund 116, 136, 166, 175, 177, 178, 182, 187, 196, 197, 227, 234–237, 271, 275, 276
Musik XXII, 277, 278
Muskel 119, 130, 163, 166, 167, 169, 170, 171, 183, 210, 235
Muskelfaser 168

Natur XXXIII, XXXIX, XXXVII, 10, 22, 27, 30, 37, 40, 50, 51, 58–60, 62, 71, 79, 82–85, 89, 106–113, 127–130, 142, 174, 187, 189, 199, 203, 209–211, 215, 240, 260, 261, 274, 282, 287, 288
Naturbegriff, Begriff von der Natur XXXIX–XLII
Naturgesetz, naturgesetzlich, Gesetz der Natur XXIX, 82, 89, 94, 108, 114, 119, 123, 127, 188, 260, 261, 262
Naturwissenschaft, Wissenschaft von der Natur XXI, XXVII, 10, 35, 123, 212, 214, 215, 217
Nerv 27, 77, 118–120, 122, 123, 126, 170, 195, 197, 198, 210
Nervenfaser 238–240
Neuerschaffung, neu erschaffen (s. auch *Creatio continua*) 83, 86, 87, 101
Niederlande, niederländisch 86, 96–98, 102, 141, 164, 173, 180, 268
Nomen 257, 265, 270
Notwendigkeit, notwendig 15, 59, 60, 85, 87–89, 95, 100, 101, 103, 110, 111, 121, 129, 161, 180, 187, 202, 203, 216, 217, 263, 282, 289

Oberflächenstruktur, Tiefenstruktur 263
Occasio 78, 95, 96, 103, 108, 111, 123, 127
Occasionalismus, occasionalistisch 32, 77–79, 81–83, 85, 89, 95–99, 102, 104–106, 114, 120, 122, 123, 199, 274, 283–285, 287–291, 293
Offenbarung 84, 110, 111
Ohnmacht XXXIX, 78, 97, 105
Ohr 195, 197, 276

Ontologie 54, 58, 69, 206, 244, 256
Optik, optisch XXVIII, 34, 64, 147, 159
Ordnung XXIV, 9, 16, 17, 25, 84, 85, 91, 206, 208, 244, 256, 257, 259–262, 265, 286
Organismus 116, 118, 121, 124, 210
Orgel 274, 278–280

Pädagogik XXIII, 220
Palatal 175
Partikel 67, 243, 256, 258, 264,265, 286
Passiv, verbales 58, 69, 243, 249, 252, 255, 256, 264
Passivität, passiv (s. auch Erleidung) XXIII, 58, 69, 79, 97, 169, 243, 244, 246, 249, 252, 255, 256, 264
Peripatetisch (s. auch Aristotelisch) 138, 140, 247, 248
Perzeption 28, 33, 35, 41–45, 50–55, 57, 77, 82, 96, 99, 123–132, 149, 195, 199–203, 205, 207–209, 214, 217, 219, 221, 222, 225, 238–242, 291
Philosophie, philosophisch XXVII, XL, 9–12, 19, 41, 78, 84, 94, 98, 106, 212, 219, 248, 290, 291
– Schulphilosophie 28, 99, 106, 128, 140, 141, 165, 170, 212, 216, 254
– Sprachphilosophie 29, 77, 138, 245
Physik XXIV, XXVII, XXIX, XXXVII–XXXIX, 10, 12, 26, 36, 37, 45, 49, 56, 104, 207, 212, 213
Postulat 13–15
Präposition 69, 243, 251, 256, 257, 266
Predigt, Prediger XXX, 70, 193, 194
Preis 207
Prinzip, prinzipiell 12, 13, 34, 41, 79, 99, 100, 102, 104, 106, 107, 114, 173, 216, 217, 275, 282, 291, 292
Problem 10, 13, 17, 24, 34, 47, 48, 211, 239, 246, 286
Puls, Pulsschlag 143–145
Punkt 13, 37, 53, 103, 115, 120, 154

Qualität XXXIV, 17, 20, 56, 123, 125, 138, 139, 140, 142, 143, 150, 208, 254
– Primäre, sekundäre Qualitäten 125
Quantität XXXIV, 18, 56, 206, 207, 243, 254

Rachen XXII, 163, 164, 177, 178, 236
Reformiert (s. auch Calvinisch) XX, 86, 88, 98
Regel XXIII, 16–19, 28, 44, 45, 61, 64, 71, 73, 80, 83, 94–96, 101, 148, 155, 159, 213, 215, 260, 262, 265, 267, 269, 272, 286
Rein 38, 42, 54, 57, 61, 63, 111, 112, 115, 127, 146, 220, 223, 239, 286
Rekatholisierung XX
Relation, relativ 56, 98, 113, 244, 245, 253, 257
Religion XLI, 37, 233, 267, 291
Repräsentieren 41, 50, 53, 55, 58,

62, 66–69, 124, 125, 143, 214, 230, 251, 289
Richtung 119, 120, 189–191, 287
Rohr, Röhre 23, 37, 195–197, 275–278
– Fernrohr (s. auch Teleskop) XXXVIII, 154, 153, 215,
Royal Society XXVII, 164, 229, 231, 290

Sachsen XXIX, XXXVI
Schallstrahlen 191
Schallwellen 189–192
Schema, Schematismus 151, 209, 217, 218, 239, 241, 242
Scholium 14
Schöpfer, Schöpfung XXIII, XL, 51, 52, 83, 100, 104–107, 109, 110, 125, 205, 289
Schrift 24, 144, 150, 159, 180, 265–270
– Universalschrift 268–270
– Heilige Schrift (s. auch Bibel und Testament) 271
Schriftzeichen 18, 159, 230, 265, 267–269
Seele, seelisch (s. auch Geist) XXXVIII, 15, 24–28, 30, 38–40, 42, 76–79, 83–85, 90–92, 98–101, 106, 108, 109, 111, 112, 115, 116, 118–122, 124, 125, 128–130, 199, 203, 204, 215, 220, 223, 240, 258, 271, 273, 280, 281, 287, 288, 291, 292, 293
Sehen 145, 148, 213, 221, 227, 240
Sensorium (s. auch Sinnesorgan) 27, 54, 77, 99, 100, 112, 122, 123, 130, 132, 140, 240
Signal 103, 125, 143–145, 150, 153, 154, 225
Silbe 71, 179, 188, 193, 194, 228, 279
Sinn 22, 36, 42, 46, 49, 53, 55, 125, 128, 131, 132, 135–138, 140, 142, 143, 146, 149, 161, 200, 209–212, 215, 220, 221, 273
Sinnesbild 57, 149
Sinnesorgan (s. auch Sensorium) 53, 122, 123, 131, 137, 273
Sinnesqualität 57, 123, 128, 132, 136
Sinnlichkeit, sinnlich XXIX, 16, 30, 31, 42, 43, 50, 55, 74, 124, 128, 138, 208, 215, 218–223, 239, 242, 246
Spiel, spielen XXIII, XXIV, 104
Sprache XXXVIII, 9, 19, 22–24, 28–32, 39, 57, 58, 60, 66–69, 71–74, 82, 94, 95, 125, 127, 131, 132, 141, 144, 150, 152, 155, 161, 166, 167, 173, 177, 179, 181, 201–204, 208, 218–220, 222, 223, 231, 233, 244–246, 248–251, 253–257, 259–270, 272, 277–280, 281–283, 286
– Fremdsprache, fremdsprachlich 155, 200, 202–204
– Muttersprache (vernacula), muttersprachlich 200, 202, 204, 266
– Konservierung von Sprache 24, 32, 278
– Transport von Sprache 23, 24, 278
Sprachgebrauch (s. auch Wortgebrauch) 203, 208, 224, 260, 261

Sprachgemeinschaft 28, 61, 96, 128, 209, 240, 241
Sprachzeichen, sprachliche Zeichen 30, 59, 63, 67–70, 128, 133, 249, 250, 252, 255, 272
Sprecher, sprechen 24, 27, 29, 30, 38–41, 70, 71, 77, 95, 116, 131, 133, 143, 146, 148, 149, 152, 167–169, 181, 182, 203, 208, 221, 224, 227, 228, 230, 232, 245–247, 249, 257, 260, 266, 268, 278, 279
Sprechenlernen, sprechen lernen 199, 200, 202, 203, 204, 221, 224, 227, 228, 272
Sprechmaschine 274–276, 280, 281
Sprechorgan 27, 38, 39, 80, 131, 183, 204, 280
Sprüche Salomonis XXIII
Standort 194
Steganographie, steganographisch (s. auch Geheimschrift, Kryptographie) 144, 150
Steganologie, steganologisch (s. auch Geheimsprache, Kryptologie) 135, 143, 148–150, 153, 159, 160
Stimme 30, 132, 133, 148, 163, 167, 168, 181, 187, 188, 196, 197, 226, 234, 271, 277
Stimmhaft 166, 169–173, 177, 181, 224, 225, 234, 237
Stimmritze 170, 171, 187, 191
Stottern 181
Substanz, substantiell 33, 34, 40, 41, 50, 54, 56, 57, 69, 98, 99, 101, 103, 105, 129, 130, 138, 218, 220, 244, 246–250, 252–256
Substantiv 58, 67, 116, 233, 243, 245, 247–254, 256, 267
Superlativ 254
Syllogismus, Syllogistik, syllogistisch XIX, XXXI–XXXIII, 11, 20
Symbol XXXII, XXXIII, 18–22, 246, 267
System XLIII, 26, 35, 66, 105, 109, 212, 213, 284, 285, 288, 290–293

Tartaren 72, 73
Tastsinn, tasten, tastbar 122, 123, 136, 140, 142–144, 167, 224
Tätigkeit, tätig (s. auch Aktivität) XXIII, 9, 23, 27, 34, 38, 54–57, 69, 71, 79–81, 83–86, 88, 89, 102, 103, 107, 108, 113, 129, 132, 160, 215, 218, 219, 221, 224, 243, 250, 255–258, 265, 280, 286, 290
Taubstumm, stumm 30, 133, 164, 219, 225, 227, 228, 230–234, 236
Taubstummenunterricht –?164?–, 225, 226, 228, 233
Teilchen (s. auch Korpuskel) 41, 106, 118, 138, 139, 168, 187, 188, 190, 191
Teleskop (s. auch Fernrohr) XXXVIII, 145
Testament, Altes und Neues (s. auch Bibel, Heilige Schrift) 105
Teufel 76, 90, 91, 92
Theologie, Theologe, theologisch XIX–XXI, XXX, 11, 32, 52, 83, 87, 97, 98, 102, 106, 213, 220, 221, 223, 269, 292
Theorem (s. auch Lehrsatz) 14, 15, 18, 41, 46, 47, 214, 292

Theorie 13, 27, 34, 66, 85, 97, 99, 101, 112, 206, 210, 216, 274
Tier 38, 39, 117, 137, 170, 207, 232, 247
Transeunt 77–81, 83, 96, 217
Trommelfell 195, 197
Übernatürlich 89, 109, 110

Uhr 26, 209, 210, 287
Unähnlich 115, 120, 125
Universalschrift 268–270
Universalsprache 72
Universität XXI, 97, 213, 292
Unsterblichkeit 25, 76, 90
Unwillkürlich 116, 119, 133
Ursache 12, 47, 53, 78, 81, 83, 85, 99–101, 103, 108, 112–115, 171, 217, 224, 239, 271, 288, 289, 291
- moralische U. (causa moralis) 80, 99, 100
- physische U. (causa physica) 99–101
- unmittelbare U. (causa immediata) 97
- vermittelnde U. (causa media) 103
- Beiursache (causa per accidens) 85, 99, 100
- Gelegenheitsursache (s. auch causa occasionalis) XLIII, 78, 105, 109, 290
- Erstursache (causa prima) 120
- Mitursache (concausa) 84, 85, 97, 107
- Wirkursache, wirkursächlich (causa efficiens) 106, 108, 109, 117, 169, 224
- Zweitursache (causa secunda, causa creata) XXXIX

Verb, verbal 58, 67, 69, 71, 73, 150, 238, 243, 245, 248, 251, 252, 255, 256, 263, 265–267
Verbindung, verbinden 39, 40, 44, 46, 54, 55, 57, 58, 76, 77, 98, 100, 121, 130, 164, 172, 200, 202–205, 209, 218, 239, 255, 257, 258, 261, 265, 271, 272, 274, 279
Verneinung 43, 58, 224
Vernunft, vernünftig 17, 22, 35, 38, 39, 85–88, 92, 100, 101, 104, 106, 108, 114, 118–122, 173, 203, 206, 211–216, 246, 260, 274, 275, 281, 286, 288
Verstand, verständig XXVI, XXXI, 25, 30, 32, 43, 54, 55, 57, 63, 84, 111, 112, 121, 199, 208, 210–218, 237, 239, 242, 250, 268, 289
Verständigung, verständigen (s. auch Kommunikation, Mitteilung) 23, 27, 31, 39, 72, 95, 128, 133, 173, 268
Vertrag zwischen Körper und Geist, vertraglich 44, 126, 129, 130, 195, 222
Verwandtschaft, verwandt 62, 67, 79, 100, 101, 141, 253
Visuell 29, 121, 150, 152, 160, 230
Vokabel 60, 118, 155, 202, 204, 219, 222, 224, 229, 232
Vokal 172–181, 235, 237, 274, 279, 280
- Halbvokal, Semivokal 174, 235–237
Vorsehung 42, 43, 95, 96, 100, 162
Vorstellung, vorstellen 42–44, 95, 96, 100, 160, 200, 218, 220, 235, 240, 246, 267

Wahrheit, wahr XXIV, XXVI, 12, 16–18, 40, 43, 44, 46, 47, 49, 49, 61, 63, 64, 104, 108, 208, 212, 216, 248
Wärme 17, 124, 136, 140, 141
Wahrnehmung, wahrnehmen 23, 30, 31, 33, 42, 123–125, 138, 139, 149, 161, 234, 236, 239, 240, 242
– Sinneswahrnehmung 56, 123, 139
Wahrnehmbarkeit, wahrnehmbar 23, 30, 31, 124, 138, 139, 162, 218, 220, 221, 223, 224, 239, 240
Wechselwirkung 83, 91, 98, 99, 109, 115, 122, 284, 292
Weisheit XXIII, XXIV, 70, 104, 287–289
Welle 170, 171, 188–192
Welt XXIII, XXIX, XL, 34, 37, 49, 52, 83, 97, 98, 101, 102, 106, 116, 140, 205, 206, 215, 216, 244, 246, 247, 261, 274
Wert 18, 205–208, 214
Wesen, Wesenheit, wesentlich 35, 38, 50, 53, 59, 91, 98, 102, 111, 112, 206, 208–210, 214, 217, 218, 274, 286, 289
Wille XXIII, XXXVIII, XXXIX, 30–32, 34, 38, 51, 77, 79–81, 86–88, 94, 96, 100, 101, 106–108, 110–112, 116, 117, 199, 206, 216, 218, 274, 282, 284, 288, 289, 291
Willensakt, wollen (s. auch Wink) 31, 34, 36, 87, 88, 95–97, 107–109, 114, 117, 126, 133, 167, 235
Wink (nutus) (s. auch Willensakt) 14, 51, 80, 93, 94, 99, 115–117, 127, 195, 239
Wirbel (vortex) 187–191
Wissen XXIV, XXVI, 9, 10, 15, 17, 43, 47, 49, 81, 82, 87, 88, 94, 96, 101, 108, 113, 144, 201, 216, 234, 239, 261, 289
Wissenschaft, wissenschaftlich XXI, XXII, XXIV, XXVI, XXIX, XXXI, XL, 10–12, 14, 16–22, 34, 35, 44, 49, 120, 212–214, 216, 219, 267, 280, 293
Wort 9, 22–24, 29, 39, 40, 42, 43, 61, 66, 69, 71, 82, 132, 147, 149, 161, 169, 171, 196, 199, 200, 202–205, 207–209, 218, 219, 221–224, 230, 240, 243–246, 250, 252, 257, 258, 261, 264, 266, 271–273, 281
– verbal 58, 151, 160, 161, 173, 230
Wortart 58, 66, 69, 244, 246, 251, 252, 258, 266
Wortgebrauch (s. auch Sprachgebrauch) 28, 33, 55, 56, 208, 224
Wunder 79, 89, 109, 288

Zahn 163, 172, 174, 177–179, 227, 228, 236, 277
– Dental 173, 174, 180
Zauberei 90, 116
Zeichen 16, 19, 20, 27–32, 39, 40, 58–63, 70, 72–75, 95, 123, 128, 131–133, 135–137, 146, 203, 218, 230, 238, 239, 242, 243, 250, 252, 257, 271, 272
Zirbeldrüse 118–122, 130
Zittern 133, 166, 167, 169–171, 187–192, 194–197, 225, 234, 236
Zunge 30, 116, 122, 123, 133, 136, 137, 163, 170–172, 174,

181–185, 227, 228, 230, 231, 235, 282
Zustand 26, 36, 57, 82, 87, 124, 130, 133, 166, 183, 222, 241

DANK

Für einen Kommentar wie diesen braucht man Zeit und Geduld. Ich danke Gott dafür, dass er mir beides gegeben hat. Meinen Kindern bin ich dankbar, weil sie mich bei der Abfassung durch Anregungen, Ermutigung und praktische Hilfe unterstützten. Frau Christiane Brodersen und Herrn Dr. Klaus Klingelhöfer danke ich für fachlichen Rat. Der Universitätsbibliothek Bonn verdanke ich das Digitalisat der Titelseite ihrer Ausgabe von De Loquela. Der Felix Meiner Verlag, mit dem ich erstmals 1958 zusammengearbeitet habe, war dankenswerterweise bereit, das Manuskript trotz des heute eher abgelegenen Themas für sein Programm vorzusehen. Die Einrichtung und die Druckvorbereitung besorgten Herr Marcel Simon-Gadhof und Herr Jens-Sören Mann. Für ihre guten Einfälle und für die angenehme, unkomplizierte und effiziente Zusammenarbeit danke ich beiden.